마태복음 강해 Ⅱ

A COMMENTARY ON THE GOSPEL OF MATTHEW Ⅱ

BY

DR. YONGGI CHO

Printed in Republic of Korea
Seoul Logos Co., Inc.

마태복음 강해 Ⅱ

조용기 목사 지음

서울말씀사

마태복음 강해 Ⅱ

조용기 목사 지음

초판 1쇄 발행 2010년 5월 20일
초판 5쇄 발행 2017년 3월 15일

편 집 인　김상길
발 행 처　서울말씀사

출판등록　제2016-000172호
주　　소　서울시 영등포구 은행로 55, 나동 9층
전　　화　02-846-9222
팩　　스　02-846-9225

머리말

Foreword

예수님이 이 땅에서 사역하신 3년 반의 공생애 기간은 제자들과 함께하신 시간이기도 했습니다. 제자들은 예수님과 함께하면서 예수님이 누구신지, 예수님이 하시는 일이 무엇인지, 또 자신들이 해야 할 일들이 무엇인지를 배웠습니다. 그러나 예수님의 십자가 죽음과 부활, 승천 사건을 목격하고 예수님의 약속대로 성령을 받기 전까지는 예수님에 대해서도, 자신들에 대해서도 확신이 없었습니다.

예수님의 약속대로 성령을 받은 이후 비로소 제자들은 큰 능력과 확신을 가지고 예수님의 복음을 전하는 증인들이 되었습니다. 복음은 예루살렘에서부터 시작하여 유대로, 사마리아로, 땅 끝으로 전파되었고, 복음이 전파되는 곳마다 교회가 섰습니다. 두셋이 모이면 기도하고 복음을 전하여 예수님을 구주로 고백하는 자들의 공동체인 교회가 계속 생겨났습니다.

제자들은 예수님의 말씀과 생애의 일차 증인이었기 때문에 교회로부터 사도로서 신뢰와 존경을 받았습니다. 무서운 박해의 시기에 교회는 이들이 전하는 예수님의 이야기를 듣고 큰 용기와 확신을 가지고 신앙을 지켜 나갈 수 있었습니다. 그러나 제자들은 이 땅에서 영원히 살 수 없으며, 사람의 기억력에도 한계가 있습니다. 또 말은 전달되는 과정에서 변질될 가능성이 있습니다. 그래서 마태, 마가, 누가, 요한은 예수님의 생애와 사역을 글로 적어 놓기로 하였습니다. 이들은 예수님에 대해 각자 자신들이 체험한 것을 기반으로 복음서를 썼습니다. 이것이 사복음서입니다. 사복음서는 모두 다 예수님의 생애와 사역과 죽음과 부활, 승천에 대하여 쓰고 있지만 각 복음서마다 독특한 면에서 예수님을 소개하고 있습니다.

우리는 마태복음에 기록된, 제자들에게 주신 예수님의 가르침과 교훈을 통해 예수님이 어떤 분이신지, 또 예수 믿는 제자들이 어떻게 살아야 할 것인지를 배울 수 있습니다. 또한 교회의 권위와 질서 그리고 성도의 사명에 대한 예수님의 말씀을 들을 수 있습니다.

저는 수요 예배 때마다 성경을 강해하는데, 본 강해서는 1997년 8월부터 1999년 10월까지 약 2년 2개월간 강해한 마태복음을 4권으로 편집한 것입니다. 본 강해서는 딱딱한 신학적 주해의 글이 아닙니다. 하나님이신 예수님이 성육신하시어 제자들의 삶 속에 들어와 함께하시며 구원과 치료와 천국을 주신 사실을 한 절 한 절 말씀을 상고하고 깨달음으로써 예수님의 가르침을 오늘날 우리의 삶 가운데 적용하고자 하였습니다.

그러므로 여러분, 본 강해서를 읽으시되 그 옛날 제자들이 예수님과 함께 모닥불 앞에 앉아 식사를 하며 이야기를 들었듯이, 갈릴리 해변을 거닐며 이야기를 들었듯이, 나병 환자가 낫고 맹인이 눈을 뜨고 죽은 자가 무덤에서 살아 나오는 기적의 현장에 있었던 것과 같은 현장감을 가지고 읽으시기를 바랍니다.

2008. 5.

여의도순복음교회

당회장 목사 조용기

목 차

C o n t e n t s

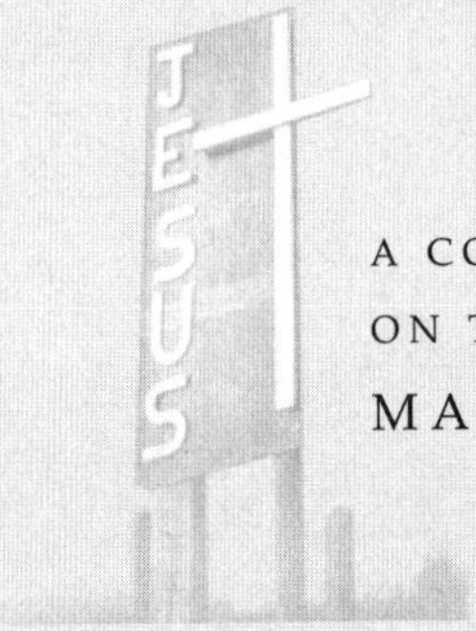

A COMMENTARY
ON THE GOSPEL OF
MATTHEW Ⅱ

서론
Preface

1. 기록 목적과 주제

1) 기록 목적

초대 교회 당시 유대교로부터 개종했던 수많은 기독교인들과 복음이 이방 세계로 전파되면서 개종한 이방인들이 예수 그리스도의 복음과 구약의 율법 사이에서 여러모로 혼란을 경험하고 있었습니다. 본 서는 이러한 혼란을 불식시키고, 구약의 모든 메시지가 예수 그리스도를 증거하고 있음을 그들에게 확실히 알려 주기 위해 기록된 것입니다. 그리고 이 책의 저자는 예수님의 공생애 기간 동안의 사건이 우리에게 주는 의미와 초대 교회가 직면한 다음의 세 가지 주요 문제에 대한 답을 제시해 주기 위해 본 서를 기록했습니다.

① 구약의 율법만 주장하는 유대인과 유대교 출신의 개종자(改宗者), 즉 유대계 기독교인이 예수님의 복음과 구약의 관계성에 대하여 제시하는 문제

② 이방 출신의 기독교인들이 그들에게 주셨던 유대인의 율법을 자신들의 믿음과 어떻게 조화시킬 것인가 하는 문제

③ 구약 시대 유대인들의 삶의 기준이 율법이라면, 새 시대를 주장하는 교회와 기독교인들의 삶의 기준은 무엇인가에 대한 문제

이와 같이 본 서는 유대교 출신의 개종자들에게는 구약과 신약의 관계성을 보여 주고, 이방 출신의 개종자들에게는 그들의 믿음과 구약의 율법과의 관계를 보여 줍니다. 또한 예수님은 율법의 파괴자가 아니라 완성자이고, 구약에서 예언된 메시아임을 강조함과 동시에 철저하게 유대인들의 불신앙을 책망하면서 회개를 촉구하고 있습니다. 따라서 본 서는 일차적으로는 유대인들을 대상으로 하지만 궁극적으로는 모든 인류를 향한 메시지임을 알 수 있습니다.

2) 주제

본 서는 왕으로 오신 예수 그리스도에 대하여 기록하고 있습니다. 또한 본 서는 앞서 기록 목적에서 밝혔던 많은 문제에 직면한 초대 교회를 위해 몇 가지 주요 주제들을 제시하면서 구약과 신약의 과도기에서 혼란을 겪고 있는 교회 공동체와 기독교인들에게 바른 진리와 확실한 가르침을 제시하고 있습니다.

첫째, 본 서는 유대인들이 대망했던 메시아가 예수님이라는 사실을 특별히 강조하고 있습니다. 예수님은 참으로 메시아적인 왕이라는 사실을 깨닫

지 못하고 있는 유대인들에게 구약에서 예언한 약속들을 예수님께서 완성하셨음을 보여 주기 위하여 복음서 가운데 가장 많이(93회) 구약의 본문을 인용하고 있습니다.

둘째, 본 서는 예수님의 말씀이 교회 공동체를 위한 새로운 율법임을 강조하고 있습니다. 저자는 예수님을 율법의 수여자로 묘사함으로써 예수님이 모세보다도 더욱 위대하신 분임을 강조하였고, 예수님의 말씀은 율법의 문자적인 의미를 넘어서 하나님이 그러하시듯 내면의 순수함과 참된 사랑을 우리들에게 요구하고 있음을 설명하고 있습니다. 그러므로 본 서는 '율법에 대하여 여전히 복종해야 하는 것인가?' 에 대한 문제로 고민하고 있던 유대인들에게 예수님의 말씀을 순종하면 결과적으로 구약의 율법도 온전히 순종하는 것임을 가르치고 있습니다.

셋째, 본 서에서 기록된 예수님의 교훈을 볼 때, 천국은 이미(already) 주님과 함께 실체로 왔으나 아직(not yet) 완성된 것은 아니라고 말하고 있습니다. 주의 나라가 완전히 성취되는 것은 미래에 이루어질 일이며, 오직 예수 그리스도께서 마지막 날에 다시 오실 때에야 비로소 온전히 실현되는 것입니다.

이 밖에도 본 서에서는 새로운 신앙 공동체로서 교회의 존재 이유를 언급하면서(16:17-19) 교회의 올바른 역할에 대한 가르침을 제시하고 있습니다(18:15-20). 그러나 본 서 전체의 중심이 되는 것은 교회 자체가 아니라, 교회의 주인이 예수 그리스도라는 사실입니다. 따라서 마태복음을 처음으로 읽은 초대 교회의 신자들은 '그리스도인은 교회를 중심으로 주님께 순종하는 가운데 살아가야 한다.' 는 귀중한 교훈을 얻을 수 있었던 것입니다.

2. 기록자 및 수신자

1) 기록자

본 서는 기록자에 대해서 직접 언급하지 않고 있습니다. 그럼에도 불구하고 초대 교회의 대부분의 기록들은 이 책을 예수님의 열두 제자 중 한 사람이었던 알패오의 아들 마태가 집필하였다고 밝히고 있습니다. 공관복음은 한목소리로 그가 가버나움에 있었던 세리였으며, 그가 유대인들로부터 죄인으로 낙인찍힌 소외 계층의 일원이었다는 사실을 밝혀 줍니다. 한편 그의 이름은 본 서에서만 마태로 기록되어 있고, 다른 복음서에서는 레위로 기록되어 있습니다(막 2:14; 눅 5:27).

마태는 신약에 기록된 예수님의 열두 제자 가운데 특별히 뛰어난 인물은 아니었습니다. 그는 탁월한 사도로서의 카리스마가 있어서가 아니라, 유대인으로부터 소외받던 자를 부르셔서 제자로 삼으시는 예수님의 지극한 은혜로 소명을 받았습니다. 그 결과 유대인들로부터 가장 멸시받던 세리 마태가 오히려 그 유대인들을 향하여 구원의 메시지를 선포하게 되었습니다.

2) 수신자

본 서의 수신자는 예수님을 메시아로 인정하지 않는 유대계 기독교인들입니다. 기록 목적에서도 언급하였듯이 본 서의 기록자는 예수님의 메시아되심을 부인하는 유대인들에게 예수님께서 구약의 예언대로 메시아적 직무를 완수하셨음을 보여 주기 위하여 본 서를 기록하였습니다. 또한 본 서를 통해 구약의 율법만 주장하는 유대인들을 향하여 예수님을 율법의 수여자로 묘사함으로써 예수님의 교훈에 순종하면 구약의 율법에도 온전히 순종하는 것임을 깨닫게 해 주고, 교회는 구약을 계승하며 이방인까지 포함된 새로운 신앙 공동체라는 것을 가르쳐 주고 있습니다.

3. 기록 연대

본 서의 기록 연대는 다른 복음서와 마찬가지로 확정하기 어렵습니다. 그러나 사도 시대 이후부터 성경은 다른 관계 문헌에 빈번하게 언급되고 있어서 상대적인 저작 연대를 객관적으로 추정할 수 있고, 본문 자체가 언급하고 있는 역사적 사건을 통해서도 그 연대를 추정할 수 있습니다.

본 서는 이미 주후 1세기 말에 기록된 열두 사도의 교훈집인 「디다케」(διδαχή)에 언급되어 있는 것으로 보아 그 이전에 기록된 것이 분명합니다. 마태복음에는 예루살렘 멸망(주후 70년)에 대하여 예언의 형태로만 기록되어 있으므로 이 책의 기록 연대를 주후 70년 이전으로 보는 주장도 있습니다.

그러나 그것은 예수님께서 말씀하실 때의 시제(時制)를 저자가 그대로 기록했을 뿐, 기록할 당시 예루살렘이 멸망했는지의 여부에 대해서는 정확히 알 수 없습니다.

그러므로 본 서의 직접적 집필 동기가 구약 문화에 젖어 있던 유대계 기독교인들과 이방의 개종자들에게 구약과 예수 그리스도와의 관계성에 대해 강조하기 위함이었다는 사실을 고려해 볼 때, 본 서는 주후 70년 전후에 기록된 것으로 추정됩니다.

4. 특징

본 서는 유대인이었던 마태가 유대인들을 위하여 유대인 중 한 사람이었던 예수님에 대해 기록한 것으로, 지극히 유대적 성향이 강한 복음서입니다. 본 서는 예수님의 복음과 구약의 계시가 서로 연속성을 가진 진리임을 강조하고 있으며, 이로 인하여 파생된 특징들이 있는데 그것은 다음과 같습니다.

먼저, 마태복음은 왕으로 오신 메시아에 대한 강조와 구약 성경의 잦은 인용으로 인해 구약의 색채가 짙게 묻어나 있습니다. 즉, 예수님을 유대인의 왕으로 묘사하며, 왕으로 오신 예수님의 지위를 강조하고 있는 것입니다. 마태복음은 신약 성경 중에서 가장 먼저 기록된 책이 아닙니다. 그럼에도 신약 성경의 맨 첫머리에 놓인 것은 본 서가 예수님을 구약에 약속된 메시아로 강조하여 구약과 신약을 가장 잘 연결하고 있기 때문입니다.

따라서 본 서는 구약에서 예언한 말씀의 성취를 보여 주는 신약의 도입부 역할을 하고 있는 것입니다. 또 그러한 특징 때문에 본 서는 신약 성경 중에서 히브리서와 함께 가장 구약적인 책으로 분류됩니다. 특히 마태복음은 구약의 선지자들에 의해 계시되어 온 메시아, 즉 그리스도(기름 부음을 받은 자)를 갈망하는 유대인들을 대상으로 기록한 것일 뿐만 아니라, 구약과 가장 밀접하게 연관되어 구약의 인용을 가장 많이 하고 있기 때문에 가장 유대적인 책으로 평가되고 있습니다.

마지막으로, 본 서는 구조와 내용면에 있어서도 조직적, 체계적으로 구성되어 있고 신학적인 내용(교회론, 종말론)을 다루고 있으며 교훈적이며 질서 정연한 문장 구조를 가진 것이 특징이라 할 수 있습니다.

제 8 장

예수님의 초자연적 권능

A COMMENTARY
ON THE GOSPEL OF
MATTHEW Ⅱ

본 장에는 예수님께서 산상수훈을 마치고 산에서 내려오신 후에 행하신 이적들이 기록되어 있습니다.

예수님께서 산에서 내려오시니 수많은 무리가 따랐습니다. 이때 한 나병 환자가 예수님 앞에 나아와 구하자, 예수님께서 그를 깨끗하게 고쳐 주셨습니다. 그 후 가버나움에 가신 예수님께서는 중풍병이 든 백부장의 하인을 치유하셨고, 베드로의 집에서 열병으로 앓아누운 베드로의 장모를 낫게 해 주셨으며, 소문을 듣고 몰려온 사람들에게서 귀신을 쫓아내시고 병을 고쳐 주셨습니다.

그 후 한 서기관이 나아와 예수님을 따르겠다고 하자 예수님께서는 제자가 해야 할 각오에 대해 말씀하시고 배에 올라 갈릴리 바다 건너편으로 가셨습니다. 바다를 건너던 도중 풍랑이 거세어져서 배가 침몰할 위기에 빠졌으나, 예수님의 말씀 한마디에 풍랑이 잔잔하여져서 무사히 가다라 지방에 갈 수 있었습니다. 예수님께서는 그곳에서 마주친 귀신 들린 두 사람에게서 귀신을 쫓아내셨는데, 두 사람에게서 나온 귀신들이 돼지 떼에게 들어가 몰사시키자, 그 지방 사람들이 몰려와 예수님께 떠나 달라고 간구했습니다.

1. 병 고치는 권능(8:1-17)

1. 예수께서 산에서 내려오시니 수많은 무리가 따르니라 2. 한 나병
환자가 나아와 절하며 이르되 주여 원하시면 저를 깨끗하게 하실 수
있나이다 하거늘 3. 예수께서 손을 내밀어 그에게 대시며 이르시되
내가 원하노니 깨끗함을 받으라 하시니 즉시 그의 나병이 깨끗하여진
지라 4. 예수께서 이르시되 삼가 아무에게도 이르지 말고 다만 가서
제사장에게 네 몸을 보이고 모세가 명한 예물을 드려 그들에게 입증
하라 하시니라 5. 예수께서 가버나움에 들어가시니 한 백부장이 나
아와 간구하여 6. 이르되 주여 내 하인이 중풍병으로 집에 누워 몹시
괴로워하나이다 7. 이르시되 내가 가서 고쳐 주리라 8. 백부장이 대
답하여 이르되 주여 내 집에 들어오심을 나는 감당하지 못하겠사오니
다만 말씀으로만 하옵소서 그러면 내 하인이 낫겠사옵나이다 9. 나
도 남의 수하에 있는 사람이요 내 아래에도 군사가 있으니 이더러 가
라 하면 가고 저더러 오라 하면 오고 내 종더러 이것을 하라 하면 하나
이다 10. 예수께서 들으시고 놀랍게 여겨 따르는 자들에게 이르시되
내가 진실로 너희에게 이르노니 이스라엘 중 아무에게서도 이만한 믿

음을 보지 못하였노라 11. 또 너희에게 이르노니 동서로부터 많은 사
람이 이르러 아브라함과 이삭과 야곱과 함께 천국에 앉으려니와 12.
그 나라의 본 자손들은 바깥 어두운 데 쫓겨나 거기서 울며 이를 갈게
되리라 13. 예수께서 백부장에게 이르시되 가라 네 믿은 대로 될지
어다 하시니 그 즉시 하인이 나으니라 14. 예수께서 베드로의 집에
들어가사 그의 장모가 열병으로 앓아누운 것을 보시고 15. 그의 손
을 만지시니 열병이 떠나가고 여인이 일어나서 예수께 수종들더라
16. 저물매 사람들이 귀신 들린 자를 많이 데리고 예수께 오거늘 예
수께서 말씀으로 귀신들을 쫓아내시고 병든 자들을 다 고치시니 17.
이는 선지자 이사야를 통하여 하신 말씀에 우리의 연약한 것을 친히
담당하시고 병을 짊어지셨도다 함을 이루려 하심이더라

1절 예수께서 산에서 내려오시니 수많은 무리가 따르니라

예수님이 계시는 곳에는 언제나 수많은 무리가 따랐습니다. 여러분, 사람들을 모으는 것은 결코 쉬운 일이 아닙니다. 오라고 한다고 해서 사람들이 모입니까? 사람들은 자기에게 이해관계가 있어야 모입니다. 내가 필요로 하는 것이 채워지고 내게 유익이 되어야 모이지, 나와 이해관계가 전혀 없으면 모일 턱이 없습니다. 그런데 예수님이 가시는 곳마다 사람들이 몰려드는 이유는 그들의 필요가 채워지기 때문입니다. 그들의 생활 속에 절실히 필요한 것이 채워지기 때문에 예수님이 가시는 곳마다 따라가는 것입니다.

나는 국내와 해외에서 '교회 성장 세미나' 강의를 하면서 많은 목회자들이 '왜 우리 교회는 성도들이 안 오는가?' 라는 문제로 마음속에 불안과 초조감을 가지고 있는 것을 보았습니다.

많은 목회자들이 교회에 사람들이 많이 오게 하기 위해서 여러 가지 방법을 사용합니다. 구역을 잘 조직하고, 지역 주민들이 교회에서 노인 학교도 하고, 주부 학교도 하고, 행사도 하도록 교회를 개방하는 등 온갖 방법을 다 사용합니다. 그런데도 교회가 부흥되지 않습니다. 그것은 제일 핵심적인 문제에 주의 종들이 실수하기 때문입니다. 주의 종들의 실수는 '왜 성도들이 모이지 않는가?' 에 대해서 깊이 생각하지 않는다는 것입니다. 여러분, 주의 종이 성도들에게 필요한 것을 채워 주면 성도들이 오는 것은 마땅한 일입니다. 성도들의 생활 속에 부족한 것, 모자란 것을 말씀으로 채워 주면 성도들은 모이게 되어 있습니다. 교회에 오면 유익이 되는데 왜 교회에 안 옵니까? 그런데 대다수의 주의 종들은 성도들에게 필요한 것을 채워 주지 못하면서 자기가 설교를 잘 한다고 인정해 버립니다.

"나는 설교를 잘 하는데 교인들이 설교를 알아듣지 못하고 열심을 내지 않고 교회에 오면 잠을 잔다."

이렇게 교인들에게 책임을 전가하고 자기가 얼마나 설교를 못하는가를 인정하지 않으려고 합니다.

내가 세계 여러 국가들을 방문하면서 주의 종들에게 강의할 때 구역 조직 같은 것에 대해서 이야기하면 열심히 노트에 적습니다. 그런데 설교에 대해서 이야기하면 노트를 탁 덮고 연필도 내려놓고 멀뚱히 앉아 있습니다. '나는 설교만큼은 잘 한다.' 라는 생각을 가지고 있는 것입니다.

그러나 교회에 성도가 모이지 않는 가장 핵심적인 원인은 설교를 잘 못하기 때문입니다. 목회자의 설교는 음식점의 음식과 같습니다. 아무리 위치가 좋고 실내 장식이 잘 되어 있고 주방이 깨끗하고 종업원들이 친절

한 음식점이라도 음식이 맛없으면 사람들이 오지 않습니다. 그러나 주방장이 음식을 잘 만들어서 아주 맛이 있으면 환경이 별로 좋지 않아도 옵니다. 대개 맛있게 한다는 음식점에 가 보면 참 지저분합니다. 그런데도 사람들이 많이 옵니다. 맛이 있기 때문입니다. 음식점은 맛이 있어야 사람들이 옵니다. 거리는 문제가 되지 않습니다. 서울의 번화가가 아니라도 괜찮습니다. 저 변두리에 떨어져 있어도 빈자리가 없을 정도로 사람들이 꽉 들어찹니다. 문제는 맛이 있어야 되는 것입니다.

그러면 어떤 설교를 해야 교회에 사람들이 몰려옵니까? 목회자는 하나님의 말씀으로 사람들의 욕구를 채워 주어야 합니다. 염려, 근심, 불안, 초조, 절망, 좌절감, 이런 것이 꽉 들어찬 세상 속에서 시달리다가도 교회에만 오면 마음에 용기를 얻고, 꿈과 희망을 얻고, 믿음을 얻고, 문제가 해결되고 하나님의 기적을 체험하도록 해야 하는 것입니다. 그러므로 가장 중요한 문제는 강단에서의 메시지입니다. 목회자가 자신들의 필요를 채워 주는 메시지를 선포하면 사람들은 교회로 몰려오게 되는 것입니다.

예수님께 사람들이 구름 떼같이 몰려와서 따른 것은 그들의 필요가 채워졌기 때문입니다. 그리스도의 복음은 인간의 가장 근본적인 문제를 해결하고 채워 주는 하나님의 은혜가 있습니다. 그렇기 때문에 그리스도의 복음이 증거되는 곳에 사람이 모이지 않는다는 것은 있을 수 없는 일입니다. 오늘날 교회가 부흥되지 않고 비는 것은 주의 종이 잘못되었기 때문입니다. 아무리 노력하고 애를 써도 교인들이 안 모이면 목회자는 기도하고 회개하고 무엇이 잘못되었는지를 알아내야 합니다. 교인들을 자꾸 원망하고 "교회에 열심을 안 낸다. 교회에 충성하지 않는다."라고 불평해서는 안 됩니다. 문제는 복음을 전하는 당사자에게 있는 것입니다. 주의 종은 예수님의 제자 아닙니까? 그런데 예수님에게는 수많은 무리가 따랐는데 예수님의 제자에게 왜 사람들이 따르지 않겠습니까? 그것은 목회자가 그리스도를 증거하는 복음을 전하지 않기 때문입니다.

오늘날 사람들은 기갈과 기근에 처해 있습니다. 사람들은 그 기갈과 기근을 채워 줄 곳을 찾고 있습니다. 교회가 그 기갈과 기근을 채워 주면 왜 사람들이 안 오겠습니까? 교회가 하나님의 말씀을 올바로 전해서 문제를 해결해 준다면 교회에 사람들이 넘쳐 나지 않을 수가 없는 것입니다.

2-4절 한 나병 환자가 나아와 절하며 이르되 주여 원하시면 저를 깨끗하게 하실 수 있나이다 하거늘 예수께서 손을 내밀어 그에게 대시며 이르시되 내가 원하노니 깨끗함을 받으라 하시니 즉시 그의 나병이 깨끗하여진지라 예수께서 이르시되 삼가 아무에게도 이르지 말고 다만 가서 제사장에게 네 몸을 보이고 모세가 명한 예물을 드려 그들에게 입증하라 하시니라

예수님 당시에 나병 환자는 동네 안에 들어오지 못하고 동네 밖에 격리되어 있었습니다. 만일 성한 사람이 오고 있는 것이 보이면, 나병 환자는 "부정하다! 부정하다!" 라고 고함을 쳐서 성한 사람이 가까이 오지 못하게 해야 합니다. 또한 나병 환자는 성한 사람들이 사는 동네에 들어오면 돌에 맞아 죽습니다. 그러므로 예수님이 수많은 무리와 함께 있는데 한 나병 환자가 예수님 앞에 뛰어나왔다는 것은 '죽기 아니면 살기' 라는 각오 없이는 할 수 없는 행동입니다. 그는 평생을 나병 환자로 사느니 차

라리 돌에 맞아 죽게 되더라도 예수님을 만나 보겠다는 각오로 담대하게 나아온 것입니다.

그를 본 순간 모든 사람이 막 고함을 치며 돌멩이로 치려고 했습니다. 그럼에도 그는 조금도 흔들림 없이 예수님께 꿇어 엎드려 처절한 모습으로 주님을 쳐다보았습니다. 눈은 이지러졌고, 코는 벌써 무너졌고, 귀는 하나 떨어져서 없어졌고, 손가락은 마디마다 다 떨어져 나가고 없었습니다. 그의 몸은 썩어 가고 있었습니다.

"주여, 원하시면 저를 깨끗하게 하실 수 있나이다."

그때 예수님이 뭐라고 말씀하셨습니까? 예수님은 그를 측은히 보시고 손을 내밀어 그 고름이 질척거리는 머리에 손을 얹으시며 "내가 원하노니 깨끗함을 받으라!" 고 하셨습니다. 그러자 즉시 나병이 깨끗이 나아 성한 사람이 되었습니다.

이 한 가지 사건을 통해서 우리가 분명하게 해결해야 할 문제가 있습니다.

'병 낫는 것이 주님의 뜻인가, 아닌가?'

이것을 자꾸 묻는 사람들이 있는데, 병 고치는 것은 주님의 뜻이라는 것이 이 한 구절로 분명해집니다. 병 중에서 가장 흉악한 병이 나병입니다. 나병 환자가 "주님이 원하시면 저를 깨끗하게 하실 수 있나이다."라고 한 것은 '병 낫는 것이 주님의 뜻입니까, 아닙니까?' 를 물은 것입니다. 그때 주님은 두말하지 않고 "내가 원하노니 깨끗함을 받으라!" 고 하셨습니다. 우리가 병 고침 받는 것은 주님의 뜻입니다. 그렇지 않다면 예수님이 왜 십자가에서 우리의 연약한 것을 친히 담당하시고 병을 짊어지고 가셨겠습니까? 예수님이 십자가에 못 박혔다는 것은 하나님이 십자가에 못 박혔다는 것입니다.

'이 죄짓고 더럽고 보잘것없는 인생을 위해서 하나님이 십자가에 못 박혔다!'

여러분, 한번 생각해 보십시오.

'내가 무엇이기에 나 같은 인생을 위해서 하나님이 십자가에 못 박히셨는가? 하나님이 십자가에 못 박혀 몸 찢기고 피를 흘려서 구원할 만한 가치가 내게 있는가?'

내가 내 자신을 볼 때에는 참으로 보잘것없고 가치 없는 인간으로 보입니다. 그러나 하나님께서는 하나님 자신을 십자가에 못 박아 죽이면서까지 대가를 지불하고 우리를 구원하시고 우리를 굉장히 귀하게 보시는 것입니다. 우리 하나님의 그 사랑과 은총이 얼마나 큽니까? 하나님은 우리를 사랑하셔서 친히 우리의 연약한 것을 담당하시고 병을 짊어지셨습니다. 하나님의 뜻은 우리가 병 낫는 것입니다. 그러므로 우리가 하나님을 믿고 순종하는 생활을 하면, 하나님은 반드시 우리의 병을 낫게 해 주십니다. 그러나 우리가 하나님을 불순종하고 불신앙하는 생활을 하면 병 고침을 받을 수 없습니다. 왜냐하면 비록 병 낫는 것이 하나님의 뜻이라도 하나님과의 관계가 잘못되어 있으므로 병 고침을 받을 수 있는 관계를 맺을 수 없기 때문입니다.

본문을 보면, 예수님이 "깨끗함을 받으라!" 고 말씀하시자마자 나병 환자가 깨끗이 나았습니다. 이와 같이 주님의 치료는 순식간에 이루어질 때도 있지만, 천천히 이루어질 때도 있습니다. 기적으로 나을 때에는 순식간에 낫고, 신유로 나을 때에는 천천히 낫습니다. 기적은 순식간에 창조하는 것입니다. 그러나 신유는 신진대사를 통해서 천천히 병이 물러가고 건강이 회복되는 것입니다. 하나님이 기적으로 치료하시든 신유로 치료하시든, 그것은 하나님이 선택하실 일입니다. 그러나 우리가 한 가지 분명하게 아는 것은 하나님은 우리를 고칠 수 있는 능력이 있으시고, 또 하나님은 우리를 고치기를 원하신다는 것입니다.

기독교의 복음은 치료입니다. 치료가 없는 기독교의 복음은 반쪽 복음입니다. 아담과 하와가 에덴에서 타락한 결과 온 인류가 영도 마음도 몸도 생활도 병들어서 파멸되었기 때문에 구주가 오신다면 그는 반드시 치료자가 되어야 합니다. 윤리와 도덕을 가르치는 자는 구주가 될 수 없습니다. 종교나 사상을 가르치는 자도 구주가 될 수 없습니다. 치료자가 아니면 구주가 아닙니다. 그런데 예수님이 오셔서 인간의 영과 마음과 몸과 생활을 치료하셨습니다. 그러므로 예수님만이 우리의 구주이신 것입니다.

예수님은 나병을 깨끗이 고쳐 주신 후 그에게 "삼가 아무에게도 이르지 말고 다만 가서 제사장에게 네 몸을 보이고 모세가 명한 예물을 드려 그들에게 입증하라"(4절)고 말씀하셨습니다.

옛날에는 나병 환자가 깨끗함을 입으면 반드시 제사장에게 가서 정말 깨끗이 나았는지 진단받고, 병이 나은 것이 증명되면 하나님 앞에 예물을 드려 의식을 지켜야 했습니다. 레위기 14장을 보면 그 의식에 대한 규례가 기록되어 있습니다. 나병이 나은 사람이 제사장에게 가면, 제사장은 그 사람을 조사하고 난 다음에 진짜 나병이 나았으면 살아 있는 새 두 마리와 백향목과 붉은 실과 우슬초를 가져오게 합니다. 그리고 그것들을 가지고 시내로 가서 흐르는 시냇물을 질그릇에 담아, 그 물 위에서 새 한 마리를 잡고 질그릇에 피를 담아서 나병이 나은 사람에게 일곱 번 피를 뿌립니다. 그리고 남은 한 마리의 새는 백향목과 붉은 실과 우슬초로 질그릇에 담긴 피를 뿌려서 날려 보냅니다.

이 의식은 깊은 상징적 의미를 가지고 있습니다. 새는 예수님을 상징합니다. 질그릇은 육신을 상징하고, 나병은 죄를 상징합니다. 육신의 나병이 온몸을 먹어 들어가는 것처럼 죄는 우리의 영혼을 파먹어 들어갑니다. 이 죄에서 어떻게 정결함을 받습니까? 육신의 질그릇 속에 와서 피를 흘리신 예수님의 피를 뿌림 받아야 합니다. 일곱 번 피를 뿌린 것은 완전한 치료를 상징합니다. 일곱은 완전수이기 때문입니다. 예수님의 피로 우리 영혼의 나병이 완전히 낫는 것입니다. 예수님은 피 흘려 죽으심으로 우리의 죄를 깨끗이 씻어 주시고 산 채로 날려 보낸 새처럼 부활, 승천하셨습니다.

이러므로 우리가 예수 그리스도의 십자가의 보혈을 믿기만 하면 그 흘리신 피가 우리 영혼의 나병을 완전히 치료해 줍니다. 그렇기 때문에 우리는 하나님께 죄를 한 번도 짓지 않은 의인으로 인정받고, 하나님 앞에 조금도 부끄러움 없이 설 수 있는 자격을 얻고, 마귀의 참소를 받지 않게 된 것입니다.

5-10절 예수께서 가버나움에 들어가시니 한 백부장이 나아와 간구하여 이르되 주여 내 하인이 중풍병으로 집에 누워 몹시 괴로워하나이다 이르시되 내가 가서 고쳐 주리라 백부장이 대답하여 이르되 주여 내 집에 들어오심을 나는 감당하지 못하겠사오니 다만 말씀으로만 하옵소서 그러면 내 하인이 낫겠사옵나이다 나도 남의 수하에 있는 사람이요 내 아래에도 군사가 있으니 이

더러 가라 하면 가고 저더러 오라 하면 오고 내 종더러 이것을 하라 하면 하나이다 예수께서 들으시고 놀랍게 여겨 따르는 자들에게 이르시되 내가 진실로 너희에게 이르노니 이스라엘 중 아무에게서도 이만한 믿음을 보지 못하였노라

백부장은 로마의 육군 대위쯤 됩니다. 그 당시에는 로마 사람들이 유대를 점령하고 있었기 때문에 로마의 백부장이라면 그 권세가 대단했습니다. 그러니 백부장이 피지배 민족인 유대인 청년에게 나아와서 간구한다는 것은 있을 수가 없는 일입니다. 그는 자신의 권세를 가지고 예수님에게 '오라, 가라' 명령할 수도 있었습니다. 그럼에도 불구하고 이 백부장은 예수님께 나아와서 꿇어 엎드려 간구했습니다. 이것은 이 백부장이 예수님이 누구인지를 알기 때문에 그렇게 한 것이지, 몰랐다면 그렇게 하지 못했을 것입니다. 이 백부장은 예수님이 하나님의 아들이요, 하늘과 땅의 모든 권세를 가지고 있는 위대한 분이라는 사실을 깨달은 사람이었습니다.

여러분, 깨달음이 있다는 것은 참 중요합니다. 성령께서 우리 마음에 깨달음을 주시면 우리는 예수님이 누구인지 알게 됩니다. 깨닫지 못한 사람은 예수님에 대해 "그는 사생자다. 어디에서 왔는지도 모른다. 그는 종교인으로 살다가 죽었다."라고 말합니다. 그러나 성령께서 우리 마음에 깨달음을 주시면 우리는 예수님이 하나님의 아들이시며 구주이심을 알게 되는 것입니다.

이 당시 유대인들은 예수님이 어떤 분인지 올바로 알지 못했습니다. 그러나 이 백부장은 성령께서 깨달음을 주셔서 예수님을 알게 된 것입니

다. 사도행전 16장 14절부터 15절을 보면, 바울이 안식일에 빌립보 시 외곽에 가서 복음을 증거하는데 자색 옷감 장사 루디아의 마음을 하나님이 여시매 그녀가 예수 그리스도를 그 마음속에 모셔 들이고 가족과 함께 믿었다고 말씀하고 있습니다. 이와 같이 하나님께서 마음을 열어 주셔야 예수님을 믿게 되지, 마음을 열어 주시지 않으면 절대로 믿을 수 없는 것입니다.

오늘날 우리가 예수님을 믿는 것도 천지의 주재이신 하나님께서 성령을 보내어 우리의 마음을 열어 주셨기 때문입니다. 하나님께서 마음을 열어 주시지 않는 한, 완악하고 죄악으로 굳어진 마음으로는 절대로 예수님을 알지 못합니다. 아무리 연구하고 공부해도 알지 못합니다. 머리로 아는 것과 마음으로 믿는 것은 천양지차로 다릅니다. 머리로는 지식적으로 아무리 많이 알아도 중생하지 못합니다. 마음으로 예수님을 모셔 들여야 중생하는데, 마음은 성령께서 여시지 사람의 힘으로는 열지 못합니다.

백부장은 예수님께 "주여, 내 하인이 중풍병으로 집에 누워 몹시 괴로워하나이다."라고 말했습니다(6절). 이 백부장은 굉장히 사랑이 많은 사람입니다. 당시의 사회 통념에 따르면 종은 소유물에 불과했습니다. 그러므로 병든 하인을 그냥 죽게 내버려 두어도 비난받을 일이 아니었습니다. 그런데 그는 자기 하인이 중풍병으로 고통당하고 있는 것을 불쌍히 여겨 그 하인을 낫게 하기 위해서 예수님께 나와서 간구한 것입니다. 이것이 만일 로마의 군(軍) 수뇌부에 알려지면 목이 달아납니다. 적어도 로마 군대의 백부장이나 되는 사람이 유대에서 이단으로 손가락질받는 예수님을 찾아가서 굽실거렸다고 하면 웃음거리가 될 것은 뻔한 일입니다. 그럼에도 불구하고 그는 하나님을 두려워하고, 예수님이 누구인지 알고, 무엇보다도 자기의 하인을 사랑하기 때문에 예수님을 찾아올 수 있었던 것입니다. 무시당하고 천대받고 인권이라고는 전혀 없는 하인이 중풍으로 쓸모없이 되었는데 그 고통받는 것이 너무나 불쌍해서 예수님께 간청을 한 것입니다.

예수님은 백부장의 청을 듣자마자 두말하지 않고 고쳐 주겠다고 말씀하셨습니다. 로마의 백부장쯤 되면 거들먹거리고 큰소리치며 건방지게 굴 만도 합니다. 그런데 그가 직접 찾아와서 예수님을 '주'라고 불렀습니다. 그것은 그가 예수님이 누구인지 알고 신앙이 있다는 증거입니다. 그리고 고통받고 있는 하인을 위해서 간청한다는 것은 그가 사랑이 많고 참으로 훌륭한 인격을 가진 사람이라는 것을 증명합니다. 그렇기 때문에 예수님은 그의 믿음과 사랑을 보시고 "내가 가서 고쳐 주리라!"고 즉각 대답하신 것입니다.

그런데 8절을 보면 이때 백부장이 예수님께 뭐라고 했습니까?

"주여, 내 집에 들어오심을 나는 감당하지 못하겠사오니 다만 말씀으로만 하옵소서. 그러면 내 하인이 낫겠사옵나이다."

참으로 대단한 사람입니다! 그는 예수님이 하늘과 땅의 모든 권세를 가지고 계신 창조주라는 것을 인정했습니다. 창조주는 말 한마디로 다스립니다. 여러분, 임금은 직접 돌아다니면서 행정을 하지 않습니다. 임금은 앉아서 말만 하면 됩니다. 말만 하면 그 말이 떨어지자마자 곧장 명령이 통하는 것입니다. 그것은 권세가 있기 때문입니다. 가정에서도 그렇지 않습니까? 권세를 잃어버린 남편은 무슨 말을 해도 부인도 '피-' 하고, 아이들도 '피-' 할 뿐 그 말이 먹혀들지 않습니다. 그러나 평소에 의롭고 거짓이 없고 거룩하게 살면서 가정을 잘 돌본 남편은 아내나 자식

앞에서 권세가 있습니다. 존경을 받습니다. 그러니까 말 한마디에 부인도 순종하고 아이들도 순종합니다. 권세는 바로 그런 것입니다. 권세가 있으면 명령으로써 다스리지 직접 나가서 일하지 않습니다.

이 백부장은 예수님이 만왕의 왕이며 만주의 주시고 하나님의 아들이시며 권세 있는 분이시므로 예수님의 말씀 한마디면 다 변화된다는 것을 알았습니다. 그래서 그는 "주님이 비천한 저의 집에 들어오신다는 것은 천부당만부당한 일입니다. 여기서 말씀 한마디만 해 주셔도 내 하인은 낫습니다."라고 말한 것입니다. 그러니 그는 참으로 대단한 계시를 받은 사람 아닙니까?

9절을 보면 그가 얼마나 예수님의 권세에 대해서 잘 알고 있는지 알 수 있습니다.

"나도 내 위에 상관이 있고 내 밑에도 군사가 있어서 내 군사에게 '가라!' 고 하면 가고 '오라!' 고 하면 옵니다. 또 내 종더러 '이것을 하라!' 고 하면 말한 대로 합니다. 그러니 말씀으로만 하옵소서. 예수님의 권세 있는 말씀 한마디면 되지 직접 오실 일이 뭐 있겠습니까?"

참으로 굉장한 깨달음입니다. 예수님은 하늘과 땅의 모든 권세를 가지고 계십니다. 그렇기 때문에 우리가 예수 이름으로 귀신을 쫓으면 귀신이 쫓겨 나갑니다. 우리가 질병을 향해 예수 이름으로 물러가라고 명령하면 병이 낫습니다. 예수 이름에 위대한 권세가 있기 때문에 예수 이름으로 명령하면 귀신도, 질병도, 자연과 환경도 순종할 수밖에 없는 것입니다. 권세에 불복종하면 형벌을 받습니다. 마귀와 귀신들도 그렇습니다. 예수 그리스도의 이름으로 권세 있게 명령하는데도 저항하면 때가 오기 전에 무저갱으로 들어가야 됩니다. 때가 오기 전에 심판을 받습니다. 그렇기 때문에 영의 세계가 그리스도의 이름 앞에 떨고 그리스도의 권세 있는 명령에 순종하지 아니할 수 없는 것입니다.

오늘날 예수 그리스도의 권세를 잘 알지 못하고 반신반의하면서 예수님의 이름을 사용하는 사람들이 많습니다. 그렇기 때문에 귀신들도 그것을 알고서 '흥, 네가 진짜 예수님에게 권세가 있는지 알지 못하고 말하는 것이므로 나는 듣지 않겠다.' 라고 콧방귀 뀝니다. 권세가 있으면 명령 한마디면 그대로 이루어집니다. 그러므로 우리는 기도를 많이 하고 성령으로 충만해서 예수님의 이름을 권세 있게 사용해야 되는 것입니다.

예수님은 백부장의 말을 듣고 신기하게 여기셨습니다.

'야! 이 사람이 어떻게 이것을 깨달았을까?'

성령을 받은 사람들은 성령으로 말미암아 깨달아 알겠지만, 당시에는 성령이 부어지지도 않았는데 이방인 백부장이 예수님에 대해서 이렇게 철저히 깨달아 알고 있으니까 예수님조차 기이하게 여기신 것입니다.

예수님은 백부장의 믿음에 감탄을 금치 못하셨습니다.

"하나님의 선민인 이스라엘 백성들 중에도 이만한 믿음과 깨달음을 가진 사람을 만나 보지 못했다!"

선민이라고 하는 유대인들이 예수님을 멸시하고 이단 사설로 처결하려고 하는 마당에, 로마의 백부장이 이만한 깨달음과 믿음을 가지고 있다는 것은 참으로 불가사의한 일이 아닐 수 없습니다. 그렇기 때문에 예수님은 "이만한 믿음을 가진 사람을 처음 보았다!" 며 놀라워하신 것입니다.

믿음은 진리를 듣고 깨달아야 생깁니다. 말씀을 듣고 깨달아야 믿음이 생기지, 깨닫지 못하면 믿음이 생기지 않습니다. 이 백부장은 올바로 말씀을 깨닫고 예수님을 아는 사람이었습니다. 그렇기 때문에 그는 예수님조차 감탄하실 만한 강한 믿음을 가질 수 있었던 것입니다.

11-13절 또 너희에게 이르노니 동서로부터 많은 사람이 이르러 아브라함과 이삭과 야곱과 함께 천국에 앉으려니와 그 나라의 본 자손들은 바깥 어두운 데 쫓겨나 거기서 울며 이를 갈게 되리라 예수께서 백부장에게 이르시되 가라 네 믿은 대로 될지어다 하시니 그 즉시 하인이 나으니라

본문에서 예수님은 이방인의 구원을 말씀하시고 있습니다. 예수님 당시의 유대인들은 선민 이스라엘의 후손인 자신들만 구원받는다고 생각했습니다. 그러나 예수님은 동서 사방에서 많은 이방인들이 그리스도를 믿고 구원을 받아 부활의 날에 아브라함과 이삭과 야곱과 함께 천국에 참여할 것이라고 하셨습니다. 그리고 "그 나라의 본 자손들은 바깥 어두운 데 쫓겨나 거기서 울며 이를 갈게 되리라"고 말씀하셨습니다. '그 나라의 본 자손'은 유대 민족을 말합니다. 아브라함과 이삭과 야곱의 후손이 바로 유대 민족 아닙니까? 그런데 유대인들은 전통만 고수하고 하나님의 아들 예수 그리스도의 계시를 받아들이기를 거부했습니다. 그 결과 유대인들은 구원받기는커녕 하나님께 버림받아 지옥 어두운 데로 쫓겨나서 이를 갈며 고통받게 된다는 것입니다.

이러므로 우리는 전통이 우리를 구원하는 것이 아님을 알아야 합니다. 하나님은 모세를 통하여 이스라엘 백성들과 시내 산에서 구약, 즉 언약을 맺었으나 이스라엘 백성들이 그 언약을 다 깨뜨렸습니다. 그래서 하나님께서는 구약을 취소하시고 멜기세덱의 반차를 좇아 하나님의 아들

예수 그리스도를 보내어 십자가에 못 박혀 죽었다가 부활하게 하시고 그 피로 새로운 언약을 맺으셨습니다. 구약 시대에는 행함으로 구원받지만, 신약 시대에는 믿음으로 말미암아 구원을 얻게 되었습니다. 그러므로 이제는 아브라함과 이삭과 야곱의 후손이라고 해서 구원받는 것이 아닙니다. 유대인, 이방인 가릴 것 없이 누구든지 예수님을 자신의 구주로 믿으면 구원받아 영생을 얻게 되는 것입니다.

우리가 예수님을 믿으면 하나님과 언약 관계에 들어갑니다. 그리고 언약 관계에 들어가면 하나님께서 우리에게 성령을 보내 주십니다. 구약 시대에는 언약 관계에 들어가면 하나님께서 계명을 주셨습니다. 유대인은 태어나서 8일 만에 할례를 받고 하나님과 언약 관계에 들어가는데, 그 언약은 '모든 계명을 지켜 행하면 구원받는다!' 라는 옛 약속입니다. 그러나 오늘날에는 우리가 예수님을 믿고 보혈로 씻음 받아 구원받으면 하나님께서 성령을 보내 주십니다. 그래서 성령께서 우리에게 오셔서 우리를 위로하시고 격려하시고 우리에게 힘과 능력을 주시는 것입니다. 구약 시대에는 계명으로 살았지만, 오늘날 우리는 성령으로 삽니다. 성령으로 살면 성령으로 행하게 됩니다. 이러므로 우리는 첫째도 성령, 둘째도 성령, 셋째도 성령으로 행하여야 합니다. 성령 충만하여야 합니다. 구약 시대 사람들이 늘 계명을 외웠듯이, 오늘날 우리는 늘 성령님을 인정하고 환영하고 모셔 들이고 의지하고 살아야 되는 것입니다. 우리는 성령으로 충만해서 성령으로 살아야 되는 것입니다.

그다음 13절을 보십시다.

"가라, 네 믿은 대로 될지어다!"

여기를 보십시오. 예수님이 "네가 믿었으니 되었다." 라고 말씀하시지 않았습니다. "네 믿은 대로 될지어다!" 라고 말씀하셨습니다.

믿음은 우리가 가지고 있는 것입니다. 이 백부장이 예수님을 깨달으니까 믿음이 생겨나지 않았습니까? 오늘날 우리도 예수님에 대해서 깨달으면 믿음이 생깁니다. 이 믿음은 우리가 깨달을수록 자꾸 자랍니다.

며칠 전에 한 성도가 내게 편지를 보냈는데, 그는 여태껏 예수를 믿으면서도 십일조 드리는 것이 뭔지 몰랐답니다. 그저 예수 믿으면 구원받고, 천국 가게 되고, 복 받는 것으로만 알았지 십일조 드리는 것에 대해서는 알지 못했는데, 말라기를 읽다가 크게 깨달았다는 것입니다.

'아, 물질의 복을 받으려면 반드시 십일조를 드려야 되겠구나!'

그래서 "나는 여태껏 예수 믿으면서도 십일조 드리는 것에 대해서는 몰랐는데, 말씀을 읽다가 깨달음을 얻어 '십일조를 드림으로 말미암아 주님이 복을 주신다!' 는 믿음이 생겼습니다." 라고 편지에 써서 내게 보냈습니다.

성경은 "믿음은 들음에서 나며 들음은 그리스도의 말씀으로 말미암았느니라"(롬 10:17)고 말씀하고 있습니다. 우리가 그리스도의 말씀을 듣고 깨달으면 믿음이 자라기 시작합니다. 우리가 설교를 듣는 것도 목회자가 설교할 때 그 말씀을 들음으로 마음에 깨닫게 되는 것이 있기 때문입니다. 사람들은 육체적, 감정적으로 흥분하면 은혜를 받았다고 하는데, 그런 것 때문에 믿음이 생기는 것은 아닙니다. 뜨거워지고, 진동하고, 뒹굴고, 넘어지는 것이 나쁘다고 하지는 않겠습니다. 그러나 몸이 진동했다고 해서 믿음이 생기지는 않습니다. 또 넘어졌다고 믿음이 생기는 것도 아닙니다. 나는 그런 것에 대해서 비평은 안 합니다. 왜냐하면 성령께서 역사하셔서 요한도 밧모 섬에서 죽은 자같이 넘어진 적이 있고, 바울도

다메섹으로 가다가 그리스도를 만나 말에서 떨어져 쓰러진 일이 있기 때문입니다. 그러나 그런 것이 믿음을 주지는 않습니다. 믿음은 말씀을 깨달아야 옵니다. 그러므로 말씀의 증거가 가장 중요한 것입니다. 말씀을 등한히 하고는 결코 믿음이 자라지 않습니다. 이러므로 여러분은 말씀 중심으로 서십시오. 기도하고 말씀을 깨달아야 됩니다. 깨달으면 믿음이 생기고, 또 깨달으면 믿음이 자라고 점점 강해집니다. 우리의 믿음이 강해지면 주님은 우리에게 "네 믿은 대로 될지어다!" 라고 말씀하십니다.

기적은 믿음으로 말미암아 일어나는 것입니다. 우리가 믿음으로 주님과 연결되면 그 믿음의 분량에 따라서 하나님의 권세가 우리에게 임하는 것입니다. 그러면 기적이 일어나게 되는 것입니다.

14-15절 예수께서 베드로의 집에 들어가사 그의 장모가 열병으로 앓아누운 것을 보시고 그의 손을 만지시니 열병이 떠나가고 여인이 일어나서 예수께 수종들더라

예수님은 가시는 곳마다 문제를 당한 사람들을 만나시고 그들의 문제를 해결해 주셨습니다. 예수님은 나병 환자를 만나 그의 병을 고쳐 주셨고, 백부장을 만나 그의 하인의 중풍병을 고쳐 주셨습니다. 그런데 이번에는 베드로의 집에 가시니 베드로의 장모가 열병이 들어 앓아누워 있었습니다. 이 세상에 사람 사는 곳치고 문제가 없는 곳은 없습니다. 영적으로, 심적으로, 육체적으로, 생활에, 모든 것에 문제가 있습니다. 그런데 예수님이 그 문제의 해답을 가지고 계십니다. 그렇기 때문에 오늘날 예수 그리스도의 복음을 가지고 있는 사람들은 그리스도의 십자가를 통해서 해답을 찾을 수 있습니다. '오중복음과 삼중축복', 이것이 바로 근본적인 해답인 것입니다. 죄인에게는 십자가를 통한 용서가 해답이 됩니다. 버림받은 사람에게는 하나님과 화해하고 성령 받고 사랑으로 넘치는 것이 해답입니다. 병든 사람에게는 치료가 해답이 됩니다. 가난하고 저주받은 사람에게는 축복과 형통이 해답이 됩니다. 죽는 사람에게는 영생과 천국이 해답이 됩니다.

예수님이 베드로의 집에 가서 보시니 베드로의 처지가 말이 아니었습니다. 그의 장모는 열병으로 앓아누워 있고, 그가 물고기를 아무리 잡아도 장모의 약값을 대기 힘듭니다. 그 어려운 살림에 물고기를 잡아서 입에 풀칠하기도 어려운데 장모의 약값까지 대야 하니 보통 문제가 아닙니다.그런데 예수님이 그의 문제를 깨끗하게 해결해 주셨습니다. 예수님이 베드로의 장모의 손을 만지며 열병을 꾸짖자, 즉시로 병이 나았습니다. 베드로의 장모는 그 길로 자리에서 일어나 부엌에 가서 예수님께 수종든다고 야단입니다.

보십시오. 얼마나 멋있는 예수님이십니까? 만일 예수님이 베드로의 장모를 고쳐 주시지 않고 "종교를 믿어라. 의식을 행하라." 고 하셨다면 무슨 소용이 있었겠습니까? 그러나 주님은 직접 문제를 해결해 주셨습니다. 이것이 우리 기독교의 복음입니다. 기독교의 복음은 우리에게 근본적인 문제를 해결해 주는 것입니다. 우리가 회개하고 예수님을 만나면 문제가 해결됩니다. 진짜 문제는 우리의 삶 가운데 다가오는 문제가 아니라 예수님을 만나야 한다는 데 있습니다. 예수님을 만나면 태산 같은 문제도 더 이상 문제가 되지 않습니다. 모든 문제의 해답이 예수님에게 있기 때문에 예수님이 함께 계시는 한 어떠한 문제도 있을 수 없는 것입니다. 하지만 내가 게을러서 회개하지도 아니하고, 기도하지도 아니하고, 예수님을 만나지 않으면 문제를 해결 받을 수 없습니다. 주님은 당신을 간절히 찾는 자를 만나 주십니다. 그러므로 우리가 회개하고 기도하며 부르짖으면 예수님을 만나게 되며, 그 순간 우리 마음에 큰 기쁨과 평화가 넘쳐 나고 어떤 문제든지 눈 녹듯이 녹아 사라져 버리고 마는 것입니다.

16절 저물매 사람들이 귀신 들린 자를 많이 데리고 예수께 오거늘 예수께서 말씀으로 귀신들을 쫓아내시고 병든 자들을 다 고치시니

예수님이 베드로의 집에 와 계시다는 소문을 듣고 수많은 사람들이 몰려와서 베드로의 집은 그날 저녁에 인산인해가 되었습니다. 좌우간 어느 곳이든지 예수님이 가시면 그 소문이 온 주위에 퍼져서 갈급한 심령들이 남녀노유 할 것 없이 구름 떼같이 모여들었습니다. 예수님이 사람들에게 영혼이 잘되고 범사가 잘되고 강건하게 되는 복을 베풀어 주시기 때문에 예수님이 계신 곳에 사람들이 안 모일 도리가 없었던 것입니다. 오늘날에도 예수님은 성령으로 우리 가운데 와 계십니다. 그러므로 우리가 예수님을 만나 볼 수 있는 것입니다. "2천 년 전에는 몸으로 와 계시니까 만나 보았지만, 오늘날에는 어떻게 만나 볼 수 있느냐?" 고 물을 수도 있습니다. 오늘날에는 교회가 바로 예수 그리스도의 몸입니다. 그렇기 때문에 우리는 교회에서 예수님을 만날 수 있습니다. 문제는 우리의 믿음입니다. 예수님이 우리 가운데 계신 것을 우리가 믿고 기도하면 오늘날에도 예수님은 여전히 능력으로 역사해 주시는 것입니다.

여러분, 예수님이 고향 땅에 가셨을 때 고향 사람들이 예수님에 대해서 어떤 태도를 보였습니까?

"저 사람은 목수 요셉과 마리아의 아들이 아니냐? 그의 형제들과 누이들도 여기에 있지 않느냐? 그런데 저 사람이 어디에 가서 갑자기 저런 지혜와 지식과 총명을 얻어 가지고 왔는가?"

나사렛 사람들은 예수님을 믿지 않았습니다. 그래서 예수님이 고향 땅에서는 아무 기적도 행하실 수 없었다고 했습니다. 그들이 믿지 않으므로 예수님은 아무 기적도 행하실 수 없었던 것입니다. 하늘나라의 역사는 알고 믿어야 나타납니다. 진리를 알고 그것을 믿어야 주님이 역사하시는 것입니다.

그러므로 우리는 지금 예수님이 우리 가운데 와 계신 것을 알고 그 사실을 굳세게 믿어야 합니다. 그리고 주의 이름으로 기도하면 그리스도의 영광과 능력이 우리 가운데 나타나는 것입니다.

우리 두세 사람이 주의 이름으로 모인 곳에는 주님이 와 계십니다. 그러므로 영육 간에 병들고 고통받는 사람은 교회로 찾아와야 됩니다. 죄인도 교회로 찾아와야 되고, 귀신 들린 자도 교회로 찾아와야 되고, 병든 자도 교회를 찾아와야 되고, 낭패와 실망을 당한 자도 교회를 찾아와야 되고, 배고픈 자도 교회를 찾아와야 됩니다. 예수님이 우리의 문제를 해결할 권세와 능력을 가지고 교회에 계시기 때문입니다.

어제나 오늘이나 영원토록 동일하신 예수님은 지금도 살아 계시며 우리 가운데 놀라운 하늘나라의 역사를 베푸십니다. 이러므로 오늘날 교회가 살아 계신 그리스도를 올바로 증거했다면 교회마다 입추의 여지가 없을 것입니다. 지금 우리 한국에 있는 5만 교회로는 어림도 없습니다. 10

만, 20만 개의 교회가 있어도 다 감당하지 못할 것입니다. 왜냐하면 사람들은 도움이 필요하기 때문입니다. 그러나 예수님이 정말로 우리를 돕는다는 것을 모르고 있습니다. 교회에서 그 사실을 여실히 증거하지 않았기 때문에 사람들은 '예수는 옛날 2천 년 전에 있던 훌륭한 종교가요, 사회 개혁가였지 우리와 무슨 상관이 있느냐?' 라고 잘못 생각하고 있는 것입니다. 믿음은 그리스도의 말씀을 들음으로 말미암아 생겨납니다. 그렇기 때문에 그리스도의 복음을 올바로 전해 주면 올바로 깨닫고 믿게 되며, 그럴 때 예수 그리스도는 우리 모든 삶의 문제의 해답이 되어 주시는 것입니다.

성경은 "너는 내게 부르짖으라 내가 네게 응답하겠고 네가 알지 못 하는 크고 은밀한 일을 네게 보이리라"(렘 33:3)고 말씀하고 있습니다. 오늘날같이 크고 은밀한 일이 필요했던 때가 없었습니다. 우리의 힘으로는 할 수 없는 일이 너무나 많습니다. 직장을 얻는 것, 사업을 계속 이끌어 나가는 것, 가정을 유지하는 것, 이 모든 것에 다 크고 은밀한 일이 나타나야 됩니다. 그런데 그 역사는 예수님이 베풀어 주시는 것입니다. 이러므로 지금이야말로 교회로 찾아와야 될 때요, 교회 가운데 계신 예수님을 만나 보아야 될 때인 것입니다.

본문에 보면, '날이 저물매 사람들이 귀신 들린 자를 많이 데리고 예수님께 왔다.' 고 했습니다. 삶이 어려워지면 귀신 들리는 사람들이 많아집니다. 왜냐하면 사람은 염려, 근심, 고통, 괴로움이 심해지면 마음이 무너지기 때문입니다. 귀신이 단번에 들어오지는 않습니다. 귀신은 처음에 사람의 마음을 유혹합니다. 그래서 그 유혹에 끌려 들어가면 마치 소에게 코뚜레를 꿰듯이 압박을 가해서 끌고 갑니다. 그런 다음 그 사람이 낙심하면 확 무너뜨리고 귀신이 들어오는 것입니다.

생활이 어렵고 고통스러우면 염려, 근심, 고통, 괴로움이 많기 때문에 마음에 저항력을 잃어버립니다. 그렇게 되면 귀신 들리기 쉽습니다. 6·25 사변 후 우리나라에는 귀신 들린 사람들이 참 많았습니다. 내가 불광동에서 처음 목회를 시작한 1958년부터 서대문에서 목회하던 1965년까지만 해도 우리 교회에 귀신 들린 사람들이 얼마나 많이 왔는지 모릅니다. 그래서 매주 화요일마다 귀신 쫓는 기도회를 했습니다. 화요일만 되면 나와 존 허스튼 목사님은 하루 종일 사무실에서 귀신을 쫓아냈습니다. 그런데 귀신이 어디 쉽게 나갑니까? 하나 쫓아내는 데 30분씩, 한 시간씩 걸리니까 하루 종일 쫓아내 보았자 귀신 들린 사람 다섯 명, 여섯 명밖에 감당이 안 되었습니다. 이렇게 힘들어도 매주 화요일만 되면 귀신을 쫓는 기도회를 해야 할 정도로 그 당시에는 귀신 들린 사람들이 많았습니다. 그때는 너무너무 살기가 힘들었기 때문에 사람들이 생활의 고통과 괴로움으로 짓눌려 귀신 들린 것입니다.

그런데 사람들이 못살 때에만 귀신 들리는 것이 아닙니다. 너무 잘살아도 귀신이 들립니다. 사람이 너무 잘살면 그만 허랑방탕하게 됩니다. 돈이 너무 많으니까 술 마시고, 마약을 찾고, 도박하고, 음란하고 방탕한 생활을 하다가 귀신이 들립니다. 귀신은 도박으로 집안을 다 파산시키고, 마약으로 인생을 절단강산으로 만들고, 음란하고 방탕해서 가정을 파탄에 이르게 합니다. 그리고 더 심하게는 귀신은 진짜 미쳐 버리게 합니다. 그래서 고함치고 인사불성이 되어서 돌아다니게 합니다. 요즈음 자살하는 사람들이 많지 않습니까? 왜 자살합니까? 귀신 들려서 그렇게 하는 것입니다. 남을 죽이는 것도 귀신이 들려서 그러는 것입니다.

귀신은 여러 종류가 있습니다. 성경에 나타나는 귀신만 해도 여러 가지가 있습니다.

더러운 귀신은 돌아다니면서 더러운 짓만 합니다. 더러운 귀신이 들리면 더러운 생각을 하고, 더러운 말을 하고, 더러운 행동을 합니다.

악한 귀신은 살인하고, 남의 집에 불 지르고, 다른 사람들을 괴롭히고 못살게 굽니다. 악한 귀신은 사람들에게 고통을 주기 때문에 더러운 귀신보다 더 질이 나쁩니다. 남의 아이를 유괴해서 협박 공갈하고 돈 요구하고 아이를 죽이는 것, 이것이 정상적인 것입니까? 이것은 악한 귀신이 붙어서 하는 것입니다. 악한 귀신은 남의 생명과 재산을 빼앗고 고통을 가져다줍니다. 인정사정 없습니다. 악한 귀신이 남편에게 붙으면 남편이 아니라 악마가 됩니다. 악한 귀신이 부인에게 붙으면 그 남편은 끝장납니다. 악한 귀신이 자식에게 붙으면 집안이 다 풍비박산되고, 악한 귀신이 붙은 이웃이 있으면 온 동네 사람들이 고통을 받습니다. 그러므로 악한 귀신은 우리가 정말 경계해야 합니다. 특히 요즈음에는 악한 귀신이 들린 사람이 많기 때문에 아주 조심해야 합니다.

거짓말하는 귀신은 온 세상에 불신과 거짓을 꽉 채워 놓습니다. 그러다 보니 아무도 못 믿는 세상이 되었습니다. 그래서 온갖 계약서를 다 쓰고, 온갖 보증을 다 세우고, 몇 번이고 다짐을 받고 확인을 하면서도 사람들은 서로 불신하고 의심하며 사는 것입니다.

점치는 귀신은 사람을 미혹시킵니다. 인간은 내일 일을 알지 못하기 때문에 하루하루가 늘 불안합니다. 그래서 답답한 마음을 가지고 점쟁이에게 찾아가서 자신의 장래를 물어봅니다. 귀신은 영이기 때문에 하나님이 하시는 일을 커닝(cunning)해서 조금은 알 수 있습니다. 그러나 우리의 일생은 창세 전에 하나님께서 정해 놓으셨기 때문에 귀신이 우리의 장래를 알 수는 없습니다. 귀신은 우리의 운명을 변화시킬 수 있는 힘이 없습니다. 사람의 생사화복은 하나님만이 주장하시는 것입니다. 하나님만이 그 주권을 가지고 있는 것입니다. 점쟁이의 말을 듣고 푸닥거리를 하고 굿을 해도, 그런 것으로는 절대로 인간의 운명이 변화되지 않습니다. 귀신은 사람을 미혹시킬 뿐, 인간의 운명은 절대로 변화시키지 못하는 것입니다.

허약하게 하는 귀신은 사람을 허약하게 만듭니다. 허약하게 하는 귀신이 들리면 병명(病名) 없이 온몸이 허약해지고 고통스럽고 아픕니다. 귀신이 몸에서 기를 뽑아 가기 때문에 아주 쇠약해지는 것입니다.

온갖 병을 일으키는 귀신들도 있습니다. 성경에 보면 못 듣고 말 못 하게 하는 귀신이 있는데, 이 귀신은 못 듣고 말 못 하게 하는 일만 전문으로 합니다. 또 허리가 꼬부라진 귀신이 있는데, 이 귀신이 들리면 허리가 꼬부라집니다. 그뿐입니까? 귀신이 들려서 폐병도 걸리고, 암도 걸립니다. 물론 모든 병이 다 귀신으로 말미암아 오는 것은 아닙니다. 자동차에 치어 다리가 부러졌는데, 귀신이 부러뜨렸다고 할 수는 없습니다. 그것은 자기가 교통 법규를 안 지켜서 그렇게 된 것입니다. 넘어져서 허리를 다쳤다면, 그것은 귀신이 다치게 한 것이 아니라 넘어져서 다친 것입니다. 그러나 외부의 충격에 의한 것이 아닌 병, 즉 몸속에서 발생하는 병은 대개 귀신이 일으키는 경우가 많습니다.

전에 중국에서 온 어떤 교포가 내게 안수를 받으려고 찾아온 적이 있습니다. 그 여자는 굉장히 위중한 병자였는데, 내가 손을 얹었더니 귀신이 그 여자에게 막 사납게 욕을 하면서 "네가 한국까지 나를 데리고 와서 쫓아내느냐?" 고 고함을 치는 것이었습니다. 그래도 계속해서 예수 이름으로 물리쳤더니 "나는 나간다. 중국 귀신 나간다." 그러면서 나갔습니다. 그러자 그 여자는 깨끗이 나아 버렸습니다. 그 여자는 너무 아파서 한국에 치료차 왔다가 아는 사람의 인도를 받아 우리 교회에 와서 기도 받고 귀신이 쫓겨 나가니까 그 자리에서 나은 것입니다.

물론 사람이 잘못해서 병이 나는 경우도 있습니다. 술을 많이 마셔서 위궤양에 걸린 사람이 "사탄아, 물러가라!" 그러면, 귀신이 "술이나 먹지 마라." 고 조롱할 것입니다. 자기가 술 마셔서 위장병이 난 것을 귀신에게 책임을 돌릴 수 있나요? 한번은 내가 귀신을 쫓아내는데 귀신이 투덜대는 것이었습니다.

"참 이상하다. 사람들은 자기가 잘못하고 책임은 우리에게 다 돌리네."

사람이 잘못해서 병드는 일들이 얼마나 많습니까? 무절제한 생활을 해서 병들고, 음식을 너무 많이 먹거나 아니면 적게 먹어서 병들고, 잠 안 자고 밤늦도록 놀러 다니거나 야근하고 철야 작업한다고 과로해서 병들고, 운동 부족으로 병들고, 또 사고로 병들기도 합니다. 이처럼 모든 병이 다 귀신으로 말미암아 오는 것은 아닙니다. 많은 병이 우리의 잘못된 생활 습관으로 말미암아 다가옵니다. 그러나 귀신이 눌러서 온 병도 많습니다. 그러므로 우리는 병을 고칠 때 잘 분별해서 원인 치료를 해야지, 어떤 교파에서 말하는 것처럼 귀신만 쫓아내면 무슨 병이든지 다 낫는다고 말해서는 안 됩니다. 귀신이 가져온 병도 있고 우리가 잘못해서 초래한 병도 있다는 것을 알아야 하는 것입니다.

이러므로 우리가 병자를 위한 기도를 할 때, 먼저 그 병이 귀신으로 말미암아 왔는지 그렇지 않고 자연적으로 왔는지를 분별해 내는 것은 굉장히 중요합니다. 귀신으로 말미암아 온 병은 귀신을 쫓아내 버리면 당장 낫습니다. 그러나 자연적으로 든 병은 귀신을 쫓아내기만 해서는 낫지 않습니다. 잘못된 생활 습관을 고쳐야 낫습니다. 술 먹는 사람은 술을 끊어야 되고, 담배 피는 사람은 담배를 끊어야 되고, 무질서한 생활을 하는 사람은 무질서한 생활을 하지 말아야 되는 것입니다. 이와 같이 자기의 잘못된 생활 습관 때문에 병든 사람은 자기의 생활 습관을 고쳐서 정상적으로 올바르게 생활하면 건강이 회복되는 것입니다.

그런데 본문을 보면 예수님이 귀신을 말씀으로 쫓아내셨다는 것을 알 수 있습니다. 귀신을 쫓아낼 때에는 말씀으로 명령하면 됩니다. "예수 그리스도의 이름으로 명하노니 나가라!" 고 말씀으로 귀신을 쫓아내야지, 주먹으로 쫓아내면 안 됩니다. 귀신을 쫓아낸다고 하다가 사람을 때려서 죽이는 일이 많이 있습니다. 귀신 쫓아낸다고 사람을 내리누르고 가슴을 쥐어박다가 귀신을 쫓아낸 것이 아니라 사람을 죽인 것입니다.

귀신은 영인데 주먹으로 때린다고 맞나요? 바람을 때린다고 바람이 맞습니까? 아무리 때려도 안 맞습니다. 영도 바람과 같아서 아무리 때려보았자 아무 소용이 없습니다. 영은 말씀으로 쫓아내야 하는 것입니다. 그러므로 안찰을 한다고 사람을 막 비비고 때려서는 절대로 안 됩니다. 또 그런 곳에는 절대로 가지 말아야 됩니다. 병든 사람에게 안수할 때에는 그저 손만 얹으면 됩니다. 손을 얹는 것은 그를 통해서 하나님의 역사가 일어나도록 전기 스위치를 연결해 주는 것과 같습니다. 전기 스위치를 막 누르고 잡아 흔든다고 전기가 더 많이 들어옵니까? 그냥 꽂아만 놓으면 되는 것입니다. 안수는 하나님의 능력을 전달해 주는 것이기 때문에 그냥 손만 얹으면 되는데, 왜 비비고 누르고 흔들고 때립니까? 그래서 왜 갈빗대가 다 부러지고 내장에 출혈이 생기게 합니까? 그것은 아주 잘못된 것입니다.

전에 어떤 귀신 들린 사람을 안수해 달라고 그 가족들이 내게 데리고 온 적이 있었습니다. 그런데 이 사람이 이런저런 기도처에 돌아다니면서 얼마나 맞았던지 온몸에 멍이 들어서 보기에 민망했습니다. 막 붙잡고 내리 때리고 짓밟는다고 귀신이 나갑니까?

때리면 사람이 아프지 귀신이 아플 턱이 없습니다. 귀신은 그 속에 들어가 있는 영이기 때문에 아무리 때려도 귀신이 맞는 것이 아니고 사람만 상하는 것입니다.

본문에 보면 예수님은 말씀으로 귀신들을 쫓아내시고 병든 자를 다 고쳤다고 했습니다. 예수님은 병자들 중 일부만 고친 것이 아니라 모두 다 고쳐 주셨습니다. 그러므로 오늘날도 주님께 나오는 사람은 누구나 다 낫는 것이 주의 뜻입니다. 그럼에도 다 낫지 않는 것은 우리가 부족하기 때문입니다. 우리의 기도가 부족하고 믿음이 부족해서 다 낫지 않는 것입니다.

몇 년 전에 초등학교 동기 동창이고 학창 시절에 늘 1, 2등을 다투던 내 친구가 죽었습니다. 그 친구는 폐가 점점 시멘트같이 굳어가면서 숨을 못 쉬는 병이 들어서 서울대학병원에 입원했는데 그만 죽고 만 것입니다. 물론 그 친구가 병이 든 이유는 있습니다. 그 친구는 평소에 말술을 마시고 늘 줄담배를 피웠습니다. 그래서 내가 만날 때마다 "너 예수 믿어야지, 그렇게 살면 오래 못 산다. 술 담배 끊고 예수 믿어야 된다." 고 충고했습니다. 그럴 때마다 그 친구는 "야, 뭐 그래도 건강 괜찮다." 그랬는데, 결국 병이 들었습니다. 그때서야 눈물 흘리고 회개하고 예수님을 믿고 살려 달라고 해서 내가 두 번 병실로 찾아가서 간절히 기도했건만 결국 죽었습니다. 그 친구가 세상을 떴다는 말을 들으니까 '아, 이제 차례대로 가는구나! 앞서거니 뒤서거니 가는구나!' 라는 생각도 들고 기분이 좀 이상했습니다.

사실 예수 믿는 사람은 가도 좋고 와도 좋습니다. 그러나 주님이 병을 다 고쳐 주셨는데도 오늘날 우리는 다 낫지 못하니까 그것이 안타깝습니다. 어떤 사람은 희한하게 낫고, 또 어떤 사람은 안 낫습니다. 물론 길게 보면 종국적으로 다 낫지요. 천당 가면 병든 사람이 없지 않습니까? 그렇지만 우리는 이 세상에서도 병들지 말아야 합니다. 주님은 우리가 다 낫기를 원하십니다. 그러므로 병든 것이 주의 뜻인지 아닌지는 질문할 필요가 없는 것입니다.

어떤 사람들은 이런 질문을 합니다.

"병 낫는 것이 주의 뜻인데, 나는 왜 안 낫습니까?"

그것은 무엇인가 부족한 것이 있기 때문입니다. 회개가 덜하든지, 순종이 덜하든지, 믿음이 덜하든지, 무엇인가 부족해서 예수님과 접촉이 안 되기 때문에 안 낫는 것이지, 주님이 우리를 고치려고 하시지 않아서 안 낫는 것이 아닙니다. 주님은 여러분이 다 낫기를 원하십니다. 그러므로 금식하고 회개하고 매달려 볼 용기가 생겨나는 것입니다. 그러면 주님의 기적이 일어날 것이라고 나는 믿습니다.

17절 이는 선지자 이사야를 통하여 하신 말씀에 우리의 연약한 것을 친히 담당하시고 병을 짊어지셨도다 함을 이루려 하심이더라

본문은 이사야가 예언한 "그는 실로 우리의 질고를 지고 우리의 슬픔을 당하였거늘"(사 53:4)이라는 말씀을 성령께서 마태를 통해서 풀이해 주신 것입니다.

"우리의 연약한 것을 친히 담당하시고 병을 짊어지셨도다 함을 이루려 하심이더라".

여러분, 한번 생각해 보십시오. 예수님이 2천 년 전에 십자가에 못 박혔을 때 우리 연약한 것을 친히 다 담당하시고 병을 짊어지고 가셨다는 것은 어떤 의미가 있습니까? 한 가지 예를 들어 봅시다. 내가 빚을 잔뜩 졌는데 우리 아버님이 오셔서 "네 빚을 내가 다 담당하겠다."라고 말씀하시고 내 빚을 청산해 버리면 나는 빚에서 해방되지 않습니까? 빚이 주는 고통과 짓눌림에서 법적으로 해방되는 것입니다. 여러분, 빚보증 선다는 것이 바로 그것 아닙니까? '이 사람이 못 갚을 때에는 내가 다 책임진다.' 라고 서약하는 것입니다. 그래서 그 사람이 부도를 내고 도망가면, 보증 선 사람이 별도리 없이 집도 팔고 논도 팔고 다 팔아서 대신 갚아야 되는 것입니다. 예수님이 우리 연약한 것을 친히 담당하시고 병을 짊어지셨다는 것은 바로 주님이 우리의 건강을 보증하셨다는 것입니다. 믿는 자의 건강을 주님이 보증하신 것입니다. 그렇기 때문에 예수 그리스도를 믿고 주님 안에 있는 사람은 병을 앓을 권리가 없습니다. 주님이 나를 위해서 다 담당한 것을 내가 왜 또 재차 담당합니까? 주님이 이미 짊어지고 간 것을 내가 왜 또 짊어집니까? 그러면 주님의 고난이 무효가 되어 버립니다. 예수님이 십자가에서 몸 찢기고 피 흘린 것이 무효가 된다면 얼마나 안타까운 일입니까?

예수님이 십자가에 못 박혀 몸 찢기고 피 흘린 것은 절대로 무효가 될 수 없습니다. 그것은 하나님의 법 앞에서 영원히 하나님이 인정하신 것입니다. 그러므로 법적으로 말하면, 우리는 2천 년 전에 이미 병이 나은 사람들입니다. 2천 년 전에 우리의 연약한 것도 다 취소되고 병도 다 취소되었습니다. 그럼에도 불구하고 우리가 병든다면, 그것은 우리의 믿음이 부족하든지 우리가 주님 중심으로 살지 못해서 주님과 연결되지 않았기 때문입니다.

내가 정말 예수님을 전심으로 섬기고 주님과 함께 동행한다면, 주님이 책임져 주신 것을 내가 또다시 책임질 이유가 없습니다. 그러나 친자식이라도 부모 슬하에서 살 때에는 부모가 책임지지만 부모를 떠나 멀리 가서 저 혼자 잘못을 저지르면 부모가 책임질 수 없습니다. 그럴 때에는 회개하고 새사람이 되어 돌아와야 부모가 돌보아 줄 수 있습니다. 이와 마찬가지로 우리가 주님 중심으로 서지 않고 잘못해서 병이 낫지 않는다면 회개하고 주님께 돌아와야 합니다. 그러면 주님이 병을 고쳐 주시고 돌보아 주시는 것입니다.

우리가 주님과 함께 살아간다면 주님이 우리를 위해서 다 청산한 것을 우리가 또다시 청산할 필요가 없습니다. 백화점에서 물건 값을 이중으로 지불하는 사람 있습니까? 남편이 물건 값을 다 지불해 놓고 그 증서를 부인에게 주면서 "물건 값 다 지불했으니까 당신이 가서 물건을 찾아요." 라고 했는데, 부인이 그 증서를 가지고 가서 다시 물건 값을 지불한다면 이중 지불을 하는 것 아닙니까? 예수님이 우리의 건강을 위해서 그 값을 다 지불해 놓았으니, 우리가 또다시 지불할 필요가 없습니다.

근본적으로 병은 낫게 되어 있습니다. 또, 나아야 합니다. 나아야 주님께 영광이 되지, 안 나으면 주님께 영광이 안 됩니다. 한 사람의 병이라도 나으면 예수 그리스도의 십자가의 고난이 효과를 발생하는 것이지만, 병이 낫지 아니하면 예수 그리스도의 십자가의 고난을 헛되게 만드는 것입니다. 그러므로 그리스도의 영광을 위해서라도 병이 나아야 됩니다. 법적으로 병이 낫게 되어 있습니다. 성령께서도 우리가 병 낫도록 친히 우리를 위해서 기도해 주십니다. 여러분 모두 병을 다 툴툴 털어 버리고 건강하게 사시기를 축원합니다.

2. 제자의 각오(8:18-22)

18. 예수께서 무리가 자기를 에워싸는 것을 보시고 건너편으로 가기
를 명하시니라 19. 한 서기관이 나아와 예수께 아뢰되 선생님이여
어디로 가시든지 저는 따르리이다 20. 예수께서 이르시되 여우도
굴이 있고 공중의 새도 거처가 있으되 인자는 머리 둘 곳이 없다 하
시더라 21. 제자 중에 또 한 사람이 이르되 주여 내가 먼저 가서 내
아버지를 장사하게 허락하옵소서 22. 예수께서 이르시되 죽은 자들
이 그들의 죽은 자들을 장사하게 하고 너는 나를 따르라 하시니라

18절 예수께서 무리가 자기를 에워싸는 것을 보시고 건너편으로 가기를 명하시니라

수많은 무리가 한꺼번에 달려들면 감당을 못합니다. 나는 옛날에 이

말씀을 읽을 때 '그런가 보다!' 했습니다. 그런데 한번은 대전에서 부흥회를 인도하다가 혼난 적이 있습니다. 천막에서 낮에는 성경 공부를 하고 저녁에는 부흥회를 하며 집회를 인도하던 중에 어떤 할머니 한 분이 고함치는 소리가 들렸습니다.

"목사님, 내 아들이 폐병으로 다 죽어 가요!"

그래서 천막 가운데로 내려가서 안수 기도를 하는데 성령의 불이 쏟아지더니만 숨이 거의 다 넘어가고 있던 할머니의 아들이 자리를 털고 일어났습니다.

그러자 갑자기 사람들이 달려들어 내 팔다리를 잡아끌기 시작했습니다.

"사람 살려!"

고함을 치는데도 불구하고 사람들이 막무가내로 달려드는데 참 속수무책이었습니다. 사방에서 옷을 잡아당겨서 단추가 다 떨어져 나가고 옷이 찢어졌습니다. 사람들이 밀고 당기는 대로 이리저리 밀리는데 그대로 있다가는 죽을 것만 같았습니다.

'아! 이러다가 죽는 것이 아닐까?'

나는 목숨의 위협을 느끼면서도 어찌할 도리가 없어서 꼼짝도 못 하고 있었습니다. 그런데 다행히도 안내하는 사람들이 제지해서 겨우 장로님 집으로 피신하여 위험한 상황을 모면하였습니다.

성난 군중도 무섭지만 병든 사람들이 달려들면 굉장히 위험합니다. 그때 이후로 나는 집회에서 안수를 하지 않습니다. 그 대신에 환자 자신이 직접 아픈 곳에 손을 얹게 하고 치유 기도를 하고 있습니다.

여러분, 나 같은 사람도 이런데 하물며 예수님이야 오죽했겠습니까?

손만 대도 병이 낫고 말씀 한마디에 귀신이 쫓겨 나가니 사람들이 얼마나 예수님께 달려들었겠습니까? 아마도 예수님이 가만히 계셨으면 살아남지 못하셨을 것입니다. 그래서 예수님은 사람들을 피하여 산으로도 가시고 배를 타고 강 건너로 피신하기도 하셨습니다. 본문에 보면 예수님이 "건너편으로 가자."고 하셨는데, 이때도 수많은 무리가 에워싸는 것을 피하기 위해서 갈릴리 바다 건너편으로 가려 하신 것입니다.

19절 한 서기관이 나아와 예수께 아뢰되 선생님이여 어디로 가시든지 저는 따르리이다

예수님이 무리를 피해 건너편으로 가려 하실 때, 한 서기관이 예수님께 나아왔습니다. 서기관은 성경을 베끼는 일을 하는 유대의 종교 지도자입니다. 그런데 그 서기관은 은혜를 많이 받았으므로 예수님의 제자가 되려는 각오로 예수님이 가시는 곳이라면 어디든지 따라가겠다고 말했습니다. 그러나 예수님은 서기관의 청을 받아들이지 않으셨습니다. 그 이유는 서기관의 말에는 자기 가족에 대한 책임까지도 포기해 버리겠다는 뜻이 담겨 있었기 때문입니다.

오늘날도 교회에 나와서 은혜를 많이 받은 사람들 중에는 집안일을 돌보지 않고 온갖 부흥회만 열심히 찾아다니는 사람들이 있습니다. 물론 은혜 받으러 부흥회에 가는 것은 좋은데, 자기가 해야 할 일도 하지 않고 여기저기 따라다니는 데만 열심을 내면 안 됩니다. 설거지를 하지 않아서 부엌에는 지저분한 그릇들이 산더미처럼 쌓여 있고, 빨랫감은 방구석에 잔뜩 처박혀 있고, 청소도 하지 않아서 온통 먼지투성이이고, 집 안 정리를 하지 않고 너저분한 채로 내버려 두고 다니면 안 됩니다. 자기가

할 책임을 다하면서 믿음 생활을 해야 합니다.

서대문중앙교회 시절에 어떤 사람이 나를 찾아와서 주의 종으로 써 달라고 부탁하였습니다. 그는 신학교를 졸업하고 기도원에서 기도를 많이 하고 있다고 했습니다. 나는 그에게 가족 관계가 어떻게 되느냐고 물었습니다. 그랬더니 "아내와 자식들이 있습니다."라고 대답하는 것이었습니다. 그래서 다시 그에게 물었습니다.

"그러면 처자식은 어떻게 부양할 생각입니까?"

그러자 그는 나를 똑바로 쳐다보면서 이렇게 말하는 것이었습니다.

"주님이 나를 부르셨기 때문에 처자는 분토와 같이 버렸습니다."

내가 이 말을 듣고 어찌나 기가 막히던지 "나도 당신을 분토와 같이 버렸습니다." 하고 내보냈습니다.

디모데전서 5장 8절에 "누구든지 자기 친족 특히 자기 가족을 돌보지 아니하면 믿음을 배반한 자요 불신자보다 더 악한 자니라"고 했습니다. 자기 아내와 자식을 분토같이 버린 사람이 어떻게 다른 사람을 돌볼 수 있겠습니까? 우리는 자기의 근본적인 책임도 다하면서 신앙생활을 해야 합니다. 책임을 회피하면 안 됩니다. 마음을 다하고 뜻을 다하고 성품을 다하고 정성을 다하고 목숨을 다하여 주님을 먼저 섬기고, 그다음에 나의 가족을 섬겨야 하는 것입니다. 섬기는 순서를 바꾸지 말라는 것이지 한쪽을 버리라는 것이 아닙니다. 내 부모나 처자를 사랑하지 말라는 것이 아닙니다. 그러므로 주님을 먼저 사랑하고 그다음에 가족을 사랑하여야 하는 것입니다.

20절 예수께서 이르시되 여우도 굴이 있고 공중의 새도 거처가 있으

되 인자는 머리 둘 곳이 없다 하시더라

"인자는 머리 둘 곳이 없다."라는 말씀은 '나를 따라와도 별 볼일 없다. 아무것도 생기는 것이 없다. 먹을 것도, 거처할 곳도, 유익도 없다.' 라는 의미입니다. 예수님은 이 말씀으로 서기관의 청을 거절하신 것입니다.

실제로 주님은 당시 사람들이 구주로 믿기 어려울 정도로 초라한 생활을 하셨습니다. 집도 없이 여기저기 떠돌아다니셨으니 옷이나 제대로 빨아서 입으셨겠습니까? 제때 식사나 하셨겠습니까? 예수님의 몰골이 말이 아니었을 것이 뻔합니다. 더욱이 제일 가난한 사람들이 모여 사는 나사렛 출신에 학벌이 있습니까, 아니면 배경이 있습니까? 그렇기 때문에 당시 사람들은 예수님을 구주로 믿기 어려웠던 것입니다. 그런데 예수님의 말씀에 병이 낫고 기사와 이적과 능력이 나타났기 때문에 수많은 사람이 예수님에게로 몰려든 것입니다.

군중들은 예수님이 행하시는 기적을 보고 따라다녔지만, 바리새인들이나 제사장과 같은 종교 지도자들과 권세 있는 자들과 지식층은 예수님을 구주로 믿지 않았습니다. 그런데 결정적으로 예수님이 구주로 증명된 것은 십자가에서 고난을 받으시고 부활하셨기 때문입니다.

십자가에 못 박혀 죽어서 무덤에 장사된 예수님이 죽은 지 사흘 만에 부활한 사실은 제자들만 인정한 것이 아니고 로마 군병들도 인정할 수밖에 없었습니다. 그리고 예수님이 승천하신 후 예수님의 약속대로 성령이 임하셔서 제자들은 일시에 권능을 받고 예루살렘과 온 유대와 사마리아와 땅 끝까지 가서 변화시켰으며, 그 무시무시한 로마 제국을 뒤엎어 버리는 놀라운 역사가 일어났습니다. 이것은 예수님이 구주가 아니고는 있을 수 없는 일인 것입니다.

오늘날에는 예수님이 구주라는 것이 증명되었기 때문에 예수님의 비천하고 가난했던 삶조차 미화되어서 장엄하게 보입니다. 그러나 예수님 당시에는 아무도 그렇게 볼 수 없었습니다. 예수님의 모습과 생활은 지금으로 치면 두메산골에서 내려와 치렁치렁하게 늘어뜨린 머리에 다 떨어진 더러운 옷을 걸치고서 무식하고 너절한 사람들과 함께 이 동네 저 동네 다니면서 밥이나 얻어먹고 사는 거지 대장과 같았기 때문입니다. 예수님의 삶은 서기관이 생각했던 것처럼 영화로운 삶이 아니었습니다. 여우도 굴이 있고 참새도 집이 있지만, 예수님은 머리 둘 곳조차 없는 나그네 생활을 하신 것입니다.

그러면 '왜 예수님이 그런 생활을 하셨는가?', 우리는 그것을 알아야 합니다. '예수님이 부잣집이나 권세 있는 집이나 학자 집안에서 태어나시든지 가말리엘의 문하에서 일류 대학 교육을 받고 대중 앞에서 말씀을 전하셨다면, 수많은 사람이 예수님을 믿고 받들었을 것이 아닌가?' 라고 생각할 수도 있습니다. 그러나 예수님은 가르치러 오신 것이 아니라 죽으러 오셨습니다. 예수님은 하나님의 어린양으로서 우리의 대속물이 되어 죽으러 오신 것입니다. 그리고 예수님이 가난하게 되신 것은 우리의 가난과 저주를 짊어지기 위한 것이었습니다. 성경은 "우리 주 예수 그리스도의 은혜를 너희가 알거니와 부요하신 이로서 너희를 위하여 가난하게 되심은 그의 가난함으로 말미암아 너희를 부요하게 하려 하심이라"(고후 8:9)고 말씀하고 있습니다. 그러니 예수님이 그런 거지 생활을 할 도리밖에 없었습니다. 주님은 우리의 가난과 저주를 대신 다 갚아 주기 위해 가난하게 사신 것입니다. 주님은 집 없는 사람들의 짐을 대신 짊어지기 위해 마구간에서 태어나셨고, 헐벗고 굶주린 사람들의 짐을 대신 짊어지기 위해 풍찬노숙(風餐露宿) 하면서 사셨습니다. 주님은 돌아가실 때에도 나무에 못 박혀 공중에 달려 돌아가셨지 땅에 드러누워 편안하게 돌아가시지 않았습니다. 우리를 대신하여 처참한 대가를 지불하신 것입니다.

하나님의 아들이 이토록 고생을 할 수 있습니까? 하나님의 아들이면 바로 하나님입니다. 그러므로 우리는 우리를 위하여 하나님이 몸소 가난하게 되셨다는 것을 알고 더 이상 가난하게 살지 말아야 합니다. 예수님이 다 담당하셨기 때문에 우리가 또 담당할 이유가 없습니다.

태어나면서부터 죽을 때까지 예수님의 삶 전체는 우리를 위한 대속의 삶이었습니다. 예수님은 우리의 죄만 대속하신 것이 아니라 우리의 가난과 저주와 질병과 죽음도 대속하셨습니다. 그렇기 때문에 우리는 죄를 사함 받고 가난과 저주에서 해방되고 질병을 고침 받고 영생 천국의 소망을 가지고 살 수 있게 된 것입니다. 성경은 이와 같이 말씀하고 있습니다.

"사랑하는 자여 네 영혼이 잘됨같이 네가 범사에 잘되고 강건하기를 내가 간구하노라"(요삼 1:2).

"도둑이 오는 것은 도둑질하고 죽이고 멸망시키려는 것뿐이요 내가 온 것은 양으로 생명을 얻게 하고 더 풍성히 얻게 하려는 것이라" (요 10:10).

이것이 주님의 뜻입니다. 우리의 환경에 혹독한 시련이 다가오고 한파가 몰아쳐도 우리가 예수님을 올바로 알고 관계를 맺으면 예수님이 우리를 책임져 주십니다. 하나님은 물질적인 세계를 무시하시지 않습니다. 주님은 우리의 영혼만 책임지는 것이 아니라 우리의 생활도 책임져 주십니다. 하늘과 땅의 모든 권세를 가진 예수님이 우리를 돌보아 주시는 것입니다. 물질은 영과 분리되어 있지 않습니다. 예수님을 보십시오.

신령한 하나님이 사람의 몸을 입고 오셔서 우리를 구원하시지 않았습니까? 성찬도 그렇습니다. 성찬의 떡을 통하여 그리스도의 깨어진 몸의 효과가 나타나고 성찬의 잔을 통하여 예수 그리스도의 보혈의 역사가 나타나는 것입니다. 그러므로 물질도 신령하고 영적인 것도 신령한 것입니다. 아무것도 신령하지 않은 것은 없습니다. 언제나 신령한 세계는 물질세계의 옷을 입고 역사하는 것입니다.

21-22절 제자 중에 또 한 사람이 이르되 주여 내가 먼저 가서 내 아버지를 장사하게 허락하옵소서 예수께서 이르시되 죽은 자들이 그들의 죽은 자들을 장사하게 하고 너는 나를 따르라 하시니라

예수님을 따르는 제자 중 한 사람의 집에 초상이 났습니다. 그것도 다른 사람이 아니라 아버지가 세상을 떴습니다. 그러니 만사를 제쳐 놓고 아버지의 장례를 치르려고 하는 것은 마땅한 일입니다. 그러나 22절을 보십시오. "예수께서 이르시되 죽은 자들이 그들의 죽은 자들을 장사하게 하고 너는 나를 따르라 하시니라". 여기서 앞에 쓰인 '죽은 자들' 은 '살았다 하나 죽은 자들' 입니다. 예수님을 믿지 않는 사람들이요, 영적으로 죽은 사람들입니다. 그러므로 "죽은 자들이 그들의 죽은 자들을 장사하게 하고 너는 나를 따르라." 는 것은 '영적으로 죽은 불신자들이 죽은 자를 장사하게 하고 너는 하나님 사업부터 하라.' 는 뜻입니다. 하나님 사업이 없을 때에 아버지가 죽었다면 당연히 장례를 치러야 합니다. 그러나 예수님을 따르며 하나님 사업을 하는 도중에는 무엇보다 하나님 사업을 먼저 해야 된다고 주님이 가르치신 것입니다.

나는 본문의 아버지상(喪)을 당한 사람의 심정을 충분히 이해할 수 있

습니다. 주님과 함께 사역을 하고 있는 중에 아버지상을 당했는데 예수님의 허락을 받지도 않고 장례에 참석하기 위해 빠져나갈 수 없지 않습니까? 그래서 주님께 허락해 주시기를 구하였는데, 주님이 단호하게 "무슨 소리냐? 죽은 자들이 죽은 자들을 장사하게 하고 너는 나를 따라오라!" 고 하셨으니 그 마음이 어떠했겠습니까? 그러나 하늘과 땅을 지으신 하나님의 명령이니 안 따를 자가 누가 있겠습니까? 우리가 참으로 중요한 결정을 내려야 할 상황이 오면 주님을 따라야 되는 것입니다. 온 세상이 다 나를 버린다 할지라도, 내가 모든 사람에게 미움받고 버림받게 된다 할지라도 주님의 길을 따라야 합니다. 주님이 나를 만드셨으므로 나에 대한 절대 주권은 나에게 있는 것이 아니라 주님께 있기 때문입니다. 주님이 아버지를 통해서 나를 낳으시고 어머니를 통해서 나를 기르셨습니다. 주님 없이 그런 것이 있을 수 없습니다. 우리의 생명의 근본은 주님인 것입니다.

그러므로 우리는 마음을 다하고 뜻을 다하고 성품을 다하고 목숨을 다하여 주님을 사랑하고, 그다음에 부모와 아내와 자식과 친척과 이웃을 돌보아야 합니다. 이 순서는 절대로 바꿀 수 없는 것입니다. 하나님보다 더 위대한 분이 어디에 있겠습니까? 하나님 외에 우리의 목숨을 바치고 섬겨야 할 이가 어디에 있겠습니까? 우리의 인생이 무엇입니까? 잠시 있다가 사라지는 안개입니다.

나는 대통령 취임식을 볼 때마다 느끼는 것이 있습니다. 처음에 대통령 취임을 하고 정권이 들어올 때에는 굉장히 요란한데, 5년간의 임기가 지나 그 자리를 물러날 때에는 소리 없이 나옵니다. 하나의 정권이 사라지면 다른 정권이 그 자리를 차지하고, 그 다른 정권이 사라지면 또 다른 정권이 들어섭니다. 한 세대는 오고 한 세대는 가는 일이 계속 되풀이되는 것입니다. 그러므로 성경에 뭐라고 말씀했습니까?

"헛되고 헛되며 헛되고 헛되니 모든 것이 헛되도다"(전 1:2).

이 세상 부귀영화, 공명을 따라가는 것은 정말 헛된 것입니다. 그것은 물거품을 잡는 것입니다. 우리의 중심은 예수님께 있어야 합니다. 살든지 죽든지, 흥하든지 망하든지, 성하든지 쇠하든지 오직 주님만 붙잡고 살아야 합니다. 그러면 세월이 흘러가도 걱정할 것이 없습니다. 늙어도 걱정할 것이 없고, 죽어도 걱정할 것이 없습니다. 천지와 만물을 지으시고 하늘과 땅의 모든 권세를 가지고 계신 예수님이 나를 책임져 주시는데 무슨 걱정이 있겠습니까? 나를 있게 해 주시고 나를 위하여 죽어 주신 하나님이신데, 그보다 나를 더 사랑하는 분은 어디에도 없습니다. 자원해서 이 땅에 와서 나를 위하여 죽으신 예수님의 그 큰 사랑을 믿고 그분께 의지하고 살면 우리 마음에 얼마나 큰 평안과 기쁨이 있겠습니까? 그러므로 여러분, 그 무엇도 예수님과 동등하게 놓지 마십시오. 그리고 온 정성을 다하여 주님을 섬기고 받드는 여러분 되기를 예수님의 이름으로 축원합니다.

3. 풍랑을 잔잔하게 하신 예수님(8:23-27)

23. 배에 오르시매 제자들이 따랐더니 24. 바다에 큰 놀이 일어나 배

가 물결에 덮이게 되었으되 예수께서는 주무시는지라 25. 그 제자들이 나아와 깨우며 이르되 주여 구원하소서 우리가 죽겠나이다 26. 예수께서 이르시되 어찌하여 무서워하느냐 믿음이 작은 자들아 하시고 곧 일어나사 바람과 바다를 꾸짖으시니 아주 잔잔하게 되거늘 27. 그 사람들이 놀랍게 여겨 이르되 이이가 어떠한 사람이기에 바람과 바다도 순종하는가 하더라

23절 배에 오르시매 제자들이 따랐더니

제자가 무엇입니까? 제자는 항상 스승을 좇는 자입니다. 스승을 따르지 않고 자기 마음대로 나가면 그것은 제자가 아닙니다. 예수님의 제자는 모든 것을 제쳐 놓고 예수님을 따라야만 합니다. 그렇기 때문에 예수님은 제자들에게 "아버지나 어머니를 나보다 더 사랑하는 자는 내게 합당하지 아니하고 아들이나 딸을 나보다 더 사랑하는 자도 내게 합당하지 아니하며 또 자기 십자가를 지고 나를 따르지 않는 자도 내게 합당하지 아니하니라"(10:37-38)고 말씀하셨습니다. 제자에게는 예수님이 한 단계 높은 헌신을 요구하십니다. 그러므로 제자가 된다는 것은 굉장히 힘이 드는 일입니다.

예수님 외에 그 누구에게도 삶의 중요한 위치를 점령당해서는 안 되는 것이 제자의 삶입니다. 앞에서도 예수님이 아버지상을 당하여 장사지내고 오겠다고 하는 제자에게 "죽은 자들이 그들의 죽은 자들을 장사하게 하고 너는 나를 따르라"(22절)고 하시지 않았습니까? 이것은 일반 평신도에게 하신 말씀이 아니라 제자에게 하신 말씀입니다. 일반 평신도들은 아버지상을 당하면 당연히 장사를 지내야 합니다. 그렇게 하지 않는다면 비윤리적이고 비도덕적인 일이요, 비난받아 마땅할 것입니다. 그러나 제자가 되면 그런 사사로운 것에 묶일 수가 없습니다. 제자는 부모, 전토, 친척, 아비 집, 자식, 이런 것에 묶이면 안 됩니다. 제자는 자기를 부인하고 날마다 자기 십자가를 지고 주를 따라야 되는 것입니다.

본문에 '예수님이 배에 오르시매 제자들이 따랐다.'는 것은 상징적인 의미가 있습니다. 제자의 참된 도리는 예수님이 어디를 가시든지 따르는 것입니다. 예수님이 배에 오를 때에만 따를 것이 아니라, 예수님이 십자가에 못 박힐 때에도 따라야 합니다. 죽음의 자리까지도 마다하지 않고 주님을 따르며, 예수님을 위해서라면 죽음조차 두려워하지 않는 것이 제자의 도리입니다.

나는 신학생 시절에 저녁마다 기도회에 가서 멋모르고 "주여, 순교하겠나이다. 순교하게 하여 주옵소서!"라고 굉장히 감정적으로 기도했습니다. 순교를 아주 로맨틱한 것으로 생각하고 그렇게 기도했습니다. 그런데 나중에 철이 들고 보니, 순교하겠다는 것은 보통 무서운 말이 아님을 알 수 있었습니다. 주님이 택해서 능력을 주시지 않으면 순교를 감당하지 못합니다. 그러므로 잘 알지도 못하면서 감정이 움직이는 대로 기도하는 것은 굉장히 위험합니다. 순교는 하나님 나라에서 가장 큰 상급인데, 그것은 아무나 하는 것이 아닙니다. 하나님이 순교하도록 택한 사람이라야 할 수 있는 것입니다.

나는 일제 때 순교하신 주기철 목사님에 대한 글을 보고 몸서리를 쳤습니다. 일본 형사가 널빤지에 대못을 잔뜩 거꾸로 박아 놓고 주기철 목사님에게 그 위를 걸어가라고 했습니다.

"네가 예수를 사랑하면 그 위를 걸어가라!"

주기철 목사님은 당장 바지를 걷더니 신발을 벗고 못이 뾰족뾰족 난 널빤지 위를 맨발로 걷기 시작했습니다. 그러니 못에 발바닥이 뚫려 피가 막 쏟아졌습니다. 그런데도 목사님은 꿋꿋하게 널빤지 위를 끝까지 걸어갔습니다. 목사님을 고문하던 일본 형사는 이것을 보고 그 자리에서 구토를 하고 돌아가서 형사직을 그만두고 사라져 버렸습니다. 결국 주기철 목사님은 이 고문으로 말미암아 쇳독이 올라서 순교하고 말았습니다.

너무나 무서운 일 아닙니까? 대못이 수없이 거꾸로 박혀 있는 널빤지 위를 어떻게 맨발로 걸어가겠습니까? 손톱 밑에 조그마한 가시 하나만 박혀도 너무나 고통스러워서 밤새도록 잠이 안 오는데, 이야말로 하나님이 능력을 주셔야 가능하지 사람의 힘과 능으로는 할 수 없는 것입니다. 주기철 목사님이야말로 예수님의 참된 제자였습니다.

24절 바다에 큰 놀이 일어나 배가 물결에 덮이게 되었으되 예수께서는 주무시는지라

우리가 예수님을 믿으면 아무 문제가 없는 태평한 삶을 살 것이라고 생각하면 큰 오해입니다. 예수님을 따라간다고 해서 시험과 환난이 다 가오지 않는 것은 아닙니다. 예수님을 따라가도 시험과 환난의 큰 놀이 다가옵니다. 오히려 예수님을 믿기 때문에 세상 사람들보다 더 많은 시험을 당할 수도 있습니다. 안 믿는 자에게는 마귀가 공격을 하지 않을지 몰라도 믿는 자에게는 더 공격합니다. 게다가 우리의 믿음을 굳세게 하기 위해서 야곱의 하나님, 연단의 하나님이 우리를 연단시키십니다. 그런 의미에서 볼 때 우리는 불신자보다 더 많은 시험과 환난을 겪을 수도

있는 것입니다.

그런데 시험과 환난을 당할 때 우리 그리스도인들은 세상 사람들과 같지 않습니다. 세상 사람들은 시험과 환난을 당하면 속수무책입니다. 그러나 우리는 그럴 때 주님께 나아가 부르짖게 됩니다. “환난 날에 나를 부르라 내가 너를 건지리니 네가 나를 영화롭게 하리로다”(시 50:15)라고 말씀하셨기 때문에, 우리는 시험과 환난을 당할 때 주님께 매달려 부르짖어서 그것을 극복해 나갈 수 있는 힘을 얻고 주님의 도우심을 받을 수 있는 것입니다.

어떤 사람들은 “시험과 환난 없이 온실 속의 꽃처럼 살았으면 좋겠다.” 고 하는데, 환난과 시험을 당하지 않으면 쓸모없는 신자가 되고 맙니다. 우리는 그늘에서 자라 조금만 햇빛이 강하게 비취고 바람이 불면 금방 시들고 꽃대가 부러지는 온실의 화초같이 나약한 신자가 되어서는 안 됩니다. 강한 신자가 되어야 합니다. 많은 환난과 시험을 극복하고 꿋꿋하게 이기는 강한 신자가 되어야 하는 것입니다.

하나님은 연단을 통하여 당신의 자녀를 강하게 키우십니다. 우리도 자식을 강하게 키워야지 과보호하면 안 됩니다. 자식이 물을 길어 오면 “아유, 네가 왜 물을 길어 오느냐? 아서라.” 하고 펄쩍 뛰고, 집안일을 좀 하려면 “아유, 네가 왜 집안일을 하느냐? 너는 가만히 앉아 있어라.” 하고 말리는 것은 자식을 사랑하는 것이 아닙니다. 오히려 이렇게 금지옥엽으로 키운 자식은 완전히 버린 자식이 되고 맙니다. 나중에 세상에 나가서 조금만 어려운 일을 당하면 견디지 못하고 포기하고 방종한 자식이 되고 맙니다. 자식은 강하게 키워야 되는 것입니다. 그래서 옛말에도 ‘귀한 자식은 여행을 보내라.’ 고 하지 않습니까? 여행을 가면 자기가 알아서 여관도 잡아야 하고, 여비가 모자라면 돈도 벌어야 하고, 하나에서 열까지 스스로 모든 일을 해결하느라고 고생을 하게 됩니다. 여행을 하면 좋은 점도 있지만 굉장히 고생이 많습니다. 그러므로 자식을 여행 보내어 고생을 시켜서 '인생은 고생스러운 것' 이라는 것을 깨닫게 해 주면, 그 자식은 나중에 세상에 나가서 어려운 일들을 만나도 잘 이겨 낼 수 있게 되는 것입니다.

형제가 많은 집에서 자라는 아이들은 상당히 이해심이 많아집니다. 형제가 많으면 아무래도 싸움을 많이 하면서 자라게 됩니다. 부모의 사랑을 좀 더 많이 받으려고 형제들 간에 경쟁하게 되고, 뭐든지 다른 형제보다 하나라도 더 많이 취하려고 하니까 자꾸 다투게 되는 것입니다. 우리 집은 아홉 형제가 함께 자랐습니다. 그렇기 때문에 나는 어릴 때 끊임없이 다투었습니다. 밥 먹을 때 반찬을 누가 더 많이 먹나, 잘 때 누가 좋은 자리에 누워서 이불을 더 끌어다 덮나, 아무튼 온갖 것이 다 경쟁거리였습니다. 옛날에는 아이들에게 이불을 하나씩 주지 않고 여섯, 일곱 명이 한 이불을 덮었습니다. 그러니 한 놈이 몸부림쳐서 온몸에 이불을 감아 버리면 끝에 누운 놈은 탈이 나서 배앓이를 하게 되고 맙니다. 어찌하든지 이불 가운데 들어가 있어야 어느 하나가 몸에 감고 뒹굴어도 괜찮습니다. 그렇게 자라다가 보니까 별도리 없이 인생을 이해하고, 동정하고, 인내하고, 타협하는 것을 배웁니다.

그러나 외아들이나 외딸로 태어나서 부모가 무조건 감싸고돌며 원하는 대로 다 해 주면서 키운 사람은 나중에 세상에 나가서 사람들과 섞여 살지 못합니다. 모든 것을 자기 고집대로, 자기 생각대로만 하려고 하기 때문에 계속 부딪치고 깨집니다. 어릴 때에는 인격이 야들야들하기 때문에 쉽게 변화될 수 있지만, 일단 자라고 나면 외고집이 딱 서서 좀처럼 꺾이지 않기 때문에 인격이 변화되기가 굉장히 힘든 것입니다.

하나님의 자녀가 된 우리도 한가지입니다. 시험과 환난 없이 평탄한 생활만 하면 자아가 깨어지지 않으므로 변화도 되지 않고, 따라서 올바른 신앙 인격을 도야할 수도 없습니다. 그렇기 때문에 하나님께서는 우리에게 여러 가지 시험과 환난을 보내어 우리를 깨뜨리고 변화시켜 올바른 신앙 인격을 갖춘 강인한 성도로 만드시는 것입니다.

본문에 보니, 제자들이 예수님과 함께 배를 타고 가는데 바다에 큰 놀이 일어나 물결이 배를 덮었습니다. 어떤 사람들은 의아해할 것입니다.

'예수님과 함께 배를 탔는데 왜 놀이 일어났는가?'

그러나 예수님과 함께 배를 타고 있어도 큰 파도가 일어납니다. 예수님은 큰 놀이 일어나 물결이 배에 덮이게 되었는데도 편안히 주무시고 계셨습니다. 이처럼 위급한 상황에 어떻게 예수님은 주무시고 계실 수 있습니까? 예수님은 천지의 창조주요, 대주재요, 우주의 주인이시기 때문에 아무리 파도가 일어나고 배가 뒤집혀도 까딱없습니다. 그러니 예수님이 제자들에게 "바다 건너편으로 가자."고 말씀하셨으면 바다를 무사히 건너가는 것이 당연하지 않겠습니까? 주님의 말씀 한마디면 그만이지 이론(異論)이 있을 수 없습니다. 예수님이 바다 건너편으로 가자고 말씀하셨으면 바다 위로 가든 바다 밑으로 가든 어떻게든 가게 되어 있습니다. 저 하늘이 무너지고 이 땅이 꺼져도 주님의 말씀은 일점일획도 변할 수 없습니다. 왜냐하면 창조주의 말씀이기 때문입니다. 큰 파도가 일어나도 예수님이 편안히 주무시는 것은 이런 권세와 능력을 가지고 계시기 때문입니다.

사람들도 한가지입니다. 문제에 부딪칠 때 실력 없는 사람이나 팔딱팔딱하고 염려 근심하지, 실력 있는 사람은 태연자약합니다. 문제를 능히 이길 수 있기 때문입니다. 예수님은 실력자이십니다. 그러므로 우리도 믿음의 실력이 붙으면 주님을 의지하고 편안히 잠잘 수 있습니다. 믿음의 실력이 붙지 않아서 믿음이 간들간들하니까 자꾸 운명과 환경과 죄에 흔들리지, 믿음이 반석같이 딱 주님께 붙어 서 있으면 흔들릴 일이 없습니다. 주님이 주무시면 그 옆에서 같이 자면 되는 것입니다.

예수님이 승천하시기 전에 우리에게 뭐라고 말씀하셨습니까?

"하늘과 땅의 모든 권세를 내게 주셨으니 그러므로 너희는 가서 모든 민족을 제자로 삼아 아버지와 아들과 성령의 이름으로 침례를 베풀고 내가 너희에게 분부한 모든 것을 가르쳐 지키게 하라 볼지어다 내가 세상 끝 날까지 너희와 항상 함께 있으리라"(28:18-20).

이 말씀은 "내가 실력이 있다."는 것입니다. "하늘과 땅의 모든 권세를 다 가지고 있는 내가 너희의 든든한 배경이 되니, 너희는 아무것도 두려워하지 말고 나를 의지하고 가라."는 말씀입니다.

그러므로 우리는 어떠한 시련과 환난이 다가와도 문제 없습니다. 온 천하가 다 주님의 것입니다. 그러니 주님이 그의 백성과 자녀를 위해서 무엇인들 못하시겠습니까? 그렇기 때문에 예수님은 우리에게 "그러므로 염려하여 이르기를 무엇을 먹을까 무엇을 마실까 무엇을 입을까 하지 말라 이는 다 이방인들이 구하는 것이라 너희 하늘 아버지께서 이 모든 것이 너희에게 있어야 할 줄을 아시느니라 그런즉 너희는 먼저 그의 나라와 그의 의를 구하라 그리하면 이 모든 것을 너희에게 더하시리라"(6:31-33)고 가르쳐 주신 것입니다.

우리가 하늘나라, 즉 주님의 몸 된 교회와 그 의인 예수 그리스도를 열심히 받들어 섬기면 주님이 우리의 모든 필요를 채워 주십니다. 그러므로 우리의 환경에 동남풍이 불어오고 서북풍이 몰아쳐도 염려할 것이 없습니다. 우리의 삶에 큰 놀이 일어나 파도가 우리를 집어삼키려 해도 걱정할 것이 없습니다. 그러므로 여러분, 아무리 어려운 위기를 만나더라도 하나님의 나라와 그의 의를 먼저 구하십시오. 그런 생활을 하고 있는 한 여러분은 아무것도 두려워할 것이 없습니다. 여러분이 주님 편에 굳세게 서면 주님이 여러분을 책임져 주시는 것입니다.

25절 그 제자들이 나아와 깨우며 이르되 주여 구원하소서 우리가 죽겠나이다

주님은 모든 권세를 다 가지고 사망조차 다스리시기 때문에 도움을 받을 필요가 없습니다. 그러나 제자들은 큰 풍파가 덮치는데 그들의 힘으로는 이 문제를 해결할 수 없었습니다. 아무리 물을 퍼내도 안 되고 그대로 있다가 배가 뒤집히면 갈릴리 바다에 빠져 죽을 상황인지라 주님의 도우심이 절실히 필요했습니다. 그들은 영 죽게 되니까 그제야 주님을 깨우며 "주여! 주여! 우리가 죽겠나이다. 우리를 건져 주소서." 라고 부르짖었습니다.

여러분, 예수님이 주무시는 것은 두 가지 의미로 볼 수 있습니다. 하나는 앞에서 이야기했듯이 예수님은 하늘과 땅의 모든 권세를 가지고 주관하고 계시기 때문에 안심하고 주무시는 것이고, 다른 하나는 우리가 예수님께 무관심한 채 인간적인 것에 마음을 빼앗기고 있을 때 주무시는 것입니다.

우리가 타고 가는 인생의 배, 내 가정, 우리 국가, 이 모든 것을 다 배로 비유할 수 있습니다. 그러면 우리 인생의 배, 내 가정의 배, 우리 국가의 배 안에서 예수님이 주무신다는 것은 무엇을 의미합니까? 예수님이 깨어 있어야 우리를 돌보아 줄 수 있으니, 예수님이 주무신다는 것은 곧 우리가 위험 가운데 방치되어 있다는 것입니다. 왜 예수님이 주무십니까? 예수님이 주무시는 것은 우리가 예수님께 무관심하여 혼자 내버려 두고 깨우지 않았기 때문입니다. 예수님과 끊임없이 대화하고 예수님을 섬겼다면 예수님이 주무실 리 없습니다.

제자들은 예수님을 그냥 내버려 두고 장차 자신들이 영광을 누릴 꿈에 도취해 있었습니다.

'주님이 예루살렘에 가서 임금이 되시면 우리는 다 좌정승, 우정승, 큰 자리를 차지하고 얼마나 영화롭게 살겠는가, 집은 어디서 살 것이다, 가구는 어디서 살 것이다, 생활은 어떻게 할 것이다, 우리 자녀들은 어떻게 할 것이다…….'

그들은 그런 꿈에 취해서 이 세상 자랑에 정신이 없었습니다. 예수님이 배 안에 함께 계시다는 것을 잊어버렸습니다. 예수님을 관심 밖에 두고 자신들의 생각만 하고, 자신들의 관심거리만 이야기했습니다. 그러니 예수님은 혼자 앉아서 물끄러미 천지를 바라보시다가 주무신 것입니다. 그런데 위험을 당하니까 그제야 제자들이 꿈에서 깨어났습니다. 한자리하는 것도 살아 있을 때나 가능한 것이고, 좋은 집에서 호의호식하는 것도 죽으면 아무 소용이 없지 않습니까? 그들은 없어질 것을 추구하다가 위험에 처하니까 비로소 예수님을 기억하고 잠드신 예수님을 깨운 것입니다.

오늘날 우리도 한가지입니다. 우리도 이 세상의 지위, 명예, 권세, 부귀영화에 취하여 예수님을 잠드시게 할 때가 있습니다. 세상의 것들은 있다가 없어질 것들입니다. 우리가 죽으면 다 사라지는 것입니다. 이러한 것들을 얻어서 사는 것은 좋지만, 그것들이 우리를 죽음의 위험에서 구원할 수는 없습니다. 정작 우리에게 죽을 만한 위험이 다가오면 그런 것은 아무 소용이 없습니다. 죽게 된 사람이 부귀영화, 공명이 무슨 소용이 있으며, 지위나 명예가 무슨 소용이 있습니까? 죽을병에 걸리면 병 낫는 것이 중요하지 그런 것은 다 필요 없지 않습니까? 그래서 우리도 위기에 처하면 이런 것을 다 버리고 예수님을 찾게 되는 것입니다.

우리가 신앙이 식어서 육신의 정욕, 안목의 정욕, 이 세상의 자랑을 따라 나갈 때 하나님께서 우리에게 큰 위험을 보내고 파도를 보내십니다. '얼마 안 있으면 네가 가진 것은 순식간에 다 없어진다. 그런데도 그것을 의지하고 함께 멸망 받겠느냐, 그렇지 않으면 나를 찾겠느냐?' 우리로 하여금 이것을 깨닫게 하시려고 주님이 시험을 보내시는 것입니다.

우리가 세상 잠에 취하면 주님도 주무십니다. 우리가 세상 잠에서 깨어나 회개하여야 주님을 깨워 일으킬 수 있습니다. 오늘날 사람들은 세상 잠에 푹 빠져서 세상 꿈을 꾸고 있습니다. 그러나 그런 꿈은 일장춘몽(一場春夢)입니다. 나중에 깨어나 보면 아무것도 없습니다.

이 세상에서 가장 중요한 것은 영원하시고 변함이 없으신 예수님을 붙잡는 일입니다. 예수님 안에는 모든 것이 변하지 아니하고 영원히 죽지 않습니다. 그렇기 때문에 그리스도 안에서 붙잡아야 그것이 영원한 것이지, 그리스도 밖에서는 영원한 것이 하나도 없습니다.

주님은 우리가 꿈같이 있다가 사라질 세상의 것을 추구하지 않고 영원한 것을 붙잡도록 하기 위해서 시험과 환난을 통하게 하십니다. 우리에게 인생의 큰 놀을 보내시는 것입니다. 그래서 우리가 세상 꿈에서 깨어나 예수님을 찾아 깨워 일으키게 되는 것입니다. 우리가 회개하고 자복하여 예수님을 잠에서 깨워 일으켰으면, 그다음에는 예수님께 부르짖어야 합니다. 우리가 주님을 찾고 부르짖어 기도할 때 주님이 우리 마음속에서 살아나고, 주님의 역사가 나타나는 것입니다. 이러므로 여러분은 세상 꿈에 취해 살지 아니하고 주님을 깨워 일으켜 여러분의 삶 가운데 주님의 역사가 넘쳐 나게 되시기를 축원합니다.

26절 예수께서 이르시되 어찌하여 무서워하느냐 믿음이 작은 자들아 하시고 곧 일어나사 바람과 바다를 꾸짖으시니 아주 잔잔하게 되거늘

믿음은 선택하는 것입니다. 아무 느낌도 없고 불도 왔다 갔다 하지 아니하고 감정이 격해지거나 흥분되는 것도 없지만 내 마음속에 '나는 주님의 말씀대로 순종해서 나아가겠다!' 라고 선택하는 것이 믿음입니다. 여러분, 믿음과 감정을 혼동하면 안 됩니다. 믿음의 길을 택하고 난 다음에는 주님이 같이 계시므로 감정도 따라올 때가 많습니다. 그때는 마음에 기쁨이 넘쳐 나고, 몸이 화끈화끈해지고, 막 진동이 오기도 합니다. 그러나 이것은 믿은 결과로 다가올 수 있는 하나의 부산물이지 그런 것이 있기 때문에 믿는 것은 아닙니다. 믿음은 마음속에 냉철하게 선택하는 것입니다.

그런데 본문에 보니 "어찌하여 무서워하느냐 믿음이 작은 자들아."라

고 예수님이 제자들을 꾸짖으셨다고 말씀하고 있습니다. 제자들이 왜 무서워했습니까? 그들이 예수님을 택했으면, 예수님을 믿기로 작정했으면 두려워할 필요가 없습니다. '예수 죽음 내 죽음, 예수 부활 내 부활, 예수 승천 내 승천, 예수 천당 내 천당' 이므로 걱정할 것이 없습니다. 하늘과 땅의 모든 권세를 가진 주인을 택해서 함께 섰다면 예수님과 운명 공동체가 되었으니 두려워할 것이 없습니다. 그러나 제자들은 예수님과 함께 행동하지 않고 그들 자신을 예수님으로부터 분리했기 때문에 문제가 생긴 것입니다. 그들이 예수님 생각을 쫓아내 버리고 예수님 없이 행동했기 때문에 두려움이 생긴 것입니다.

우리가 여행을 할 때에도 그렇지 않습니까? 아주 부자인 아버지와 함께 여행을 하면 여행에 필요한 경비를 아버지가 다 지불해 줄 것인데, '나는 나대로 가겠다!' 고 나갔다가는 박살이 나는 것입니다. 나대로 갔는데 내 수중에 여관비도 없고 식대도 없으니까 부모에게 도와 달라고 연락을 하게 되고 맙니다.

주님과의 관계도 한가지입니다. 예수님과 함께 있으면 연락할 필요가 없습니다. 예수님이 나와 같이 계시면 주님과 나는 운명 공동체가 됩니다. 오늘날 우리가 하나님의 나라와 그의 의를 먼저 구하고 주님과 같이 살면 주님과 운명 공동체가 되는 것입니다. 죽어도 같이 죽고, 살아도 같이 삽니다. 그런데 예수님이 어떤 분입니까? 예수님을 누가 죽일 수 있습니까? 예수님을 누가 망하게 할 수 있습니까? 예수님을 누가 쫓아낼 수 있습니까? 그러므로 우리는 살든지 죽든지, 흥하든지 망하든지, 성하든지 쇠하든지 예수님만 붙잡고 있으면 아무 걱정 없이 예수님과 함께 인생을 살 수 있습니다.

"볼지어다 내가 문밖에 서서 두드리노니 누구든지 내 음성을 듣고 문을 열면 내가 그에게로 들어가 그와 더불어 먹고 그는 나와 더불어 먹으리라"(계 3:20).

우리가 예수님을 섬기고 살면 주님이 우리와 함께 생활하십니다. 그러므로 여러분, 주님이 구만리장천 멀리 있다고 생각하지 마십시오. 우리 주님은 이 물질 세계를 옷 입고 사십니다. 성경은 "하나님도 한 분이시니 곧 만유의 아버지시라 만유 위에 계시고 만유를 통일하시고 만유 가운데 계시도다"(엡 4:6)라고 말씀하고 있습니다. 하나님은 만유를 초월해 계시지만 또한 만유를 만드시고 그 안에 계십니다. 하나님은 물질을 옷 입고 계신 것입니다. 산천초목, 이 모든 것이 다 하나님의 옷입니다. 하나님이 그 안에 계십니다. 물론 하나님은 그것을 초월해서도 계시지만 당신이 만드신 이 만물 가운데 계십니다. 마찬가지로, 하나님은 우리를 떠나서도 계시지만 하나님이 우리를 만드셨기 때문에 우리를 옷 입고 사시는 것입니다.

성경은 이와 같이 말씀하고 있습니다.

"너희는 너희가 하나님의 성전인 것과 하나님의 성령이 너희 안에 계시는 것을 알지 못하느냐"(고전 3:16).

하나님이 우리 속에 계신다는 것은 하나님이 우리를 옷 입고 사신다는 것입니다. 우리 속에 아버지와 아들과 성령 하나님이 오시므로 우리가 하나님과 함께 사는 것입니다. 그래서 하나님께서 우리를 통해서 하나님의 뜻을 나타내시고 여러 가지 일을 하시는 것입니다.

내가 예수님을 굳세게 의지하고 모시면 주님이 나의 운명을 함께 걸머지십니다. 그러니 무서울 것이 어디 있습니까? 우리가 주님과 함께 살면서도 두려워하고 무서워하는 것이 있다면, 그것은 주님을 무시하는 것입니다. 주님의 실력을 과소평가했기 때문에 무서워하는 것입니다. 우리가 예수님의 실력을 제대로 알면 무서울 것이 없습니다.

조그만 초등학생 아이가 키도 크고 힘도 세고 태권도 9단인 아버지를 따라가고 있는데 깡패 아이들이 다가와서 시비를 겁니다. 이것을 보고 초등학생 아이가 겁을 내며 벌벌 떤다면 아버지를 무시하는 것이 되지 않습니까?

"재들이 뭐라는 거냐? 내가 다 처리할 테니, 너는 나만 믿고 내 뒤에 숨어서 가만있어라."

아버지가 이렇게 말하고 앞에 나서서 깡패 아이들을 다 물리쳐 줄 것입니다.

하늘과 땅의 모든 권세를 가진 예수님이 딱 버티고 "날 믿어라!" 그러시면, 우리는 예수님만 믿고 따라가야 합니다. 불로 가시면 불로 따라가고, 물로 가시면 물로 따라가고, 산으로 가시면 산으로 따라가고, 들로 가시면 들로 따라가고, 주님이 어디로 가시든지 우리는 따라가기만 하면 되는 것입니다. 주님을 따라가는 것도 내 힘으로 하는 것이 아닙니다. 주님이 능력으로 나를 이끌어 주시는 것입니다. 그러므로 우리 예수 믿는 사람들은 두려워하면 안 됩니다. 두려워한다는 것은 예수님께 대한 불신앙이요, 우리가 예수님에게서 떠나 있다는 증거입니다. 예수님과 함께 있다면 두려워할 수가 없습니다. 그렇기 때문에 제자들이 두려워하고 있을 때 주님이 꾸짖으신 것입니다.

"어찌하여 무서워하느냐? 믿음이 작은 자들아!"

믿음이 없는 것과 무서워하는 것은 꼭 같습니다. 믿음이 있으면 평안하고 믿음이 없으면 무서워집니다.

제자들을 꾸짖으신 후 예수님이 일어나서 바람과 바다를 꾸짖으시니 아주 잔잔하게 되었습니다. 창조주가 말씀하시는데 바람과 바다가 당연히 순종하지 않겠습니까? 주님의 말씀이 얼마나 권세 있습니까? 주님의 말씀 한마디에 우주가 지어졌습니다. 그러니 바람과 바다에게 "잔잔하라!" 고 하시면 안 될 턱이 없습니다. 산 자나 죽은 자나 예수님의 음성을 다 듣습니다. 예수님이 무덤을 향해서 "나사로야, 나오라!" 고 하시니까, 죽은 지 나흘이나 되어서 썩은 냄새가 나는 나사로가 즉시 살아나서 수의를 동인 채 걸어 나왔습니다. 이처럼 권세 있는 분이 우리 주님이십니다. 여러분, 우리 주님은 창조주이십니다. 우리 주님은 죽은 자를 살리시고 없는 것을 있는 것같이 부르시는 하나님이십니다. 우리는 이런 창조주 하나님, 창조주 예수 그리스도를 알고 믿어야 되는 것입니다.

27절 그 사람들이 놀랍게 여겨 이르되 이이가 어떠한 사람이기에 바람과 바다도 순종하는가 하더라

제자들이 대단히 오해를 했습니다. 제자들은 예수님을 위대한 선생이나 능력 있는 지도자로 보았기 때문에 "이이가 어떠한 사람이기에 바람과 바다도 순종하는가?" 라고 놀라워했습니다. 그들은 예수님을 사람으로만 생각했기 때문에 놀랄 수밖에 없었던 것입니다.

예수님은 사람으로 오셨지만 예수님의 내용은 하나님이십니다. 참하나님이 참사람이 되어 오신 분이 바로 예수님입니다. 창조주께서 사람의 몸을 입고 오신 것입니다. 그렇기 때문에 모습은 우리와 똑같은 사람이지만 그 내용은 우리와 다릅니다. 예수님은 창조주이고 우리 인생들은 주님께 지음 받은 피조물입니다. 그러므로 예수님을 우리와 똑같은 피조물이라고 생각해서는 안 됩니다.

예수님의 생애를 보면, 예수님은 완전한 하나님인 동시에 완전한 사람이라는 사실을 알 수 있습니다. 예수님은 우리와 똑같이 배고파하시고, 피곤해하시고, 슬퍼서 우시고, 주무시기도 하셨습니다. 그런데 또 다른 면에서 보면, 예수님은 귀신을 쫓아내시고, 맹인의 눈을 뜨게 하시고, 못 듣는 자를 듣게 하시고, 나병 환자를 깨끗하게 해 주시고, 죽은 자를 살리시고, 파도를 잔잔하게 하시고, 오병이어로 오천 명을 배불리 먹이고 열두 바구니를 남기기도 하셨습니다. 이것은 사람이 하는 일이 아닙니다. 이와 같이 예수님은 사람은 사람인데 하나님이십니다. 그래서 예수님의 인격은 신성과 인성이 동시에 있습니다. 예수님은 완전한 하나님이 완전한 사람으로 오셔서 사람처럼 환경의 지배를 받고 사는가 하면, 하나님으로서 모든 운명과 환경을 다스리는 분이신 것입니다.

4. 돼지 떼에게 귀신이 들어가다(8:28-34)

28. 또 예수께서 건너편 가다라 지방에 가시매 귀신 들린 자 둘이 무덤 사이에서 나와 예수를 만나니 그들은 몹시 사나워 아무도 그 길로 지나갈 수 없을 지경이더라 29. 이에 그들이 소리 질러 이르되 하나님의 아들이여 우리가 당신과 무슨 상관이 있나이까 때가 이르기 전

에 우리를 괴롭게 하려고 여기 오셨나이까 하더니 30. 마침 멀리서
많은 돼지 떼가 먹고 있는지라 31. 귀신들이 예수께 간구하여 이르
되 만일 우리를 쫓아내시려면 돼지 떼에 들여보내 주소서 하니 32.
그들에게 가라 하시니 귀신들이 나와서 돼지에게로 들어가는지라
온 떼가 비탈로 내리달아 바다에 들어가서 물에서 몰사하거늘 33.
치던 자들이 달아나 시내에 들어가 이 모든 일과 귀신 들린 자의 일
을 고하니 34. 온 시내가 예수를 만나려고 나가서 보고 그 지방에서
떠나시기를 간구하더라

28절 또 예수께서 건너편 가다라 지방에 가시매 귀신 들린 자 둘이 무덤 사이에서 나와 예수를 만나니 그들은 몹시 사나워 아무도 그 길로 지나갈 수 없을 지경이더라

예수님이 갈릴리 바다 건너편 가다라 지방에 가셨는데 귀신 들린 자 둘이 무덤 사이에서 나왔습니다. 이것은 굉장히 상징적인 것입니다. 무덤은 죽음 아닙니까? 귀신이 주는 것은 죽음입니다. 예수님은 우리에게 생명을 가져다주시지만 귀신은 죽음을 가져다줍니다. 귀신은 언제나 도둑질하고 죽이고 멸망시키는 일을 합니다. 귀신이 들리면 그 사람은 귀신이 시키는 대로 귀신의 말을 하고, 귀신의 일을 합니다. 이는 마치 우리가 성령으로 충만함을 받으면 성령님이 우리의 입을 통해서 말씀하시고 우리의 눈을 통해서 보시고 우리의 손을 주장하시는 것과 같은 이치입니다.

이처럼 사람은 그 안에 누가 들어가 있는가에 따라 달라집니다. 그렇기 때문에 사람은 그릇에 비유됩니다. 그릇은 무엇인가 담겨 있어야 의

미가 있지 그릇 자체만으로는 의미가 없습니다. 그러면 사람들은 그 속에 무엇을 담고 있을까요? 예수님을 믿는 사람들은 그 속에 성령님이 들어가 계십니다. 그러므로 생각하고 말하고 행동하는 것이 주님을 닮게 됩니다. 그러나 믿지 않는 사람들은 공중의 권세 잡은 악의 영들이 그 속에 들어가 있습니다. 그렇기 때문에 귀신을 따라서 생각하고 말하고 행동하는 것입니다.

세상 사람들은 그 속에 악한 영들이 들어가 있기 때문에 귀신의 영향을 받아 사는데, 완전히 귀신에게 점령당하면 미치고 맙니다. 그런데 하루아침에 미치지는 않습니다. 미치기까지는 다음과 같은 여섯 단계를 거치게 됩니다.

제일 처음은 유혹 단계입니다. 이때에는 마귀가 '술 먹어라, 도박해라, 음란하고 방탕해라, 도둑질해라.' 이런 유혹을 끊임없이 합니다.

그 유혹에 끌려가면 강박 관념 단계로 들어갑니다. 이 단계에 이르면 앉으나 서나 도박할 생각, 술 마실 생각, 도둑질할 생각, 방탕한 데 갈 생각을 하게 됩니다. 마음이 이러한 강박 관념에 잡혀서 다른 생각을 할 수가 없습니다. 그러므로 이 단계에 있는 사람은 강박 관념에서 빠져나오기 위하여 기도하고 귀신을 내쫓아 버려야 합니다.

강박 관념 단계에서 귀신을 쫓아내지 않으면 억압 단계로 들어갑니다. 이 단계가 되면 귀신에게 억압받고 끌려 다니게 됩니다. 귀신이 '술 마시자, 도박하자, 음란하고 방탕한 곳에 가자, 도둑질하자.' 고 이끄는 대로 끌려 다니는 것입니다. 억압 단계에 있는 사람은 자기가 원하든지 원치 않든지 귀신에게 끌려 다니므로 주위 사람들로부터 "그 사람 그런 사람이 아닌데?" 라고 의아해하는 말을 듣게 됩니다.

억압 단계를 지나면 우울 단계로 들어가게 됩니다. 이 단계가 되면 알코올 중독자가 되어 가고, 도박꾼이 되어 가고, 도둑이 되어 가고, 탕자가 되어 갑니다. 아무리 하지 않으려고 몸부림을 쳐도 도저히 자기 힘으로 억제할 수 없기 때문에 마음이 우울해집니다. 그래서 사람들과 이야기하는 것을 피하게 되고 침울해집니다.

이러한 우울증 상태를 방치해 두면 포기 단계로 들어갑니다. 이 단계가 되면 더 이상 몸부림치지 않습니다. "에라, 될 대로 되라, 까짓것. 인생이 일장춘몽이지 뭐, 별거냐?" 하고 완전히 자포자기합니다.

이렇게 자포자기하면 그다음에는 귀신 들리게 됩니다. 마귀의 소유가 되는 것입니다. 이 단계가 되면 완전히 마귀에게 점령되어 자기의 생각이 없어지고 마귀같이 됩니다. 그래서 눈이 귀기(鬼氣)로 이글이글해지고, 마귀의 말을 하고, 비정상적인 행동을 합니다. 뿐만 아니라 부모도, 친척도, 처자도 알아보지 못하고 인사불성이 되어 완전히 미쳐 버리고 마는 것입니다.

마귀를 쫓아낼 때에는 이런 여섯 단계의 특징을 미리 알아 두고서 각 단계에 맞는 방법으로 대처하여야 합니다. 예수 이름으로 회개하고 마귀를 내쫓기가 제일 쉬운 단계는 유혹 단계입니다. 강박 관념 단계일 때에는 안수 받고 기도 받고 찬송하면 귀신이 쫓겨 나갑니다. 그러나 억압 단계에 들어오면 상당히 힘들어집니다. 이때에는 귀신이 상당히 깊이 들어와 있기 때문에 금식하며 기도해야 합니다. 만일 억압 단계를 지나 우울 단계에 들어왔다면 금식 기도원에 가서 금식하고 부르짖어 기도해야 합니다. 그나마 우울 단계까지는 그런대로 귀신을 쫓아낼 수 있습니다. 그러나 포기 단계가 되면 귀신이 좀처럼 안 나가기 때문에 쫓아내기 어렵습니다. 이미 귀신이 점령한 상태이므로 영력이 아주 강한 사람이 금식하고 철야하면서 계속 부르짖어야 됩니다. 완전히 귀신에게 점령당한 사람을 구출하려면 얼마나 힘들고 고통스러운지 뼈가 노글노글해집니다.

예전에 불광동과 서대문에서 목회할 때에는 귀신 쫓아내는 일이 일과였습니다. 약 세 시간 동안 집중적으로 기도해서 귀신을 쫓아내는 것이 제일 빠른 경우입니다. 그러나 보통 여섯 시간, 열 시간, 어떤 경우에는 이삼 일 동안 매달려서 계속 기도해야 합니다. 귀신이 쫓겨 나갈 때까지 다른 것은 아무것도 못합니다. 그러니 얼마나 고통스러운지 말로 다 할 수 없습니다. 해산하는 고통을 받으며 끈질기게 집중해서 기도를 해야 귀신이 쫓겨 나갑니다. 그런데 그렇게 해도 귀신이 안 나가는 경우가 있습니다. 그것은 어찌할 도리가 없습니다. 이러므로 귀신이 역사할 때 일찌감치 알아차리고 빨리 쫓아내야지 그냥 방치해 두면 안 됩니다.

그러면 우리 예수 믿는 사람은 어떻습니까? 예수 믿는 사람도 귀신이 들까요? 예수 믿는 사람에게는 귀신이 들어올 수 없습니다. 성령께서 우리의 몸을 성전 삼아 들어와 계시기 때문입니다. 그러나 우리가 타락하여 그리스도를 포기해 버리면 귀신이 들어올 수 있습니다. 예수님을 믿지 않는 사람은 악령이 어느 정도 그 속에 들어와서 같이 동거합니다. 그러나 우리 예수 믿는 사람의 경우에는 마귀가 바깥에서 자꾸 억압할지언정 속으로 들어오지는 못합니다. 간혹 밖에서 귀신이 우리에게 붙어 올 때도 있습니다. 그럴 때에는 즉시 귀신을 내쫓아야 합니다. 그때그때 자기가 예수 이름으로 쫓을 줄 알아야 합니다. 귀신이 붙어 올 때마다 일일이 다른 사람에게 가서 쫓아내 달라고 하면 안 되는 것입니다.

귀신 들려 미치기까지는 유혹 단계, 강박 관념 단계, 억압 단계, 우울 단계, 포기 단계, 귀신 들리는 단계, 이렇게 여섯 단계를 거치는데, 그 기간은 일정하지 않습니다. 평생에 걸쳐 서서히 미쳐 가는 사람이 있고, 급격하게 한 달 이내에 이 여섯 단계를 다 거치고 미치는 사람도 있습니다. 살길이 막막할 만큼 엄청난 고통이 다가오면 자살하는 사람이 많습니다. 그것은 귀신에게 붙잡혀 있기 때문입니다. 처음에는 귀신이 마음속에 '자살하라' 는 생각을 끊임없이 넣어 줍니다. 그 유혹을 물리치지 않고 자살 생각을 하면 나중에는 앉으나 서나 죽고 싶습니다. 그러다가 억압 단계에 들어가면 약방에 가서 수면제를 사든지, 목매려고 노끈을 사든지, 아파트에서 뛰어내리려고 자꾸 내려다봅니다. 억압 단계를 지나 우울 단계가 되면 죽기로 결심합니다. 그래서 어느 날 보니까 약을 먹었더라, 목매었더라, 아파트에서 뛰어내렸더라, 순식간에 그런 일이 벌어집니다. 그러므로 우리는 이러한 단계를 잘 알고 귀신을 쫓아내야 합니다.

예수님이 가다라 지방에서 만난 귀신 들린 두 사람은 너무나 사나워서 아무도 접근할 수 없었습니다. 귀신은 사납습니다. 귀신은 우리를 도둑질하고 죽이고 멸망시키지, 우리에게 좋은 일을 해 주는 것은 전혀 없습니다. 그런데 예수님은 귀신 들려 사납기 짝이 없는 사람이 있는 줄 아셨을 텐데 왜 바다 건너 가다라 지방으로 가셨을까요? 예수님은 괜히 바다를 건너가신 것이 아닙니다. 이 귀신 들린 사람들을 고쳐 주기 위해 건너가신 것입니다. 아무리 귀신이 사나워도 만유의 주재요, 창조주이신 예수님 앞에서는 꿈쩍 못합니다. 그래서 귀신들도 예수님이 오지 못 하게 하려고 갈릴리 바다에 파도를 일으켰던 것입니다.

29절 이에 그들이 소리 질러 이르되 하나님의 아들이여 우리가 당신 과 무슨 상관이 있나이까 때가 이르기 전에 우리를 괴롭게 하려 고 여기 오셨나이까 하더니

귀신의 최고 우두머리는 사탄입니다. 사탄은 원래 루시퍼라는 천사장이었는데 하나님의 보좌를 빼앗으려다가 쫓겨났습니다. 그때 루시퍼는 자기가 데리고 있던 천사 삼분의 일을 거느린 채 쫓겨났습니다. 그래서 서열상으로 보면 제일 위에 사탄이 있고, 그 밑에 타락한 천사들이 있고, 제일 밑에 귀신들이 있습니다. 귀신은 마귀의 병사입니다. 그런데 성경에는 귀신이 어디에서 나왔는지에 대해 밝히지 않고 있기 때문에 귀신의 근원이 어딘지는 알 수 없습니다.

어떤 사람은 사람이 죽으면 귀신이 된다고 하는데 그것은 거짓말입니다. 그 사람은 예수 안 믿고 죽으면 귀신이 된다고 가르치는데, 그런 엉터리가 어디 있습니까? 귀신이 '나는 너의 고모다.', '나는 너의 아버지다.', '나는 너의 할미다.', 그러면서 쫓아다닌다는데, 그것은 귀신이 사람들을 속여서 미혹하게 하는 것입니다. 여러분, 사람은 죽으면 다 낙원 아니면 음부로 갑니다. 구원받은 사람은 낙원으로 가고, 구원받지 않은 사람은 음부로 내려가서 최후의 심판 날을 기다리는 것입니다.

귀신은 어디서 나왔는지는 모르지만 존재하는 것은 분명한 사실입니다. 귀신은 영적 존재이므로 예수님이 하나님의 아들이심을 알지만 예수님과 직접적인 상관이 없습니다. 귀신은 사탄의 병사로서 사람들에게 고통을 주며 주님의 일을 방해하는 원수입니다. 사탄과 악한 영들과 귀신들은 예수님이 지상 재림하실 때까지 하나님을 대적하며 사람들을 죽이고 멸망시키는 일을 합니다. 그러나 주님이 오셔서 천년 왕국을 세우실

때 사탄과 타락한 천사들과 귀신들은 천 년 동안 무저갱에 갇히고, 천 년 후에 잠시 놓여남을 받았다가 나중에 불과 유황으로 타는 못에 던져지게 됩니다. 그러므로 귀신들은 "아직 천년 왕국의 때도 되지 않았는데, 왜 벌써 와서 우리를 괴롭게 합니까?" 라고 예수님께 반항한 것입니다.

30-32절 마침 멀리서 많은 돼지 떼가 먹고 있는지라 귀신들이 예수께 간구하여 이르되 만일 우리를 쫓아내시려면 돼지 떼에 들여보내 주소서 하니 그들에게 가라 하시니 귀신들이 나와서 돼지에게로 들어가는지라 온 떼가 비탈로 내리달아 바다에 들어가서 물에서 몰사하거늘

귀신이 하는 일은 사람을 도둑질하고 죽이고 멸망시키는 일입니다. 앞에서 말씀드렸듯이, 귀신은 사람을 미혹해 타락하게 한다든지 나쁜 생각을 불러 일으켜 죄짓고 방탕하게 합니다. 뿐만 아니라 귀신은 사람을 미치게 하거나 각색 병이 들게 합니다. 귀신은 어떻게 하든지 사람의 형편을 나쁘게 하는 파괴적이고 악한 행동을 일삼는 것입니다.

이러한 악한 속성을 지니고 있는 귀신들이 예수님에 의해 사람에게 쫓겨남을 당할 위기에 처하자, 기왕 나갈 바에야 돼지 떼에 붙어 돼지들을 죽이고 멸망시키고자 했습니다. 그래서 가다라 지방 사람 둘에게 들어갔던 귀신들은 예수님께 간청하여 돼지 떼에 들어가고자 한 것입니다.

예수님이 허락하시자, 귀신들이 돼지 떼에게 들어갔습니다. 다른 성경을 보면, 이때 귀신들이 들어간 돼지가 자그마치 2천 마리 정도나 된다고 기록되어 있습니다(막 5:13). 그리고 본 서와는 달리 귀신 들린 사람이 한 사람으로 되어 있습니다(막 5:2; 눅 8:27). 돼지 2천 마리에게 들어갈 만

한 귀신들이 한 사람 속에 들어가 있었다는 말입니다. 여러분, 이것이 가능한 일로 보입니까? 이것은 물리적으로는 어떤지 몰라도 실제로 가능한 일입니다. 귀신은 영체이기 때문에 시간과 공간을 초월해서 한곳에 많이 몰려 있을 수 있습니다.

귀신을 쫓아내 보면 두세 마리의 귀신이 붙어 있는 사람도 있고 열 마리가 붙어 있는 사람도 있습니다. 그래서 귀신을 쫓아내면, "1번 나간다.", "2번 나간다.", "3번 나간다." 하면서 나갑니다. 이런 것을 보면 참 우습습니다. 그러나 귀신이 하는 일을 보면 하나도 웃기지 않습니다. 귀신들이 들어간 결과 돼지 떼가 어떻게 되었습니까? 돼지들이 발작을 일으켜서 바다로 뛰어 들어가 모조리 죽고 말았습니다. 여러분, 돼지가 목욕하려고 바다에 뛰어 들어갔겠습니까, 아니면 수영하려고 뛰어 들어갔겠습니까? 풀 먹고 있는데 갑자기 '확' 하고 귀신들이 들어오니까 일시에 미쳐서 바다로 뛰어 들어간 것입니다. 이와 같이 귀신이 하는 일은 언제나 도둑질하고 죽이고 멸망시키는 일밖에 없습니다.

33-34절 치던 자들이 달아나 시내에 들어가 이 모든 일과 귀신 들린 자의 일을 고하니 온 시내가 예수를 만나려고 나가서 보고 그 지방에서 떠나시기를 간구하더라

돼지 치는 사람들은 눈앞에서 벌어진 일에 입을 다물 수가 없었습니다. 그들은 혼비백산하여 시내에 뛰어가서 그들이 목격한 일을 사람들에게 이야기했습니다. 그 말을 듣고 시내 사람들이 와서 보니, 과연 귀신 들렸던 사람은 정신이 들어 옷을 입고 앉아 있는데 돼지 떼는 온데간데없는 것이 아닙니까? 사람들은 그것을 보고서 예수님에게 그 지방에서 떠나

달라고 간구했습니다. 여러분, 이 어리석고 무지한 사람들을 보십시오. 그들은 예수님이 귀신들을 쫓아내 주셔서 미친 사람이 온전하게 되었다는 것에는 아무 관심도 보이지 않았습니다. 그들은 오로지 예수님 때문에 자신들도 돼지 주인처럼 재산을 잃을 것이 염려되어 한시라도 빨리 예수님이 떠나기를 원하였습니다. 그들은 돼지 떼를 바다에 뛰어들게 하여 몰사시킨 것은 귀신들이지 예수님이 아니라는 것을 생각하지 못하고 예수님의 등을 떠민 것입니다.

여러분, 예수님에게 떠나 달라고 했던 그 지방은 어떻게 되었겠습니까? 예수님에게 함께 계시기를 청했으면 수많은 사람이 구원받고 천국에 갔을 것인데, 예수님에게 떠나 달라고 했기 때문에 구원받을 기회를 잃어버렸고 그 결과 모조리 지옥으로 떨어지고 말았을 것입니다. 우리 주 예수 그리스도께서 오시면 밤과 낮이 분명합니다. 구원받든지 못 받든지, 귀신이 들어가든지 쫓겨 나가든지, 하늘나라가 임하든지 임하지 않든지, 모든 것이 분명하지 결코 희미하지 않습니다. 여러분은 예수님으로 충만해서 하늘나라 영광이 넘치기를 주의 이름으로 축원합니다.

제 9 장

죄와 사망을 다스리는 권세

A COMMENTARY
ON THE GOSPEL OF
MATTHEW Ⅱ

본 장은 8장에 이어 예수님의 치유 사역에 관한 내용이 계속되고 있습니다.

예수님께서는 가버나움에서 중풍 병자의 죄를 용서하고 병을 치료하심으로 죄를 사하는 권세를 가진 분이심을 나타내셨습니다. 그 후 예수님께서는 가버나움을 떠나 지나가시다가 세리 마태를 제자로 부르셨으며, 그의 집에서 많은 세리와 죄인들과 함께 식사하셨습니다. 이로 인해 바리새인들이 비난을 하자, 예수님께서는 이 땅에 죄인을 부르러 왔다고 말씀하셨습니다.

또한 예수님께서는 "예수님의 제자들은 왜 금식을 하지 않느냐?" 고 항의하는 침례 요한의 제자들에게 금식에 대하여 변론하셨습니다.

그때 회당장 야이로가 예수님을 찾아와 집으로 청하자, 예수님은 그의 집으로 가다가 혈루증으로 앓는 여인을 치료하시고 회당장의 죽은 딸을 살리심으로 친히 그리스도가 되심을 보여 주셨습니다.

그 후 예수님께서는 맹인을 고치시고 귀신 들려 말 못하는 사람에게서 귀신을 쫓아내어 고쳐 주셨으며, 각 도시와 마을에 다니시며 천국 복음을 전파하셨습니다.

1. 죄를 사하는 권세자(9:1-8)

1. 예수께서 배에 오르사 건너가 본동네에 이르시니 2. 침상에 누운 중풍 병자를 사람들이 데리고 오거늘 예수께서 그들의 믿음을 보시고 중풍 병자에게 이르시되 작은 자야 안심하라 네 죄 사함을 받았느니라 3. 어떤 서기관들이 속으로 이르되 이 사람이 신성을 모독하도다 4. 예수께서 그 생각을 아시고 이르시되 너희가 어찌하여 마음에 악한 생각을 하느냐 5. 네 죄 사함을 받았느니라 하는 말과 일어나 걸어가라 하는 말 중에 어느 것이 쉽겠느냐 6. 그러나 인자가 세상에서 죄를 사하는 권능이 있는 줄을 너희로 알게 하려 하노라 하시고 중풍 병자에게 말씀하시되 일어나 네 침상을 가지고 집으로 가라 하시니 7. 그가 일어나 집으로 돌아가거늘 8. 무리가 보고 두려워하며 이런 권능을 사람에게 주신 하나님께 영광을 돌리니라

1절 예수께서 배에 오르사 건너가 본동네에 이르시니

'본동네' 는 예수님의 고향인 나사렛이 아니라 예수님의 사역 중심지인 가버나움을 가리키는 말입니다. 지리적으로 볼 때 가버나움과 나사렛은 거리가 얼마 떨어져 있지 않지만, 예수님이 복음을 전파하실 때 나사렛 사람들과 가버나움 사람들이 보인 반응은 완전히 상반되었습니다.

나사렛 사람들은 회당에서 예수님의 말씀을 듣고 받아들이지 않았습니다. "저 사람이 누구냐? 목수의 아들이 아니냐? 저 사람의 형제들이 우리 가운데 살고 우리가 그 집안 사정을 다 알고 있는데, 갑자기 저런 권세와 능력이 어디서 나서 우리에게 설교를 하느냐?" 며 예수님을 믿지 않고 대적하였습니다. 심지어는 예수님을 낭떠러지로 끌고 가서 떨어뜨려 죽이려고 하였습니다. 이처럼 나사렛 사람들이 믿지 않았기 때문에 예수님은 단지 소수의 사람만 안수하여 병을 낫게 하셨습니다. 고향 사람들은 집안 내력과 성장 과정을 다 알고 있기 때문에 복음을 전파하기가 쉽지 않습니다. 나도 고향에 가면 어른들이 "용기 왔나? 너 늙었구나!" 이러므로 권위가 서지 않아서 말씀을 전할 수 없었습니다. 그렇기 때문에 예수님도 "선지자가 자기 고향과 자기 집 외에서는 존경을 받지 않음이 없느니라"(13:57)고 말씀하신 것입니다.

그러나 나사렛에서 얼마 떨어지지 않은 가버나움에서는 예수님이 가장 활발하게 복음을 선포하시고 많은 능력을 행하셨습니다. 가버나움 사람들은 예수님을 환영하고 하나님의 아들로 인정하여 받들었습니다. 그래서 예수님은 가버나움에서 굉장히 많은 기적을 행하셨을 뿐만 아니라, 이곳을 공생애 사역 본부로 삼고 활동하신 것입니다. 여러분, 교회도 한가지입니다. 예수님을 믿고 환영하는 교회는 주님이 본동네로 여기십니다. 어제나 오늘이나 영원토록 동일하신 예수님은 오늘날도 주님을 환영하고 인정하고 모셔 들이고 의지하며 따르는 성도 개인과 교회를 통하여 복음을 전파하고 능력을 행하여 하늘나라를 확장하고 계신 것입니다.

2절 침상에 누운 중풍 병자를 사람들이 데리고 오거늘 예수께서 그들의 믿음을 보시고 중풍 병자에게 이르시되 작은 자야 안심하라 네 죄 사함을 받았느니라

예수님이 우리를 보실 때 가장 관심을 가지고 보시는 것은 우리의 믿음입니다. 믿음은 눈에 보이는 것입니다. 눈에 보이지 않는 믿음은 믿음이 아닙니다. 성경에 행함이 없는 믿음은 죽은 믿음이라고 했습니다(약 2:17, 26). '나는 속으로 믿는다!' 그것은 믿음이 아닙니다. 예수님은 언제나 믿음을 보고 기적을 행하셨습니다. 그러므로 우리가 주님 앞에 나아가 하나님의 은총과 능력을 체험하기 원한다면 우리의 믿음을 보여 드려야 되는 것입니다.

'나는 TV로 주일 예배를 드리겠다!' 는 것은 보이는 믿음이 아닙니다. 예수님이 교회에서 백성들을 기다리시니, 예수님을 만나러 교회에 가는 것이 보이는 믿음입니다. 옛날에 일본에서 무교회주의자(無敎會主義者)들이 '교회에 가서 예배드릴 필요 없다' 는 운동을 벌였는데 지금은 다 사라졌습니다. 성경에 뭐라고 말씀하고 있습니까? "모이기를 폐하는 어떤 사람들의 습관과 같이 하지 말고 오직 권하여 그날이 가까움을 볼수록 더욱 그리하자"(히 10:25)고 하지 않았습니까? 예수님을 구주로 믿고 고백하는 성도들의 모임이 바로 교회입니다. 눈에 보이는 천국이 교회입니다. 교회가 무너지면 천국이 지상에서 무너집니다. 교회를 파괴하면 우리 주

예수 그리스도의 몸에 상처를 내는 것이므로 주님이 그냥 두지 않습니다. 역사적으로 볼 때, 교회에 대항했다가 살아남은 국가가 없습니다. 개인도 목회자에게 대항하고 교회를 헐면 주님이 멸하십니다.

우리가 주일에 교회에 나와 예배드리고 섬기는 것은 주님께 우리의 믿음을 보여 드리는 것입니다. 우리가 주님께 믿음을 보여 드리면 주님은 우리의 기도에 응답해 주십니다. 물질도 그렇습니다. 생활이 어렵지 않을 때에는 주님께 드리는 데 큰 믿음이 필요하지 않지만, 어려울 때에는 큰 믿음이 필요합니다. 그러나 아무리 형편이 어려워도 꿋꿋하게 어려움을 극복하고 십일조를 드리고 물질을 제단 위에 올려놓고 기도하면 주님이 들어주십니다. 우리가 주님께 우리의 믿음을 보이면 하나님께서 그 믿음에 역사하심으로 우리의 삶 가운데 하나님의 능력을 체험하게 되는 것입니다.

본문을 보면, 예수님이 사람들의 믿음을 보시고 중풍 병자를 고쳐 주신 사건이 기록되어 있습니다. 이 사람들은 중풍 병자의 친구들입니다(막 2:3). 네 친구가 중풍 병자를 데리고 예수님이 계신 곳에 와 보니 인산인해를 이루어 발 디딜 틈이 없었습니다. 그래서 그들은 예수님이 계신 방 위의 지붕을 뜯어낸 다음 중풍 병자를 침상째 달아 내렸습니다.

예수님은 그들의 일거수일투족에서 그들의 믿음을 보셨습니다. 그렇기 때문에 중풍 병자의 들것이 내려오자 "작은 자야 안심하라 네 죄 사함을 받았느니라" 고 말씀하신 것입니다.

그런데 여기서 우리는 한 가지 중요한 사실을 알 수 있습니다. 그것은 질병을 포함한 인간의 모든 문제의 근원이 죄라는 것입니다. 아담과 하와가 하나님을 반역하고 선악과를 따 먹지 않았으면 이런 불행이 오지 않았습니다. 오늘날 우리를 괴롭히는 질병은 원죄와 자신의 자범죄로 말미암아 온 것입니다. 욥기 18장 13절을 보면 "질병이 그의 피부를 삼키리니 곧 사망의 장자가 그의 지체를 먹을 것이며" 라고 기록되어 있습니다. 자신이 특별한 죄를 짓지 않았다 하더라도 인류의 죄, 조상의 죄로 말미암아 질병이 오게 되었고 죽음이 오게 된 것입니다. 그러므로 병 낫기를 위하여 기도할 때에는 반드시 죄를 먼저 회개하여야 합니다. 죄의 문제를 해결하지 않고는 병이 낫지 않습니다. 죄가 막고 있기 때문에 아무리 부르짖어도 아무 소용이 없는 것입니다.

병 낫기를 원하는 사람은 반드시 죄를 용서받아야 합니다. 그렇기 때문에 주님은 병 고침을 받으러 온 중풍 병자에게 "네 죄 사함을 받았느니라!" 고 말씀하신 것입니다. 주님은 죄를 사하심으로써 하나님과 중풍 병자 사이에 막힌 담을 헐어 버리신 것입니다.

주님은 우리의 속죄 제물, 속건 제물, 번제물, 화목 제물이 되어 십자가에서 고난을 받으셨습니다. 예수님 혼자 십자가 고난을 당하셨다고 생각하면 안 됩니다. 십자가 고난은 삼위일체 하나님이 함께 받으신 것입니다. 이처럼 하나님께서 우리를 구원하시기 위해서 지불하신 대가는 너무 커서 우리가 상상할 수도 없습니다. "하나님이 세상을 이처럼 사랑하사" (요 3:16)라고 했는데, 그 사랑은 값으로 계산할 수 없을 정도로 어마어마하게 큽니다. "하늘을 두루마리 삼고 바다를 먹물 삼아도 한없는 하나님의 사랑 다 기록할 수 없겠네."(찬송가 404장)라는 표현이 결코 지나친 과장이 아닙니다. 참으로 맞는 말입니다. 우리에게 대한 하나님의 사랑과 은혜는 한없이 넓고 깊습니다.

지금 우리가 받고 있는 하나님의 사랑과 은혜의 배후에는 주님이 우리를 대신하여 지불하신 엄청난 대가가 있습니다. 우리에게 지불할 수 있는 능력이 있었다면 하나님께서 지불하실 필요가 없었을 것입니다. 그러나 우리가 지불할 수 없는 것이기에 하나님께서 대신 지불하심으로 말미암아 우리는 은혜로 구원받은 것입니다. 그러므로 구원이 우리의 선한 행위로나 착한 행실로나 계명을 지킴으로써 얻을 수 있는 것이라고 생각한다면 대단한 잘못입니다. 그런 것으로는 구원을 얻을 수 없습니다. 하나님의 사랑과 구원은 너무나 크기 때문에 은혜로 거저 받는 것입니다. 계명을 지키는 것은 구원의 조건이 되지 못합니다. 그러나 하나님의 사랑을 받으면 너무나 감사해서 하나님의 계명을 지키게 됩니다. 계명을 지킴으로써 주님을 기쁘시게 하는 하나님의 자녀가 되려고 힘쓰게 되는 것입니다.

예수님은 인류의 죄를 짊어지고 십자가에서 대속하셨습니다. 우리는 주 예수 그리스도의 희생을 통해서 죄 사함을 받게 되었습니다. 그러나 모든 사람이 다 죄 사함을 받는 것은 아닙니다. 회개하고 믿어야 죄 사함을 받습니다. 우리는 예수 그리스도를 믿음으로 말미암아 값없이 구원받지만 구원에는 반드시 회개가 요구되는 것입니다.

구원받은 후에도 죄를 지으면 그때그때 주님께 회개하여야 합니다. 죄를 회개할 줄 모르면 하나님과의 교제가 끊어집니다. 부모를 거역한다고 자식이 아닌 것은 아닙니다. 자식이지만 밉지요. 그래서 매질을 하고 꾸짖고 자식이 구하는 것을 들어주지 않습니다. 자식이라도 부모와의 관계가 올바로 되어 있을 때 비로소 구하는 것을 얻을 수 있는 것입니다. 하나님과의 관계도 한가지입니다. 구원받아 하나님의 자녀가 되었어도 하나님과의 관계가 올바로 되어 있어야 기도 응답을 받는 것입니다.

그런데 이 중풍 병자는 자신의 죄를 충분히 회개한 것 같습니다. 주님은 들것에 실려 지붕 구멍으로 내려오는 그에게서 철저히 회개하고 깨어진 모습을 보셨습니다. 주님은 그의 중심을 보신 것입니다. 그래서 주님은 "네 죄 사함을 받았느니라!" 고 말씀하셨습니다. 이것이 가장 중요합니다. 죄의 문제가 해결되면 구하는 것을 얻을 수 있습니다. 성경은 이와 같이 말씀하고 있습니다.

"만일 우리가 우리 죄를 자백하면 그는 미쁘시고 의로우사 우리 죄를 사하시며 우리를 모든 불의에서 깨끗하게 하실 것이요"(요일 1:9).

"믿음이 없이는 하나님을 기쁘시게 하지 못하나니 하나님께 나아가는 자는 반드시 그가 계신 것과 또한 그가 자기를 찾는 자들에게 상 주시는 이심을 믿어야 할지니라"(히 11:6).

성경에 기록된 수많은 믿음의 선조들은 하나님께 자신의 믿음을 보임으로 말미암아 그 믿음을 인정받고 기도하고 구하는 것마다 응답을 받았습니다. 오늘날에도 우리가 하나님을 기쁘시게 하면, 주님이 우리의 기도를 들어주십니다. 그러므로 우리는 주님 앞에 우리의 죄를 회개하고 우리의 믿음을 보여 드려야 합니다. 그리하면 우리가 주님의 뜻 안에서 기도하고 구하는 것마다 주께서 응답하시는 놀라운 은혜가 우리의 삶에 넘쳐 나게 될 것입니다.

3절 어떤 서기관들이 속으로 이르되 이 사람이 신성을 모독하도다

어떤 서기관들은 예수님이 중풍 병자에게 죄 사함을 받았다고 선포하시는 것을 듣고 하나님의 신성을 모독했다고 생각했습니다. 사실 하나님

외에는 아무도 죄를 용서할 권한이 없습니다. 그러나 서기관들이 예수님이 신성을 모독했다고 생각한 것은 그들이 예수님을 올바로 알지 못했기 때문입니다. 당시 종교 지도자 계층인 바리새인들과 사두개인들과 서기관들은 예수님을 하나님의 아들로 인정하지 않았습니다. 그러므로 그들의 입장에서 보면 예수님이 중풍 병자에게 하신 말씀은 하나님 행세를 하는 이단 사설로밖에 생각되지 않았던 것입니다.

예수님 당시에도 그랬지만 오늘날에도 이스라엘 사람들은 예수님을 하나님의 아들로 믿지 않습니다. 한번은 이스라엘에서 온 관광객 50명이 모여 있는 것을 보고 내 옆에 있던 한 성도님이 내게 물었습니다.

"목사님, 저분들 이스라엘에서 왔어요. 저분들 다 예수 믿지요?"

"이스라엘에서 온 사람들은 예수님을 안 믿습니다."

성도님은 이 말을 듣고 몹시 놀라워했습니다.

"이스라엘에서 왔는데 왜 안 믿어요?"

유대인의 비극은 자신들이 대망하는 메시아 예수님이 오셨는데도 주님을 인정하지 않고 배척하는 데 있습니다. 유대 민족은 예수님을 믿지 않고 오히려 십자가에 못 박아 죽였으며 이후로도 계속 교회와 성도들을 박해했습니다. 그 결과 이스라엘은 주후 70년에 로마 장군 디도에 의해 풍비박산이 되고 말았습니다. 그 후 유대 민족은 나라 없는 백성이 되어 세계 각지에 흩어져서 2천 년 동안 방랑하였고, 제2차 세계 대전 때에는 히틀러에게 6백만 명의 유대인들이 참혹하게 학살당했습니다. 지금은 말세의 징조로 이스라엘이 국권을 회복하고 팔레스타인에 있지만, 아직도 여전히 국법으로 예수님을 믿지 못 하게 하고 있습니다. 아브라함의 하나님, 이삭의 하나님, 야곱의 하나님의 아들인 예수님이 오셨는데도 유대인들은 눈이 어두워서 예수님을 하나님의 아들로 믿지 않습니다. 그러므로 유대인들은 앞으로도 큰 시련을 당할 것입니다. 장차 7년 환난의 때가 되면 적그리스도에게 시련과 환난을 당하고, 회개하여 남은 자만이 구원받을 것입니다.

그러므로 여러분은 유대인으로 태어나지 않은 것을 감사하십시오. 그리고 하나님께서 우리 이방인들을 구원받게 해 주신 것을 감사해야 합니다. 이방인인 우리에게 예수님을 하나님의 아들로 볼 수 있는 눈을 열어 주셔서 예수님을 믿고 그 십자가의 피로 말미암아 죄 사함 받게 하시고 우리를 아들 삼으셔서 천국 소망을 갖게 하셨으니, 이 얼마나 놀라운 축복입니까? 우리는 비록 행인과 나그네로 이 세상을 살고 있지만, 언젠가 우리 육신의 장막 집이 무너지더라도 손으로 짓지 않은 영원한 집이 있으므로 큰 소망을 가지고 살아갈 수 있는 것입니다.

4절 예수께서 그 생각을 아시고 이르시되 너희가 어찌하여 마음에 악한 생각을 하느냐

예수 그리스도를 하나님의 아들로 인정하지 않는 것은 단순한 죄가 아니라 악입니다. 예레미야서에 하나님께서 이렇게 말씀하셨습니다.

"내 백성이 두 가지 악을 행하였나니 곧 그들이 생수의 근원 되는 나를 버린 것과 스스로 웅덩이를 판 것인데 그것은 그 물을 가두지 못할 터진 웅덩이들이니라"(렘 2:13).

죄는 하나님의 법을 어기는 것이지만, 악은 하나님을 하나님으로 인정하지 않고 무시하고 저항하는 것입니다. 그러므로 죄보다는 악이 훨씬 무섭습니다. 악에 대해서는 하나님께서 무서운 심판을 내리십니다. 그런

데 서기관들이 예수님을 하나님의 아들로 인정하지 않고 평범한 사람으로 생각하였으니 주님이 보시기에 악하지 않겠습니까? 그렇기 때문에 주님이 그들을 꾸짖으신 것입니다. 예수님을 하나님의 아들로 인정하지 않는 것은 전부 악입니다. 그 악 가운데 있는 한 결코 하나님의 심판을 면할 수 없습니다.

> **5-7절** 네 죄 사함을 받았느니라 하는 말과 일어나 걸어가라 하는 말 중에 어느 것이 쉽겠느냐 그러나 인자가 세상에서 죄를 사하는 권능이 있는 줄을 너희로 알게 하려 하노라 하시고 중풍 병자에게 말씀하시되 일어나 네 침상을 가지고 집으로 가라 하시니 그가 일어나 집으로 돌아가거늘

예수님은 서기관들의 마음의 생각을 아시고 "네 죄 사함을 받았느니라 하는 말과 일어나 걸어가라 하는 말 중에 어느 것이 쉽겠느냐?" 고 물으셨습니다. 여러분, 한번 생각해 보십시오. 거동하기 어려운 중풍 병자에게 '네 죄 사함을 받았느니라' 고 말하는 것과 '네 침상을 가지고 일어나 걸어가라' 고 말하는 것 중에 어떤 것이 쉽겠습니까? 당연히 '네 죄 사함을 받았느니라' 고 말하는 것이 더 쉽지요. 죄 사함을 받는 것은 눈에 보이지 않으니까 확인할 길이 없습니다. 그러니 그 말에 대한 책임을 지지 않아도 누가 뭐라고 하지 않습니다. 그러나 침상을 가지고 걸어가는 것은 눈에 보입니다. 침상에 누운 채로 들려온 중풍 병자가 일어나서 걷는다는 것은 기적이 아니고는 어려운 일입니다.

예수님이 서기관들에게 "네 죄 사함을 받았느니라 하는 말과 일어나 걸어가라 하는 말 중에 어느 것이 쉽겠느냐?" 고 질문하신 것은 자신에게

죄를 사하는 권세가 있다는 사실을 증명하기 위해서였습니다. 예수님의 말씀은 결국 '너희는 내가 하나님처럼 행동한다고 비난하는데, 그렇다면 하나님의 능력으로 이 중풍 병자를 고침으로써 나에게 죄를 사하는 권세가 있다는 것을 보여 주겠다.' 라는 뜻입니다.

믿음이 없는 사람들이 볼 때, 눈앞에서 병자들이 하나님의 능력으로 치료되는 것은 참으로 놀라운 일입니다. 그렇기 때문에 오늘날에도 하나님의 치유의 역사가 나타나는 곳에서는 복음이 능력 있게 전파되고, 많은 영혼이 구원받으며, 교회가 부흥됩니다. 내가 전에 구(舊)소련과 동구라파에 가서 복음을 전파하는데 가장 큰 일이 치료의 역사였습니다. 그들은 공산주의의 영향으로 '신은 죽었다.' 고 인식하고, '정말 신은 있는가?' 에 대해 궁금증을 가지고 있습니다. 그렇기 때문에 그들에게 복음을 전하고 난 다음에 예수 이름으로 병자들이 치료되고 못 걷는 사람이 일어나고 귀먹은 사람이 듣게 되면 엄청난 힘이 생깁니다. 하나님의 치료의 역사가 일어나면 폭발적인 힘이 생겨서 믿지 않던 사람들이 전부 두 손을 들고 예수님을 믿겠다고 결신하는 것입니다.

힌두교인들에게 복음을 전파할 때에도 한가지입니다. 그들은 한사코 예수 그리스도를 믿지 않고 인정하지 않습니다. 그러나 기사와 이적이 일어나는 것을 보면 두말 않고 예수님을 믿습니다. 내가 인도의 캘커타에 복음을 전하러 갔을 때 그곳에 있는 힌두교인들이 결사적으로 반대하였습니다. 뿐만 아니라 집회하는 동안에 나를 죽이겠다고 선언했기 때문에 경찰들이 집회 장소에 전자 탐지기를 설치해 놓고 집회에 오는 사람들을 일일이 검문하고 몸수색을 하여 총이나 칼을 가지고 들어오지 못하도록 했습니다. 그날 나는 집회를 인도하면서 강단에서 이렇게 말했습니다.

"나는 여러분에게 예수님을 믿으라고 강요하는 것이 아닙니다. 여러분이 믿는 힌두교의 신이 참신인지 내가 믿는 예수님이 참신인지 증명해 봅시다. 내가 믿는 예수님이 참신이 아니라면 예수님을 믿지 마십시오. 그러나 예수님이 스스로를 하나님의 아들로 증명해서 여러분이 보는 앞에서 큰 기사와 이적을 행하거든 예수님이야말로 참신인 줄 아십시오. 그러니 지금은 소요하지 마시고 끝까지 예수님의 말씀을 들으십시오. 그런 다음 예수님의 기사와 이적이 나타나지 않으면, 그때는 나를 쫓아내고 집회를 뒤엎어 버려도 좋습니다."

이렇게 해서 겨우 소요를 진정시키고 설교를 했습니다. 그런데 설교를 마치고 나니까 애간장이 타서 견딜 수가 없었습니다. 힌두교인들에게 큰소리쳤는데 주님이 역사하시지 않아서 망신을 당하면 어떡하나라는 생각에 피가 마르는 것 같았습니다.

그러나 담대하게 병자를 위해서 기도하고 성령님의 인도를 따라서 치료받은 사람들을 불러냈습니다. 그러자 못 걷는 사람들과 다리 저는 사람들과 많은 병자들이 치료를 받고 나왔습니다.

지난 20여 년 선교 사역을 해 오는 동안 주님이 기적을 행하시지 않은 때는 한 번도 없었습니다. 언제나 기사와 이적을 행해 주셨습니다. 집회 때마다 주님의 치유가 나타남으로 말미암아 수많은 사람이 회개하고 예수님을 믿고 구원받는 역사가 일어났는데, 그것을 보면 마음이 얼마나 상쾌한지 말로 다 할 수 없습니다. 그럴 때에는 "아이고, 내 팔자야!"라는 소리가 안 나오고 "후유, 살았다!"라는 말이 저절로 나옵니다.

파키스탄 라호르에 가서 집회할 때 있었던 일은 지금도 내 마음에 생생하게 남아 있습니다. 집회 첫날 약 3만 명이 모인 자리에서 설교를 하는데, 이슬람 경찰이 와서 마이크를 끄더니 내게 이렇게 협박하는 것이었습니다.

"만일 마호메트나 이슬람교에 대해서 한 마디라도 비난하면 당신을 체포해서 추방하겠소."

마이크를 꺼 버렸으니 큰 소리로 설교를 할 수밖에 없는데, 큰 소리를 지르면 금방 목이 쉽니다. 그래서 나중에는 목이 잠겨서 말이 나오지도 않습니다. 그렇게 나흘 동안 집회를 하는데 첫날부터 엄청나게 많은 병자가 낫는 것이었습니다. 그 어느 집회 때보다도 훨씬 더 큰 치유의 역사가 나타났습니다. 미친 사람이 제정신으로 돌아오고 병든 사람들이 나으니까 집회 열기는 그야말로 더할 수 없이 뜨거워졌습니다.

그 이튿날 집회하려고 나갔는데 목이 쉬어서 말이 안 나왔습니다. 그런데 그 이슬람 경찰이 만나자고 하는 것이었습니다. 그래서 나는 '또 경고하려고 부르는구나!' 라고 생각했는데, 그것이 아니었습니다. 병든 장인을 데리고 왔으니까 장인의 병을 고쳐 주는 조건으로 마이크를 켜 주겠다는 것이었습니다. 그러니 내가 뭐라고 했겠습니까? 당연히 '좋다' 고 했지요. 그리고 장인을 강단 옆에 앉히라고 했습니다.

그날 마이크에 대고 신바람 나게 복음을 전파하고 난 다음, 그 장인을 회개시키고 신유 기도를 하니까 깨끗이 나아 버렸습니다. 그랬더니 사흘째 되는 날에는 마이크를 더 많이 설치하고 볼륨도 더 크게 해 주는 것이었습니다. 이것은 참으로 예수님이 기사와 이적을 행하시지 않으면 안 되는 일입니다.

뭄바이('봄베이'에서 개칭)에서 집회할 때에는 뭄바이 경찰로부터 "평화에 대해서만 설교하고 예수에 대한 이야기는 하지 마시오."라는 위협을 받고 고민을 많이 했습니다.

'바울과 실라처럼 감옥에 들어갈까? 어떻게 할까?'

한참 고민을 하다가 마음에 결단을 내렸습니다.

'에라, 감옥에 들어가게 되면 가지 뭐!'

이렇게 마음먹고 담대하게 예수님에 대해서 설교를 하였습니다. 그런 다음 병자들을 위한 기도 시간을 가졌는데 굉장히 많은 사람이 치료받고 앞에 나와서 간증하였습니다.

뭄바이 경찰은 집회를 내내 지켜보고 나서 내게 이렇게 말하였습니다.

"내일 한 번 더 들어 보고 당신을 잡아가겠소."

그 이튿날, 나는 '잡으려면 잡아라!' 하고 더 담대하게 복음을 전파하였습니다. 그랬더니 집회 후에 경찰이 와서 이렇게 말하는 것이었습니다.

"우리는 아직까지 이런 말을 들어 본 적이 없는데, 웬 권세와 능력이 이처럼 강력하게 나타납니까? 우리 경찰들은 오늘 여기서 예수님을 믿기로 작정했으니, 내일 저녁 집회는 마음대로 하십시오. 상부에는 목사님이 평화에 대한 설교를 멋있게 했다고 보고하겠습니다."

그리고 사흘째 되는 날에는 경찰들이 와서 안수를 받았습니다.

나는 이런 경험들을 해 보았기 때문에 예수님이 서기관들에게 하신 말씀을 절실하게 이해합니다. 사람들은 예수님이 죄를 사하는 권세가 있다는 것을 인정하지 않았습니다. 그런데 예수님이 병든 자를 고치시니까 죄를 사하는 권세가 있다는 것을 인정하고 달려든 것입니다. 병 고침은 죄 사함을 전제로 하는 것입니다. 그러므로 죄의 용서와 치료는 동전의 양면과 같은 것입니다.

예수님은 천국 복음을 전파하시고 병든 자를 고치셨습니다. 복음이 전파되는 곳에는 반드시 치료가 따라야 합니다. 치료의 역사가 나타나지 않아도 구원은 받지만, 치료의 역사가 나타나면 죄 사함 받고 구원받았다는 강한 확신을 얻게 됩니다. 오늘날 크게 부흥하는 교회마다 치료의 역사가 있습니다. 우리 교회가 70만 성도가 되고 세계 최대 교회가 된 것은 치료의 역사가 끊임없이 따르기 때문입니다. 병 고침을 통하여 그리스도를 체험하니까 그리스도의 용서와 구원에 대한 믿음도 강해져서 교회가 부흥하게 되는 것입니다. 이와 같이 치료의 역사가 동반될 때 복음은 굉장한 힘을 가지고 선포되는 것입니다.

예수님이 서기관들에게 말씀을 하신 후 중풍 병자에게 "일어나 네 침상을 가지고 집으로 가라!" 고 말씀하시니, 중풍 병자가 즉시 침상에서 일어나 집으로 돌아갔습니다. 이것이 바로 하나님의 역사입니다. "일어나 네 침상을 가지고 집으로 가라!" 고 하는데 중풍 병자가 일어나지 못하고 계속 누워 있으면 예수님에게 죄 사하는 권세가 있다는 것이 증명되지 못하지요. 그런데 예수님이 말씀하시자 중풍 병자가 즉시 툴툴 털고 일어나 침상을 가지고 집으로 돌아갔으니, 예수님이 죄를 사하는 권세를 가지고 계신 하나님의 아들이라는 사실이 증명된 것입니다.

옛날 헝가리 부다페스트에서 집회를 인도할 때의 일이었습니다. 교통사고로 하반신 마비가 된 사람이 그 집회에 왔습니다. 그런데 성령께서 "휠체어에서 일어나 강단으로 올라오라고 선포하라!" 고 내게 말씀하셨습니다. 성령님은 계속 독촉하시는데 나는 아주 괴로웠습니다. 그래서 속으로 기도하였습니다.

"주님, 만일 선포를 했는데도 일어나지 못하면 얼마나 망신입니까? 저는 선포하지 않을 테니까 주님이 직접 일으켜 주세요."

그랬더니 주님이 이렇게 말씀하시는 것이었습니다.

"아니다. 네가 지금 선포하지 않으면 저 사람은 저대로 집으로 돌아간다."

그날 병자를 위해 기도하고 난 다음에 하나님께서 그 하반신 마비 환자에 대한 것뿐만 아니라 여러 계시를 주셨습니다.

'눈이 안 보이는 사람 나와라, 귀가 안 들리는 사람 나와라, 암 환자 나와라…….'

그래서 나는 하나님께서 계시하시는 대로 선포하였습니다. 그러나 하반신 마비 환자만큼은 말이 나오지 않는 것이었습니다. 그래서 나는 다른 곳을 보면서 작은 소리로 말하였습니다.

"휠체어를 타고 온 사람이 있는데, 오늘 하나님이 고쳐 주시니까 일어나십시오!"

여차하면 변명이라도 하려고 다른 데를 보면서 말했는데, 내 자신이 그렇게 원망스러울 수가 없었습니다. '이렇게 내 믿음이 형편없는가?' 싶으면서도 그 사람을 쳐다보며 바울처럼 "네 발로 일어서라!"고 담대하게 선포할 담력은 생기지 않았습니다.

그런데 선포를 하고 나서 보니, 휠체어에 탄 사람이 밑을 내려다보면서 발가락을 잡고 움직여 보다가 발가락이 움직이니까 휠체어를 잡고 일어나 강단으로 뛰어 올라와서 뛰뛰고 춤추는 것이었습니다. 성령께서 계시하신 대로 하나님의 치료의 역사가 이루어진 것입니다.

그러나 나는 그 사람의 간증을 듣고 부끄러웠습니다.

"나는 조 목사님이 일어나라고 말씀하실 것을 예상하고 기다리고 있었습니다. 그런데 조 목사님이 다른 사람을 보면서 말씀하시기에 '에라, 까짓 거, 나도 한번 해 보자!' 하고 일어났습니다. 그랬더니 하나님이 고쳐 주셨습니다."

내가 그 사람을 보면서 '일어나라' 고 명령하면 좋았을 텐데 믿음이 약해서 다른 사람을 보면서 말했다가 지적을 받았기 때문에 얼마나 부끄러웠는지 모릅니다.

내가 말은 이렇게 하지만 사실 나는 간이 작은 사람입니다. 병자를 위한 기도를 마치고 호텔로 돌아가서 보면, 옷이 땀에 푹 젖어 있습니다. 빨래를 짜듯이 옷을 짤 정도로 진땀을 많이 흘리고 벌벌 떨면서 합니다. 사람들이 보기에는 내가 굉장히 믿음이 좋고 담대한 줄 알지만 실제로 얼마나 떨리는지 모릅니다. 그러나 하나님의 영광을 나타내는 일이기 때문에 하는 것입니다.

우리가 죄 사함 받고 병 고침 받는 것은 주님의 뜻입니다. 죄를 사하고 병을 치료하는 권세는 예수님께 있습니다. 오늘도 주님은 우리의 죄를 용서하시고 우리의 모든 질병을 고쳐 주시기를 원하고 계십니다. 그러므로 우리는 죄 짐에 눌려 있을 이유가 없습니다. 질병의 고통에 묶여 있을 이유가 없습니다. 우리가 죄를 회개하고 주님의 치료하심을 간구하면, 어제나 오늘이나 영원토록 동일하신 주님이 우리의 죄를 사하시고 병을 치료해 주시는 역사가 우리에게 나타날 것입니다.

8절 무리가 보고 두려워하며 이런 권능을 사람에게 주신 하나님께 영광을 돌리니라 사람들은 하나님만이 하실 수 있는 일을 예수님이 행하신 것을 보았음에도 불구하고 예수님이 어떤 분인지를 몰랐습니다. 그들은 그저 예수님을 하나님으로부터 권세를 받은 사람으로 생각하였습니다. 그들은 눈이 있어도 보지 못했기 때문에 예수님이 하나님의 아들임을 알지 못한 것입니다. 그들이 "주는 하나님의 아들이십니다!" 라고 고백했다면 얼마나 좋겠습니까? 그러나 그들은 예수님을 사람으로 보고, 예수님에게 권세를 주신 하나님께 영광을 돌렸습니다.

이와 같이 예수님이 하나님의 아들임을 알지 못하고 사람으로 보는 잘못된 생각은 오늘날까지도 면면히 흐르고 있습니다. 현대신학이나 자유신학에서는 예수님을 사람으로 봅니다. 나사렛 출신의 보잘것없는 목수의 아들이요, 정치가요, 도덕 선생이요, 사회 개혁가로 봅니다. 이처럼 예수님을 하나님의 아들로 인정하지 않는 것은 중대한 잘못입니다. 예수님의 수제자 베드로가 "주는 그리스도시요, 살아 계신 하나님의 아들이시니이다!" 라고 고백했을 때, 예수님이 뭐라고 말씀하셨습니까? "바요나 시몬아 네가 복이 있도다 이를 네게 알게 한 이는 혈육이 아니요 하늘에 계신 내 아버지시니라"(16:17)고 하셨습니다. 예수님을 구주로 인정하는 것은 하늘 아버지께서 성령을 보내셔서 깨닫게 해 주셔야 가능한 것입니다.

우리는 하나님께서 택하시고 성령을 보내어 깨닫게 해 주셨기 때문에 "주는 그리스도시요, 살아 계신 하나님의 아들이십니다!" 라고 고백할 수 있게 되었고 구원을 받게 되었습니다. 그러므로 예수님을 굳세게 믿고 간절히 찾아야 합니다. 그러면 예수님은 선한 목자가 되어 우리를 인도하시고 결코 떠나지 않으실 것입니다.

2. 마태를 부르심(9:9-13)

9. 예수께서 그곳을 떠나 지나가시다가 마태라 하는 사람이 세관에 앉아 있는 것을 보시고 이르시되 나를 따르라 하시니 일어나 따르니라 10. 예수께서 마태의 집에서 앉아 음식을 잡수실 때에 많은 세리와 죄인들이 와서 예수와 그의 제자들과 함께 앉았더니 11. 바리새인들이 보고 그의 제자들에게 이르되 어찌하여 너희 선생은 세리와 죄인들과 함께 잡수시느냐 12. 예수께서 들으시고 이르시되 건강한 자에게는 의사가 쓸데없고 병든 자에게라야 쓸데있느니라 13. 너희는 가서 내가 긍휼을 원하고 제사를 원하지 아니하노라 하신 뜻이 무엇인지 배우라 나는 의인을 부르러 온 것이 아니요 죄인을 부르러 왔노라 하시니라

9절 예수께서 그곳을 떠나 지나가시다가 마태라 하는 사람이 세관에 앉아 있는 것을 보시고 이르시되 나를 따르라 하시니 일어나 따르니라

예수님은 절대 주권자이십니다. 주님은 알파와 오메가가 되시고 처음과 나중이 되시고 시작과 끝이 되셔서 모든 것을 아시고 자신의 뜻대로 행하십니다. 그렇기 때문에 예수님은 제자들을 택하실 때에도 주님의 뜻대로 부르셨습니다. 제자가 되겠다고 자원하는 사람들이 많았으나 예수님은 자원자들을 제자로 삼으시지 않았습니다. 주님이 원하는 자들을 불

러 제자로 삼으셨습니다.

예수님께 부름 받은 사람들은 우리가 보기에는 자격 미달로 보입니다. 주님이 택한 제자들은 정상적인 교육조차 받아 보지 못한 일자무식이었습니다. 대부분이 갈릴리 바다에서 그날그날 고기를 잡아서 생계를 이어 가는 어부들이었습니다. 인간적으로 생각할 때 예수님의 제자가 될 만한 조건을 갖춘 것이 없는 사람들이었습니다. 그런데 예수님은 학자들이나 사두개인들이나 바리새인들 중에서 제자를 택하시지 않고, 보통 사람들이 볼 때 평균 이하인 사람들을 제자로 택하셨습니다. 예수님은 사람의 마음을 꿰뚫어 보시기 때문에 마음이 순수하고 주님을 전적으로 믿고 의지할 자들을 택하여서 하늘나라의 기둥으로 삼으신 것입니다.

예수님이 제자로 부르신 사람들을 보면, 하나님은 사람을 외모로 보시지 않고 중심을 보신다는 것을 알 수 있습니다. 마태는 세관에서 세금을 받는 세리였습니다. 예수님 당시의 세리들은 민족 반역자로 취급받았습니다. 왜냐하면 그 당시는 유대가 로마의 지배하에 있었으므로 세리들이 세금을 걷어서 로마에 바쳤기 때문입니다. 더구나 그들은 원래 정해진 법정 세금보다 훨씬 많은 세금을 징수하여 착복하였습니다. 그렇기 때문에 유대인들은 세리를 굉장히 미워했으며, 세리들과는 아예 가까이하지도 않았습니다. 그러므로 예수님이 비천한 죄인 취급을 받는 세리 마태를 제자로 선택하신 것은 사람들이 이해하기 어려운 일이었습니다. 마태는 세관에 앉아 있으면서 부정 축재도 많이 했고 돈벌이도 좋았습니다. 그러나 주님이 마태에게 "나를 따르라!"로 부르시니까 그 자리를 헌신짝처럼 버리고 두말 않고 순종했습니다. 주님이 세리 마태를 제자로 택하신 이유가 여기에 있습니다. 주님은 말씀에 즉각 순종하는 그의 중심을 보시고 제자로 부르신 것입니다.

마태가 예수님의 말씀에 순종했듯이 우리는 주님의 말씀에 두말 말고 순종해야 합니다. 하나님이 가장 미워하시는 것은 불순종과 거역하는 것입니다. 성경은 "거역하는 것은 점치는 죄와 같고 완고한 것은 사신 우상에게 절하는 죄와 같음이라"(삼상 15:23)고 말씀하고 있습니다. 사울이 버림받은 것은 하나님의 명령에 불순종했기 때문입니다. 하나님의 명령에 불순종하고 그 뜻을 거역하는 것은 하나님을 무시하고 멸시하는 죄를 짓는 것입니다. 그렇기 때문에 하나님께 불순종하고 거역하면 아무리 '주여, 주여' 부르짖어 기도해도 응답을 받을 수 없습니다.

성경은 "순종이 제사보다 낫고 듣는 것이 숫양의 기름보다 나으니"(삼상 15:22)라고 했으며, "너희가 만일 내가 오늘 너희에게 명하는 너희의 하나님 야훼의 명령을 들으면 복이 될 것이요"(신 11:27)라고 말씀하고 있습니다. 하나님의 말씀을 순종하는 것이 하나님을 기쁘시게 하고 복을 받는 길인 것입니다.

그런데 우리가 하나님의 말씀을 순종하는 데에는 하나님 앞에 반드시 지켜야 할 가장 근본적인 것들이 있습니다. 무엇보다도 우리는 주일을 거룩하게 지켜야 합니다. 엿새 동안은 일하고 주일에는 교회에 나와서 주님을 섬겨야 합니다. 이를 거역하고 불순종하면 하나님을 멸시하는 것이 됩니다.

또한 우리의 모든 수입의 십분의 일을 드려 하나님을 경배하여야 합니다. 예수님은 "네 보물 있는 그곳에는 네 마음도 있느니라"(6:21)고 말씀하셨습니다. 아무리 입술로 '주여, 주여' 해도 주님께 드리는 것이 아까워서 인색한 마음으로 드리거나 십일조를 드리지 않고 말로만 받아 달라고 하는 것은 하나님을 경배하는 것이 아닙니다.

우리가 부모님께 효도하는 것도 그렇습니다. "부모님, 건강하시고 오래오래 사세요."라고 아무리 말해도 소용이 없습니다. 말로만이 아니라 아주 작은 선물로라도 사랑의 성의를 표시해야만 합니다. 부모를 사랑하는 마음이 물질로써 표현되기 때문에, 작은 정성이지만 선물을 준비해서 드리면 부모님은 흐뭇해하는 것입니다.

아내를 사랑하는 것도 말로만 "여보, 사랑해!"라고 해서는 안 됩니다. 화장품이라도 하나 사 들고 가서 "여보, 사랑해!"라고 말하면 아내가 콧등이 시큰할 정도로 감동을 받습니다.

남편도 그렇습니다. 아내가 퇴근해서 돌아온 남편에게 수고했다고 말만 하는 것보다는 등이라도 두드려 주면서 "여보, 수고했어요! 가족들 먹여 살리느라고 얼마나 고생 많았어요!"라고 말하면 남편의 마음이 훈훈해집니다. '야, 열심히 일해야겠다! 이렇게 나를 인정해 주니 얼마나 고마우냐!' 라고 생각하게 됩니다.

구약 시대에 하나님께서 '양을 제물로 바쳐라.', '소를 번제로 드려라.' 하고 명령하신 것은 양이나 소가 없어서가 아닙니다. 그 물질에 사랑과 정성이 담겨 있기 때문에 그렇게 명령하신 것입니다. 물질이 있는 곳에 마음이 있습니다. 그러므로 자원하는 마음으로 기쁘게 십일조를 드리면서 "하나님, 사랑합니다!"라고 고백하여야 하나님을 사랑하는 것이 증명되는 것입니다.

하나님이 우리를 어떻게 사랑하셨습니까? 요한복음 3장 16절에 "하나님이 세상을 이처럼 사랑하사 독생자를 주셨으니 이는 그를 믿는 자마다 멸망하지 않고 영생을 얻게 하려 하심이라" 고 했습니다. 하나님의 사랑은 입술로만 말하는 철학적인 사랑, 종교적인 사랑, 학문적인 사랑이 아닙니다. 하나님의 사랑은 증명된 사랑입니다. 우리의 죄를 대신 짊어지고 십자가에서 몸 찢기고 피 흘려 죽으심으로써 증명된 사랑입니다. 이와 같이 십자가를 통해서 우리에게 대한 하나님의 사랑이 확증되었기 때문에 하나님이 우리를 사랑한다는 말은 힘이 있습니다. 그러므로 우리도 하나님을 사랑한다면 하나님께 순종함으로써 그 사랑을 증명하여야 합니다. 주일 성수하고 십일조 드리고 말씀 읽고 기도하고 전도하는 등, 기초적인 것들부터 순종하여야 합니다. 우리가 가장 근본적인 것들부터 하나님께 순종하는 마음으로 지킴으로써 주님께 대한 우리의 사랑을 증명하면, 하나님께서 우리의 사랑을 인정하시고 기뻐하시는 것입니다.

마태는 주님의 부르심에 두말 않고 예수님을 따랐습니다. 오늘날 주님의 부르심을 받은 우리도 이처럼 두말 않고 주님을 좇아야 합니다. 성경은 "상전의 손을 바라보는 종들의 눈같이, 여주인의 손을 바라보는 여종의 눈같이 우리의 눈이 야훼 우리 하나님을 바라보며 우리에게 은혜 베풀어 주시기를 기다리나이다"(시 123:2)라고 말씀하고 있습니다. 그러므로 우리는 살든지 죽든지, 흥하든지 망하든지, 성하든지 쇠하든지, 오직 주님만을 바라보며 하나님의 뜻을 좇아야 합니다. 하나님은 우리의 주인이시고, 우리는 하늘나라의 머슴들입니다. 머슴이 자기 마음대로 '이것을 하겠다.', '저것을 하겠다.' 하면 안 됩니다. 머슴은 주인이 시키는 일만 열심히 하면 되는 것입니다.

하나님이 우리에게 시키시는 일은 다 다릅니다. 그러므로 우리는 자신이 맡은 일을 하면 그만이지 다른 사람과 비교할 필요가 없습니다. 요한

복음 21장 19절부터 23절을 보면 이러한 사실을 잘 알 수 있습니다. 예수님이 베드로에게 "나를 따르라!" 고 하셨을 때, 베드로가 요한이 따라오는 것을 보고 "주여, 이 사람은 어떻게 되겠습니까?" 라고 물었습니다. 그때 예수님이 베드로에게 뭐라고 말씀하셨습니까? "내가 올 때까지 그를 머물게 할지라도 네게 무슨 상관이냐? 너는 나를 따르라!" 고 하시지 않았습니까? 하나님은 우리 한 사람 한 사람에 대해서 개별적인 계획을 가지고 계십니다. 그러므로 남과 비교하면 안 됩니다. 우리는 그저 우리 자신에 대한 하나님의 계획에 순종하면 되는 것입니다.

10-11절 예수께서 마태의 집에서 앉아 음식을 잡수실 때에 많은 세리와 죄인들이 와서 예수와 그의 제자들과 함께 앉았더니 바리새인들이 보고 그의 제자들에게 이르되 어찌하여 너희 선생은 세리와 죄인들과 함께 잡수시느냐

마태는 주님의 부르심을 받고 너무 기뻐서 집에서 잔치를 벌였습니다. 예수님이 마태의 집에 가셨더니 마태의 동료 세리들과 죄인들이 많이 와 있었습니다. 예수님은 그들과 함께 앉아서 식사하셨습니다. 그러자 이를 본 바리새인들이 제자들에게 "어찌하여 너희 선생은 세리와 죄인들과 함께 잡수시느냐?" 고 비난하였습니다.

'친구를 보면 그 사람을 안다.' 고 합니다. 또 '유유상종' 이라는 말도 있습니다. 도박꾼은 도박꾼끼리 모이고, 술꾼은 술꾼끼리 어울리고, 도둑은 도둑끼리 몰려다니고, 신사는 신사끼리 교제합니다. 사람들은 '동류(同類)의 법칙' 에 의해서 모이는 것입니다. 그러나 예수님은 차원이 다릅니다. 예수님은 만민의 구주로 오셨기 때문에 높은 자와 낮은 자, 부자

와 거지, 의로운 자와 죄 있는 자를 구별하시지 않습니다. 예수님은 하나님의 아들이시므로 그 어떤 권력자나 왕보다 더 높으십니다. 그러나 예수님은 베들레헴의 마구간에서 태어날 정도로 낮아지셨으므로 예수님보다 더 낮은 사람이 없습니다. 그렇기 때문에 예수님은 비천한 사람이나 걸인과도 친구가 될 수 있고, 지극히 높은 사람과도 교제할 수 있는 것입니다.

12절 예수께서 들으시고 이르시되 건강한 자에게는 의사가 쓸데없고 병든 자에게라야 쓸데있느니라

예수님은 바리새인들의 말을 들으시고 "건강한 자에게는 의사가 쓸데없고 병든 자에게라야 쓸데있느니라" 고 말씀하셨는데, 이것은 예수님이 치료자로서 이 땅에 오셨다는 말입니다.

예수님이 이 세상에 구주로 오신다면 반드시 치료자로서 오셔야 합니다. 왜냐하면 아담과 하와가 에덴동산에서 하나님을 거역하고 타락함으로 말미암아 인간의 영혼과 마음과 육체는 완전히 치료 불가능하게 병들었기 때문입니다. 인간의 영혼은 부패해서 죽어 버렸습니다. 이러한 인간의 영혼을 위해서는 종교나 철학이나 도덕이나 윤리가 필요한 것이 아니라, 그 영혼을 다시 살릴 수 있는 치료자가 필요합니다. 또한 인간은 정신적, 심리적으로 완전히 부패하였습니다. 사랑은 미움으로, 평안은 불안으로, 신뢰는 공포와 좌절로 완전히 병들었습니다. 그러므로 심리적으로 병든 인간에게는 사랑과 평안과 신뢰를 회복시켜 줄 치료자가 필요합니다. 육체는 또 어떻습니까? 육체는 늙고 병들어 죽게 되었습니다. 그러므로 육체적으로 병든 인간에게는 질병을 고쳐 줄 치료자가 필요합

니다.

이와 같이 아담과 하와의 타락으로 인하여 온 인류는 영혼과 마음과 육체가 완전히 타락하였으므로 인류에게 구주가 온다면 치료자로서 와야 되는 것입니다. 종교가나 철학자가 와서 우리를 도와줄 수 없습니다. 석가모니와 마호메트는 우리에게 종교를 주었습니다. 공자와 맹자는 우리에게 도덕과 윤리를 주었습니다. 그러나 예수님은 치료자로 오셨습니다. 그렇기 때문에 예수님이 우리의 참된 구주가 되시는 것입니다.

예수님을 한낱 종교가나 철학자로 보면 안 됩니다. 도덕과 윤리를 가르치는 선생으로 보면 안 됩니다. 예수님은 의사이십니다. 우리 영혼의 의사요, 우리 마음의 의사요, 우리 육체의 의사요, 우리 생활의 의사이십니다. 그리스도의 사역은 치료에 있습니다. 그러므로 그리스도가 계신 곳마다 치료가 넘쳐 나는 것입니다.

예수 그리스도는 어제나 오늘이나 영원토록 동일하십니다. 그리스도의 치료 사역은 예수님이 다시 오실 때까지 끝나지 않습니다. 그렇기 때문에 교회는 치료의 역사가 없으면 그리스도의 사역을 한다고 할 수 없습니다. 교회에 오면 가정이 치료받아야 합니다. 인격이 치료받아야 합니다. 마음이 치료받아야 합니다. 육체가 치료받아야 합니다. 예수 그리스도 안에 들어오면 영이 치료받고 마음이 치료받고 육체가 치료받고 생활이 치료받게 됩니다. 그러므로 우리는 예수님이 치료자라는 것을 알아야만 하는 것입니다.

세리와 죄인들은 병든 자들입니다. 그들의 영혼이 병들고 그들의 도덕 생활도 깊이 병들었습니다. 그러므로 의사인 예수님이 찾아갈 도리

밖에 없었습니다. 건강한 사람에게야 의사가 왜 필요합니까? 병들었으니까 의사가 필요한 것입니다. 여러분은 왜 교회에 나오십니까? 영과 혼과 몸이 병들었기 때문에 교회에 나오는 것입니다. 여러분이 온전히 건강하고 등 따뜻하고 배부르면 교회에 나오지 않았을 것입니다. 무엇인지 모르게 부족한 것이 있고 주님의 도우심이 필요하기 때문에 나왔고, 그랬기 때문에 주님이 여러분을 치료해 주시고 사랑해 주시는 것입니다. 이러므로 우리 주님은 치료자라는 것을 잊지 마십시오. 천국의 기초는 치료에 있습니다. 치료가 없는 천국은 참된 천국이 아닙니다.

13절 너희는 가서 내가 긍휼을 원하고 제사를 원하지 아니하노라 하신 뜻이 무엇인지 배우라 나는 의인을 부르러 온 것이 아니요 죄인을 부르러 왔노라 하시니라

호세아서에 보면, "나는 인애를 원하고 제사를 원하지 아니하며"(호 6:6)라고 말씀했습니다. 예수님이 세리와 죄인들과 자리를 같이하신 것은 하나님의 긍휼을 보여 주신 행동이었습니다. 하나님이 원하시는 것은 제사가 아니라 긍휼입니다. 제사가 종교라면 긍휼은 치료입니다. 예수님은 우리에게 종교를 주기 위해서 오신 것이 아니라 치료를 주기 위해서 오셨습니다.

내가 어릴 때에는 먹을 것이 워낙 없어서 아이들이 아무것이나 주워 먹고 밤에 배를 앓는 일이 많았습니다. 그런데 배가 아프면 할머니가 "내 손이 약손이다. 내 손이 약손이다. 우리 용기 배는 나아라. 내 손이 약손이다." 그러면서 따뜻한 손으로 내 배를 쓸어 주셨습니다. 그러면 정말로 배 아픈 것이 나았습니다. 우리 할머니가 따뜻한 사랑과 긍휼의 손길로

내 싸늘한 배를 문지르니까 아픈 것이 나은 것입니다.

긍휼은 위로하고 힘을 주고 치료를 베푸는 것입니다. 그러므로 긍휼은 사람이 살아가는 데 꼭 필요하며, 특히 어려움 가운데 있을 때일수록 더욱 절실히 요구됩니다. 어려움에 처한 사람에게 자꾸 '이것 해라, 저것 해라.' 하는 것은 율법입니다. 어려울 때에는 율법이 필요하지 않습니다. 긍휼이 필요합니다.

IMF 한파가 우리나라를 뒤덮고 있던 때, 어떤 사람이 나에게 신앙 상담을 하러 찾아왔습니다. 그는 하루아침에 실직을 당한데다가 가족들까지 냉대하는 것이 너무나 고통스러워서 나에게 하소연을 하였습니다.

"목사님, 직장을 잃고 나니까 아침이 오는 것이 제일 겁납니다. 가족들에게는 실직한 사실을 한동안 숨겼습니다. 평소와 같이 아침에는 출근한다고 나와서 시간을 보내기 위하여 등산을 가기도 하고 전철을 타고 하루 종일 왔다 갔다 하기도 했습니다. 그리고 월급날이 되면 퇴직금으로 받은 것에서 월급 액수만큼 인출하여 꼬박꼬박 가져다주었습니다. 그런데 그만 들통이 나고 말았습니다. 내가 직장을 잃었다는 사실을 알고 난 다음부터 아내의 태도가 얼마나 달라졌는지 모릅니다. 눈길도 달라지고 말도 거칠어지고 얼마나 싸늘한지, '이것이 인생인가?' 라는 회의감마저 듭니다. 한번은 몸이 아파서 누워 있는데 아내가 내게 이러는 것이었습니다.

'여보, 내 친구들이 온다고 했으니, 얼른 일어나 나가!'

그래서 '아픈 데 어딜 나가?' 그랬더니, '오늘 친구들이 오는데 직장도 잃고서 이렇게 드러누워 있으면 내 체면이 어떻게 되겠어? 어서 나가요, 나가!' 라고 다그치더라고요. 그래서 억지로 일어나서 나가는데 뒤에서 아내가 '남자가 집에서 아랫목이나 지키고 앉아 있으니 몸서리가 쳐져. 이제 매일 나가. 집에 있는 것 보면 몸서리가 쳐져.' 라고 소리를 지르는 것이었습니다. 나는 할 수 없이 파고다 공원에 가서 시간을 보내다가 무료 급식을 주는 곳에서 밥을 얻어먹고 밤에 집으로 돌아왔습니다. 그런데 누구 하나 환영해 주는 사람이 없었습니다. 아이들은 아이들대로 자기네 방에 들어가 있고, 아내는 내가 밤늦게 들어왔는데도 '당신 아픈 것은 좀 괜찮아졌어? 하루 종일 어떻게 지냈어?' 라고 묻지도 않고 그냥 싸늘한 눈초리로 바라보더라고요. 목사님, 세상에 이렇게 냉정할 수가 있습니까? 내가 돈을 잘 벌 때는 '이제 퇴근하세요?' 하며 따뜻하게 맞아주고 밥상도 정성껏 차려 주고 다정하게 돌보아 주던 아내였는데, 내가 직장을 잃고 돈을 못 번다고 이렇게 무자비하게 대할 수가 있습니까? 인생에 환멸을 느낍니다!"

이런 사람에게는 긍휼이 필요합니다. 남편이 직장을 잃고 앉아 있으면 부인이 끌어안아 주고 긍휼을 베풀어 주어서 힘을 주어야 합니다. 그래야 재기할 수 있게 되는 것입니다. 부인도 마찬가지입니다. 부인이 낙심하고 좌절하면 남편의 긍휼이 필요합니다.

고통당하는 자에게는 종교적인 의식인 설교, 즉 제사가 필요 없습니다. 종교적인 의식은 너무나 냉정하고 차디찹니다. 특히 가족간에는 사랑으로 끌어안아야 됩니다. 가정이 세상과 다른 것은 사랑을 체험할 수 있다는 것입니다.

예수님은 제사를 받기 위해서 오신 것이 아닙니다. 종교를 주기 위해서 오신 것이 아닙니다. 주님은 긍휼을 베풀기 위해서 오셨습니다. 죄를 짓고 추악하고 버림받은 사람들에게 사랑과 긍휼을 베풀기 위해서 오셨습니다. 세리나 죄인들처럼 세상에서 버림받은 자들을 인정해 주고 끌어안아 주고 새로운 삶을 주는 치료자로서 오셨습니다. 십자가에 못 박혀 몸 찢기고 피를 흘려서 우리에게 긍휼을 베풀기 위해서 오셨습니다. 예수님은 사랑과 긍휼을 베풀기 위해서 오신 우리의 구주이신 것입니다.

예수님은 "나는 의인을 부르러 온 것이 아니요 죄인을 부르러 왔노라"고 말씀하셨습니다. 이 세상에 의인은 하나도 없습니다. 그런데 바리새인들과 사두개인들과 교법사들은 스스로 의롭다고 여겼습니다. 그렇기 때문에 그들에게는 예수님이 필요 없었습니다. 그런데 예수님은 그들에게 "세리들과 창녀들이 너희보다 먼저 하나님의 나라에 들어가리라"(21:31)고 말씀하셨습니다. 세리와 창녀와 일반 백성들은 자신이 죄인인 것을 알기 때문에 자신을 용서해 주고 도와줄 자가 필요해서 예수님께 나아가 자신이 죄인임을 고백하고 회개했기 때문에 천국에 갈 수 있게 된 것입니다.

오늘날 가장 큰 죄는 믿지 않는 죄입니다. 하나님께서 독생자 예수 그리스도를 통해서 우리의 죄를 대신 갚아 주신 것을 믿지 않는 죄가 가장 큰 죄입니다. 지옥에 가는 사람은 믿지 않아서 가는 것이지 악한 행위 때문에 가는 것이 아닙니다. 천국에 가는 것도 같은 이치입니다. 천국에 가는 것은 선한 행위로 가는 것이 아니라 믿음으로 가는 것입니다.

"너희는 그 은혜에 의하여 믿음으로 말미암아 구원을 받았으니 이것은 너희에게서 난 것이 아니요 하나님의 선물이라 행위에서 난 것이 아니니 이는 누구든지 자랑하지 못 하게 함이라"(엡 2:8-9).

오직 믿음으로 구원을 받기 때문에 아무도 구원받은 것을 자랑할 수 없습니다. 의는 믿는 것입니다. 그러면 죄는 무엇입니까? 믿음의 반대입니다. 불신앙이 가장 큰 죄입니다. 믿지 않는 사람은 다 지옥에 갑니다. 세상 사람들이 볼 때 '법 없이 살 사람' 이라도 예수님을 믿지 않으면 불의한 자요, 죄인입니다. 아무리 의롭고 거룩한 사람이라 하더라도 믿음이 없으면 하나님 보시기에 '빛난 죄인' 일 뿐입니다. 번쩍번쩍한 의의 간판을 단 빛난 죄인일 뿐인 것입니다. 이런 사람들은 빛은 나지만 불신앙 때문에 지옥으로 가서 영원한 형벌에 처하게 되는 것입니다.

예수님은 의인을 부르러 오시지 않았습니다. 예수님은 죄인을 불러 구원하시기 위해서 오셨습니다. 우리는 다 죄인입니다. 그런데 주의 부르심을 받아 예수 그리스도를 믿고 용서받고 의롭게 되었으니 얼마나 감사합니까? 그러므로 우리는 언제나 주님의 구원의 은혜를 찬양하며 감사해야 하는 것입니다.

3. 금식에 대한 변론(9:14-17)

14. 그때에 요한의 제자들이 예수께 나아와 이르되 우리와 바리새인들은 금식하는데 어찌하여 당신의 제자들은 금식하지 아니하나이까
15. 예수께서 그들에게 이르시되 혼인집 손님들이 신랑과 함께 있을

동안에 슬퍼할 수 있느냐 그러나 신랑을 빼앗길 날이 이르리니 그때에는 금식할 것이니라 16. 생베 조각을 낡은 옷에 붙이는 자가 없나니 이는 기운 것이 그 옷을 당기어 해어짐이 더하게 됨이요 17. 새 포도주를 낡은 가죽 부대에 넣지 아니하나니 그렇게 하면 부대가 터져 포도주도 쏟아지고 부대도 버리게 됨이라 새 포도주는 새 부대에 넣어야 둘이 다 보전되느니라

14절 그때에 요한의 제자들이 예수께 나아와 이르되 우리와 바리새인들은 금식하는데 어찌하여 당신의 제자들은 금식하지 아니하나이까

바리새인들은 일주일에 두 번씩 금식하였습니다. 그리고 침례 요한의 제자들도 금식하였습니다. 그런데 예수님의 제자들은 금식을 하지 않았습니다. 그러자 이를 보고 침례 요한의 제자들이 "왜 당신의 제자들은 금식하지 않습니까?" 라고 예수님께 질문했습니다.

요한의 제자들은, 금욕적인 삶을 살았던 요한이 감옥에 갇혀서 고통을 받고 있는데 예수님과 그의 제자들은 죄인들과 어울려 먹고 마시는 것에 비위가 상하여 예수님을 비난한 것입니다. 성경을 보면 침례를 받은 후 40일을 금식하셨다는 것 외에 예수님께서 금식하셨다는 기록이 없습니다. 예수님께서는 3년 반 동안 제자들과 함께 다니며 사역하실 때 금식하지 않았습니다. 왜냐하면 예수님께서는 금식하실 필요가 없었기 때문입니다.

금식은 육을 죽이고 영을 살리는 것입니다. 음식을 먹지 않으면 육체

가 죽습니다. 그러므로 금식을 하면 육체에 속한 모든 활동이 약해집니다. 그러나 반면에 영적으로는 강해집니다. 따라서 금식하며 기도하면 영력이 강해지고 성령의 활동이 강력해집니다. 뿐만 아니라 금식을 한다는 것은 하나님 앞에 '죽기 아니면 살기' 의 결단을 표시하는 것입니다. 그렇기 때문에 마귀를 물리치고 영력을 얻고 하나님께 기도 응답을 받으려면 금식 기도를 해야 하는 것입니다.

이렇게 경건 생활을 함에 있어서 금식 기도는 큰 힘과 유익을 얻게 합니다. 그러나 하나님과 같이할 때에는 금식할 필요가 없습니다. 예수님은 하나님이십니다. 그러므로 예수님은 물론 예수님과 함께 한 제자들도 금식할 필요가 없었던 것입니다.

15절 **예수께서 그들에게 이르시되 혼인집 손님들이 신랑과 함께 있을 동안에 슬퍼할 수 있느냐 그러나 신랑을 빼앗길 날이 이르리니 그때에는 금식할 것이니라**

예수님은 우리의 신랑으로 오셨습니다. 예수님은 신랑이고 우리는 신부입니다. 신랑이신 예수님이 오심으로 이 땅에는 영적으로 거대한 잔치가 벌어졌습니다. 예수님을 믿고 용서받고 구원받고 치료받고 은혜를 받고 신랑과 같이 있으니 얼마나 좋습니까? 신랑이 있는 곳은 잔칫집입니다. 그런데 잔칫집에서 금식을 하면 어떻게 합니까? 잔칫집에서는 음식을 다 차려 놓고 먹고 마시며 즐겨야지요. 세상의 이치도 그렇지 않습니까? 새신랑이 왔는데 신부가 금식하고 머리를 산발하고 있으면 절단강산이지요. 신랑이 왔을 때에는 곱게 치장하고 머리도 매만지고 예쁜 옷을 입고 신랑과 아주 즐거운 대화를 해야 할 것 아닙니까? 그러나 만일 신랑이 잡혀 가서 감옥에 들어가든지 죽는다고 해 보십시오. 그럴 때 아름답게 치장할 신부가 어디 있습니까? 그때는 치장도 하지 아니하고, 머리도 매만지지 아니하고, 좋은 옷도 입지 아니하고, 탄식할 것입니다.

예수님이 와 계신 동안에 예수님의 제자들이 금식하지 않은 것은 큰 축제였기 때문입니다. 그러므로 예수님은 혼인 잔칫집에 비유하여 제자들이 금식하지 않는 이유를 말씀하신 것입니다.

"신랑인 내가 와 있는데 왜 금식하겠느냐? 그러나 나를 빼앗기는 날이 오면, 그때에는 좌절하고 절망하고 슬피 울면서 금식할 것이다."

예수님이 함께 계시는 동안에는 금식할 필요가 없지만, 예수님이 십자가에 못 박혀 죽으시면 그때에는 하지 말라 해도 금식할 것이라는 말입니다.

16-17절 생베 조각을 낡은 옷에 붙이는 자가 없나니 이는 기운 것이 그 옷을 당기어 해어짐이 더하게 됨이요 새 포도주를 낡은 가죽 부대에 넣지 아니하나니 그렇게 하면 부대가 터져 포도주도 쏟아지고 부대도 버리게 됨이라 새 포도주는 새 부대에 넣어야 둘이 다 보전되느니라

요즈음은 양말을 기워 신는 사람도 없고 옷을 기워 입는 사람도 없습니다. 그러나 한 삼사십 년 전만 해도 옷 기워 입고 양말 기워 신은 사람이 많았습니다. 옛날에는 자기 옷은 자기가 직접 바느질해야지, 누가 대신 해 주지 않았습니다. 그래서 나도 신학생 시절에 바느질을 많이 해 보았습니다. 뚫어진 양말은 쭈그러지지 않도록 속에 전구를 넣어 받쳐서 기워 신었는데, 얼마나 많이 기워 신었던지 나중에는 작아져서 발이 안

들어갈 때까지 기워 신었습니다. 그리고 내복도 뚫어질 때마다 기워 입었습니다.

그런데 본문의 예수님의 말씀이 참말입니다. 오래 입어서 낡은 옷을 생베 조각으로 기우면, 생베 조각은 수축이 잘되는데 낡은 옷은 수축이 안 되기 때문에 기운 자리가 다 터지고 맙니다. 그러므로 낡은 옷은 낡은 베 조각으로 기우고 새 옷은 생베 조각으로 기워야지, 낡은 옷을 생베 조각으로 기우면 안 되는 것입니다.

또 예수님은 "새 포도주는 새 가죽 부대에 넣으라." 고 말씀하셨는데, 왜 그렇습니까? 낡은 가죽 부대는 팽창이 되지 않습니다. 그런데 새 포도주는 부대 속에서 계속 발효하여 자꾸 팽창합니다. 그러므로 낡은 가죽 부대에 새 포도주를 넣어 두면 포도주는 자꾸 팽창하는데 부대는 늘어나지 않으니까 터져 버리고 맙니다. 그러나 새 가죽 부대는 신축성이 있기 때문에 새 포도주가 팽창하면 부대도 팽창하므로 괜찮습니다. 그러므로 새 포도주는 새 가죽 부대에 넣고, 새 옷은 생베 조각으로 기워야 하는 것입니다.

그런데 이 말의 의미는 우리의 현실 생활에 큰 교훈을 줍니다. 그것은 '새로운 사상은 새로운 제도를 가져야 된다.' 는 것입니다. 새로운 사상을 옛날의 낡은 제도 속에 넣어 가지고는 제대로 할 수가 없습니다. 한 나라를 보아도 그렇지 않습니까? 새 대통령이 새로운 이념을 펼치려면 옛날의 낡은 제도를 가지고는 안 됩니다. 정부 조직도 개편하고 사회 제도도 개편해야 합니다. 새 생각은 새 제도 속에 들어가야 되는 것입니다.

예수님은 믿음으로 구원을 받는다는 새 언약을 가지고 오셨습니다. 새 언약은 구약의 율법에 넣을 수도 없고, 바리새인의 교리에 넣을 수도 없고, 침례 요한의 제도에 넣을 수도 없습니다. 예수님의 새 언약은 새로운 제도가 필요한데, 그 새로운 제도가 바로 교회입니다. 예수님이 오셔서 세운 것이 교회 아닙니까? 유대인의 회당은 예수님의 새 언약을 받아들일 수 없습니다. 예수님의 새 언약을 끌어안는 것이 교회입니다. 그렇기 때문에 교회가 꼭 있어야 하는 것입니다.

'새 포도주는 새 부대에!'

오늘날 예수님을 믿지 않는 정치인들도 이런 말을 많이 합니다. 그런데 이 말은 부모 자식 간에도 적용됩니다. 부모는 결혼한 자녀의 신혼집에 가서 자신들이 살아온 전통적인 생활을 강요하면 안 됩니다. 젊은이들이 새로운 가정을 이루면 그들의 새로운 사상을 가지고 새로운 생활 형태를 취해야 됩니다. 그렇기 때문에 나이 많은 부모와 같이 있으면 자꾸 부딪치기만 합니다.

나도 예전에 둘째 아들과 며느리가 자꾸 같이 있자고 해서 며칠을 같이 지내보았는데 불편해서 견딜 수가 없었습니다. 왜냐하면 그들이 사는 생활 방식이 나와는 완전히 달랐기 때문입니다. 내 생활 방식은 벌써 낡은 부대가 되어서 내가 그들의 생활 방식을 받아들일 수가 없었습니다. 그들은 아침에 일어나서 주스 한 잔에 빵 한 조각을 구워서 서양식으로 먹는데, 나는 아침에 밥을 먹어야 먹은 것 같습니다.

그러나 그렇다고 그들을 나쁘다고 말할 수 없습니다. 우리와 그들은 다를 뿐입니다. 우리는 낡은 세대이고, 그들은 새 세대입니다. 우리는 밥 세대이고, 그들은 자랄 때부터 빵을 먹고 자란 빵 세대입니다. 그러니 다를 수밖에 없는 것입니다. 텔레비전을 볼 때에도 세대 차를 느낄 수 있습니다. 우리는 '목포의 눈물' 같은 옛날 노래가 나오면 봅니다.

그러나 그들은 그냥 '쿵작쿵작쿵작' 하는 노래에 맞추어 몸을 흔들면서 좋다고 하는데, 우리가 보기에는 정신이 하나도 없습니다. 그러니 우리와는 맞지 않습니다. 어디 그뿐입니까? 옷 입는 것도 다르지요, 말하는 것도 다르지요, 다 다릅니다. 그러므로 요즈음에는 시집살이도 시킬 수 없습니다.

나이 먹은 사람들과 젊은 사람들이 같이 살면 계속 부딪치게 됩니다. 나이 먹은 사람이 젊은 사람을 보면 못마땅한 일밖에 안 보이고, 또 젊은 사람은 나이 먹은 사람을 보면 전부 '낡은 곰팡내 나는 생각을 하고 저런 생활을 한다!' 고 합니다. 이와 같이 서로 이맛살을 찌푸리게 되니까 같이 살지 않는 것이 좋은 것입니다.

나이 먹은 사람은 나이 먹은 사람끼리 살고 젊은 사람은 젊은 사람끼리 살아야 서로 이맛살을 찌푸릴 일이 없습니다. 나이 먹은 사람을 젊은 사람의 의식에 맞추게 할 수도 없고, 젊은 사람을 나이 먹은 사람의 의식에 맞추게 할 수도 없습니다. 그러므로 우리 나이 든 사람들은 젊은 세대를 비판하지 말아야 합니다. 그리고 젊은 사람들은 우리 나이 많은 세대를 존경하여야 합니다. 우리는 우리 식으로 살아왔으니까 말입니다. 그래서 서로 이해하고 동정하는 것이 필요합니다. 젊은 세대를 늙은 세대로 만들려고 하지 마십시오. 또 늙은 세대가 젊은 세대처럼 하려고 하지 마십시오. 낡은 세대의 가치와 새 세대의 가치는 조화를 이루기 힘듭니다. 이처럼 본질은 기존의 유대인들의 율법주의적 사고와 예수님의 새로운 가르침과 교훈은 조화를 이룰 수 없다고 말씀하고 있습니다.

4. 치유와 축귀 사역(9:18-34)

18. 예수께서 이 말씀을 하실 때에 한 관리가 와서 절하며 이르되 내
딸이 방금 죽었사오나 오셔서 그 몸에 손을 얹어 주소서 그러면 살아
나겠나이다 하니 19. 예수께서 일어나 따라가시매 제자들도 가더니
20. 열두 해 동안이나 혈루증으로 앓는 여자가 예수의 뒤로 와서 그
겉옷 가를 만지니 21. 이는 제 마음에 그 겉옷만 만져도 구원을 받겠
다 함이라 22. 예수께서 돌이켜 그를 보시며 이르시되 딸아 안심하
라 네 믿음이 너를 구원하였다 하시니 여자가 그 즉시 구원을 받으니
라 23. 예수께서 그 관리의 집에 가사 피리 부는 자들과 떠드는 무리
를 보시고 24. 이르시되 물러가라 이 소녀가 죽은 것이 아니라 잔다
하시니 그들이 비웃더라 25. 무리를 내보낸 후에 예수께서 들어가
사 소녀의 손을 잡으시매 일어나는지라 26. 그 소문이 그 온 땅에 퍼
지더라 27. 예수께서 거기에서 떠나가실새 두 맹인이 따라오며 소
리 질러 이르되 다윗의 자손이여 우리를 불쌍히 여기소서 하더니
28. 예수께서 집에 들어가시매 맹인들이 그에게 나아오거늘 예수께
서 이르시되 내가 능히 이 일 할 줄을 믿느냐 대답하되 주여 그러하
오이다 하니 29. 이에 예수께서 그들의 눈을 만지시며 이르시되 너
희 믿음대로 되라 하시니 30. 그 눈들이 밝아진지라 예수께서 엄히
경고하시되 삼가 아무에게도 알리지 말라 하셨으나 31. 그들이 나
가서 예수의 소문을 그 온 땅에 퍼뜨리니라 32. 그들이 나갈 때에 귀
신 들려 말 못 하는 사람을 예수께 데려오니 33. 귀신이 쫓겨나고 말
못 하는 사람이 말하거늘 무리가 놀랍게 여겨 이르되 이스라엘 가운
데서 이런 일을 본 적이 없다 하되 34. 바리새인들은 이르되 그가 귀

신의 왕을 의지하여 귀신을 쫓아낸다 하더라

18-19절 예수께서 이 말씀을 하실 때에 한 관리가 와서 절하며 이르되 내 딸이 방금 죽었사오나 오셔서 그 몸에 손을 얹어 주소서 그러면 살아나겠나이다 하니 예수께서 일어나 따라가시매 제자들도 가더니

예수님을 찾아온 관리는 회당장 직분을 가진 야이로였습니다. 회당장은 유대 사회에서 상당히 높은 신분입니다. 당시 유대 사회에서는 예수님을 이단으로 취급했습니다. 따라서 예수님을 가까이하는 것은 사회에서 매장될 각오 없이는 할 수 없는 아주 위험한 일이었습니다. 그런데도 회당장 야이로는 딸을 살리기 위해 위험을 무릅쓰고 예수님을 찾아왔습니다. 아무리 무서운 일을 당하게 될지라도 딸을 살릴 수만 있다면 무엇이든지 하겠다는 마음으로 예수님을 찾아온 것입니다.

야이로는 회당장이므로 절대 예수님 앞에 나올 수도 없고 또 나오지도 않을 사람입니다. 그러나 딸이 죽을병에 걸려 죽어 가는 것을 보고 가만히 있을 수 없었습니다. 그래서 그는 자기가 죽더라도 딸을 살리겠다는 애절한 심정으로 체면도 다 던져 버리고 예수님께 뛰어왔습니다. 그는 예수님의 행적을 통하여 '예수님은 하나님의 능력으로 기사와 이적을 행하시는 분' 이라고 마음속으로 인정하였습니다. 종교 지도자들이 예수님을 이단으로 몰고 있기 때문에 비록 사회 제도에 묶여서 드러내 놓고 예수님을 믿지는 못하지만, 실제로는 예수님이 구주인 것을 알고 있었습니다. 그렇기 때문에 그는 대중 앞에 나와서 예수님께 무릎을 꿇어 절하며 간청한 것입니다.

"내 딸이 방금 죽었사오나 오셔서 그 몸에 손을 얹어 주소서. 그러면 살아나겠나이다."

이것은 굉장한 믿음의 고백입니다. 회당장 야이로는 모든 사람 앞에서 눈에 보이는 믿음의 행동을 한 것입니다.

여러분, 믿음은 눈에 보여야 됩니다. 숨은 믿음, 즉 눈에 보이지 않는 믿음은 믿음이 아닙니다. 주님은 언제나 우리의 믿음을 보기를 원하십니다. 눈에 보이는 믿음을 통해서 주님은 역사하십니다. 예수님은 회당장 야이로의 믿음을 보시고 흔쾌히 그를 따라가셨습니다. 예수님은 눈에 보이는 그의 믿음을 보시고 따라가신 것입니다.

오늘날도 주님은 눈에 보이는 믿음을 보시고 따라오십니다. 믿음은 예수님을 끌어당기는 지남철입니다. 그러므로 예수님께 어디 계시냐고 부르짖지 마십시오. 여러분에게 눈에 보이는 행위의 믿음이 있으면 예수님은 그 믿음을 따라오십니다. 예수님이 계신 곳에 믿음이 있고, 믿음이 있는 곳에 예수님이 계십니다. 믿음이 없이는 하나님을 기쁘시게 못합니다. 그러므로 우리는 마음속에 주님이 주신 믿음을 가지고 그 믿음을 주님께 보여 드려야 하는 것입니다.

믿음은 선택입니다. 믿음이라는 것은 '없다, 있다' 할 수 있는 것이 아닙니다. 하나님은 우리가 처음 예수님을 믿을 때 이미 각자의 분량대로 믿음을 주셨습니다. 단지 우리는 '내가 믿을 것이냐, 안 믿을 것이냐?' 이 두 가지 중에서 하나를 선택하는 것입니다. 믿는 쪽을 선택하면 믿음이 있는 것이고, 믿지 않는 쪽을 선택하면 믿음이 사라지는 것입니다. 우리는 하나님께서 주신 믿을 수 있는 능력이 있습니다. 그러므로 주님은 "왜 믿음이 없느냐?" 라고 꾸짖지 않으시고, "왜 믿음이 작으냐? 왜 의심하느냐?" 라고 꾸짖으시는 것입니다. 우리에게 아예 믿음이 없다면 꾸짖을 것도 없지 않겠습니까? 주님이 "왜 믿음이 작으냐? 왜 의심하느냐?" 라고 꾸짖으시는 것은 우리가 믿음은 있는데 잘못 쓰기 때문입니다.

그러므로 믿음을 선택하십시오. 의심을 선택하지 마십시오. 믿기로 결심하십시오. 그러면 그 믿음이 역사하기 시작합니다.

20-21절 열두 해 동안이나 혈루증으로 앓는 여자가 예수의 뒤로 와서 그 겉옷 가를 만지니 이는 제 마음에 그 겉옷만 만져도 구원을 받겠다 함이라

구약 성경 레위기 15장을 보면 혈루증은 부정한 병입니다. 혈루증이 있는 사람이 앉았던 자리도 부정해지고, 만진 물건도 부정해지고, 사용한 그릇도 부정해지고, 접촉한 사람도 부정해집니다. 그러므로 가족 중에 혈루증으로 앓는 사람이 있으면 가족들이 부정해져서 하나님께 예배드릴 수 없기 때문에 혈루증 환자를 격리 수용 하였습니다. 예수님이 회당장 야이로와 함께 그의 집으로 가시는데, 혈루증으로 앓는 여인이 예수님의 뒤로 다가왔습니다. 성경에는 이 여인이 병을 고치려고 온갖 약을 다 쓰고 의원들을 찾아다녔으나 오히려 점점 더 악화되었다고 기록되어 있습니다(막 5:26). 그러나 이 여인은 병도 고치지 못하고 가산만 탕진했습니다. 이제는 더 이상 써 볼 약도 없었고, 찾아갈 만한 의원도 없었습니다. 이 여인은 가족에게서 격리되어 혼자서 질병과 싸우며 외롭게 살고 있었습니다. 더구나 열두 해 동안이나 피를 흘리며 살고 있으니 빈혈증으로 너무나 어지럽고 눈앞이 빙글빙글 돌기 때문에 꼿꼿이 서서 걸을 수도 없는 처지였습니다. 그런데 좌절과 절망으로 꽉 덮여 있던 이 여

인에게 누군가가 와서 희망을 심어 주었습니다. 예수님을 전도한 것입니다.

"나사렛 예수가 온 유대 땅과 갈릴리와 사마리아에 다니면서 병자들을 고치는데 나병도 낫고, 못 듣는 자도 듣고, 말 못 하는 사람도 말하고, 맹인도 보고, 죽은 사람도 살아났다고 합디다. 그러니 혈루증 정도는 문제없을 거예요. 당신도 그분만 만나면 당장 낫게 될 것입니다."

혈루증으로 앓는 여인이 이 말을 듣고 얼마나 예수님을 만나고 싶었겠습니까? 그러나 이 여인은 몸이 쇠약하여 예수님을 찾아갈 수도 없고, 또 사람들이 부정을 타니까 대중 앞에 나타날 수도 없었습니다. 그런데 이 여인이 예수님의 옷자락만 만져도 나으리라고 생각했다는 것은 이미 그 마음에 여러 가지 변화가 일어났음을 말해 줍니다.

이 여인은 마음속에 꿈을 가졌습니다.

'내가 예수님을 직접 만날 수 없으니 예수님이 지나가시면 그 뒤를 따라가야겠다. 그 옷자락만 만져도 나는 분명히 낫는다. 하나님의 권세와 능력이 예수님을 통해서 내게 임한다.'

이 여인은 자나 깨나 예수님이 그 주위에 지나가시는 꿈을 꾸었을 것입니다. 여러분, 사람이 마음속에 꿈을 갖는다는 것은 내일을 심는 것입니다. 꿈이 없으면 내일이 없습니다. 그러나 마음속에 꿈이 있으면 내일을 심은 것이기 때문에 그것을 그대로 거두게 되는 것입니다. 이 여인은 항상 예수님의 옷자락에 손을 대어 병이 나은 자신의 모습을 꿈꾸었습니다.

그런데 꿈은 믿음과 불가분의 관계가 있습니다. 꿈은 언제나 믿음의 열매를 맺습니다. 마음에 꿈을 꾸고 있으면 그 꿈이 믿음을 산출합니다.

그러므로 꿈이 있는 사람은 믿음이 있습니다. 성경은 "믿음은 바라는 것들의 실상"(히 11:1)이라고 했습니다. '바라는 것' 이 무엇입니까? 꿈이 바로 바라는 것입니다. 그리고 그 바라는 것의 실상이 바로 믿음입니다. 먼저 바라는 것이 있고 난 다음에 그것이 믿음이라는 실상으로 변화되는 것입니다. 밤낮 집을 소유하기를 꿈꾸는 사람은 집을 가질 수 있다는 믿음이 생깁니다. 가족 구원을 간절히 소원하며 가족을 데리고 교회에 오는 것을 꿈꾸는 사람은 가족이 교회에 온다는 믿음이 생겨납니다. 이렇게 마음에 간절히 바라고 꿈꾸어 믿음이 생겨나면, 하나님께서 그 믿음을 통해서 역사하십니다.

"네 믿은 대로 될지어다!"

혈루증으로 앓는 여인은 밤낮으로 꿈을 꾸었습니다. 늘 예수님의 옷자락을 만져서 병이 낫는 꿈을 꾸다 보니까 그만 마음에 믿음이 생겼습니다. '예수님의 옷자락에 손만 대어도 낫는다!' 라는 믿음이 생겼습니다. 예수님이 반드시 자기 주위를 지나가신다는 믿음도 생겼습니다. 그러니까 이제 이 여인은 중얼거립니다.

"내가 예수님의 옷자락에 손만 대면 낫는다!"

이렇게 밤이나 낮이나 늘 중얼거리는 것입니다.

꿈을 꾸고 믿음이 있는 사람은 입술로 시인합니다. 꿈과 믿음과 신앙 고백, 이 세 가지는 서로 공존하며 상승 작용을 합니다. 요즈음 소위 말하는 시너지(synergy) 효과를 발생시키는 것입니다. '시너지' 는 서로서로 도와주어서 상승 효과를 가져오는 것을 말합니다. 그런데 꿈과 믿음과 신앙 고백, 이 세 가지가 서로 시너지 작용을 하는 것입니다. 꿈은 믿음을 산출하고, 믿음은 신앙 고백을 가져오고, 신앙 고백은 꿈을 강화시키고,

꿈이 강화되면 믿음이 강화되고, 믿음이 강화되면 또 신앙 고백이 강화되는 것입니다.

예수님에 대한 이야기를 듣고 난 다음 혈루증으로 앓는 여인의 마음에 이 세 가지 거대한 변화가 생겼습니다. 소원을 가지고 늘 꿈꾸었고, 그 꿈이 이루어진다는 확신을 가지게 되었고, 확신을 갖게 되니 입으로 시인하게 되었습니다. 이런 역사가 일어나면 쇠붙이가 자석에 이끌리듯이 주님의 역사에 이끌리게 됩니다.

예수님은 이 여인이 사는 동네를 지나갈 일이 없는데도 그 동네로 지나가시게 되었습니다. 이 여인의 꿈과 믿음과 신앙 고백이 예수님을 위대한 역사의 현장 속으로 이끈 것입니다.

22절 예수께서 돌이켜 그를 보시며 이르시되 딸아 안심하라 네 믿음이 너를 구원하였다 하시니 여자가 그 즉시 구원을 받으니라

본문에는 이렇게 간단하게 기록되었지만, 마가복음과 누가복음에는 좀 더 부연(敷衍)하고 있습니다(막 5:25-34; 눅 8:43-48).

혈루증으로 앓는 여인이 뒤에서 예수님의 옷을 만졌을 때 예수님이 뒤를 돌아보시고 물으셨습니다.

"내게 손을 댄 자가 누구냐?"

베드로는 예수님이 왜 이런 질문을 하시는지 이해할 수 없었습니다.

"주여, 이 많은 사람들이 주를 에워싸고서 밀고 당기고 있는데 어찌하여 누가 주님께 손을 댔느냐고 물으십니까?"

그러나 예수님은 단호하게 다시 말씀하셨습니다.

"아니다. 내 몸에서 능력이 나갔다."

이 말씀을 듣고 여인은 스스로 숨기지 못할 줄을 알고 떨며 나아와 엎드려서 자기에게 일어난 일을 말하였습니다.

그러자 예수님이 이 여인에게 "딸아, 네 믿음이 너를 구원하였으니 평안히 가라." 고 말씀하셨습니다.

예수님이 지나가실 때 수많은 사람이 예수님을 에워싸고 예수님을 만졌습니다. 그럼에도 불구하고 오직 한 사람, 이 혈루증으로 앓는 여인에게만 기적이 일어났습니다. 다른 사람들에게는 아무 기적도 일어나지 않았습니다.

기적은 준비된 사람에게 일어납니다. 장독 뚜껑을 열어 놓아야 장독에 빗물이 고이지, 뚜껑이 덮여 있는데 물이 고일 수 있습니까? 하나님의 축복을 받기 위해서는 준비되어 있어야 됩니다. 이 여인에게는 꿈과 믿음과 신앙 고백, 이 세 가지가 다 준비되어 있었습니다. 그렇기 때문에 주님의 옷자락에 손을 대자마자 주의 능력이 흘러 들어갔습니다. 그러나 다른 사람들은 꿈도 없고 믿음도 없고 신앙 고백도 없으니 아무리 예수님께 손을 댄들 아무 소용이 없는 것입니다.

미래는 준비된 사람에게 다가옵니다. 그렇기 때문에 우리는 늘 준비해야 합니다. 준비하고 있지 않으면 미래가 와도 그냥 지나가 버립니다. 똑같이 예수님을 만졌는데, 준비된 여인에게는 주님의 큰 기적이 임하여서 치료가 나타나고 준비되지 않은 사람에게는 아무런 역사도 나타나지 않았습니다. 이러므로 예수님은 "내가 너를 고쳤다." 라고 말씀하시지 않고, "네 믿음이 너를 고쳤으니 평안히 가라." 고 말씀하신 것입니다.

우리가 준비되어 있으면 주님이 능력을 베풀어 주십니다. 주님께 "왜 안 고쳐 주십니까?" 라고 할 이유가 없습니다. 믿음이 준비되어 있으면 주님이 고쳐 주시는 것은 당연합니다. 우리가 하나님의 말씀을 듣고 꿈을 가지고, 기도를 통해서 그 꿈에서 믿음을 산출하고, 그 믿음을 입술로 고백하면 주님의 역사가 나타나는 것입니다. 그러므로 우리는 항상 마음속에 꿈을 심어야 합니다.

꿈이 있으면 내일을 거둘 수 있습니다. 꿈이 없는 백성은 망합니다. 우리는 십자가를 통해서 꿈을 심어야 합니다. 하나님의 은혜의 씨앗을 심기 위해서는 십자가를 바라보아야 합니다. 그러면 십자가에서 꿈을 심을 수 있는 것입니다. 그럼 우리는 십자가에서 어떤 꿈을 심어야 할까요?

우리는 십자가에서 용서와 의를 심을 수 있습니다. '나는 용서받고 의롭게 된다!' 는 꿈을 심을 수 있습니다. '나는 하나님과 화해하여 하나님의 권속이 되고 하나님의 축복을 받는 친자녀가 되었다!' 라는 꿈을 십자가를 통해서 심을 수 있습니다.

우리는 십자가에서 치료를 심을 수 있습니다. 예수님이 우리의 연약한 것을 담당하시고 병을 짊어지셨기 때문에 십자가를 통하여 치료받는 꿈을 가질 수 있습니다. 의사로부터 "당신은 이제 석 달밖에 못 삽니다." 라는 말을 들으면 좌절할 수밖에 없습니다. 그러나 그럼에도 불구하고 십자가를 바라보면 꿈을 가질 수 있습니다. '주님이 나의 연약한 것을 담당하시고 병을 짊어지고 가셨다! 주님이 채찍에 맞음으로 내가 고침을 받았다!' 십자가에서 이와 같은 치료의 꿈을 가질 수 있습니다. 죽을병이 들고 아무리 고통스러워도 꿈을 꿀 수 있으면 절망할 일이 없습니다. 그 꿈을 가지고 기도하면 믿음이 생겨나고, 신앙 고백이 생겨나고, 기적이 일어나게 되기 때문입니다.

우리는 십자가에서 축복을 심을 수 있습니다. 십자가를 통하여 지금 나를 에워싼 어려운 환경에서 가시와 엉겅퀴를 제치고 아브라함의 축복을 받아 가지고 사는 꿈을 가질 수 있습니다. 내 삶이 가시밭길이 되어서 고통으로 몸부림치게 될 때, 그 가시밭길을 바라보지 말고 고개를 들어 십자가를 쳐다보십시오. 그러면 가시로 엮은 면류관을 쓰고 십자가에 달려 계신 예수님이 보입니다. 예수님이 아담과 하와의 범죄로 인하여 가시와 엉겅퀴가 가득해진 이 세상의 모든 저주를 대신 짊어지고 십자가에 달려 계십니다. 그러므로 그리스도를 바라볼 때 우리는 저주에서 해방되고 아브라함의 복을 얻는 꿈을 심을 수 있는 것입니다. 십자가를 바라보면 그리스도로 말미암아 하나님께 복을 받는 꿈을 심을 수 있습니다. 그 꿈을 가슴에 품고 열심히 기도할 때 축복에 대한 믿음이 생겨나고, 입술로 고백을 하게 됩니다. 이처럼 십자가를 통하여 하나님의 복을 받는 꿈과 믿음과 신앙 고백을 준비하면 주님이 응답하십니다. 우리의 운명과 환경의 변화는 십자가를 통한 꿈을 통해서 얻을 수 있는 것입니다.

우리는 십자가에서 영생 복락을 심을 수 있습니다. 십자가를 바라볼 때, 나를 위해 죽으시고 장사한 지 사흘 만에 부활하신 그리스도를 통해 천국의 영생 복락을 꿈꿀 수 있습니다. 영생 복락의 꿈이 내 마음속에 가득해지면 천국에 대한 확실한 믿음이 생겨나고 그 믿음을 고백하게 되어 천국의 영광스러운 축복으로 채움 받게 되는 것입니다.

꿈과 믿음과 신앙 고백이 있으면 반드시 예수님이 찾아오십니다. 그러므로 십자가를 그냥 막연히 쳐다보지 마십시오. 십자가를 바라보고 그곳에 꿈을 심으십시오. 그리스도와 함께 죽어 장사되고 그리스도와 함께 부활하여, 이제는 종이 아니라 다스리는 자로서 생명 안에서 왕 노릇 하며 사는 자신의 모습을 항상 꿈꾸십시오. 그리고 기도하십시오. 꿈을 가지고 기도하면 믿음이 생겨납니다. 꿈 없이 기도하면 믿음의 실상이 생겨나지 않습니다. 믿음은 바라는 것들의 실상입니다. 바라는 것, 즉 꿈이 먼저 오고, 그다음에 믿음의 실상이 다가오게 되는 것입니다.

혈루증으로 앓는 여인은 꿈과 믿음과 신앙 고백이 있었기 때문에 예수님이 그 자리에 찾아오신 것입니다. 우리에게도 이 여인처럼 꿈과 믿음과 신앙 고백이 있으면 주님이 찾아오십니다. 그것은 꿈과 믿음과 신앙 고백이 예수님을 모시고 오는 수레가 되기 때문입니다.

열두 해 동안이나 혈루증으로 앓고 남편과 자식들에게서 격리되어 절망 가운데 살던 이 여인이 예수님을 만나고 난 후 어떻게 되었습니까? 절망이 변하여 소망이 되고, 죽음이 변하여 생명이 되고, 슬픔이 변하여 기쁨이 되고, 좌절이 변하여 큰 희망이 되었습니다. 주님이 찾아오시면 이와 같이 놀라운 일이 생겨나는 것입니다.

"도둑이 오는 것은 도둑질하고 죽이고 멸망시키려는 것뿐이요 내가 온 것은 양으로 생명을 얻게 하고 더 풍성히 얻게 하려는 것이라"(요 10:10).

이 여인이 혈루증으로 고통당하고 남편과 자식에게서 격리되어 좌절하고 절망하게 된 것은 하나님이 주신 것이 아닙니다. 그것은 마귀가 가져다준 것입니다. 하나님은 우리가 병드는 것을 원하시지 않습니다. 하나님은 '야훼 라파', 치료하시는 하나님입니다. 예수님의 사역의 삼분의 이는 병자들을 치료하는 것이었습니다. 예수님은 필사적으로 사람들을 치료하셨습니다. 심지어 안식일에도 치료하셨기 때문에 원수들이 예수님을 죽이려고 했습니다. 그러나 주님은 목숨의 위협을 받으면서도 치료를 계속하셨습니다. 이러므로 기독교 복음과 치료를 분리시키면 안 됩니다. 구원과 치료는 언제나 함께 있습니다. 치료 사역을 하지 않는 교회는 온전한 교회가 아닙니다. 그러므로 오늘날 교회가 치료 사역을 놓쳤다는 것은 큰 불행입니다. 몇몇 신학자들이 "2천 년 전에 그리스도의 치료 사역은 끝났고 지금은 치료하지 않는다."라고 말함으로 말미암아 하나님의 교회에 얼마나 큰 손실을 가져왔는지 모릅니다.

주님이 우리의 구원과 함께 우리의 치료를 적극적으로 원하시는 이유가 있습니다. 그것은 왜냐? 사람이 병들면 고통스럽기 때문에 회개도 하게 됩니다. 그러나 그 반대급부로 사람이 너무 아프면 기도가 되지 않습니다. 그리고 너무 아프면 감사가 나오지 않고 원망과 불평이 나옵니다. 또 너무 아프면 남을 섬길 수도 없습니다. 내가 아픈데 어떻게 남을 섬깁니까? 몸이 너무 아프면 교회에도 출석하지 못하고, 전도도 할 수 없습니다. 병을 통하여 얻는 유익보다는 손해가 엄청나게 많습니다. 마귀는 병을 통하여 우리를 무용지물로, 폐인으로 만들어 버립니다. 병들어서 통회하고 자복하고 회개하는 것은 좋습니다. 그러나 회개했으면 빨리 고침을 받아야 됩니다. 그렇지 않으면 병이 우리를 도둑질하고 죽이고 멸망시킵니다. 사기를 저하시키고, 원망, 불평하게 하고, 기도도 못 하게 하고, 신앙도 파괴해 버리고, 하나님도 섬기지 못 하게 하고, 교회에도 출석하지 못 하게 합니다. 그러니 원수 아닙니까? 병은 친구가 아니라 원수입니다. 그래서 주님은 가시는 곳마다 "회개하라! 천국이 가까웠느니라!"고 선포하시고 병을 고치셨습니다. 그리고 열두 제자와 70인의 제자들에게도 전도하고 반드시 병을 고치라고 명령하셨습니다. 전도와 병 고침은 언제나 함께 있습니다. 주님이 승천하시기 전에 교회에게 뭐라고 명령하셨습니까?

"믿는 자들에게는 이런 표적이 따르리니 곧 그들이 내 이름으로 귀신을 쫓아내며 새 방언을 말하며 뱀을 집어 올리며 무슨 독을 마실지라도 해를 받지 아니하며 병든 사람에게 손을 얹은즉 나으리라"(막 16:17-18).

주님이 치료를 명령하셨습니다. 그러므로 복음 전도와 치료를 분리시키면 안 됩니다. 이 두 가지는 언제나 함께해야 하는 것입니다.

23-25절 예수께서 그 관리의 집에 가사 피리 부는 자들과 떠드는 무리를 보시고 이르시되 물러가라 이 소녀가 죽은 것이 아니라 잔다 하시니 그들이 비웃더라 무리를 내보낸 후에 예수께서 들어가사 소녀의 손을 잡으시매 일어나는지라

유대교의 회당장은 교회로 치면 목사와 같습니다. 그런데 유대교에서는 이미 예수님을 이단으로 낙인찍고 누구든지 예수님과 접촉하면 파면시켰습니다. 그러니 회당장이 예수님을 자신의 집으로 초청한다는 것은 상상하기 어려운 일이요, 사람들에게 알려지면 당장 파면당할 일이었습니다. 그럼에도 불구하고 회당장 야이로가 예수님을 자기 집으로 초청한 것은 그의 외동딸을 살리고 싶었기 때문입니다. 딸에 대한 뜨거운 사랑이 있기 때문에 파면도 각오한 것입니다. 야이로를 통해서도 볼 수 있듯이 자식에 대한 부모의 사랑은 천륜입니다. 그렇기 때문에 아무런 조건이 없습니다. 야이로는 예수님이 많은 사람들을 고치시고 예수님에게 가는 사람마다 병이 낫는 것을 보았습니다. 그러므로 그는 비록 예수님을 이단으로 취급하는 유대교의 회당장이었지만, '파면을 당할 때 당하더라도 우선 내 딸부터 살려 놓고 보자!' 라고 각오하고 자기 집으로 예수님을 청한 것입니다.

예수님이 야이로의 집에 가서 보시니, 피리 부는 자들과 떠드는 무리가 와서 야단이었습니다. 그들은 초상집에 가서 피리를 불고 통곡하는 것이 직업인 사람들입니다. 그러므로 피리 부는 자들과 떠드는 무리가 와 있다는 것은 이미 야이로의 집에 초상이 났다는 것을 말합니다.

유대에서는 "그 집 장례를 참 잘 지냈다!"라는 칭찬을 들으려면 통곡하는 사람이 많아야 됩니다. 피리를 불고 장구를 치고 통곡 소리가 천지를 진동하면 "장례를 잘 지낸다!"고 하기 때문에 부잣집에서는 장례가 나면 울음꾼들을 청해 옵니다. 그러면 울음꾼은 초상집에 가서 큰 소리로 울어 주는 것입니다. 그 울음소리가 크면 클수록 성대한 장례식이 되는 것입니다. 그런데 울음꾼만이 아니라 피리 부는 자들도 함께 오는 것은 피리를 불어 울음꾼들이 더 잘 울도록 하기 위한 것입니다. '삘리리삘리리……' 슬픈 곡조로 피리를 불면 마음이 슬퍼져서 잘 울 수 있기 때문에 피리 부는 자들도 울음꾼들과 함께 오는 것입니다. 야이로의 집은 잘 사니까 우는 사람들을 많이 데리고 온 것 같습니다.

예수님은 피리 부는 자들과 떠드는 무리를 보시고 "물러가라 이 소녀가 죽은 것이 아니라 잔다"(24절)라고 말씀하셨습니다. 여기에서 보면, 세상이 보는 죽음과 예수님이 보시는 죽음이 다릅니다. 세상이 보는 죽음은 말 그대로 죽은 것입니다. 그러나 예수님이 보시는 죽음은 잠을 자는 것입니다. 죽은 것은 깨어나지 못하지만, 잠을 자는 것은 깨어날 수 있습니다. 예수님은 죽음을 잠자는 것으로 보시기 때문에 깨워서 일으키실 수 있습니다. 짧은 잠은 빨리 깨어날 수 있고 긴 잠은 부활의 날에 깨어날 수 있습니다. 죽었더라도 예수님이 부르면 영혼이 돌아와서 깨어날 수 있고, 완전히 죽어서 파묻었을지라도 부활의 날에 살아나는 것입니다.

주님이 다시 오시는 날, 잠자던 사람이 깨어나듯이 깨어나는 것입니다.

인도의 성자 썬다싱이 입신하여 천국에 가서 사람들을 만난 이야기를 기록한 책을 보면, 죽어서 올라온 사람들이 "나는 자는 줄 알았다!"라고 말하더라고 기록되어 있습니다. 몸이 아파서 누웠는데 깊은 잠 속에 빠졌답니다. 그런데 퍼뜩 놀라서 깨어나 보니까 벌써 저세상이더라는 것입니다. 깨어나서 보니까 자기의 시체가 누워 있고 가족들이 와서 울고 조문객들이 왔다 갔다 하는데, 아무리 말을 하려고 해도 벌써 세상이 달라졌기 때문에 말이 통하지 않더라는 것입니다. 우는 사람들을 위로해 주려고 등을 만져도 자기는 이미 죽어 영체가 되었기 때문에 손이 등을 통과하더라는 것입니다.

우리의 죽음이란 것은 자는 것입니다. 나중에 부활의 날에 깨어나든지, 아니면 지금이라도 주님이 원하시면 영혼이 돌아와 잠에서 깨어나는 것입니다. 인간은 물질로만 이루어진 것이 아닙니다. 물질인 육체로만 되었다면 죽는 것으로 끝일 것입니다. 그러나 인간은 육체뿐만 아니라 영혼도 있습니다. 영혼이 있기 때문에 육체가 살아 있습니다. 그러므로 영혼이 떠나면 육체가 죽어 버리지만, 영혼이 돌아오면 육체가 도로 살아나는 것입니다.

주님은 절대 주권자이시므로 소녀의 영혼을 불러오실 수 있습니다. 그렇기 때문에 "이 소녀가 죽은 것이 아니라 잔다."라고 말씀하셨습니다. 그러나 사람들은 예수님의 말씀을 듣고 "아이고, 웃기는 소리 하네."라며 비웃었습니다. 그러자 예수님은 그 무리를 다 내보냈습니다. 왜냐하면 그들은 믿음이 없는 사람들이었기 때문입니다. 믿음이 없는 구경꾼들이 주변에 있으면 역사가 일어나지 않습니다. 예수님은 열두 제자들 중에서도 믿음이 강한 베드로와 야고보와 요한만을 들여보내셨고, 소녀의 부모 외에는 아무도 들어오는 것을 허락하시지 않았습니다. 이처럼 주님은 큰 기적의 역사를 행하시기 전에 먼저 불신 세력들을 몰아내시고 믿는 사람들만을 들여보내셨습니다. 성경은 "믿음이 없이는 하나님을 기쁘시게 하지 못하나니 하나님께 나아가는 자는 반드시 그가 계신 것과 또한 그가 자기를 찾는 자들에게 상 주시는 이심을 믿어야 할지니라"(히 11:6)고 말씀하고 있습니다. 불신앙의 사람들이 뭉쳐 있으면 기적의 역사가 일어나지 않습니다. 믿음의 사람들이 뭉쳐 있어야 기적의 역사가 일어나는 것입니다.

해외 선교를 하러 다니다 보면 이것을 절실히 느끼게 됩니다. 어떤 나라에 가면 참으로 기사와 이적이 많이 나타납니다. 그런 나라는 믿음이 아주 많은 나라입니다. 그런데 기독교에 대해서 적대적이고 믿음이 적은 나라에서는 선교하기가 무척 힘들고 기적도 잘 나타나지 않습니다. 의심하는 사람들이 많이 있기 때문에 의심의 파장이 훼방하므로 기적이 나타나기가 굉장히 힘든 것입니다.

예수님이 회당장의 집에 들어가서 소녀에게 "달리다굼!", 즉 "딸아, 일어나라!" 하시니까 즉시로 그 영혼이 소녀의 몸에 돌아와서 살아났습니다. 과학적으로는 사람이 죽으면 심장도 멈추고 피도 굳고 몸도 경직되고 부패가 시작되어 도저히 살아날 수 없다고 하는데, 신기하게도 영혼만 돌아오면 도로 살아납니다. 영혼이 돌아오면 멈추었던 심장이 다시 뛰고, 굳었던 피가 다시 돌고, 경직되었던 몸의 모든 조직이 다 살아나는 것입니다. 이처럼 영혼은 생명의 근본입니다. 영혼이 하나님의 은혜로 충만하면 그 육체도 건강하고 생기발랄합니다. 그러나 영혼이 세상 죄로 꽉 들어차 있으면 그 육체도 부패하고 병듭니다. 이러므로 우리의 영혼은 굉장히 중요한 것입니다.

26절 그 소문이 그 온 땅에 퍼지더라

예수님이 가시는 곳마다 인산인해로 사람들이 모이는 것은 주님이 병자들에게 행하신 기적에 대한 소문이 났기 때문입니다. 오늘날도 교회가 성실하게 치료의 사역을 행하면 사람들이 많이 옵니다. 병자를 위한 기도를 하면 비단 병자만 낫는 것이 아니라 그리스도께서 역사하심으로 은혜가 충만하게 되어 사람들이 몰려오게 되는 것입니다.

우리 여의도순복음교회의는 지금까지 '치료' 와 '희망' 이라는 두 가지 축에 의해서 교회가 움직였습니다. 나의 목회 철학은 '그리스도로 말미암아 병을 치료하고 희망을 준다!' 는 것입니다. 이러한 목회 철학을 가지고 치료와 희망의 메시지를 전했기 때문에 우리 교회는 성전이 빈 적이 없습니다. 많은 교회가 빈다고 하는데, 우리 교회는 천막 교회 때부터 시작해서 지금까지, 교회가 작으면 작은 대로 크면 큰대로 언제나 꽉 찼습니다. 지금은 주일에 7부로 나누어 새벽부터 저녁까지 예배드릴 정도로 수많은 성도가 우리 교회에 출석하고 있습니다.

그래서 어떤 사람은 내게 이런 말을 합니다.

"조 목사님 때문에 목회하기가 참 힘듭니다."

그래서 "왜 나 때문에 힘이 듭니까?" 라고 물었더니, 그분 말씀이 "옛날에는 주일 11시에 한 번만 예배드리면 됐는데, 조 목사님이 주일에 7부까지 예배를 드리니 이젠 따라 하지 않을 도리가 없습니다. 그래서 교인이 얼마 모이지 않아도 1부, 2부, 3부, 4부로 계속 예배를 드려야 하기 때문에 피곤해서 못 견디겠습니다."라고 토로했습니다.

그러나 우리 교회가 부흥하는 것은 예배 횟수나 다른 어떤 요소 때문이 아닙니다. 언제나 치료 사역을 하고 소망에 찬 메시지를 전해 주기 때문에 사람들이 몰려오는 것입니다. 철저히 치료 사역을 하고 성도들에게 그리스도를 통한 소망의 메시지를 주면, 성도들이 영도, 마음도, 몸도 치료받고 생활에 소망과 용기를 얻고 꿈과 믿음을 가지고 살아갈 수 있는 힘을 얻습니다. 그리고 주님의 은총이 그로 말미암아 임하기 때문에 사람들이 계속 몰려와서 교회가 부흥할 수밖에 없는 것입니다.

27절 예수께서 거기에서 떠나가실새 두 맹인이 따라오며 소리 질러 이르되 다윗의 자손이여 우리를 불쌍히 여기소서 하더니

예수님이 가시는 곳마다 병자들이 따라왔고, 예수님은 끊임없이 병자들을 고치셨습니다. 예수님이 회당장 야이로의 집에서 나와 길을 가시는데 두 맹인이 따라오면서 소리를 질렀습니다.

"다윗의 자손이여, 우리를 불쌍히 여기소서!"

이것은 굉장한 신앙 고백입니다.

여러분, 유대인들은 메시아가 다윗의 자손으로 오신다고 알고 있었습니다. 그러나 그들이 믿고 있는 메시아의 모습은 예수님과는 거리가 멀었습니다. 그들은 메시아가 만왕의 왕, 만주의 주로서 영광 중에 이 땅에 오실 것으로 알고 있었습니다. 그렇기 때문에 빈민촌 출신인 예수님을 메시아로 인정할 수 없었던 것입니다.

그런데 이 맹인들이 예수님에게 '다윗의 자손'이라고 말한 것은, 곧 예수님을 조상 때부터 기대하던 메시아로 고백한 것입니다.

"예수님은 다윗의 자손이요, 우리의 메시아이십니다!"

이와 같이 주님을 향해서 올바른 신앙 고백을 하면 주님이 응답해 주십니다. 그러나 올바른 신앙 고백을 하지 않으면 주님이 움직이시지 않습니다. 우리는 이 사실을 나사로의 누이들을 통해서 확인할 수 있습니다. 요한복음 11장을 보면 나사로가 병들어 죽었다가 나흘 만에 다시 살아난 이야기가 기록되어 있습니다.

예수님이 베다니로 오셨을 때 이미 나사로는 죽어 장사된 지 나흘이 되었습니다. 마르다는 예수님을 맞으러 나와서 "주께서 여기 계셨더라면 내 오라버니가 죽지 아니하였겠나이다."라고 말하였습니다. 이 말은 나사로가 죽기 전에 예수님이 오셨으면 병을 치료받아 건강하게 살아 있을 텐데, 지금은 이미 나사로가 죽었기 때문에 예수님이 계셔도 소용이 없다는 것입니다. 마르다는 예수님을 과거의 예수님으로 인정한 것입니다. 이렇게 과거의 예수님만을 인정하고 현재의 예수님을 인정하지 않으니까 주님이 움직이지 않으셨습니다.

마리아도 마르다와 똑같은 고백을 했습니다. "주께서 여기 계셨더라면 내 오라버니가 죽지 아니하였겠나이다." 이와 같이 과거의 예수님만을 인정하고 현재의 예수님을 인정하지 않았습니다. 마리아 역시 마르다처럼 신앙 고백을 잘못한 것입니다. 그러자 예수님이 "그를 어디에 두었느냐?" 고 물으시고 나사로의 무덤에 가시면서 우셨습니다. 왜 하나님의 아들이 우셨습니까? 죽은 나사로가 불쌍해서 우신 것이 아닙니다. 나사로는 예수님이 다시 살릴 것이니까요. 그러면 왜 우셨을까요? 예수님은 마르다와 마리아의 잘못된 신앙 고백을 듣고 슬퍼서 우신 것입니다. 예수님은 어제나 오늘이나 영원토록 동일하신데 과거의 예수님만 인정하고 현재의 예수님을 인정하지 않으니까 주님이 우셨습니다.

예수님이 무덤 앞에 가셔서 "마르다야, 돌을 옮겨 놓아라!" 라고 말씀하셨을 때, 마르다가 뭐라고 말했습니까? "주여, 죽은 지가 나흘이 되었으매 벌써 냄새가 나나이다." 과거에 이미 죽어서 썩어 냄새가 나니까 예수님이 아무것도 하시지 못한다는 것입니다. 그러자 주님이 호통을 치시지 않았습니까?

"마르다야, 네가 믿으면 하나님의 영광을 보리라 하지 않았느냐? 지금 믿으면 지금 하나님의 영광을 보는 것인데, 왜 자꾸 과거를 들먹이느냐?"

그 호통 소리에 놀라서 마르다와 마리아가 무덤을 막아 놓은 돌을 옮겨 놓으니까 예수님이 감사 기도를 하신 후 무덤을 향하여 말씀하셨습니다.

"나사로야, 나오라!"

그러자 죽은 나사로가 다시 살아나 수의를 동인 채 무덤에서 나왔습니다.

이를 통해서 알 수 있듯이 신앙 고백은 참 중요합니다. 우리 입술의 신앙 고백은 우리를 주님과 연결되게 하기도 하고 떨어지게 하기도 하는 것입니다. 그러므로 성경은 이와 같이 말씀하고 있습니다.

"죽고 사는 것이 혀의 힘에 달렸나니 혀를 쓰기 좋아하는 자는 혀의 열매를 먹으리라"(잠 18:21).

"네 입의 말로 네가 얽혔으며 네 입의 말로 인하여 잡히게 되었느니라"(잠 6:2).

또 우리 속담에도 "말이 씨가 된다" 라는 말이 있지 않습니까? 진짜 그렇습니다. '내가 말 한마디 하는 것이 뭐 그리 대단한가?' 라고 생각하면 안 됩니다. 우리가 말하는 순간 그 말은 이 우주 공간에 파장이 되어 나갑니다. 그래서 그 말이 우리의 운명을 만들어 냅니다. 누에가 입에서 실을 내어 자기가 거할 고치를 만드는 것처럼, 우리의 입에서 나오는 말이 우리가 앞으로 살아 나갈 운명과 환경을 만들어 내는 것입니다. 우리가 언제나 긍정적이고 적극적이고 창조적이고 생산적이고 감사하는 말을 하면, 우리의 운명도 그렇게 됩니다. 그러나 우리가 부정적이고 파괴적이고 원망하고 불평하고 남을 할퀴는 말을 하면, 우리가 앞으로 살아갈 환경도 그렇게 되기 때문에 우리의 앞길이 참으로 험난해집니다. 그러므로 우리는 입술의 고백을 신중하게 해야 하는 것입니다.

28-31절 예수께서 집에 들어가시매 맹인들이 그에게 나아오거늘 예수께서 이르시되 내가 능히 이 일 할 줄을 믿느냐 대답하되 주여 그러하오이다 하니 이에 예수께서 그들의 눈을 만지시며 이르시되 너희 믿음대로 되라 하시니 그 눈들이 밝아진지라 예수께서 엄히 경고하시되 삼가 아무에게도 알리지 말라 하셨으나 그들이 나가서 예수의 소문을 그 온 땅에 퍼뜨리니라

맹인들은 예수님이 집에 들어가실 때까지 계속 소리를 질렀지만 예수님은 아무 말씀도 하시지 않고 집으로 들어가셨습니다. 그러자 맹인들도 따라 들어와 예수님께 나아왔습니다. 그제야 주님이 그들에게 물으셨습니다.

"내가 능히 너희의 눈을 뜨게 할 줄 믿느냐?"

주님이 그들의 믿음을 시험해 보신 것입니다.

"믿나이다!"

맹인들은 혈루증으로 앓는 여인이 그랬던 것처럼 꿈과 믿음과 신앙 고백, 이 세 가지가 준비되어 있었습니다. 예수님께 나아가 눈을 뜨게 되는 것을 늘 꿈꾸었고, 믿었고, 입술로 고백했습니다.

꿈과 믿음과 신앙 고백, 이 세 가지는 항상 함께 따라다닙니다. 먼저 꿈을 꾸고, 그 꿈을 통한 믿음을 가지고, 그 믿음을 입술로 고백하는 것, 이 세 가지만 있으면 주님이 기적을 행하시는 것입니다. 예수님이 그들의 눈을 어루만지면서 "너희 믿음대로 되라!" 고 말씀하시자, 그들의 눈이 밝아졌습니다. 주님이 그들의 눈을 만지셨지만 역사는 그들의 믿음을 통해서 나타났습니다. 그들이 꿈을 꾸고 믿고 입술로 시인했기 때문에 그를 통해서 주님의 능력이 흘러 들어가 눈을 뜨는 기적이 일어난 것입니다.

오늘날도 주님은 이런 기적을 행하십니다. 주님은 "그날에는 내가 아버지 안에, 너희가 내 안에, 내가 너희 안에 있는 것을 너희가 알리라"(요 14:20)고 말씀하셨습니다. 이 말씀대로 주님은 성령으로 우리 안에 계십니다. 문제는 우리의 믿음입니다. 우리의 꿈, 우리의 믿음, 우리의 신앙 고백이 준비되어야 주님이 역사를 하시는 것입니다.

예수님은 눈이 밝아진 두 사람에게 "삼가 아무에게도 알리지 말라"(30절)고 엄히 경계하셨습니다. 왜냐하면 예수님은 제자들을 가르치실 시간이 필요한데, 기적을 행한다는 소문이 나면 방해가 되기 때문입니다.

예수님이 제자들을 가르치려 하신 것은 자신이 했던 일이 제자들을 통하여 계속되게 하려는 데 있습니다. 제자들을 가르치지 않고 예수님이 승천하시면 그것으로 끝입니다. 그러나 제자들을 가르치면 예수님이 승천하신 후에도 제자들이 나가서 전도하고 가르치고 병자들을 고치지 않겠습니까?

나도 그런 위치에 있습니다. 내가 혼자 병자를 위해서 기도하고 복음을 증거하면 나 하나로 끝입니다. 그러나 많은 시간을 내서 성도들과 성경 공부를 하고 말씀을 가르쳐서 깨닫게 하고 제자로 양육하면, 우리 교회 10만, 20만, 30만…… 제자가 된 성도들이 다 같이 사역을 하니 굉장히 큰 역사를 베풀 수 있지 않습니까? 이러므로 제자 양육을 하는 것이 중요한 것입니다.

예수님이 엄히 경계하셨음에도 불구하고 눈을 뜬 두 사람은 소문을 내고 다녔습니다(31절). 하나님을 체험한 사람은 아무리 하지 말라고 입에 재갈을 물려도 소문을 내고 다닙니다. 요즈음 교회에서 성도들에게 "전도하라, 전도하라!" 해도 전도를 하지 않는 것은 체험이 없기 때문입니다. 체험이 없는 사람은 아무리 전도하라고 해도 하지 않습니다. 그러나 일단 하나님의 능력을 체험하고 나면 "하지 마라, 하지 마라!" 해도 자꾸 전도합니다. 일어서고 앉는 곳마다 입을 열고 자랑합니다. 예수님을 믿고 성령의 불을 받으면 가만있지 못하고 자기가 체험한 것을 증거하게 되는 것입니다.

어떤 사람들은 "흥, 성령 받은 저나 성령 안 받은 나나 뭐가 다르냐?" 고 말합니다. 그런데 그렇지 않습니다. 성령 체험을 하지 못한 사람은 세상에 나가서 전도할 용기가 생기지 않습니다. 그러나 성령 체험을 한 사람은 누가 뭐라고 하지 않아도 자기가 체험한 것을 말하게 됩니다. 병 고침받은 사람도 그렇습니다. 병 고침받기 전에는 할 말이 없지만, 주님의 능력으로 병 고침을 받고 나면 끊임없이 간증하게 됩니다. 기도하고 하나님의 응답을 받은 사람도 자신이 체험한 것을 다른 사람들에게 말하게 됩니다.

전도할 때 자기가 체험한 것을 말하면 굉장히 힘이 있습니다. 남에게 주워들은 것을 말하면 힘이 없습니다. "내가 이렇게 체험했다!" 그것이 가장 힘이 있습니다. 내가 체험한 것을 말하면 사람들이 귀 기울여 듣습니다. 그러므로 여러분은 하나님 앞에 많은 체험을 구하십시오. 말씀을 통해서 믿음으로 구원을 받았으면 체험을 구하여야 합니다. 주님의 능력을 체험하면 할수록 더욱 강력하게 복음을 증거하게 되고, 더 할 말이 많아지는 것입니다.

32-34절 그들이 나갈 때에 귀신 들려 말 못 하는 사람을 예수께 데려오니 귀신이 쫓겨나고 말 못 하는 사람이 말하거늘 무리가 놀랍게 여겨 이르되 이스라엘 가운데서 이런 일을 본 적이 없다 하되 바리새인들은 이르되 그가 귀신의 왕을 의지하여 귀신을 쫓아낸다 하더라

예수님이 계신 곳은 어디나 병자들이 몰려들었습니다. 그런데 교회도 그렇습니다. 교회가 부흥되려면 병자와 귀신 들린 사람들이 굉장히 많이 옵니다. 불광동 천막 교회 시절에 우리 교회에 오는 사람들을 보면, 사지가 성한 사람들은 없고 죄다 팔 불구자, 다리 불구자, 병자들, 귀신 들린 사람들, 이런 사람들만 주르르 와서 앉아 있었습니다. 그래서 때로는 '어유 참, 이렇게 목회해서 어떻게 하나!' 싶은 생각이 들고 답답했습니다. 그런데 그런 사람들과 같이 엎드려 부르짖어 기도하니까 하나님의 역사가 많이 나타났습니다. 그 사람들은 절박하기 때문에 장난삼아 믿지 않았습니다. 기도를 해도 목숨을 내놓고 부르짖어 기도하므로 기적이 많이 나타났습니다. 또 이렇게 기적을 체험한 다음에는 자기와 똑같은 문제를

가지고 있는 사람들을 자꾸 데려오므로 우리 교회에는 언제나 병자와 귀신 들린 사람들이 굉장히 많았습니다. 그래서 사람들로부터 "저 교회는 전부 병자와 귀신 들린 자들만 모였다."라고 비난을 받기도 했습니다. 그러나 부흥할 때에는 그런 역사가 나타나는 것입니다.

예수님을 보십시오. 맹인, 못 듣는자, 말 못 하는 자, 온갖 병자들, 귀신 들린 자들이 예수님을 찾아왔습니다. "건강한 자에게는 의사가 쓸데없고 병든 자에게라야 쓸데있느니라"(12절). 이 말씀처럼 예수님은 영혼과 육신을 치료하시는 의사이기 때문에 영육 간에 병든 자가 예수님을 찾아오게 되어 있는 것입니다.

"그들이 나갈 때에 귀신 들려 말 못 하는 사람을 예수께 데려오니"(32절). 이 말씀을 보면, 사람들이 귀신 들려 말 못 하는 사람을 예수님께 데려왔다고 했습니다. 말 못 하는 사람이 다 귀신 들린 것은 아닙니다. 그러나 귀신 들려서 말을 못하게 된 사람도 많습니다. 마찬가지로, 말 못 듣는 사람이 모두 다 귀신 들려서 된 것은 아닙니다. 그러나 귀신 들려서 못 듣게 된 사람도 많습니다. 또 모든 맹인이 다 귀신 들려서 된 것은 아닙니다. 그러나 귀신 들려서 맹인이 된 사람도 많습니다. 질병도 그렇습니다. 모든 병이 다 귀신 들려서 드는 것은 아닙니다. 자기가 과로해서 병들기도 하고, 부상을 입어서 병들기도 하고, 음식을 잘못 먹어서 병들기도 합니다. 그러나 귀신이 와서 눌러서 병드는 경우도 많습니다. 이러므로 모든 병이 귀신 들려서 드는 것은 아니지만, 병이 귀신과 아무런 상관이 없다고 말할 수도 없는 것입니다. 과로나 부상이나 음식으로 인하여 병든 사람은 그냥 안수하고 기도하면 낫지만, 귀신 들려서 병든 사람은 반드시 귀신을 내쫓아야 병이 낫습니다. 그러므로 우리는 병자를 위해서 기도할 때 그 병의 원인이 어디에 있는가를 잘 분별하여 그에 맞는 기도를 하여야 하는 것입니다.

예수님이 귀신을 쫓아내셔서 말 못 하는 사람이 정상적으로 말을 하게 되자, 이를 본 사람들이 놀라서 "이스라엘 가운데서 이런 일을 본 적이 없다!" 고 했습니다. 그러나 바리새인들은 이 모든 일을 직접 목격했음에도 불구하고 "그가 귀신의 왕을 의지하여 귀신을 쫓아낸다"(34절)고 예수님을 비난하였습니다.

비뚤어진 사람은 아무리 좋은 일을 해 주어도 비뚤어지게 보고, 아무리 좋은 말을 해 주어도 늘 비뚤어진 소리를 합니다. 바리새인들은 예수님을 보고 어찌하든지 트집을 잡으려고 했습니다. 그런데 도무지 비난할 것이 없으니까 예수님이 귀신의 힘을 의지해서 말 못 하는 사람을 고친 것이지 하나님을 의지해서 하는 것이 아니라고 비난하였습니다. 그들은 예수님을 하나님의 아들로 인정하지 않으므로 예수님이 행하시는 역사도 귀신의 힘을 의지해서 하는 것이라고 한 것입니다.

예전에 나도 이런 비난을 받았던 적이 있습니다. 한참 우리 교회에 성령의 역사가 강력하게 나타날 때, 많은 사람들이 마귀의 역사라고 비난을 퍼부었습니다. 그런데 세월이 지나고 보니까 그렇게 말한 사람마다 다 망해 버렸습니다.

성령의 역사를 귀신의 역사라고 하는 것은 성령 모독죄입니다. 이때 바리새인들이 한 말은 성령 모독죄에 해당하는 것입니다. 성경에 보면 성령 모독죄를 지으면 절대로 용서받지 못한다고 말씀하고 있습니다.

"사람에 대한 모든 죄와 모독은 사하심을 얻되 성령을 모독하는 것은 사하심을 얻지 못하겠고 또 누구든지 말로 인자를 거역하면 사하심을 얻되 누구든지 말로 성령을 거역하면 이 세상과 오는 세상에서도 사하심을 얻지 못하리라"(12:31-32).

하나님께 죄를 지으면 예수 그리스도께서 중재해 주십니다. 예수님께 죄를 지으면 성령님께서 중재해 주십니다. 그러나 성령님께 죄를 지으면 금세와 내세에 용서를 받지 못 하는 것입니다.

여러분, 가정에서도 그렇지 않습니까? 아버지에게 잘못했더라도 어머니와 사이가 좋으면 어머니가 다 해결해 줍니다. 어머니가 자꾸 베갯머리송사를 하는데, 아버지가 감당을 할 수 있나요? 별도리 없이 용서하고 말지요. 그런데 어머니에게 잘못하면 중재를 설 사람이 없습니다. 어머니가 아버지에게 "저놈은 몹쓸 놈이니까 아무것도 해 주지 말아요."라고 말하면 끝장나는 것입니다.

어머니의 위치가 중재자로서 굉장히 중요한데, 바로 성령님께서 어머니의 위치에 계십니다. 성령님은 우리를 위해서 탄식하며 하나님과 예수 그리스도 앞에 기도를 해 주십니다. 성령님은 우리를 중재하시고 우리를 돌보십니다. 그러므로 우리가 성령님을 소멸하거나 성령님을 슬프게 하고 모욕하면 성령님께만이 아니라 하나님 아버지와 예수 그리스도께도 버림받는 것입니다.

지금 성령님은 우리를 돕기 위해서 우리 가운데 와 계십니다. 성령님은 어머니같이 우리를 품에 품고 하나님 아버지의 말씀과 그리스도의 교훈으로 가르치고 깨우치시며, 위로하고 격려하시며, 꾸짖고 돌보시며, 인도하고 양육하십니다. 그러므로 우리는 성령님을 떠나서는 살 수 없습니다. 아기가 키워 주는 사람 없이 혼자 자라날 수 없듯이, 성령님이 우리를 돌보아 주시지 않으면 우리는 결코 자라나지 못합니다. 우리는 성령님의 품 안에서 자라다가 성령님과 손잡고 천국까지 올라갈 사람들입니다. 그러므로 우리는 성령님을 사랑해야 됩니다. 성령님을 인정하고 환영하고 모셔 들이고 의지해야 됩니다. 그러면 우리의 신앙이 쑥쑥 자라게 되는 것입니다.

5. 영혼의 추수꾼(9:35-38)

35. 예수께서 모든 도시와 마을에 두루 다니사 그들의 회당에서 가르치시며 천국 복음을 전파하시며 모든 병과 모든 약한 것을 고치시니라 36. 무리를 보시고 불쌍히 여기시니 이는 그들이 목자 없는 양과 같이 고생하며 기진함이라 37. 이에 제자들에게 이르시되 추수할 것은 많되 일꾼이 적으니 38. 그러므로 추수하는 주인에게 청하여 추수할 일꾼들을 보내 주소서 하라 하시니라

35-36절 예수께서 모든 도시와 마을에 두루 다니사 그들의 회당에서 가르치시며 천국 복음을 전파하시며 모든 병과 모든 약한 것을 고치시니라 무리를 보시고 불쌍히 여기시니 이는 그들이 목자 없는 양과 같이 고생하며 기진함이라

예수님의 사역은 모든 도시와 마을에 두루 다니며 천국 복음을 전파하고, 말씀을 가르치고, 모든 병과 약한 것을 치료하는 것이었습니다. 예수

님은 가시는 곳마다 이 세 가지 사역을 꼭 하셨습니다.

예수님이 가시는 곳에는 언제나 수많은 사람이 몰려왔는데 그들은 주님의 도우심을 바라는 사람들이었습니다. 영적인 문제, 마음의 문제, 육신의 문제, 생활의 문제 등 온갖 문제를 끌어안고 고통받는 사람들의 무리가 늘 모여들었습니다. 예수님은 그들이 목자 없는 양같이 고생하며 영적으로 갈급하고 병들고 가난하고 의지할 곳 없는 떠돌이처럼 방황하는 것을 보고 너무나 마음 아파하시고 긍휼히 여기셨습니다.

오늘날도 예수님은 우리를 긍휼히 여기시고 자비를 베풀어 주기를 원하십니다. 성경에 "내가 긍휼을 원하고 제사를 원하지 아니하노라"(13절)고 했는데, 제사는 종교를 말합니다. 주님은 우리에게 종교를 주려고 오신 것이 아니라 긍휼을 베풀기 위해서 오셨습니다. 주님이 왜 십자가를 걸머지셨습니까? 우리가 너무나 불쌍해서 우리 대신 죄를 갚아 구원해 주시려고 십자가를 걸머지셨습니다. 예수님에게는 우리를 사랑하고 불쌍히 여기는 마음이 가득합니다. 자식이 아무리 장성해도 부모의 가슴속에는 자식을 불쌍히 여기는 연민의 정이 언제나 있듯이, 예수 그리스도께서는 언제나 우리를 불쌍히 여기십니다. 그래서 주님은 우리를 위로하시고 쓰다듬으시고 사랑하시는 것입니다.

37-38절 이에 제자들에게 이르시되 추수할 것은 많되 일꾼이 적으니 그러므로 추수하는 주인에게 청하여 추수할 일꾼들을 보내주소서 하라 하시니라

들에 곡식이 다 익었는데 추수꾼이 부족해서 미처 추수를 마치기도 전에 비가 오면, 대가 다 쓰러져서 이삭에서 싹이 나고 못 쓰게 되지 않습니

까? 추수 때에는 추수꾼이 많이 있어야 됩니다. 그런데 37절을 보니, 예수님이 제자들에게 "추수할 것은 많되 일꾼이 적다." 고 말씀하셨습니다. 이 말씀은 '구원받을 사람은 많은데 그들에게 가서 전도하고 가르쳐 주고 병을 고쳐 주어 구원을 얻게 해 줄 추수꾼이 적다.' 라는 뜻입니다.

다행히 우리 한국에는 하나님께서 일꾼들을 많이 불러 주셨습니다. 신학교마다 학생들이 꽉꽉 들어차고 해마다 수천 명의 일꾼들이 신학교를 졸업하고 나와서 사역을 합니다. 그런 면으로 볼 때 우리 한국에는 하나님께서 추수하실 영혼이 많다는 것을 알 수 있습니다. 한국에 하나님께서 추수하기로 택하신 사람이 많기 때문에 일꾼들을 많이 양성해 주시는 것입니다. 그러므로 이 점에 대해 우리는 하나님께 감사드려야 하는 것입니다.

38절을 보면, 예수님이 제자들에게 "그러므로 추수하는 주인에게 청하여 추수할 일꾼들을 보내 주소서 하라" 고 말씀하셨습니다. 추수하는 주인이 누구입니까? 바로 성령님이십니다. 예수님은 하나님의 말씀을 심어 자라게 하시고 성령님이 거두시는 것입니다.

오늘날 추수꾼의 주인은 보혜사 성령님이십니다. 하나님은 보좌에 계시고, 예수님은 보좌 우편에 앉아 계시고, 성령님은 우리와 같이 계십니다. 성령님은 교회의 주인이요, 추수꾼의 주인으로서 일꾼들을 불러서 추수를 시키십니다. 여러분은 다 추수하는 머슴들입니다. 성령님이 여러분을 통해서 추수를 하십니다. 그러므로 여러분이 주인 되신 성령님께 순종하고 성령님을 따라서 행하면 많은 영혼을 추수할 수 있게 되는 것입니다.

제 10 장

잃는 자는 얻으리라

A COMMENTARY ON THE GOSPEL OF MATTHEW Ⅱ

예수님께서는 마치 신랑이 신부를 고르는 것처럼 열두 제자를 선별해서 부르신 후 그들에게 권능을 주셨습니다. 그들 중에는 세상에서 가장 불행한 사람이었던 가룟 유다도 있었습니다. 그는 후에 예수님을 은 삼십 냥에 팔아넘긴 사람이었습니다.

예수님께서는 제자들에게 권능을 주신 후 오직 이스라엘 집의 잃어버린 양에게로만 가라고 말씀하셨습니다. 가면서 천국을 전파하되 만일 그들을 영접하지 않는 집이나 성이 있으면 미련 없이 발의 먼지를 떨어 버리라고 하셨습니다. 천국 복음을 거부한 책임은 스스로 져야 하기 때문입니다.

예수님께서 제자들을 파송하는 것은 마치 이리 가운데로 양을 보내는 것과 같습니다. 처처에 적이 있고 위험이 도사리고 있습니다. 그 가운데서 무사히 살아남기 위해서는 뱀처럼 지혜롭고 비둘기처럼 순결해야 합니다. 오직 하나님만을 바라보며 믿음을 지키고 인내해야 합니다. 예수님으로 인해 박해를 받아도 끝까지 견디면 하나님께서 친히 건져 주십니다.

믿는 자들이 가장 두려워할 대상은 바로 하나님입니다. 사람도 아니고 환경도 아닙니다. 잠시 있다 없어질 이 세상이 아니라 영존무궁하신 하나님을 염두에 두고 살아야 합니다. 하나님을 믿고 사는 삶은 때로 불화를 가져옵니다. 우상을 섬기고 세상을 섬기는 사람들과 타협하지 못하기 때문입니다. 그러나 하나님만을 염두에 두고 하나님의 이름으로 오는 사람을 섬기며 세상에서 가난하고 소외된 자를 섬기는 삶을 살면 결국 하나님으로부터 영원한 상을 받게 될 것입니다.

1. 택하시고 권능을 주시다(10:1-4)

1. 예수께서 그의 열두 제자를 부르사 더러운 귀신을 쫓아내며 모든 병과 모든 약한 것을 고치는 권능을 주시니라 2. 열두 사도의 이름은 이러하니 베드로라 하는 시몬을 비롯하여 그의 형제 안드레와 세베대의 아들 야고보와 그의 형제 요한, 3. 빌립과 바돌로매, 도마와 세리 마태, 알패오의 아들 야고보와 다대오, 4. 가나나인 시몬 및 가룟 유다 곧 예수를 판 자라

1-3절 예수께서 그의 열두 제자를 부르사 더러운 귀신을 쫓아내며 모든 병과 모든 약한 것을 고치는 권능을 주시니라 열두 사도의 이름은 이러하니 베드로라 하는 시몬을 비롯하여 그의 형제 안드레와 세베대의 아들 야고보와 그의 형제 요한, 빌립과 바돌로매, 도마와 세리 마태, 알패오의 아들 야고보와 다대오,

공생애가 시작된 후 많은 사람들이 예수님을 따랐습니다. 예수님께서는 그들 중에서 원하시는 사람을 제자로 부르셨습니다.

오늘 우리가 예수 믿고 구원받은 것도 하나님께서 창세전에 그리스도 안에서 우리를 하나님의 자녀가 되도록 예정하셨기 때문입니다. 우리가 전도하는 것은 하나님이 택하신 백성을 찾는 일입니다. 이 세상 사람을 구원하려고 전도하는 것은 좋지만 이 세상 사람이 모두 다 구원받는 것은 아닙니다. 하나님께서 선택하신 사람만이 구원을 받게 되어 있습니다.

나는 신학교 때나 처음 목회를 할 때 이것을 이해하기 어려웠습니다. '하나님이 불평등하신가?' 하는 의구심이 들었습니다. 나는 '알미니안주의'에 따라서 하나님은 만민이 회개하고 구원받기를 원하신다고 믿었습니다. 그런데 내가 40여 년 동안 목회를 하면서 보니 그렇지 않다는 것을 깨달았습니다. 하나님이 택하지 않은 사람은 아무리 예수님을 믿으라고 권면해도 돌아오지 않습니다. 그러나 보기에 완악하고 버림받은 것 같아도 하나님의 택함을 받은 사람은 우리의 계속적인 기도와 권면으로 말미암아 바위같이 굳은 마음이 와르르 무너지고 예수님을 영접합니다. 결국 창세전에 구원받기로 하나님의 예정함을 받은 사람은 전도를 받으면 회개하고 구원을 받습니다. 반면 그렇지 않은 사람은 끝까지 저항하고 반항하다가 결국에는 멸망 길로 가는 것입니다.

하나님께서는 귀하고 귀한 하늘나라를 선물로 주실 신부를 택하실 때 신중하게 고르십니다. 예수 그리스도의 신부, 온 우주의 주인의 신부가 될 사람을 고르는데 아무나 부르시지 않습니다. 하나님이 원하시는 사람을 신중히 택하십니다.

하나님은 당신의 선민을 위해서 온 우주를 만드셨습니다. 하나님은 이스라엘 백성을 위해서 가나안 칠 족(七族)을 멸절하셨습니다. 그들도 이스라엘과 똑같은 사람이요 하나님의 피조물이었음에도 불구하고 간담이 서늘할 정도로 씨를 말렸습니다. 우리가 생각하기에 '하나님이 어쩌면 그렇게 무자비하게 사람을 죽일 수 있느냐?' 고 할 수 있지만, 종국적으로 온 우주 만물은 하나님의 택한 백성을 위해 있는 것입니다. 하나님은 온 우주의 주권자이시며 절대 권력을 가지고 계십니다. 우주를 경영하시는 섭리 가운데 오직 당신의 택한 백성들에게 당신의 권위를 위임하십니다.

이 같은 맥락에서 하나님께서는 이스라엘 백성을 출애굽시키고, 가나안으로 인도하실 때에 그들에게 저항한 자들과 그들이 장차 거할 땅에 거하고 있는 자들을 인정사정 볼 것 없이 다 멸해 버리신 것입니다. 이방인들은 하나님의 택한 백성들의 밥입니다.

오늘날 예수님을 믿고 구원받은 사람은 영적 선민입니다. 하나님께서는 우주와 영원을 상속으로 주실 하나님의 선민들을 신중하게 고르셨습니다. 창세전에 우리를 아시는 고로 그리스도 안에서 우리를 예정하사 자녀가 되게 하시고 우주를 상속하시는 것입니다. 당신의 택한 백성을 위해 그 아들을 보내어 십자가 위에 달려 몸 찢기고 피 흘려 구원하실 정도이니, 하나님께서 택한 백성을 위해 얼마나 어마어마한 계획과 노력, 희생을 하셨는지를 짐작할 수 있습니다. 하나님의 아들의 핏값으로 산 것이 오늘날 선민들입니다. 하나님은 그 아들 그리스도 예수를 화목 제물로 삼으시고 그 공로로 우리를 하나님의 자녀가 되도록 불러 주신 것입니다.

그러므로 우리는 비록 이 세상에서 나의 처한 환경이 어렵고 힘들어도 예수님을 믿고 구원받은 그 사실로 인해 하나님께 끊임없이 감사해야 합니다. 믿는 우리가 우울증에 걸리면 안 됩니다. 불평하고 원망하고 짜증내면 안 됩니다. 택함받은 것만 해도 너무나 기쁘고 감사한 일이 아닙니까? 그런데 이 은혜를 감사하지 않는다면 하나님을 모욕하는 것이 됩니다.

우리는 하나님이 우리를 선택해 주신 이 크고 영화로우신 은혜에 감사하고 찬양하면서 열심히 전도해야 합니다. 때를 얻든지 못 얻든지 복음을 전파해야 합니다. 우리가 전도할 때에 저들이 믿고 받아들이면 하나님께서 택하신 것이요, 저들이 받아들이지 않으면 택함받지 못한 것입니다.

우리보다 먼저 복음이 들어간 일본은 1억 2천만 인구 중에 기독교인이 1백만 명도 안 됩니다. 일본은 이삭줍기일 뿐 택함 받지는 못했습니다. 하나님이 택하셨다면 그들이 깨닫고 회개하고 돌아왔을 것입니다. 반면 우리 한국은 단시일 내에 이렇게 많이 택함 받은 것을 볼 때 무궁히 하나님께 감사해야 합니다.

본문에는 예수께서 열두 제자를 직접 선택하시고 부르셨다고 하였습니다. 제자들은 장차 하늘나라의 열두 기초석이 되는 사도가 될 사람들입니다. 그런데 주께서 아무나 부르셨겠습니까? 요한계시록을 보면 구약의 열두 대표와 신약의 열두 대표를 합친 이십 사 장로가 나옵니다(계 4:4). 구약의 열두 지파는 구약의 육적 선민의 기초석이고 신약의 열두 제자는 신약의 영적 선민의 열두 기초석을 의미합니다. 사도들은 이처럼 하나님께로부터 특별히 택함을 받은 사람들입니다. 예수께서는 바로 이와 같이 될 열두 제자를 부르신 것입니다. 그리고 그들에게 더러운 귀신을 쫓아내고 모든 병과 약한 것을 고치는 권세를 주셨습니다.

마귀와 마귀를 따르는 귀신들은 하나님과 철천지원수입니다. 귀신들은 마귀의 군사로서 이 땅에서 도둑질하고 죽이고 멸망시키는 일을 합니다. 더러운 귀신, 악한 귀신, 점치는 귀신, 거짓말하게 하는 귀신, 약하게 하는 귀신, 병들게 하는 귀신 등 여러 종류의 귀신들이 최일선에 서서 사람들을 괴롭힙니다. 그래서 주님은 사도들을 택해서 귀신을 쫓아내는 권세와 모든 병, 모든 약한 것을 고치는 권능을 주신 것입니다. 주께서 택하신 열두 사도에게 이 같은 권능을 주신 것은 하나님 나라에는 귀신이나 병이나 연약한 것이 있을 수 없기 때문입니다.

하나님은 이런 것들을 미워하십니다. 예수님께서는 이 땅에서 사역하시는 동안 병을 고치고 귀신을 쫓아내는 일에 전 공생애 사역의 삼분의 이를 할애하셨습니다. 그 일이 중요하지 않다면 왜 주님이 그 많은 시간을 할애하셨겠습니까? 하늘나라는 병을 고치고, 귀신을 쫓아내는 것입니다.

주님은 오늘날 교회와 주의 종과 성도에게 기도를 통해서 귀신을 쫓아내는 권세와 병을 고치는 능력을 주셨습니다. 그 권세의 많고 적음은 차이가 있지만 교회와 성도는 모두 다 어느 정도 귀신을 쫓아내고 병을 고치게 되어 있습니다.

예수님은 이렇게 말씀하셨습니다.

"너희는 온 천하에 다니며 만민에게 복음을 전파하라 믿고 침례를 받는 사람은 구원을 얻을 것이요 믿지 않는 사람은 정죄를 받으리라 믿는 자들에게는 이런 표적이 따르리니 곧 그들이 내 이름으로 귀신을 쫓아내며 새 방언을 말하며 뱀을 집어 올리며 무슨 독을 마실지라도 해를 받지 아니하며 병든 사람에게 손을 얹은즉 나으리라"(막 16:15-18).

우리는 예수님께서 하나님의 교회와 성도들에게 이러한 큰 권세를 주셨음을 분명히 알아야 합니다. 귀신이 쫓겨나가고 질병이 떠나가고 연약함이 떠나는 것은 하나님의 영광을 나타내는 일입니다. 이러므로 우리는 기도하고 담대히 이 권세를 사용하여 예수님의 이름으로 귀신을 물리치고 병을 물리쳐야 할 것입니다.

4절 가나나인 시몬 및 가룟 유다 곧 예수를 판 자라

열두 제자 중에 가룟 유다가 들어간 것은 큰 비극입니다. 그는 창세전부터 그리스도를 팔기로 이미 정해진 사람이었습니다. 얼마나 불행한 사람입니까? 그러나 하나님께서 이미 정해 놓으신 일은 어찌할 도리가 없습니다.

하나님께서는 '바로'를 보시고 "내가 너를 세웠음은 나의 능력을 네게 보이고 내 이름이 온 천하에 전파되게 하려 하였음이니라"(출 9:16)고 하셨습니다. '바로'를 세운 것은 하나님의 권능을 온 세계와 만대에 나타내기 위해서였습니다.

시편 41편 9절은 "내가 신뢰하여 내 떡을 나눠 먹던 나의 가까운 친구도 나를 대적하여 그의 발꿈치를 들었나이다"라고 기록하고 있습니다.

이는 가룟 유다가 열두 제자 중에 하나로 세워진 것은 예수를 팔기로 작정된 것이었음을 예언하고 있는 것입니다. 이렇게 볼 때 가룟 유다는 참으로 가련하고 불쌍한 사람이었습니다. 그는 머리도 좋았고, 또 계산이 빨라 돈궤를 맡을 정도로 아주 똑똑한 사람이었지만 후에는 예수 그리스도를 배반하는 사람이 되고 말았습니다.

2. 잃은 양들에게로 가라(10:5-15)

5. 예수께서 이 열둘을 내보내시며 명하여 이르시되 이방인의 길로
도 가지 말고 사마리아인의 고을에도 들어가지 말고 6. 오히려 이스
라엘 집의 잃어버린 양에게로 가라 7. 가면서 전파하여 말하되 천국
이 가까이 왔다 하고 8. 병든 자를 고치며 죽은 자를 살리며 나병 환
자를 깨끗하게 하며 귀신을 쫓아내되 너희가 거저 받았으니 거저 주
라 9. 너희 전대에 금이나 은이나 동을 가지지 말고 10. 여행을 위하
여 배낭이나 두 벌 옷이나 신이나 지팡이를 가지지 말라 이는 일꾼이
자기의 먹을 것 받는 것이 마땅함이라 11. 어떤 성이나 마을에 들어
가든지 그중에 합당한 자를 찾아내어 너희가 떠나기까지 거기서 머
물라 12. 또 그 집에 들어가면서 평안하기를 빌라 13. 그 집이 이에
합당하면 너희 빈 평안이 거기 임할 것이요 만일 합당하지 아니하면
그 평안이 너희에게 돌아올 것이니라 14. 누구든지 너희를 영접하지
도 아니하고 너희 말을 듣지도 아니하거든 그 집이나 성에서 나가 너
희 발의 먼지를 떨어 버리라 15. 내가 진실로 너희에게 이르노니 심
판 날에 소돔과 고모라 땅이 그 성보다 견디기 쉬우리라

5절 예수께서 이 열둘을 내보내시며 명하여 이르시되 이방인의 길로도 가지 말고 사마리아인의 고을에도 들어가지 말고

본문을 보면 예수님은 제자들에게 "이방인의 길로도 가지 말고"라고 말씀하셨습니다. 그 이유는 아직 이방인의 때가 오지 않았기 때문입니

다. 예수님이 오셨지만 구약 시대의 마지막 선지자인 침례 요한이 아직 살아있고, 예수님이 아직 인류 대속의 십자가를 지시기 전이었습니다. 예수께서 아직 희생 제물이 되지 않으셨기 때문에 그때까지는 유대인만이 선민이고 이방인은 해당되지 않았던 것입니다.

"사마리아인의 고을에도 들어가지 말라." 고 하신 것 역시 사마리아인이 순수한 유대인이 아니었기 때문입니다. 구 이스라엘 왕국이 앗수르에 의해 망했을 때 이곳 이스라엘 사람들은 앗수르에 포로로 잡혀갔고, 이방 사람들이 이스라엘로 이주해 왔습니다. 남아있는 이스라엘 사람과 이방인들이 서로 통혼하여 혼혈 자손이 생겼는데 이들이 사마리아인들입니다.

따라서 바벨론에 포로로 잡혀갔다가 돌아온 유다 왕국의 자손인 유대인들은 자신들만이 혈통적으로 순수한 정통 유대인이라고 생각하고, 이들 사마리아인들을 개처럼 취급했습니다. 그들은 사마리아인들을 결코 동족으로 생각하지 않았습니다. 그래서 예수께서 "이방인의 길로도 가지 말고, 사마리아인의 고을에도 들어가지 말라." 고 하신 것입니다. 아직은 오직 혈통적으로 순수한 정통 유대인에게 가서 복음을 전해야 하는 때였습니다.

6-8절 오히려 이스라엘 집의 잃어버린 양에게로 가라 가면서 전파하여 말하되 천국이 가까이 왔다 하고 병든 자를 고치며 죽은 자를 살리며 나병 환자를 깨끗하게 하며 귀신을 쫓아내되 너희가 거저 받았으니 거저 주라

예수님은 제자들을 보내시며 천국이 가까이 왔음을 전파하라고 하셨

습니다. 천국이 얼마나 가까이 와 있습니까? 천국은 하늘나라의 임금이 있는 곳이요, 하늘나라 임금은 예수님입니다. 그 예수님께서 이 땅에 오셨으니 이미 천국이 예수님과 함께 이 땅에 와 있는 것입니다.

예수님이 유대 땅에 오심으로 유대 땅에 하늘나라가 임했습니다. 하늘나라 임금이 유대 땅에 계시니 그 땅에 하늘나라 역사가 임했습니다. 예수님이 가시는 곳마다 죄 용서함이 일어나고, 귀신이 쫓겨나고, 병이 낫고, 죽은 자가 살아나고, 배고픈 자가 먹고, 평안과 기쁨이 넘치는 하늘나라 역사가 일어났습니다.

예수님이 십자가에서 죽으시고 부활하신 후부터는 하늘나라가 우리 속에 들어와 있습니다. 성령님을 통하여 하늘나라 임금님이 우리 속에 오셔서 우리를 다스리고 우리 인생을 경영하십니다. 이러므로 여러분과 나는 '작은 천국' 입니다. 우리 속에 하늘나라 임금, 예수님이 들어와 계시고, 또 우리의 믿음과 순종을 통하여 주님이 우리를 다스리시고 경영하시므로 우리 자체가 하늘나라인 것입니다.

예수님이 "회개하라, 천국이 가까이 와 있다!" 고 하셨는데 이것은 천국이 우리 속에 근접해 있다는 정도가 아닙니다. 이제는 성령으로 말미암아 천국이 우리 속에 아예 임하여 있는 것입니다. 만일 주님 당시에 유대인들이 예수님을 왕으로 모시고 절대 믿고 순종했다면 유대인들에게 하나님의 큰 축복이 임하였을 것입니다. 그러나 유대인들은 예수님을 받아들이지 않고 믿지 않고 불순종하고 거역했습니다. 그 결과 로마에 의해 멸망당하고 말았습니다.

예수님을 믿는 사람들은 예수님을 임금으로 모셨으면 절대 복종하고 헌신하고 믿고 따라야만 합니다. 그래야 예수님이 우리의 임금님으로서 우리를 다스리고 경영하십니다. 하늘나라가 우리 속에 들어와 있으면 무슨 걱정이 있겠습니까? 세상 나라는 우리의 소원을 만족시켜 주지 못하지만, 하늘나라는 능치 못하심이 없는 임금이 다스리시므로 어려울 것이 없습니다. 아무리 우리나라가 경제적으로 어렵고, 우리 개인의 삶이 어렵다 할지라도 하늘나라 임금님에게 온전히 우리를 맡기고 믿고 순종하면 주님이 우리를 다스려 주십니다. 하늘과 땅의 모든 권세를 가지신 예수님이 우리와 같이 계시므로 우리가 두려워하거나 놀랄 이유가 없는 것입니다.

천국이 가까우면 천국의 증거가 나타납니다. 천국이 가까이 와 있으면 병든 자가 반드시 고침을 받아야 합니다. 해도 좋고 안 해도 좋은 것이 아닙니다. 천국이 성령으로 임하여 있으면 반드시 병이 나아야만 합니다. 또 천국이 오면 귀신이 쫓겨나야 합니다. 천국이 우리 가운데 임하여 있으면 회개하고 구원받는 역사가 일어나야 합니다. 회개하고 구원받고 귀신이 쫓겨 나가고 병 고침의 역사가 일어나지 않는다면 온전한 천국이 아닙니다. 그러므로 우리는 하나님이 사도 시대에 세우신 순복음으로 돌아가야만 합니다. 순수한 복음으로 돌아가서 기사와 이적으로 꽉 들어찬 천국의 속성이 우리 가운데 나타나도록 해야 합니다.

또한 본문을 보면 예수님께서는 "너희가 거저 받았으니 거저 주라"고 분부하셨습니다. 하늘나라는 장사하는 것이 아닙니다. 하늘나라 은사를 가지고 장사하려는 사람은 멸망합니다. 예수께서는 성전에서 장사하는 무리들의 상을 엎으시고 그들을 쫓아내셨습니다. 하늘나라를 빌미로 돈벌이하려는 짓은 결코 하지 말아야 합니다. 오늘날 어떤 사람들은 하늘나라를 이용해서 개인적으로 돈을 벌려고 하는데 참으로 채찍 맞을 일입니다. 그러한 사람은 결국 주님으로부터 내쫓김을 당합니다.

하늘나라는 언제나 헌신하고 드리는 것입니다. 우리는 몸 드리고 시간 드려 하늘나라의 일을 영광스럽게 해야 합니다. 하늘나라를 최고로 받들어야 합니다.

여러분, 마리아가 옥합을 깨뜨린 것을 보십시오. 오랜 세월 동안 어렵게 모아 놓은 기름, 시집갈 때 가져가려고 했던 그 귀한 기름 옥합을 예수님을 섬기기 위해서 미련 없이 깨뜨렸습니다. 그리고 그것을 예수님의 발에 아낌없이 부어드렸습니다. 그러자 탐욕이 가득한 가룟 유다가 그것이 아까워서 마리아를 꾸짖었습니다.

"그 기름을 팔아서 그 돈으로 가난한 사람을 도와 줄 것이지 어찌하여 이렇게 낭비하는 것이오?"

성경은 가룟 유다의 탐욕을 다음과 같이 기록하고 있습니다.

"이렇게 말함은 가난한 자들을 생각함이 아니요 그는 도둑이라 돈궤를 맡고 거기 넣는 것을 훔쳐 감이러라"(요 12:6).

가룟 유다의 질책에 대해 예수님은 이렇게 말씀하셨습니다.

"가만 두라 너희가 어찌하여 그를 괴롭게 하느냐 그가 내게 좋은 일을 하였느니라 가난한 자들은 항상 너희와 함께 있으니 아무 때라도 원하는 대로 도울 수 있거니와 나는 너희와 항상 함께 있지 아니하리라 그는 힘을 다하여 내 몸에 향유를 부어 내 장례를 미리 준비하였느니라 내가 진실로 너희에게 이르노니 온 천하에 어디서든지 복음이 전파되는 곳에는 이 여자가 행한 일도 말하여 그를 기억하리라"(막 14:6-9).

나는 이것을 '거룩한 낭비' 라고 말하고 싶습니다. 예수님을 영화롭게 하기 위해서는 아무리 낭비해도 괜찮습니다. 만왕의 왕, 만주의 주가 되시는 예수님께 무엇이 아깝습니까? 금과 은으로 영광 돌릴 수 있다면 얼마든지 해야 할 일입니다. 하나님을 영화롭게 하기 위해서 우주를 다 드린들 그것이 어찌 낭비가 됩니까?

사람을 위해서 하는 것이라면 낭비이지만 그리스도의 영광을 위해서 하는 것이라면 낭비가 아닙니다. 우리의 생명을 바쳐도 낭비가 아닙니다. 여러분, 예수님을 위해서 하는 것에는 아끼지 마십시오. 목숨을 내놓아도 아깝지 않습니다. 예수님의 일을 위해서 어떠한 일을 해도 그것은 낭비가 아닙니다.

오직 탐욕을 가진 사람들이 예수님을 위해서 하는 일을 꺼립니다. 자기 이익에 손해가 될까 봐 꺼리는 것입니다. 우리는 주님으로부터 모든 은총을 거저 받았습니다. 우리가 하나님의 은혜를 거저 받았으니 그 은혜를 나누어 줄 때는 역시 거저 주어야 합니다. 은사를 이용해서 돈을 모으려고 하는 일은 참으로 가증한 짓입니다. 하늘나라는 온전히 하나님의 은혜요, 은총의 선물임을 반드시 알아야 합니다.

9-10절 너희 전대에 금이나 은이나 동을 가지지 말고 여행을 위하여 배낭이나 두 벌 옷이나 신이나 지팡이를 가지지 말라 이는 일꾼이 자기의 먹을 것 받는 것이 마땅함이라

본문은 주의 종들에게 명령하신 말씀입니다. 주의 종이 하나님의 사업을 할 때는 주님이 모든 것을 돌보아 주십니다. 복음을 전하러 나가면 모든 것을 주님이 책임져 주시므로 전적으로 주님을 의지하고 나아가라는 말씀입니다. 그러므로 주의 종들은 전적으로 주님만을 의지하고 하나님 사업을 해야 합니다. 인간적인 노력으로 준비하고 의지할 것이 아

니라 하나님의 돌보심만을 의지해야 합니다.

하지만 우리가 일이나 사업을 할 때는 내 자신이 노력하고 준비하고 예비해야 합니다. 하나님께서는 우리가 직장도 갖지 않고 일도 하지 않으면서 입만 벌리고 있으라고는 말씀하지 않으셨습니다. 봄, 여름, 가을, 겨울을 예비해야 하고, 자녀들을 위해서 예비해야 합니다. 부모는 자녀를 위해서 예비하고, 자녀는 부모를 위해서 예비해야 합니다. 우리 하나님은 '야훼 이레' 곧 예비하시는 하나님이십니다. 그 하나님을 섬기는 우리 역시 모든 것을 예비할 줄 알아야 합니다.

성경은 "게으른 자여 개미에게 가서 그가 하는 것을 보고 지혜를 얻으라 개미는 두령도 없고 감독자도 없고 통치자도 없으되 먹을 것을 여름 동안에 예비하며 추수 때에 양식을 모으느니라"(잠 6:6-8)고 말씀합니다. 한낱 미물인 개미도 겨울을 나기위해 여름에 열심히 일하여 먹을 것을 예비합니다. 하물며 인간인 우리가 인생을 살면서 하나님을 믿고 의지하며 내 할 일을 열심히 함으로 미래를 예비하는 것이 마땅합니다. 그러나 복음을 증거하러 갈 때, 즉 하나님의 사명을 가지고 나아갈 때에는 온전히 주님만 의지하고 나아가야 합니다. 주님이 돌보아 주시겠다고 약속하셨습니다.

주인이 일꾼을 고용했으면 일꾼에게 의식주를 주는 것은 주인의 책임입니다. 하나님은 우리의 주인이십니다. 주인 되신 하나님께서 일꾼 된 우리를 복음 전하러 내보내실 때에는 '무엇을 먹을까, 무엇을 입을까?' 하는 문제를 다 책임져 주십니다.

오랜 세월 동안 목회를 해 본 사람은 이 말씀이 참이라는 것을 알 수 있습니다. 40여 년의 목회 생활을 돌아볼 때, 우리 교회가 부흥이 되어서 나에게 먹을 것과 쓸 것을 제공해 준 것은 한 15년 정도입니다. 전에 우리 교회가 불광동과 서대문에 있을 때, 그리고 여의도로 나왔을 때에도 나는 사례비를 받지 않았습니다. 교회 재정이 항상 모자라는 상태에서 계속해서 성전을 지어야 했고, 또 그 일은 내가 앞장서서 해야 했기 때문에 사례비를 받을 수 없었습니다.

그러나 하나님께서 이날까지 돌보아 주셨기 때문에 지금까지 살아서 복음을 전할 수 있습니다. 불광동 시절에는 풍족하지는 않아도 먹고살도록 돌보아 주셨습니다. 서대문에서 목회할 때에도 교회에서 사례비를 받지 않아도 늘 먹고살도록 하나님께서 돌보아 주셨습니다. 해외로 복음을 전하러 나갈 때도 마찬가지였습니다. 구라파나 미국에 약 두 달 정도의 기간을 잡고 가면서 2백 달러를 가지고 갔는데 이 돈으로 두 달을 지낸다는 것은 어림도 없었습니다. 그런데 하나님께서 희한하게 세 끼 밥을 다 먹을 수 있도록 해 주셨습니다. 미국이나 구라파에 내가 아는 사람이라고는 하나도 없는데도 와서 나의 먹을 것, 입을 것을 챙겨주는 사람들이 꼭 있었습니다. 물론 복음을 전하면서 고통도 많이 따랐지만 하나님께서는 절대로 나를 굶기거나 빈손으로 있게 하지 않으셨습니다.

본문에서 예수님은 "일꾼이 자기의 먹을 것 받는 것이 마땅하다."고 하셨습니다. 하나님께서는 당신의 종이 복음을 전할 때 그들의 먹을 것, 입을 것, 거할 곳을 책임져 주십니다. 하나님 사업을 하면 하나님이 먹여 주시는 것입니다.

11-13절 어떤 성이나 마을에 들어가든지 그중에 합당한 자를 찾아 내어 너희가 떠나기까지 거기서 머물라 또 그 집에 들어가면서

평안하기를 빌라 그 집이 이에 합당하면 너희 빈 평안이 거기 임할 것이요 만일 합당하지 아니하면 그 평안이 너희에게 돌아올 것이니라

요즈음은 복음 전하러 가면 호텔이나 모텔에 묵지만 예전에는 꿈도 꾸지 못했습니다. 주로 복음 전하러 가는 교회의 권사님이나 장로님 또는 집사님 집에 가서 일주일 동안 묵곤 하였는데 참으로 불편했습니다. 그 집의 집안 식구들까지 다 있으니 얼마나 불편한지 모릅니다. 제일 불편한 것은 화장실 가는 일이었습니다. 세수하고 목욕하는 것도 편치 않았습니다. 그러나 성경 말씀대로 하면, 이렇게 불편해도 한번 어느 집에 들어가게 되면 복음 증거하기를 마칠 때까지 그곳에 있어야 합니다.

노스웨스턴 대학의 총장이셨던 버터필드 목사님이 이 말씀과 관련하여 자신이 겪은 일을 말해 준 적이 있습니다. 버터필드 목사님이 어떤 교회의 부흥회에 강사로 초빙되어 그 교회의 한 성도님 집에 묵게 되었는데 매우 불편했습니다. 마침 다른 성도 한 분이 자신의 집은 넓고 지내기 편할 터이니 오라고 하였습니다. 그래서 그 집으로 옮기려고 마음을 먹었는데 성경을 읽다가 바로 이 구절을 읽게 되었습니다.

"어떤 성이나 마을에 들어가든지 그 중에 합당한 자를 찾아내어 너희가 떠나기까지 거기서 머물라".

목사님은 이 말씀이 마음에 걸려 할 수 없이 그 집에 그대로 머물렀습니다. 그런데 며칠 뒤에 자신이 옮겨가려던 그 집에 보건 당국이 와서 줄을 치는 것이었습니다. 왜 그런가 알아보니 그 집에서 장티푸스가 발생했다는 것입니다. 만약에 그 집에 들어갔더라면 몇 달 동안 꼼짝없이 갇혀 있을 뻔하였는데, 하나님의 말씀을 따라 순종한 덕에 그것을 면한 것

입니다. 그는 나에게 이 같은 경험을 말하면서 "참으로 하나님의 말씀은 하나님의 가장 완전한 지혜입니다."라고 고백했습니다.

주의 종은 하나님의 사자입니다. 하나님은 언제나 하나님의 사자인 주의 종을 통해서 축복을 하십니다. 그 옛날 이스라엘 백성이 출애굽한 뒤 홍해를 앞에 두고 애굽 군대의 추격을 받을 때 하나님께서는 홍해를 그냥 가르실 수 있었지만 모세의 지팡이를 통해서 갈랐습니다. 아말렉과 싸울 때에도 하나님이 직접 아말렉을 물리쳐 주실 수 있는데도, 모세의 기도를 통해 이스라엘 군대가 아말렉을 물리칠 수 있게 하셨습니다.

하나님은 주의 종의 입술을 통해서, 또 주의 종의 일어서고 앉는 것을 통해서 축복을 하십니다. 보이지 않는 하나님은 눈에 보이는 주의 종을 통해서 우리와 접촉을 하십니다. 하나님이 그들을 택하셔서 우리와의 접촉점으로 삼으시는 것입니다.

전기가 아무리 많아도 스위치를 통해서 접촉하지 않으면 전기가 들어오지 않는 것처럼 하나님의 능력은 주의 종을 통해서 나옵니다. 이 점에서 주의 종과 평신도가 다릅니다. 주의 종은 하나님께서 하나님의 능력의 접촉점으로 택하신 사람이지만 평신도는 그렇지 않습니다. 주의 종은 자원해서 되는 것이 아니라 하나님의 택하심으로 됩니다.

모세에게 들려져 있던 지팡이는 보잘것없는 마른 막대기였지만 그것을 통해서 하나님의 큰 기적과 역사가 일어났습니다. 아무 막대기나 자원해서 모세의 손에 들려진 것이 아닙니다. 그것은 하나님이 들려주신 막대기였습니다. 이처럼 주의 종은 바로 하나님의 손에 들린 마른 막대기입니다. 하나님이 원하셔서 택하신 막대기입니다.

사무엘상 24장 6절부터 7절을 보면 "내가 손을 들어 야훼의 기름 부음을 받은 내 주를 치는 것은 야훼께서 금하시는 것이니 그는 야훼의 기름 부음을 받은 자가 됨이니라 하고 다윗이 이 말로 자기 사람들을 금하여 사울을 해하지 못 하게 하니라" 고 기록되어 있습니다. 그러므로 혹 설교를 능숙하게 못한다 해도 하나님이 종으로 사용하는 이상 주의 종은 하나님의 사자로서 존경을 받아야 합니다.

예전에 저의 부모님이 출석하는 교회에서 분쟁이 생긴 일이 있었습니다. 나중에는 몇몇 제직들이 그 교회 목사님의 멱살을 잡고 강단에서 끌어내리는 일까지 벌어졌습니다. 사실 제가 보기에도 그 목사는 별 볼일 없는 사람이었습니다. 그러나 저는 미리 아버지께 당부를 드렸습니다.

"아버지는 어떤 일이든지 절대로 가담하지 마세요. 잘났든지 못났든지 주의 종은 하나님이 쓰시는 지팡이입니다. 그러므로 주의 종을 강단에서 끌어내리려 하면 주님의 팔을 때려야 합니다. 주님의 팔을 때리지 않고는 그 지팡이를 떨어뜨릴 수 없어요. 그러니 아버지는 차라리 그 교회를 떠나십시오. 절대로 주의 종과 다투지 마시고 차라리 떠나십시오."

저의 당부대로 저의 아버지는 그 교회를 떠나 다른 교회로 옮기셨습니다. 그리고 오래도록 건강하게 장수를 누리셨습니다. 하지만 그때 그 '별 볼일 없는 목사님' 의 멱살을 잡고 밀고 당겼던 사람들은 다 죽었습니다.

주의 종이 위대해서가 아닙니다. 주의 종을 사용하시는 하나님의 팔이 위대하기 때문입니다. 그러므로 주의 종을 끌어내리려고 하나님의 팔을 때리는 일을 하는 사람은 반드시 보응을 받습니다.

본문에 "그 집에 들어가면서 평안하기를 빌라" 고 하였는데, 주의 종이 들어가서 평안을 비는 집에는 반드시 평안이 옵니다. 평안을 비는 주의 종이 별 볼일 없는 사람이라 해도 그가 주님의 이름으로 평안을 빌면 평안이 그 집에 임합니다. 주님이 주의 종을 통해 평안을 주기 원하시기 때문에 주의 종이 사업장에 와서 축복 기도를 하면 그 사업장에 평안이 다가옵니다.

주의 종은 우리 눈에 보이지 않는 하나님의 대변자입니다. 주의 종이 가는 곳에는 하나님이 함께 가시기 때문에 주의 종을 통해서 하나님의 평안이 임하는 것입니다. 그러나 주의 종이 악하게 굴면 하나님이 그를 버리십니다. 주의 종의 일어섬이나 앉음은 주인에게 달려있습니다. 하나님은 주의 종을 엄중하게 다루십니다. 왜냐하면 주의 종의 하는 일이 하나님을 대변하는 일이므로 그가 잘못하면 하나님의 명예에 먹칠하기 때문입니다.

모세가 므리바 물가에서 백성들로 인해 격동되어 분을 내고 하나님의 영광을 가리운 연고로 하나님께서는 그를 가나안 땅에 들어가지 못 하게 하셨습니다. 결국 그는 가나안 문턱에서 그 땅에 들어가지 못하고 죽었습니다. 나 역시 목회를 해 오면서 잘못했을 때에는 하나님이 엄중하게 다루시는 것을 겪었습니다. 그럴 때마다 하나님은 나를 굉장히 꾸짖으시고 채찍으로 때리셨습니다.

주의 종이 하나님의 일을 잘못하면 하나님으로부터 버림받습니다. 무서운 일입니다. 그런데 이것은 하나님이 하실 일입니다. 주의 종을 엄중히 다루시는 것은 하나님이 알아서 하시는 일입니다. 평신도는 손댈 필요가 없습니다. 성도 여러분, 절대로 하나님의 기름 부음 받은 종에게 손대지 마십시오.

성경에 보면 다윗에게는 자기를 죽이려고 하는 사울을 몇 번이나 죽일 수 있는 기회가 있었습니다. 그러나 그는 "나는 주의 기름 부음받은 자에게 손을 대지 않겠다." 고 하였습니다. 다윗은 그만큼 하나님을 두려워하고 하나님의 주권을 존중했습니다. 그래서 하나님은 다윗을 크게 높여 주셨습니다. 반면 사울은 전쟁에 나가 적군의 손에 죽게 만들었습니다. 우리도 하나님을 공경한다면 하나님이 사용하시는 사람을 귀하게 여겨야 합니다. 그렇지 않으면 하나님을 무시하는 것이 됩니다.

또 본문을 보면 "그 집이 이에 합당하면 너희 빈 평안이 거기 임할 것이요 만일 합당하지 아니하면 그 평안이 너희에게 돌아올 것이니라" 고 하였습니다.

'합당하다' 는 것은 주의 종이 평안을 빌 때 그 집안 식구들이 다 믿음으로 주님을 받아들이고 영접하는 것을 뜻합니다. 그러한 집에는 주의 종을 통해 하나님의 평안이 임합니다. 반면에 '합당하지 아니하다' 는 것은 주의 종이 그 집에 가서 평안을 빌어도 집안 사람들이 거역하고 반역하는 경우를 말합니다. 그러면 평안의 축복은 그 집이 아니라 주의 종에게 돌아옵니다.

그러므로 우리는 주의 종이 집에 들어와서 예배드릴 때에는 극진히 받아들임으로 환영하고, 믿음으로 하나님의 축복을 받아들여야겠습니다. 그리할 때 주의 종이 비는 하나님의 축복이 우리의 집에 임하게 될 것입니다.

14-15절 누구든지 너희를 영접하지도 아니하고 너희 말을 듣지도 아니하거든 그 집이나 성에서 나가 너희 발의 먼지를 떨어 버리라 내가 진실로 너희에게 이르노니 심판 날에 소돔과 고모라 땅이 그 성보다 견디기 쉬우리라

본문에서 예수님은 당신의 제자들을 영접하지 않고 반발하는 사람이나 고을에 대해 "너희 발의 먼지를 떨어 버리라"고 하셨습니다. 이는 주의 종을 기분 나쁘게 했기 때문에 발의 먼지를 떨어 버리라는 것이 아닙니다. 떨어 버리는 분은 하나님이십니다. 주의 종이 가서 복음을 전하는데 영접도 아니하고 복음을 거부하는 자는 하나님이 버리시겠다는 것입니다.

하나님께 버림을 받으면 뿌리 뽑힌 나무와 같습니다. 뿌리 뽑힌 나무는 잠시는 살아있는 것 같아도 시간이 지나면 완전히 말라버립니다. 시골에서 밭을 맬 때 잡초를 뽑아 놓으면 잠시는 푸릇하지만 이내 말라버리고 맙니다. 하나님께서 저주하시면 그 당시는 괜찮은 것 같으나 반드시 곧 말라버립니다. 하나님이 축복해 주시면 기가 왕성해져서 살아나고, 하나님이 저주하시면 생기가 끊어지기 때문에 뿌리가 완전히 말라버리는 것입니다. 하나님이 일으키시는 백성은 흥하고 하나님이 저주하시는 백성은 망합니다.

그러므로 하나님을 반역하고 그리스도의 복음을 받아들이지 않으면 발의 먼지조차도 떨어 버리라고 한 것은 정말 무서운 일입니다. 주의 종이 찾아왔는데 그를 멸시하고 반역하는 사람은 희망이 없습니다. 우리는 하나님이 우리에게 복을 주실 때 감사하게 받아들이고, 겸허하게 하나님 앞에 엎드려서 경배해야 합니다. 절대로 거역하는 삶을 살아서는 안 됩니다. 하나님은 하나님의 말씀을 거역하고 반역하는 것을 가장 미워하십니다. 하나님이 말씀하실 때 겸허하게 받아들이고 믿고 순종해야 하나님께 복을 받습니다.

소돔과 고모라 땅은 하나님의 심판을 받은 땅입니다. 하나님은 당신의 외아들 예수님을 십자가에 내어 주시고, 그 생명으로 우리의 생명을 맞바꾸는 큰 사랑을 베푸셨습니다. 이는 구약 시대에는 감히 상상도 할 수 없었던 엄청난 일입니다. 그럼에도 불구하고 이 하나님의 사랑을 배반하는 자는 무시무시한 심판을 받습니다.

앞으로 지구상에 다가올 하나님의 심판은 참으로 몸서리칠만큼 두려운 것입니다. 하나님의 심판을 절대로 가볍게 생각하면 안 됩니다. 하나님은 그리스도를 배반한 이 세계와 주민들을 무섭게 심판하실 것입니다. "하나님을 믿을 바에는 내 주먹을 믿으라." 고 말하는 어리석은 사람이 있는데, 이 같은 말은 절대로 해서는 안 될 말입니다. 구원받은 사람에게는 말로 형언할 수 없는 하나님의 영광이 기다리고 있습니다. 그러나 구원받지 못하고 하나님을 반역한 사람은 형언 못할 심판을 받게 됩니다. 소돔과 고모라의 심판과는 비교할 수 없을 만큼 무서운 심판입니다.

그들은 7년 환난기에 무서운 심판을 당할 것이고, 그 이후에는 음부에 갇혀 있다가 천년 왕국의 끝, 백보좌 심판의 때에 모두 다 부활해서 최종적으로 불과 유황으로 타는 불못에 들어갑니다. 그리고 그 속에서 영원히 그 영이 고통을 당하게 될 것입니다.

정말 몸서리쳐지는 일이 아닙니까? 그러므로 우리가 예수를 믿고 구원을 받았으면 끝까지 이 구원을 붙잡아야 합니다. 또한 열심을 내어 주님을 섬겨야 합니다. 이것을 등한히 하면 큰일 납니다. 짐승은 죽으면 그만이지만 사람은 죽어도 없어지지 않습니다. 육신의 장막 집을 벗어 버린다고 해서 그 영혼마저 없어지는 것이 아닙니다. 사람은 하나님의 형상과 모양대로 지음 받은 피조물이기 때문에 영을 가지고 있습니다. 영체가 현재 육체를 입고 살고 있는 것입니다.

장갑을 끼고 있다가 벗으면 장갑이 손 모양 그대로 남아 있습니다. 그래도 장갑은 껍데기이고 알맹이는 빠져나와 있습니다. 현재 우리는 우리의 영이 육체를 장갑 끼고 살고 있는 것입니다. 영체가 참입니다. 육체는 영체가 입고 입는 형상입니다. 하나님의 사랑을 거역한 사람은 그 영체가 영원히 불과 유황으로 타는 못에 들어가서 고통을 받을 것인데 그 고통을 어떻게 감당하겠습니까? 정말로 무서운 일입니다. 차라리 태어나지 않았더라면 좋았을 것입니다.

그러므로 사람으로 태어난 이상 예수 믿고 구원을 받아야 합니다. 지금 우리가 이렇게 예수님을 믿고 하나님의 사랑을 받으며 사는 것이 얼마나 큰 축복인지 알 수 없습니다. 우리는 날마다 이 은혜를 감사하며 하나님께 찬송으로 영광 돌려야 하겠습니다.

3. 뱀처럼 지혜롭게, 비둘기처럼 순결하게
(10:16-23)

16. 보라 내가 너희를 보냄이 양을 이리 가운데로 보냄과 같도다 그
러므로 너희는 뱀같이 지혜롭고 비둘기같이 순결하라 17.사람들을
삼가라 그들이 너희를 공회에 넘겨주겠고 그들의 회당에서 채찍질
하리라 18. 또 너희가 나로 말미암아 총독들과 임금들 앞에 끌려 가
리니 이는 그들과 이방인들에게 증거가 되게 하려 하심이라 19. 너

희를 넘겨줄 때에 어떻게 또는 무엇을 말할까 염려하지 말라 그때에 너희에게 할 말을 주시리니 20. 말하는 이는 너희가 아니라 너희 속에서 말씀하시는 이 곧 너희 아버지의 성령이시니라 21. 장차 형제가 형제를, 아버지가 자식을 죽는 데에 내주며 자식들이 부모를 대적하여 죽게 하리라 22. 또 너희가 내 이름으로 말미암아 모든 사람에게 미움을 받을 것이나 끝까지 견디는 자는 구원을 얻으리라 23. 이 동네에서 너희를 박해하거든 저 동네로 피하라 내가 진실로 너희에게 이르노니 이스라엘의 모든 동네를 다 다니지 못하여서 인자가 오리라

16절 보라 내가 너희를 보냄이 양을 이리 가운데로 보냄과 같도다 그러므로 너희는 뱀같이 지혜롭고 비둘기같이 순결하라

예수님께서는 제자들을 세상에 복음을 전파하도록 내보내시면서 "내가 너희를 보냄이 양을 이리 가운데로 보냄과 같도다"라고 하셨습니다.

양은 자신을 보호할 수 있는 무기가 없습니다. 날카로운 발톱도, 사나운 이빨도, 무시무시한 뿔도 없습니다. 양은 주인이 돌봐주지 않으면 결코 자기 혼자서는 살아남지 못합니다. 그렇기 때문에 양에게는 반드시 목자가 필요합니다. 사자나 곰이나 이리 같은 맹수에게는 보호자가 필요 없습니다. 그것들은 사나운 발톱과 이빨, 강한 힘을 가지고 있기 때문에 자기를 스스로 돌볼 수 있습니다. 그러나 양은 사자가 물어 가면 물려 가고, 곰이 찢으면 찢깁니다. 자기 스스로를 방어할 힘이 없습니다.

그런데 이렇게 연약하지만 양이야말로 가장 안전하고 편안하게 삽니다. 양은 목자의 보호 아래 낮에는 들에서 안전하게 풀을 뜯어먹고, 밤에는 안전한 우리 속에서 잠을 잡니다. 오히려 사나운 짐승일수록 사나운

곳에 삽니다. 사자나 이리나 곰은 높은 산이나 절벽 위에 삽니다. 우리도 주님 앞에서 양이 되면 될수록 주님의 보호를 받고 살고, 반대로 사나우면 사나울수록 주님과 멀리 떨어져 험하게 인생을 살아야 합니다.

주님은 제자들을 양으로 보시고 세상 사람들을 이리로 보셨습니다. 탐욕으로 말미암아 물고 찢고 뜯고 싸우는 세상 사람들을 이리처럼 보신 것입니다. 이 세상의 모든 것은 전부 탐욕입니다. 육신의 정욕과 안목의 정욕과 이생의 자랑입니다. 이 세상 사람들은 모두 다 마음에 욕심을 가지고 있습니다. 세상 사람들의 인간 관계를 보면 그 기본이 탐욕과 이기주의입니다. 탐욕이 맞으면 합쳐지고 안 맞으면 떨어지는 이합집산(離合集散)입니다.

그래서 주님은 탐욕으로 꽉 들어찬 세상 속으로 당신의 사도들을 보냄이 어린 양을 이리 떼 가운데로 보냄과 같다고 하시면서 "뱀같이 지혜롭고 비둘기같이 순결하라" 고 당부하셨습니다. 뱀은 사탄을 상징합니다. 그런데 '뱀같이 지혜롭다' 는 말씀은 무엇입니까? 뱀은 신중함과 분별력이 유별난 동물입니다. 뱀은 자기가 위험에 처할 때 신속하게 빠져나갈 줄 압니다. 여러분, 세상 사람들은 이해 문제에 부딪칠 때 '내게 손해가 될까, 이익이 될까?' 를 항상 머리 속으로 계산합니다. 그러므로 뱀같이 지혜로우라고 하는 것은 어리석게 행동하거나 말하지 말라는 것입니다.

이처럼 복음을 전파할 때에도 이 일이 하나님 나라에 손해가 되느냐, 이익이 되느냐를 반드시 따지고 나아가야 합니다. 하늘나라의 일에 대해 이 세상 사람들이 마치 뱀같이 자기 유익을 위해 이해상관에 서서 행하는 것처럼 우리도 하늘나라에 이익이 되는 것에는 전력을 기울이고, 하늘나라에 손해가 되는 일은 절대로 피해야 합니다.

집에서 가정생활을 할 때도 뱀같이 지혜롭게 해야 합니다. 예컨대 남편이 완강하게 십일조 드리는 것을 반대하는데 부인이 십일조 봉투를 가지고 남편에게 가서 "나 십일조 드려요." 한다면 그 결과가 과연 어떻겠습니까? 그렇게 하는 사람은 어리석은 사람입니다. 오히려 때가 이르기까지, 즉 남편의 마음이 변화될 때까지 십일조하는 사실을 알리지 않는 것이 지혜로운 것입니다.

"그렇게 하면 거짓말하는 것이 되지 않아요?" 라고 묻는 사람이 있을 것입니다. 성경 여호수아 2장을 보십시오. 가나안 땅에 들어온 이스라엘은 여리고 성을 공격하기 전에 두 사람의 정탐꾼을 그 성 안으로 보내었습니다. 그들은 여리고 성의 기생 라합의 집에 들어가 묵었는데, 여리고 왕에게 이 사실이 알려졌습니다. 여리고 왕은 라합의 집으로 경찰을 보냈습니다.

"라합아, 어젯밤에 너희 집에 와서 묵은 자들은 이스라엘 간첩들이다. 그 자들이 어디에 있느냐? 당장 그 자들을 끌어내라."

라합이 이 명령에 대해 어떻게 말했습니까?

"간첩이라구요? 어제 분명히 우리 집에 왔어요. 저는 그 사람들이 간첩인줄 정말 몰랐어요. 분명히 오긴 했는데 어제 해질 때 성 밖으로 나갔어요. 빨리 따라가 보세요. 잡을 수 있을지 몰라요."

라합은 이스라엘 정탐꾼을 숨겨주기 위해 자기 정부에 거짓말을 했습니다. 라합은 이미 정탐꾼 두 사람을 자기 집 지붕에 숨겨놓고 삼대로 감쪽같이 위장해 놓았던 것입니다. 경찰이 자신의 말을 듣고 급히 나가자, 라합은 이스라엘 정탐꾼이 숨어 있는 곳으로 가서 말했습니다.

"나는 이스라엘의 하나님이 위대하신 하나님이신 것을 믿습니다. 내게 맹세해 주세요. 당신들이 무사히 이스라엘 진영에 돌아가거든 나와 우리 식구들이 해를 받지 않게 해 주세요. 우리의 생명과 재산을 보호해 주세요."

정탐꾼들은 라합에게 약속했습니다.

"걱정 마시오. 우리가 여리고 성을 쳐들어올 때 당신과 당신의 식구들이 보호받게 해 주리다. 당신의 집 창문에 붉은 줄을 매달아 놓으시오. 그러면 당신과 식구들이 보호를 받을 것이오."

라합의 집은 성벽 위에 지은 집이었기 때문에 정탐꾼들은 라합이 창문을 통해 내려준 밧줄을 타고 무사히 이스라엘 진영으로 돌아갔습니다. 마침내 이스라엘이 여리고 성을 쳐들어와 점령할 때 여리고 성의 모든 사람이 다 진멸되었지만, 라합과 그의 가족은 아무도 해를 받지 않았습니다. 재산도 안전했습니다.

라합은 믿음을 가지고 거짓말을 했기 때문에 자신과 온 가족이 다 살아남을 수 있었습니다. 라합은 세상 정부에 대해서는 거짓말을 했지만 하늘나라를 위해서는 참말을 했습니다.

우리는 하늘나라에 대해 진실하기 위해서 세상나라에 대해서 거짓말을 해야 될 때가 있습니다. 기생 라합이 정탐꾼을 숨기고 여리고 병사들에게 거짓말을 한 것처럼 해야 될 경우가 있는 것입니다. 이것이 뱀같이 지혜로운 행동입니다. 기생 라합이 뱀같이 지혜로웠기 때문에 여리고 성이 멸망할 때 라합은 물론 그의 온 가족들이 다 살아 남았습니다.

우리는 세상의 이해가 아니라 하늘나라의 이해를 먼저 생각하고 세상나라에 대해 뱀같이 지혜롭고 슬기롭게 대처해야 할 것입니다.

17-20절 사람들을 삼가라 그들이 너희를 공회에 넘겨주겠고 그들의 회당에서 채찍질하리라 또 너희가 나로 말미암아 총독들과 임금들 앞에 끌려 가리니 이는 그들과 이방인들에게 증거가 되게 하려 하심이라 너희를 넘겨줄 때에 어떻게 또는 무엇을 말할까 염려하지 말라 그때에 너희에게 할 말을 주시리니 말하는 이는 너희가 아니라 너희 속에서 말씀하시는 이 곧 너희 아버지의 성령이시니라

처음 기독교 신앙이 들어간 나라치고 박해가 일어나지 않은 경우가 없습니다. 기독교는 순교의 종교입니다. 그 피가 하늘에서 부르짖습니다. 복음이 들어가는 나라마다 처음 그리스도를 믿은 사람들은 순교를 당하고 피를 흘렸습니다. 그 피의 값으로 복음이 전파되었습니다.

우리나라도 예외가 아닙니다. 가톨릭이 처음 들어왔을 때 절두산에서 3천여 명의 신자들이 목을 베이고 한강에 던져지는 순교를 당했습니다. 그뿐입니까? 일정 36년의 기간 동안 수많은 크리스천들이 일제에 의해 순교를 당했습니다. 6·25 전쟁 때는 공산당에 의해 잔혹하게 순교를 당했습니다.

오늘날 우리 믿는 자들은 앞서 간 순교자들의 핏값으로 인해 평안을 누리며 하나님의 복을 받고 있습니다. 생각해 보면, 우리는 너무나 편안하고 좋은 상황에서 신앙생활을 하고 있습니다. 순교자의 상급은 받지 못해도 그 얼마나 편안하게 신앙생활을 하고 있습니까?

본문을 보면 "너희를 넘겨줄 때에 어떻게 또는 무엇을 말할까 염려하지 말라 그때에 너희에게 할 말을 주시리니 말하는 이는 너희가 아니라 너희 속에서 말씀하시는 이 곧 너희 아버지의 성령이시니라" 고 하였습

니다.

나는 이 사실을 오랜 세월 목회를 하면서 참 많이 체험했습니다. 특히 설교를 하다 보면 준비하지 않은 말들이 머릿속에서 마치 전구 불빛처럼 생각이 납니다. 기도를 많이 하고 성령 충만한 상태에서 강단에 서면 내가 전혀 생각하지도 않고 계획하지도 않은 말이 머릿속에 막 들어옵니다. 나는 그것을 내가 계획한 설교 사이에 넣어서 전합니다.

'아, 이것은 내 생각이 아니고 성령이 말씀하시는 것이다. 지금 성령이 말씀하시기를 원한다. 지금 이 말씀이 필요한 사람이 있다.'

내가 설교하는 중간 중간에 성령께서 이같은 생각을 넣어 주시면 어김없이 말합니다. 옛날에 나도 잘 모를 때에는 그러한 생각을 다 눌러 버렸습니다. 내가 계획한 설교만 했습니다. 그러나 이제는 그렇지 않습니다. 언제 성령님이 말씀하실지 모르기 때문에 마음에 깊이 관심을 가지고 말씀을 선포하다가 내 속에 성령의 생각이 들어오면 그대로 말합니다.

우리 예수 믿는 사람들에게는 성령이 함께 계시지 않습니까? 성령님은 우리를 고아와 같이 버려두시지 않습니다. 우리의 일상생활도 마찬가지입니다. 우리가 성령님을 인정하고 환영하고 모셔 들이고 성령님과 함께 살면 성령님이 우리의 모든 삶에 간섭하여 주십니다. 어떤 중요한 일을 계획할 때나 심방하려고 할 때에 성령의 생각을 넣어 주십니다. 어떤 말을 하려고 할 때에도 성령의 생각을 넣어 주십니다.

우리는 성령님이 우리의 연약함을 돕기 위해서 와 계시다는 것을 알아야 합니다. 우리가 깊이 기도하고 늘 성령과 교통하며 성령의 도우심을 늘 간구하면 성령이 우리의 상상을 초월해서 우리 마음속에 들어와 역사하시는 것입니다. 갑자기 꿈이 오고, 환상이 오고, 계시가 오는 그런 것이 아니라 우리 일상의 삶 속에서 자연스럽게 성령이 하나님의 생각을 우리에게 넣어 주십니다. 내가 생각하는 줄로 알지만 사실은 성령을 통해서 다른 생각이 우리 속에 들어오는 것입니다.

주님은 분명히 말씀하셨습니다.

"내가 너희를 고아와 같이 버려두지 않겠다."

우리는 고아가 아닙니다. 항상 성령님이 함께 계십니다. 그러므로 여러분은 항상 성령님을 인정하고 환영하고 모셔 들이고 의지하십시오. 성령님의 도우심을 구하십시오. 그러면 분명히 성령께서 생각을 통하여 여러분의 삶을 인도해 주십니다. 여러분이 도저히 생각하지 못한 것을 통해 인도해 주십니다.

21-23절 장차 형제가 형제를, 아버지가 자식을 죽는 데에 내주며 자식들이 부모를 대적하여 죽게 하리라 또 너희가 내 이름으로 말미암아 모든 사람에게 미움을 받을 것이나 끝까지 견디는 자는 구원을 얻으리라 이 동네에서 너희를 박해하거든 저 동네로 피하라 내가 진실로 너희에게 이르노니 이스라엘의 모든 동네를 다 다니지 못하여서 인자가 오리라

'피는 물보다 진하다' 고 합니다. 그러나 이것도 사상이 들어오면 달라집니다. 사상이 들어오면 부모 자식 간에도 달라집니다. 형제는 말할 것도 없습니다. 예수 믿는 신앙에는 죽느냐, 사느냐의 운명적인 문제가 달려 있습니다. 그래서 신앙이 들어오면 부모 자식 간에도, 형제간에도 '믿지 말라' , '우상에게 절하라' , '다른 종교를 믿으라' 하면서 무서운 투쟁

이 일어납니다.

신앙이라는 것은 무시무시합니다. 그것은 죽기 아니면 살기입니다. 왜냐하면 영생 영사의 운명이 달려있기 때문입니다. 예수 그리스도가 들어오면 극단적으로 아비가 자식을, 자식이 아비를 죽는 데 내어 주는 일도 일어납니다.

실제적으로 공산주의는 믿는 사람들을 수없이 죽였습니다. 북한에서는 부부간에도 서로 감시대상입니다. 부부간에도 예수 믿는 사람을 고발해서 죽게 하는 일이 벌어집니다. 그래서 부부간에도 서로 믿지 못합니다. 신앙 가진 것을 알지 못 하게 해야 합니다. 자식이 부모를 고발하면 영웅 취급을 받습니다. 사상이나 신앙이 들어오면 혈연은 아무것도 아닌 것이 되어 버리는 것입니다.

우리는 우리나라와 같은 환경에서 예수님을 믿는 것을 굉장히 감사해야 합니다. 우리나라는 기독교가 정착되어 있고 전 국민의 25%가 예수님을 믿는 사람들입니다. 현재 우리는 얼마나 평안하게 신앙생활을 하고 있습니까? 북한에서는 예수님을 믿는다고 하면 공개적으로 재판을 해서 처형하지 않습니까? 중국도 나을 것이 없습니다. 중국도 해방되었다고 하지만 모든 교회가 지하에서 예배를 드리고 있습니다. 만일 발각되었다 하면 선교사는 추방을 당하고 믿는 사람들은 감옥에 들어갑니다. 회교국가인 인도네시아에서는 마호메트 교도들이 교회를 불태우고 주의 종들을 죽입니다. 파키스탄 같은 곳에서는 기독교인 마을 전체를 불태워 버렸습니다. 사우디아라비아 같은 나라에서는 예수 믿으면 사형을 당합니다.

이처럼 세계 처처에 예수님을 믿는다는 이유로 재산을 빼앗기고 목숨까지 빼앗기는 고난을 당하면서 어렵게 믿음 생활을 하는 사람들이 많습니다. 거기에 비하면 우리는 평화로운 하늘 밑에서 너무나 편하고 쉽게 믿음 생활을 하고 있는 것입니다. 제가 세계 여러 곳을 다녀봐도 우리나라만큼 믿음 생활하기에 좋은 곳이 없습니다. 그러므로 교회는 합심하여 나라를 위해 기도해야 합니다. 법과 질서를 지키는 일에, 자연을 보호하는 일에 앞장서서 힘을 다해야 합니다.

본문을 보면 "이 동네에서 너희를 박해하거든 저 동네로 피하라" 고 말씀하고 있습니다. 예수님은 우리에게 자원해서 순교하라고 말씀하시지 않았습니다. 이 동네에서 복음을 전하다가 박해를 받으면 저 동네로 피신하고, 또 거기서 박해가 일어나면 다른 동네로 옮기라고 말씀하셨습니다. 잡혀서 어쩔 수 없이 순교를 하게 되면 몰라도 일부러는 하지 말라는 것입니다. 살아서 복음을 전해야 합니다.

물론 우리 예수 믿는 사람이 괜히 박해받을 일을 해서는 안 됩니다. 복음을 전한다는 명목으로 상식에 벗어나고 법을 어기는 일을 하지 말아야 합니다. 예수 믿는 사람으로서 모든 일에 본이 되면서 복음을 전해야 합니다. 예컨대 새벽에 일어나서 기도한다고 소리를 질러서 동네 사람들을 다 깨우는 일을 한다거나 무례하고 몰상식한 행동을 보이면 안 됩니다. 이웃 사람들에게 덕을 세우면서 복음을 전해야 그들이 복음을 받아들입니다.

그러므로 박해나 순교를 사서 당하지 마십시오. 주님의 뜻이 아닙니다. 할 수 있으면 사람들과 부딪치지 말고 화평한 가운데 복음을 전해야 합니다.

또한 본문에서 "이스라엘의 모든 동네를 다 다니지 못하여서 인자가

오리라" 고 하였는데, 여기서 이스라엘은 육적인 이스라엘을 말하는 것이 아니고 영적 이스라엘인 하나님의 백성을 말하는 것입니다. 영적인 이스라엘을 구하기 위해서 복음이 땅 끝까지 다 전파되어야 하는데 주께서는 그것이 다 이루어지기 전에 오신다는 것입니다.

4. 참으로 두려워할 분이 누구인가?(10:24-33)

**24. 제자가 그 선생보다, 또는 종이 그 상전보다 높지 못하나니 25.
제자가 그 선생 같고 종이 그 상전 같으면 족하도다 집 주인을 바알
세불이라 하였거든 하물며 그 집 사람들이랴 26. 그런즉 그들을 두
려워하지 말라 감추인 것이 드러나지 않을 것이 없고 숨은 것이 알려
지지 않을 것이 없느니라 27. 내가 너희에게 어두운 데서 이르는 것
을 광명한 데서 말하며 너희가 귓속말로 듣는 것을 집 위에서 전파하
라 28. 몸은 죽여도 영혼은 능히 죽이지 못 하는 자들을 두려워하지
말고 오직 몸과 영혼을 능히 지옥에 멸하실 수 있는 이를 두려워하라
29. 참새 두 마리가 한 앗사리온에 팔리지 않느냐 그러나 너희 아버
지께서 허락하지 아니하시면 그 하나도 땅에 떨어지지 아니하리라
30. 너희에게는 머리털까지 다 세신 바 되었나니 31. 두려워하지 말
라 너희는 많은 참새보다 귀하니라 32. 누구든지 사람 앞에서 나를
시인하면 나도 하늘에 계신 내 아버지 앞에서 그를 시인할 것이요
33. 누구든지 사람 앞에서 나를 부인하면 나도 하늘에 계신 내 아버
지 앞에서 그를 부인하리라**

24-26절 제자가 그 선생보다, 또는 종이 그 상전보다 높지 못하나니 제자가 그 선생 같고 종이 그 상전 같으면 족하도다 집 주인을 바알세불이라 하였거든 하물며 그 집 사람들이랴 그런즉 그들을 두려워하지 말라 감추인 것이 드러나지 않을 것이 없고 숨은 것이 알려지지 않을 것이 없느니라

제자가 선생보다, 종이 상전보다 높지 못하다는 것은 사실입니다. 제자는 선생보다 모자라므로 선생에게서 배우고자 합니다. 그러나 요즘 우리의 세태를 보면 선생과 제자의 관계가 많이 무너져 버렸습니다. 예전에는 "스승의 그림자도 밟지 않는다." 고 했는데, 오늘날은 선생에 대한 사회적, 도덕적 존경심이 땅에 떨어지고 말았습니다. 이는 선생이 월급쟁이로 전락해 버리고 선생답지 못 하게 되었기 때문입니다. 물질에 대한 탐욕으로 인해 사도(師道)를 잃었기에 선생에 대한 존경심이 땅에 떨어지고 만 것입니다. 요사이는 존경받을 만한 선생도 드물고, 선생을 닮으려고 하는 학생도 드뭅니다.

그러나 여전히 지적으로나 도덕적으로 존경받을 만한 선생에 대해서는 제자들이 그 모습을 닮으려고 합니다. 분명히 제자와 선생과는 차이가 있고, 종과 상전도 차이가 있습니다. 제자가 선생처럼 대접을 받고 종이 상전처럼 대접을 받는다면 아주 만족스러운 것입니다.

본문에서 예수님은 "집 주인을 바알세불이라 하였거든 하물며 그 집 사람들이랴" 고 말씀하셨습니다. 제자가 선생처럼 되고, 종이 상전처럼 되었으면 박해도 같이 받는다는 것입니다. 주인 된 예수님을 보고 바알세불, 즉 마귀의 왕에게 잡혔다고 했는데 하물며 제자들이야 바알세불에게 잡혔다는 말을 듣는 것이 당연하다는 말씀입니다.

주님은 '제자인 너희에게 그와 같은 박해를 하는 것은 뒤집어 생각하면 주인만큼 그 지위가 높아졌음을 인정하는 것' 이라고 말씀하신 것입니다. 그러므로 슬프게 생각하지 말고 오히려 기쁘게 생각해야 합니다.

박해하는 자들이 "너는 네 주인과 상관이 없다. 괜찮다."라고 하면 그는 예수님의 참 제자가 아닙니다. 그들이 박해를 할 때 "너도 네 주인과 똑같다."라고 하면 '나도 그리스도와 같이 되었구나.' 하고 기뻐할 수 있는 것입니다.

오늘 우리도 그렇습니다. 예수님 믿는 것 때문에 박해를 받으면 우리는 그리스도의 제자입니다. 그러므로 비난하는 사람을 두려워하지 말아야 합니다. 이 땅에 사는 동안 모든 일이 다 드러나는 것은 아닙니다. 이 땅에서 미궁 상태에 빠진 범죄 사건이 얼마나 많습니까? 그렇다고 영원히 미해결로 남아 있지는 않습니다. 하나님은 다 보고 계시기 때문입니다. 심판의 날, 주님 앞에서는 하나도 감출 수 없습니다.

귀신에게 잡힌 것이 아님을 뻔히 알면서도 독한 시기와 질투 때문에 예수님과 제자들을 바알세불이 지폈다고 참소한 그들의 거짓은 영원히 감춰지지 않습니다. 그들의 악한 마음의 동기가 영원히 감춰질 수 없습니다. 그들의 악한 마음은 심판 날에 하나님 앞에서 다 드러나 거기에 상응하는 꾸짖음을 듣고 판단을 받을 것입니다.

이 땅에 사는 사람들은 많은 것을 감춥니다. 때로 이 땅에서는 감쪽같이 감추어지기도 합니다. 하지만 하나님 앞에서는 감추어지지 않습니다. 그 날에는 백일하에 모든 것이 드러나게 될 것입니다. 주님 앞에 서면 한 사람 한 사람이 자기 속에 있던 것을 자기 입으로 다 말하게 됩니다. 요즈음은 목소리와 행위를 비디오로 녹화해서 재현할 수 있습니다. 우리의 뇌 조직 속에는 우리 일생의 생각과 말과 행동이 하나도 남김없이 다 기록되어 있습니다. 누구든지 하나님 앞에 서면 자신의 일을 스스로 모두 말하게 되어 있습니다.

우리의 죄는 그리스도의 보혈로 씻지 않으면 지워지지 않습니다. 예수님의 보혈로 씻지 않은 것은 다 녹화되어 있습니다. 그러나 그 어떤 기록도 예수님의 보혈로 씻으면 깨끗이 지워져 버립니다. 하나님은 그렇게 지워진 것에 대해서는 기억도 하지 않으십니다. 예수님의 보혈의 능력은 그렇게 위대합니다.

27-28절 내가 너희에게 어두운 데서 이르는 것을 광명한 데서 말하며 너희가 귓속말로 듣는 것을 집 위에서 전파하라 몸은 죽여도 영혼은 능히 죽이지 못 하는 자들을 두려워하지 말고 오직 몸과 영혼을 능히 지옥에 멸하실 수 있는 이를 두려워하라

예수님은 "어두운 데서 이르는 것을 광명한 데서 말하며 너희가 귓속말로 듣는 것을 집 위에서 전파하라"고 말씀하셨습니다. 이 말씀은 개인적으로 들은 복음을 모든 사람 앞에서 전하라는 것입니다. 내가 설교를 준비하면서 기도할 때 하나님께서 내 귀에 "이것을 전하라." 하시면 나는 그 말씀을 광명한 주일날 강단 위에서 성도 여러분에게 전파합니다. 이 말씀은 무궁화 위성을 통하여 우리 교회뿐 아니라 전국에, 나아가 세계에 전파됩니다. 또한 인터넷, 녹음 테이프, 비디오 등을 통해서 온 세계의 수많은 사람들이 나의 설교를 듣고 봅니다.

여러분, 강단에서 말씀을 전한다는 것이 얼마나 무서운 일인지 모릅니다. 말 한 번 잘못하면 위성을 통해서 온 세계로 다 나가고 그 말은 다시

주워 담을 수 없기 때문입니다. 녹음기나 비디오가 없으면 자기가 말했어도 나중에 아니라고 하면 증거가 없기 때문에 넘어갈 수 있습니다. 그러나 요즈음 같은 시대에는 핑계하거나 부인할 수 없습니다.

복음은 하나님께서 성령을 통하여 우리에게 비밀로 말씀해 주신 것입니다. 하나님께서 고요하게, 잠잠하게 말씀해 주신 것이라 할지라도 우리는 대중 앞에서 그 복음을 전파해야만 합니다. 우리는 복음을 전파할 의무와 사명을 가지고 있습니다.

예수 믿는 한 사람 한 사람은 하늘나라 방송국입니다. 방송국이 잠잠하다는 것은 안될 일입니다. 믿는 자들의 방송국을 통해서 믿지 않는 자들에게, 그들이 듣든지 아니 듣든지 복음을 전파해야 합니다. 성령께서 말씀하시는 것을 실시간으로 전파해야만 하는 것입니다. 그 방송을 들은 사람이 하나님이 택하신 사람이라면 복음을 받아들일 것이고, 그렇지 않으면 배척할 것입니다. 전도는 우리가 할 일이고, 구원은 보혜사 성령님이 알아서 하실 일입니다.

예수님은 또한 "몸은 죽여도 영혼은 능히 죽이지 못 하는 자들을 두려워하지 말고 오직 몸과 영혼을 능히 지옥에 멸하실 수 있는 이를 두려워하라" 고 하셨습니다.

성경 요한복음 19장 30절을 보면 예수께서 십자가 위에서 모진 고통을 당하시고 "다 이루었다" 하시고 호흡을 그치니 '영혼이 떠나가시니라' 고 기록하고 있습니다.

우리는 영이신 하나님의 형상과 모양대로 지음 받았기 때문에 영적 존재입니다. 우리의 영이 혼과 더불어 우리 육체 속에 살고 있습니다. 영은 하나님과 교통하고, 혼은 내 자신과 그리고 세상과 교통합니다. 우리의 몸이 죽는다고 해서 영혼도 같이 죽는 것이 아닙니다. 영은 그대로 존재합니다. 그러다가 사람이 숨을 멈추면 영혼이 육체로부터 떠나갑니다. 육체에서 생기가 떠나면 영혼이 떠나는 것입니다. 우리 눈에 보이지 않는 영혼은 몸에서 빠져나오면 눈 깜박할 사이에 천국으로 올라갑니다.

공기나 전파는 눈에 보이지 않아도 분명히 존재합니다. 이처럼 영혼도 우리 눈에는 보이지 않지만 분명히 존재하는 것입니다. 그러므로 몸은 죽여도 영혼은 능히 죽이지 못 하는 자를 두려워하지 말고 몸뿐 아니라 영혼까지도 능히 죽일 수 있는 하나님을 두려워해야 합니다.

몸도 죽고, 영혼도 지옥의 구렁텅이에 빠지는 것이 얼마나 무서운 일인가는 상상할 수조차 없습니다. 지옥은 우리가 상상하는 것보다 훨씬 더 무서울 것입니다. 마가복음 9장 49절을 보면 사람이 지옥에 가면 '불로써 소금 치듯 함을 받으리라' 고 하였습니다.

시골에서는 추어탕을 끓이려고 하면 논에 통발을 대어 미꾸라지를 잡아옵니다. 잡아온 미꾸라지를 그릇에 담고 호박잎을 따서 그것으로 휘저으면 미끌미끌한 것이 다 떨어져 나갑니다. 거기에다 소금을 치면 미꾸라지가 팔팔 뜁니다. 그 고통이 얼마나 크겠습니까? 나는 '소금 치듯 함을 받으리라' 는 말씀만 들으면 미꾸라지 생각이 납니다. 지옥에 들어가서 불로 소금을 치는 것 같은 고통을 영원히 받는 것보다는 차라리 태어나지 않는 것이 더 낫습니다.

여러분, 우리가 예수님 믿는 것이 얼마나 다행스럽고 감사한 일인지 모릅니다. 지금 이 땅에 있는 동안은 심상하게 생각되어도 나중에 '그날'이 다가오면 우리가 얼마나 두렵고 무서운 운명에서부터 피했는지를 알게 될 것입니다.

29-31절 참새 두 마리가 한 앗사리온에 팔리지 않느냐 그러나 너희 아버지께서 허락하지 아니하시면 그 하나도 땅에 떨어지지 아니하리라 너희에게는 머리털까지 다 세신 바 되었나니 두려워하지 말라 너희는 많은 참새보다 귀하니라

본문에 참새 두 마리가 한 앗사리온에 팔린다고 했는데 원래는 참새 한 마리 값이 한 앗사리온입니다. 당시 참새 한 마리를 사면 덤으로 한 마리를 더 주었기 때문에 참새 두 마리가 한 앗사리온에 팔린다고 한 것입니다. 참새 한 마리는 그만치 값나가는 것이 아니었습니다. 그런데 이렇게 값나가지 않는 참새 한 마리까지도 주님은 기억하셔서 땅에 떨어지지 않게 하신다고 말씀하셨습니다.

하나님은 우리에게 굉장한 관심을 가지고 계십니다. 여러분이 '나는 목사도 아니고 장로도 아니고 교회에 와도 다른 사람들이 알아주지도 않는데……, 덤으로 왔다 갔다 하는 인생이 아닌가!' 라고 생각할지라도 하나님은 여러분 한 사람 한 사람을 알고 계십니다.

하나님은 우리를 창세전에 이미 선택하시고 예수님 안에서 구원을 얻게 만들어 놓으셨습니다. 우주와 만물이 생기기 전, 하늘과 땅이 생기기 전에 벌써 우리를 다 아셨습니다. 우리가 이 땅에서 무슨 일을 하더라도 하나님은 그 일을 이미 다 알고 계십니다. 우리의 삶 속에서 일어나는 일들은 하나님 모르게 일어날 수 없습니다. 하나님이 우리와 함께 계시기 때문에 하나님이 허락하시지 않으면 어떤 일도 우리에게 일어나지 않습니다.

그러므로 좋은 일이 일어날 때만 감사할 것이 아니라 불행한 일이 일

어났다 하더라도 감사해야 합니다. 현재는 너무 슬프고 고통스럽지만 감사해야 합니다. 내가 목회하면서 가장 입장이 곤란하고 괴로운 경우는 '죽음' 에 대한 문제에 부딪칠 때입니다. 자녀가 휴가철에 친구들과 놀러 갔다가 물에 빠져 변을 당한 집이나 교통사고로 갑자기 자식을 잃은 집에 심방을 해 보면 참으로 고통스럽습니다. 그 부모들이 내 옷자락을 붙잡고 울면서 말합니다.

"목사님, 이런 일이 있을 수 있나요? 그렇게 효성스럽고 믿음 좋은 아이가 이렇게 죽을 수 있어요? 하나님이 우리를 버리셨습니까?"

그럴 때는 참으로 난감합니다. 무슨 위로로도 그들의 아픔을 달랠 수 없습니다.

이러한 일을 당할 때 우리는 '하나님은 무심하신 분이다!' 라고 생각할 수 있지만 성경은 이렇게 말씀합니다.

"의인이 죽을지라도 마음에 두는 자가 없고 진실한 이들이 거두어 감을 당할지라도 깨닫는 자가 없도다 의인들은 악한 자들 앞에서 불리어 가도다"(사 57:1).

그 자녀가 죽지 않고 이 땅에서 자기 인생을 더 산다고 칩시다. 그가 인생의 어느 때에 심히 타락해서 지옥에 들어갈 처지에 빠지게 될지 누가 알겠습니까? 하나님은 이와 같은 일을 미리 알고 계십니다.

시골 동네를 다녀보면 담장 밖으로 뻗어 나온 감나무나 대추나무가 있습니다. 담장 밖으로 나온 가지에 열매가 맺히면 지나다니는 사람들이 돌이나 작대기로 쳐서 그것을 따 먹습니다. 그래서 집주인은 그 열매들을 미리 따 버립니다. 영혼에 대한 문제도 이와 같습니다. 영혼이 아직은 덜 익었다 할지라도 하나님 보시기에 지금 그 영혼을 데리고 가는 것이 그에게 복이 될 수 있습니다. 마귀에게 잡혀가기 전에 하나님이 그 영혼을 미리 부르시는 것입니다.

내가 전에 펜사콜라 부흥회에 참석하러 갔다가 우리 교회에서 오랫동안 함께 일했던 존 허스튼 목사 내외분을 만났습니다. 그때 맥심 허스튼 사모님의 체험담을 들었는데 참 재미있었습니다.

두 분이 갓 결혼해서 개척 교회를 하던 아주 힘든 시절이었습니다. 어느 날 두 분이 열심히 기도를 하고 있을 때 사모님이 입신을 하여 천국에 가게 되었습니다. 그런데 거기서 전혀 알지 못 하는 한 사람이 사모님에게 와서 "나는 존 허스튼의 동생입니다."라고 자신을 소개했습니다. 사모님은 허스튼 목사님의 동생에 대해서는 전혀 들어본 바가 없었기 때문에 참으로 놀라웠습니다.

"당신이 나의 시동생이라구요? 나는 존에게 동생이 있다는 이야기를 한 번도 듣지 못했어요."

그러자 그가 이렇게 말했습니다.

"나는 어린 아기 때에 병이 들어 죽었습니다. 형수님이 시집오시기 전에 죽었기 때문에 저에 대한 이야기를 듣지 못했을 것입니다. 내려가시면 내가 여기서 잘 지내고 있다고 전해주십시오."

사모님이 깨어나자마자 목사님에게 물어봤습니다.

"당신에게 동생이 있었어요?"

목사님은 이 질문에 깜짝 놀라서 물었습니다.

"아니, 당신이 그것을 어떻게 알았소? 동생이 있긴 있었는데, 그 아이는 갓난아기 때 병이 들어 죽었소."

사모님은 목사님에게 자신이 본 일을 들려주었습니다.

"내가 천국에 갔을 때 당신의 동생이 내게 와서 지상에 내려가거든 자기 소식을 전하라고 했어요."

여러분의 사랑하는 어린 자녀나 가족이 이 세상에서 일찍 불시에 죽더라도 그것은 무의미한 죽음이 아닙니다. 하나님은 당신이 구원하시고자 하는 사람을 영원한 하늘나라에 보존하시기 위해서 불러 가시는 것입니다. 여러분, 비록 육신은 죽을지라도 하나님이 천국으로 영혼을 데려가시면 얼마나 감사한 일입니까? 하나님이 하시는 일을 우리가 어찌 알 수 있습니까?

시편 기자는 "감사로 제사를 드리는 자가 나를 영화롭게 하나니 그의 행위를 옳게 하는 자에게 내가 하나님의 구원을 보이리라"(시 50:23)고 고백하였습니다. 우리는 좋은 것은 좋아서 좋고, 나쁜 것은 좋게 만들어 주실 것을 믿고 범사에 감사하는 삶을 살아야 합니다. 어려울 때 눈물을 흘리며 감사할 수 있다면 그것은 위대한 신앙입니다.

본문을 보면 "너희에게는 머리털까지 다 세신 바 되었다." 고 하였습니다. 이는 하나님께서 우리에 대해 모르는 바 없이 다 아신다는 것입니다. 전능하신 주님이 우리에 대해서 무엇을 모르시겠습니까? 덤으로 주는 참새 한 마리도 세고 계신 하나님께서는 우리를 그 참새보다 더 귀하게 여기십니다. 우리에게 다가오는 여러 가지 어려움과 시험, 환난은 하나님께서 우리의 유익을 위해 허락하신 일입니다. 그러므로 우리는 원망 불평하지 말고 그것을 긍정적으로 받아 기도로써 소화해야 합니다.

약속의 땅은 오직 믿음과 순종으로 들어갈 수 있습니다. 고난을 통해서 진실한 믿음인지 아닌지를 알 수 있고, 고난을 통해서 우리의 믿음이 더 진보하게 됩니다. 광야가 우리에게 다가올 때 하나님은 우리의 믿음과 순종을 보시고 젖과 꿀이 흐르는 땅에 들어가게 하시는 것입니다.

'하나님께 축복을 구했는데 왜 시험이 다가오는가?' 라고 생각할 수 있지만 하나님께 축복을 구했기 때문에 시험이 다가오는 것입니다. 축복은 시험을 통하지 않고는 얻을 수 없습니다. 광야가 있고 난 후에 젖과 꿀이 흐르는 땅에 들어가게 됩니다. 하나님의 축복의 땅은 언제나 믿음과 순종이 있어야 들어갈 수 있습니다.

하나님은 많은 참새보다 우리를 더 귀하게 여기시고 사랑하시기 때문에 우리는 무조건 하나님을 믿어야 됩니다. 그러면 하나님께서 우리의 인생을 경영해 주십니다. 여러분, 전적으로 주님을 믿고 의지하고 순종하며 나아가십시오. 감사하고 찬미하며 인생을 사십시오. 그리할 때 하나님의 축복은 여러분의 것이 될 것입니다.

32-33절 누구든지 사람 앞에서 나를 시인하면 나도 하늘에 계신 내 아버지 앞에서 그를 시인할 것이요 누구든지 사람 앞에서 나를 부인하면 나도 하늘에 계신 내 아버지 앞에서 그를 부인하리라

우리 주 예수 그리스도를 구주로 믿고, 또 입으로 시인하는 것은 아주 중요합니다. 회개한 사람은 입으로 시인하지 않습니까?

성경은 "사람이 마음으로 믿어 의에 이르고 입으로 시인하여 구원에 이르느니라"(롬 10:10)고 말씀하고 있습니다. 예수님을 시인할 때 하나님 앞과 사람 앞과 마귀 앞에 시인을 해야 합니다. 말을 못 하는 사람은 수화(手話)로라도 시인해야 합니다.

6·25 사변 때 공산군들이 목사나 장로나 신자를 잡으면 언제나 그 신

앙을 부인하게 만들려고 했습니다. 대중 앞에 서서 예수를 안 믿겠다고 부인시키는 것입니다. 그러나 대중 앞에서 예수님을 버리면 그로써 예수님에게서 떨어져 나갑니다. 그래서 신앙을 지키기 위해서 많은 성도가 목숨을 바쳤습니다.

나는 이런 일화를 들은 적이 있습니다. 인천에 있던 모 교회 목사님이 미처 피난을 가지 못하고 남아 있다가 공산군에게 목사님과 사모님, 자녀들이 다 붙잡혔습니다. 공산군은 한 길 되는 구덩이를 파고 그 구덩이 안에 목사님과 사모님 그리고 아들딸을 집어넣었습니다. 그리고 목사님을 협박했습니다.

"네가 예수를 부인하면 너희를 살려주고, 그렇지 않으면 모두 산 채로 그 구덩이에 파묻겠다."

아이들은 너무나 무서워서 목사님에게 울며 소리쳤습니다.

"아버지, 살려주세요! 살려주세요!"

부모는 자식에게 약합니다. 아이들이 울부르짖는 것을 보면서 목사님은 마음이 흔들려 예수님을 부인하려고 했습니다.

그때 사모님이 마음을 굳히고는 아이들을 꾸짖었습니다.

"얘들아, 울지 마라! 오늘 우리 식구는 천국에서 만왕의 왕, 만주의 주님과 저녁 식사를 같이 할 것이다!"

사모님의 단호한 말에, 잠시 흔들렸던 목사님이 정신을 차렸습니다. 그리고 서슬이 퍼런 공산군들에게 분명하게 말했습니다.

"나는 결코 주님을 부인하지 못합니다. 주님은 나의 구주이시고 나의 심판주이십니다."

그리고 온 가족이 "하늘 가는 밝은 길이 내 앞에 있으니" 하며 찬송하기 시작했습니다. 그러자 공산군들은 삽질을 하기 시작했습니다. 찬송이 끝나기도 전에 아이들은 이미 흙에 다 덮여 버렸고, 목사님 내외분도 결국 흙에 다 덮이고 말았습니다.

목사님은 예수님을 부인만 하면 살 수 있었습니다. 그러나 사람 앞에서 예수님을 부인하면, 주님이 "이 사람은 내 백성이 아니다."라고 부인해 버리십니다. 우리가 육신적으로 잠깐 살기 위해서 영적으로 영원히 죽을 수는 없습니다.

기독교는 고백의 신앙입니다. 우리 입술의 고백으로 말미암아 구원받기도 하고 버림받기도 합니다. 입술로 시인하면 영원히 살고, 부인하면 영원히 죽습니다. 예수님 좌우에 못 박혔던 강도들을 보십시오. 두 강도가 무엇이 다릅니까? 한 강도는 단지 시인만 했습니다. 하지만 다른 강도는 아무 말도 하지 않았습니다. 아무 말 하지 않은 것은 부인한 것입니다.

한 강도는 "예수님, 당신이 주님 나라에 임하실 때에 나를 기억하소서."라고 하면서 예수님을 주님으로 시인했습니다. 그러자 주님이 그에게 약속해 주셨습니다.

"네가 오늘 나와 함께 낙원에 있으리라!"

예수님을 주님으로 시인하지 않은 강도는 두말 할 것 없이 지옥으로 떨어졌습니다.

어떤 사람이 믿음이 있는지 없는지는 그 사람의 입술의 고백을 들어보면 압니다. 믿음이 있는 사람은 믿음의 말을 하고, 믿음이 없는 사람은 불신앙의 말을 합니다. 여자들보다 남자들이 그런 경우가 많습니다. 친구들이 "너 예수 믿는다면서?"라고 물으면 "아니야." 합니다. 그러다가 친구들이 "그래? 그러면 같이 술 마시자."라고 하면 "아, 나 요즘 약 먹기 때문에 못 마셔." 하면서 피하려고 합니다.

이 사람은 아직 가짜입니다. 사실 안 믿던 사람이 갑자기 예수님을 믿게 되어서 일가친척에게 "나는 이제 예수님을 믿습니다."라고 고백하는 데에는 용기가 필요합니다. 그러나 고백하지 않으면 주님이 하나님 아버지 앞에서 그 사람을 부인해 버립니다.

내가 서대문에서 목회할 때 이런 일이 있었습니다. 어떤 남자 성도가 교회 올 때 항상 성경을 보자기에 곱게 싸 가지고 왔습니다.

나는 속으로 이렇게 생각했습니다.

'성경을 얼마나 아끼면 저렇게 좋은 보자기에 정성껏 싸 가지고 다닐까? 믿음이 좋은 사람이구나!'

그래서 어느 날 그 사람을 칭찬해 주려고 인사하면서 말했습니다.

"성도님, 다른 분들과 달리 성경을 그렇게 보자기에 정성껏 싸서 가지고 다니시는 것을 보니 참으로 성경을 아끼시는군요. 참 보기가 좋습니다."

그런데 이 말을 듣고 옆에 있던 그의 아내가 말하는 것이었습니다.

"목사님, 이 사람이 성경을 아껴서 그러는 것 아니에요. 다른 사람들한테 예수님 믿는 것 들킬까봐 그러는 거예요."

신앙은 고백입니다. 이러므로 여러분이 직분을 맡고 봉사를 하면 신앙이 더 깊어지고 강해집니다. 왜냐하면 복음을 자꾸 증거하면서 신앙을 고백하기 때문입니다. 그리고 이렇게 그리스도의 복음을 증거하면 할수록 하나님께 인정을 받게 됩니다. 아무것도 하지 않고 있으면 신앙에 진전이 없습니다.

우리는 좋을 때나 나쁠 때나 끊임없이 복음을 증거하면서 예수 믿는 신앙을 고백해야겠습니다.

5. 나를 위하여 자기 목숨을 잃는 자는(10:34-42)

34. 내가 세상에 화평을 주러 온 줄로 생각하지 말라 화평이 아니요
검을 주러 왔노라 35. 내가 온 것은 사람이 그 아버지와, 딸이 어머니
와, 며느리가 시어머니와 불화하게 하려 함이니 36. 사람의 원수가
자기 집안 식구리라 37. 아버지나 어머니를 나보다 더 사랑하는 자
는 내게 합당하지 아니하고 아들이나 딸을 나보다 더 사랑하는 자도
내게 합당하지 아니하며 38. 또 자기 십자가를 지고 나를 따르지 않
는 자도 내게 합당하지 아니하니라 39. 자기 목숨을 얻는 자는 잃을
것이요 나를 위하여 자기 목숨을 잃는 자는 얻으리라 40. 너희를 영
접하는 자는 나를 영접하는 것이요 나를 영접하는 자는 나를 보내신
이를 영접하는 것이니라 41. 선지자의 이름으로 선지자를 영접하는
자는 선지자의 상을 받을 것이요 의인의 이름으로 의인을 영접하는
자는 의인의 상을 받을 것이요 42. 또 누구든지 제자의 이름으로 이
작은 자 중 하나에게 냉수 한 그릇이라도 주는 자는 내가 진실로 너희
에게 이르노니 그 사람이 결단코 상을 잃지 아니하리라 하시니라

34-35절 내가 세상에 화평을 주러 온 줄로 생각하지 말라 화평이 아니요 검을 주러 왔노라 내가 온 것은 사람이 그 아버지와, 딸

이 어머니와, 며느리가 시어머니와 불화하게 하려 함이니

우리는 예수님을 '화평의 왕' 이라고 생각합니다. 그런데 본문을 보면 전혀 다르게 말씀하고 있습니다. '화평이 아니라 검을 주러 왔다!' 이것은 무슨 뜻입니까? '화평'은 내가 예수님과 개인적으로 관계를 맺을 때 얻는 마음의 평화를 말합니다. 개개인이 예수 그리스도에게 항복하고 예수 그리스도를 내 생애의 주인으로 모시고 섬길 때 하나님께서 우리 마음속에 평화를 주시는 것입니다.

내가 예수님 믿었다고 해서 안 믿는 가정이 평화로워지고, 온 동네가 평화로워지고, 나라가 평화로워지는 것은 아닙니다. 내가 예수님을 구주로 믿으면 내 개인의 영혼 속에서 하나님과 화평하게 됨으로 내 속에 도저히 상상할 수 없는 하나님의 평화가 넘쳐 나는 것입니다.

우리는 행복을 중요하게 여기지만 행복의 가장 큰 요건은 마음의 평화입니다. 아무리 돈이 많아도, 좋은 집에 살고 좋은 옷을 입고 명예를 얻는다고 해도 행복해지지 않습니다. 그런 것은 잠깐은 좋지만 얼마 지나면 식상해지고 맙니다. 참된 행복은 마음이 평안할 때에 옵니다. 돈이나 지위 때문에 행복하다면 그것은 얼마 안 가서 산산조각이 나고 맙니다.

세월도 끊임없이 변하고 환경도, 사람도 변하지만 이 우주 가운데 절대로 변하지 않는 분이 있습니다. 바로 우리 주 예수님입니다. 어제나 오늘이나 영원토록 변치 않으시는 예수님을 내 안에 모시고 있으면 환경과 운명의 격동 속에서도 마음속에 평안을 가질 수 있는 것입니다. 주님이 나와 같이 계시고 나를 사랑하시고 내가 주님을 의지하고 있는데 무엇을 두려워하겠습니까?

그러나 내가 예수님을 믿고 나면 내 가정에 예수님이 들어오실 때 화평을 가지고 오시는 것이 아니라 검을 가지고 오십니다. '검'(劍)은 싸움을 말합니다. 검은 '정복하느냐, 정복당하느냐?' 둘 중 하나입니다. 중간은 없습니다. 예수님이 세상에 화평을 주러 오신 줄로 생각하지 마십시오. 세상은 마귀가 점령하고 있고, 마귀에게 속해 있습니다. 세상 임금은 마귀입니다. 이 세상에 하늘나라 임금이 오셔서 하늘나라를 세우려 하는데 전쟁이 일어나지 않을 수 있습니까?

이스라엘 백성이 그냥 가나안 땅에 들어간 것이 아닙니다. 가나안 땅에는 이미 일곱 족속이 살고 있었습니다. 그 족속들과 싸워서 이겨야 그 땅을 점령할 수 있었습니다. 마찬가지로 세상 나라는 마귀가 점령하고 있습니다. 마귀가 임금이 되어서 이 세상 사람들을 자기 백성으로 잡고 있습니다. 여기에 예수님이 들어오셔서 하늘나라를 세우시고 임금이 되시려면 마귀의 나라를 쳐부수고 정복해야 합니다.

예수님이 가지고 오시는 것은 전쟁입니다. 전쟁을 치르고 난 다음 예수님이 하늘나라를 세우면 그때서야 화평이 다가옵니다. 그 전에는 무시무시한 싸움이 벌어집니다.

우리도 마찬가지입니다. 우리 생애 속에서 우리 마음을 다스리고 예수님의 복음을 믿으려고 할 때 마음에 크나큰 갈등이 다가옵니다.

'믿을 것이냐, 믿지 않을 것이냐?', '내 인생을 맡길 것이냐, 아니냐?'

이때 예수님을 내 구주로 모시고 왕으로 모셔 들이겠다고 단호히 결정을 내리면 주께서 마귀를 쫓아내시고 나를 점령하십니다. 그리고 주님이 내 마음과 생애를 경영하시면 그때서야 비로소 내 마음에 주님의 놀라운 평화가 임하는 것입니다.

36절 사람의 원수가 자기 집안 식구리라

"사람의 원수가 자기 집안 식구리라"는 본문 말씀은 참으로 역설적이지만 사실입니다. 믿지 않는 가정에서 아들이 예수를 믿어 예수님을 왕으로 모시고 순종하며 살겠다고 하면 믿지 않는 아버지는 아직 예수님에게 속해 있지 않기 때문에 그때부터 굉장한 싸움이 벌어집니다.

아들은 하늘나라에 속하여 하늘나라 식으로 살아가려 하고, 세상에 속한 아버지는 마귀를 섬기고 세상을 따라 살려고 합니다. 예컨대 제사 문제가 그렇습니다. 아버지는 "나는 세상 전통대로 제사를 지내겠다."라고 하고, 아들은 "저는 그 제사에 참석하지 못합니다." 하면 "너는 조상도 모르고, 애비도 모르느냐?" 하면서 무서운 신앙의 싸움이 벌어집니다.

이 신앙의 싸움에 있어서는 타협이 없습니다. 그래서 아들이 아버지와, 딸이 어머니와 싸움을 하게 됩니다. 친구 같은 엄마와 딸 사이도 예수님이 들어오면 그때부터 불화합니다.

예수님 믿는 딸은 자기 어머니에게 이렇게 말합니다.

"엄마, 점치는데 가지 말아요. 무당한테 가면 안 돼요. 다른 종교를 따라가면 안 돼요. 나를 따라서 교회 가야 돼요."

그러면 어머니는 반발합니다.

"너는 네 것 믿고, 나는 내 것 믿으면 되니 상관하지 말아라."

이렇게 되면 사사건건 부딪치기 시작합니다. 주일날이 되면 딸은 어머니를 교회에 모시고 가려고 합니다. "엄마, 나와 같이 교회에 가서 예수님 믿고 천국에 함께 가요." "싫다, 싫어! 너 혼자 가라." 하면서 부딪힙니다. 그뿐입니까? 딸이 구역 예배 드린다고 전도사님을 집에 모시고 구역 식구들과 함께 찬송을 부르면 어머니는 다른 방에 들어가서 그 꼴을 안

보겠다고 합니다.

며느리와 시어머니 사이는 예수님을 믿지 않아도 싸움이 벌어지게 되어 있습니다. 하나님께서 남자에게 "부모를 떠나 그의 아내와 합하여 둘이 한 몸을 이룰지로다"(창 2:24)라고 하셨는데 아들이 이를 실행하지 못하면 세력 다툼이 일어납니다. 아들 하나를 사이에 두고 어머니는 어머니대로 점령하려고 하고, 며느리는 며느리대로 점령하려고 합니다. 여기서 주도권 싸움이 벌어집니다.

특히 신앙이 없이 과부로 살아온 홀어머니의 외아들에게 시집 온 며느리는 말로 다 할 수 없을 정도로 괴롭습니다. 아들을 남편 삼아 살아 왔던 시어머니에게 있어 며느리는 무지무지한 도전이 되는 것입니다. 여기에 며느리가 신앙을 가지고 있으면 죽기 아니면 살기로 나옵니다. 내가 40여 년을 목회하면서 보았는데 특별히 돈독한 신앙을 가지고 예수님을 남편 삼아서 살아 온 사람 외에는 예외가 없습니다. 며느리와 시어머니는 원래부터 불화하기 쉬운데 신앙까지 들어와 있다면 며느리나 시어머니나 결단코 불간섭주의로 살아야 합니다.

그러므로 할 수만 있으면 부모는 자식들과 떨어져 살아야 합니다. 장성하여 결혼한 자식이 부모와 같이 사는 것은 고통스러운 일입니다. 부모 된 여러분은 자녀를 키울 때 능력이 되는 만큼 공부시키고, 결혼시키고 나면 스스로 살아갈 방도를 예비해 놓아야 합니다.

그리고 아들은 부모를 떠나 자기 아내와 연합하여 살지만 또한 자녀된 도리를 다해야 합니다. 할 수만 있으면 연로한 부모님의 의식주 문제를 도와 드리고 효도하며 살아야 합니다. 그래야 하나님께 복을 받습니다.

이 세상의 원수 마귀는 예수님에게 정사와 권세를 빼앗겨 버리고 무장해제됐습니다. 며느리가 예수님을 믿으면, 믿지 않는 시댁에 예수님을 믿는 역사가 나타납니다. 그러나 먼저 집안에 무섭게 신앙 대결이 일어납니다. 심지어 혈연관계가 다 끊어지고 원수가 되기까지 합니다. 복음이 들어오면 온 가족이 다 믿을 때까지 끊임없는 투쟁이 일어납니다. 그러나 먼저 믿은 사람이 계속 믿음을 가지고 나아가면 예수 믿는 편에서 승리를 거둡니다.

우리 믿는 자는 살아 계신 하나님을 모시고 있기 때문에 영적 싸움에서 이미 이긴 편에 속해 있습니다. 우리가 계속 기도하고 믿고 나아가면 마귀의 진은 결국 무너지고 온 가족이 다 예수님을 믿게 됩니다.

우리의 원수는 항상 멀리 있는 것이 아닙니다. 시편 41편 9절을 보면 "내가 신뢰하여 내 떡을 나눠 먹던 나의 가까운 친구도 나를 대적하여 그의 발꿈치를 들었나이다"라고 기록하고 있습니다. 이는 훗날 메시아이신 예수님을 가장 가까이에 있던 사람이 배반할 것을 예언한 것입니다. 예수님을 배반하여 판 자가 누구입니까? 열두 제자 중에 예수님의 지극한 사랑을 받았던 가룟 유다였습니다.

원수는 멀리 있지 않습니다. 내가 애착을 가지고 사랑하고 돌보아 주는 사람이 칼을 들이댑니다. 먼 데 있는 사람은 나를 모릅니다. 나의 사생활이나 비밀을 알지 못합니다. 나를 잘 알고 내 가까이 있는 사람이 자기 이익에 대치되고 자기의 요구를 들어주지 않을 때 칼을 들이대는 것입니다.

자기 집안 식구가 원수가 될 수 있습니다. 특히 상속 문제로 인하여 싸울 때는 철천지원수가 됩니다. 물질이 얼마나 무서운지 인정을 다 깨뜨려 놓습니다. 그러므로 물질이 많은 경우 자손들에게 일찌감치 재산을 분배해 주어야 합니다. 그렇지 않으면 여러분이 세상을 떠날 때 하늘나라 사업을 위해서 재산을 하나님께 드리십시오. 그러면 하늘나라에서 상급이 주어집니다. 이 세상의 썩어질 것으로 하늘나라의 영원한 상급을 쌓는 것이 얼마나 좋습니까?

예수님이 들어오면 화평에 앞서 신앙으로 인한 무시무시한 영적 투쟁이 일어납니다. 그럼에도 불구하고 여러분이 타협하지 않고 굳세게 신앙을 지키면 예수님이 마귀의 모든 역사를 다 멸하시고 승리와 평화를 가져다주실 것입니다.

37절 아버지나 어머니를 나보다 더 사랑하는 자는 내게 합당하지 아니하고 아들이나 딸을 나보다 더 사랑하는 자도 내게 합당하지 아니하며

하나님은 우리를 지으시고 우리에게 당신의 생기를 불어넣어 주셨기 때문에 절대적으로 우리를 사랑하십니다. 또한 하나님은 우리 역시 하나님을 그만큼 사랑하기 원하십니다. 하나님은 우리에게 전적인 사랑을 요구하십니다.

이 세상에서 가장 가까운 사랑은 부모가 자식을 사랑하고 자식이 부모를 사랑하는 혈연관계의 사랑입니다. 그러나 본문에서 주님은 우리가 주님보다 부모나 자식을 더 사랑하면 주님께 합당하지 않다고 하셨습니다. 하나님은 '질투하시는 하나님'(신 4:24)이라고 했습니다. 남편이 아내를 뜨겁게 사랑하면 아내가 다른 남자를 사랑하는 것을 볼 수 없습니다. 아내도 마찬가지입니다. 이처럼 부부간에도 두 사람 사이에 사랑의

완전성이 있어야지 반쯤 사랑하는 것은 있을 수 없습니다.

예를 들어 내가 하나님께 천만 원을 드리기로 마음을 먹었는데 아들이 와서 사업 자금으로 그 돈을 달라고 하면 갈등이 일어납니다. 아들을 주자니 하나님께 양심의 가책이 되고, 하나님 아버지께 드리자니 자식하고 사이가 벌어질까 봐 걱정해야 하는 괴로운 갈등이 있습니다.

그러나 내가 전적으로 하나님을 사랑하면 단호하게 그것을 하나님께 드려야 합니다. 그런 믿음의 본을 보인 사람이 아브라함입니다. 하나님께서 그에게 백 세에 낳은 아들을 모리아 산에서 제물로 드리라고 하실 때 그는 두말하지 않고 제물로 드렸습니다. '하나님이냐, 나의 자식이냐?', '나의 부모냐, 하나님이냐?'를 결단해야 할 기로에 있을 때는 단호하게 하나님을 택해야 합니다.

우리 교회 원로 목사이신 김상호 목사님이 들려준 이야기가 있습니다. 목사님은 시골에서 살았는데 온 가족이 다 믿지 않는 불신 가정이었습니다. 그때는 김상호 목사님도 예수님을 믿지 않았습니다. 그런데 결혼을 해서 사모님이 들어왔는데 주일날 시아버지, 시어머니가 밭에 나가서 일을 할 때 사모님이 주일 예배 드려야 한다고 머리에 기름을 바르고 성경책을 들고 교회에 갔습니다. 얼마 지나지 않아서 온 동네 사람들이 손가락질을 하기 시작했습니다. 시부모나 시댁 식구들도 모두 다 화가 났습니다.

그러던 어느 주일날, 화가 잔뜩 난 시아버지가 예배드리고 돌아오는 사모님에게 돌을 던졌습니다. 사모님은 시아버지가 던진 돌에 머리를 맞아 뒤통수가 깨어져 피를 철철 흘렸습니다. 그래도 사모님은 여전히 타협하지 않았습니다.

결국 사모님은 남편 김상호 목사님을 주께로 인도하고, 시부모님들도 다 주께로 인도했습니다. 사모님이 천국에 먼저 가셨는데, 김상호 목사님이 입신하여 사흘 동안 천국에 갔다 온 적이 있습니다. 가서 사모님을 보았는데 뒷머리가 다이아몬드처럼 빛났습니다. 그래서 "왜 당신은 뒷머리가 그렇게 빛납니까?" 라고 물었더니, 옛날 처음 시집와서 당했던 일을 얘기해 주었습니다.

"주님을 위해서 박해를 받으면 하늘나라에서는 이렇게 빛이 납니다."

또 한 가지 이야기가 있습니다. 요사이는 수리 시설이 잘 되어 있지만 옛날에는 천수답이 많아서 비가 오지 않으면 농사를 지을 수 없었습니다. 모내기 철이 되면 동네에서 돌아가면서 모심기를 하는데, 목사님 집에 모심기하는 날이 하필이면 주일날이었습니다. 만일 이날 저수지에서 물을 받아 모를 심지 않으면 1년 동안 밥을 먹을 수 없습니다.

'주일날 예배드리러 갈 것이냐, 아니면 저수지에서 물을 받아 모심기를 할 것이냐?'

얼마나 갈등이 생기는지 말로 다 할 수 없었습니다. 품앗이하러 온 사람들이 아침 일찍 마당에서 기다리고 있으면 아침밥을 준비해서 먹이고 일을 시작해야 합니다. 이것 때문에 김상호 목사님과 사모님은 밤새도록 엎드려 기도했습니다.

"하나님, 내일 한 번만 눈감아 주실 수 없습니까? 오늘 모심기를 못하면 일 년 동안 온 식구가 밥을 먹을 수 없습니다. 오늘 하루만 그렇게 할 수 있도록 음성을 들려주옵소서."

그러나 아무리 간구해도 이미 성경에 하나님께서 명명백백하게 말씀해 놓으신 것은 두 번 다시 말씀하지 않습니다. 이미 하나님의 뜻은 정해

진 것입니다. 밤새도록 기도한 끝에 결국 '굶어 죽어도 주일을 지키자! 믿었으면 진짜로 믿고 타협하지 말자.' 라고 결심했습니다.

모심기하는 날 아침에 목사님 내외가 옷을 깨끗이 입고 성경책을 들고 나오니까 마당에 이미 와 있던 품앗이하는 사람들의 눈이 휘둥그레졌습니다. 이 사람들이 목사님을 보고 물었습니다.

"오늘 일 안 합니까?"

"오늘은 주일이라서 교회에 가야 합니다. 일할 수 없습니다."

이 말을 듣자 사람들이 일제히 일어나서 "당신 미쳐도 보통 미친 것이 아니오." 하면서 비난을 했습니다. 일가친척들은 아예 삿대질을 하고 욕을 했습니다.

이 모든 비난과 욕을 다 먹고 교회에 가서 예배드리고 집으로 돌아오면서 보니 물이 밑에 있는 논으로 흘러가서 목사님네 논은 뽀얗게 되어 있었습니다. 그래서 할 수 없이 물 없는 논에다가 심을 수 있는 것이 무엇인가 찾던 중 '조' 를 심었습니다. 조는 대개 척박한 곳에서 자라나기 때문에 비옥한 논에 심으니 보통 잘 자라나는 것이 아니었습니다.

그런데 어떤 일이 생겼느냐 하면 그해에 가뭄이 얼마나 심했던지 그 동네에 있는 논이란 논은 다 말라붙어서 벼가 다 타 버렸습니다. 하지만 목사님네 논에 심겼던 조만 시커멓게 자랐습니다. 그해에 수확을 해서 조밥을 먹었는데 그것이 남아서 오히려 논을 샀습니다.

우리가 생각할 때 타협하면 좋을 듯 싶지만 그렇지 않습니다. 하나님을 사랑하는 일에 있어서는 단호하게 하나님만 바라보아야 합니다.

또 한 번은 김상호 목사님이 교회에 돈이 필요해서 '우리 교회에 재벌이 와서 돈을 많이 내면 좋겠다.' 라고 생각하고 기도하고 기다렸습니다.

그러나 아무리 기도해도 하나님께서 그 기도를 들어주시지 않았습니다. 목사님은 이를 통해 깨달았습니다.

'하나님이 온 우주의 재벌이시므로 시시한 인간 재벌을 의지하지 말라는 것이구나!'

'하나님이냐, 나의 개인적인 생활을 취하느냐?' 라는 문제 앞에서 자기의 생활을 취하는 사람들이 너무나도 많이 있습니다. 그러면 하나님은 배신감을 느낍니다. 그때 하나님이 이같이 생각하시지 않겠습니까?

'네가 나를 이렇게 배반했으니, 네가 나의 도움을 필요로 할 때 내가 너를 도와 줄 이유가 무엇이냐?'

인간 생활에서도 제일 무서운 일은 사람이 사람에 대해서 배신감을 느끼는 것입니다. 남편이 자신을 배신했다고 느끼면 아내는 그때부터 남편에 대한 존경심이 사라집니다. 또 아내가 배신했다고 느끼면 남편 역시 그때부터 아내에 대한 사랑이 식어집니다.

우리는 마음을 다하고 뜻을 다하고 성품을 다하고 정성을 다하고 목숨을 다하여 하나님을 사랑해야 합니다. 우리가 주님 뜻대로 살면 주께서 그만큼 우리를 신뢰하시고 더욱 복을 주십니다. 그러나 자기 유익을 위해 하나님을 쉽게 배신하면 그 사람은 아무리 하나님께 부르짖어도 하나님이 신뢰하지 않습니다.

제일 어려운 것은 '하나님보다 부모를 더 사랑하는 자나 자녀를 더 사랑하는 자는 하나님께 합당치 않다.' 라는 문제입니다.

우리는 그런 문제에 있어서도 타협하지 말아야 합니다. 부모를 잃더라도 하나님을 잃지 말아야 합니다. 자식은 나를 버릴지라도 주님은 나를 버리지 않습니다. 나를 위해 십자가에 못 박혀 몸 찢기고 피 흘린 분이 누구입니까? 부모도, 자식도 못 하는 일입니다. 주님은 우리를 대신하여 십자가 위에서 못 박혀 죽으심으로 우리에 대한 사랑을 말로써가 아니라 행함으로 증명해 보이셨습니다.

그러므로 우리는 주님을 배신하지 말아야 합니다. 이를 위해 우리는 시험에 들지 않도록 늘 깨어 기도해야만 합니다.

"주님, 내가 주님을 절대로 배신하지 않고 주님을 따라서 살도록 도와주옵소서."

38-39절 **또 자기 십자가를 지고 나를 따르지 않는 자도 내게 합당하지 아니하니라 자기 목숨을 얻는 자는 잃을 것이요 나를 위하여 자기 목숨을 잃는 자는 얻으리라**

십자가는 형틀입니다. 십자가를 걸머지라는 것은 자기 중심, 자기 욕심과 탐욕에 대해서 죽고 주님 중심으로 살라는 것입니다. 나를 위해서 사는 것이 아니라 주님을 위해서 살라는 것입니다.

아담과 하와는 선악과를 따 먹고 자기가 주인이 되려고 하다가 에덴동산에서 쫓겨났습니다. 에덴동산에는 주인이 둘이 있을 수 없습니다. 그러므로 쫓겨난 것입니다. 우리도 마찬가지입니다. 하나님이 우리의 주인이든지 아니면 자신이 주인이든지 둘 중에 하나입니다.

내가 서대문에서 목회할 때 희한한 신앙 상담을 한 적이 있습니다. 어떤 여인이 신앙 상담을 하러 와서 다음과 같이 고백하는 것이었습니다.

자신의 남편은 양복점을 하는 사람인데 어느 날 남편과 어릴 때부터 소꿉친구인 사람이 미국에 유학 갔다가 한국에 돌아왔습니다. 그런데 당장 갈 데가 없으니까 남편을 찾아왔습니다. 남편은 친구에게 진로가 정해질 때까지 자기 집에 머물라고 했습니다. 그런데 남편이 양복점에 나간 사이에 이 사람이 자신에게 추파를 던지는 것이었습니다.

그녀는 나에게 이렇게 말했습니다.

"목사님, 열 번 찍어 안 넘어가는 나무 없다고 하지 않습니까? 제가 그 남자와 남편을 비교해 보니 내 남편은 기껏 양복점이나 하는 사람이지만 그 친구는 미국에 유학까지 갔다 와서 장래가 촉망되는 사람입니다. 남편이 출근을 하면 이 사람은 마땅히 갈 데가 없으니 집에 남아 있습니다. 그리고 집요하게 저에게 눈짓을 하면서 제가 부엌에서 일을 하면 따라 들어와서 일을 도와주고 칭찬을 했습니다. 그러다 보니 제 마음이 그만 그 남자에게 넘어가 버리고 말았습니다."

그녀는 깊은 갈등에 빠지고 말았습니다. 양손에 떡을 쥐게 되었는데 자신이 생각해 보니 남편은 의리 때문에 버릴 수가 없고 그 친구 되는 사람은 장래가 촉망되고 자기를 너무나 사랑하기 때문에 버릴 수가 없었습니다.

결국 이 일이 남편에게 들통이 났습니다. 그런데 이 사건이 이상스럽게 전개되고 말았습니다. 웬만한 남자 같으면 불륜을 저지른 아내와 친구를 당장 몽둥이로 쫓아내 버릴 텐데, 그 남편은 어처구니없는 제안을 했습니다.

"그래? 그러면 우리 다 같이 살자."

이래서 이 여자는 한 지붕 아래서 두 남편을 두고 살게 되었습니다. 그러나 그 마음의 갈등이 너무나 심해서 나에게 신앙 상담을 하러 온 것이었습니다. 눈물을 흘리면서 "목사님, 나는 어떻게 해야 됩니까? 남편도 버릴 수 없고 그 남자도 버릴 수 없으니, 나의 고통이 너무나도 가혹합니다."라고 호소했습니다.

그녀의 말을 다 듣고 난 다음 제가 말했습니다.

"해결할 길이 있습니다."

"어떻게요? 그것이 무엇입니까?"

"자살하십시오."

"예에? 자살하라구요?"

소스라치게 놀라는 그녀에게 제가 말했습니다.

"세상적으로 자살하라는 것이 아니라 기독교식으로 자살하라는 말입니다. 십자가에 매달려서 내 탐욕과 욕심을 죽이는 것이 기독교적인 자살입니다. 당신이 탐욕과 욕심에서 벗어나면 그때 당신의 눈이 밝아져서 어떻게 살아야 하는지 알게 될 것입니다. 지금은 내가 무슨 말을 하더라도 당신 귀에 들어오지 않습니다. 예수를 구주로 모시고 당신 자신을 십자가에 못 박아 버리십시오. 당신 자신을 십자가에서 완전히 죽이고 예수님 중심으로 사십시오. 예수님을 완전히 주인으로 모시면 주인인 주님이 시키는 대로 해야 합니다."

그 여자는 회개하고 눈물을 흘리면서 예수님을 주님으로 모셨습니다. 그리고 주일 예배뿐 아니라 새벽 기도, 수요 예배, 금요 철야 예배에 열심히 참석했습니다. 그렇게 한 달쯤 나오더니 다시 내게 왔습니다.

그래서 제가 다시 물었습니다.

"예수님을 주인으로 모시고 살아 보니 어떻습니까? 주님이 뭐라고 하십니까?"

그러자 그 여인이 이렇게 말하는 것이었습니다.

"목사님, 저는 이미 모든 것을 청산했어요."

그리고는 다음과 같이 고백했습니다. 그녀는 그 남편의 친구 되는 남자에게 이렇게 말했던 것입니다.

"아무리 당신이 좋아도 내가 예수를 구주로 모시고 따르다 보니 더 이상 이렇게 살 수가 없습니다. 나는 당신을 너무나 좋아하지만 주님이 당신을 좋아하지 않아요. 그러니 괜한 허송세월하지 말고 떠나세요."

그녀는 이렇게 그 남자를 내보내고 나서 자기 남편에게 무릎을 꿇고 큰절을 한 다음 말했습니다.

"여보, 나는 이제 옛날 당신이 알고 있는 여자가 아닙니다. 내가 예수님을 믿고 예수님이 나의 주인이 되고 보니, 주님이 당신을 얼마나 사랑하시는지 알게 되었어요. 나는 주인 되신 주님을 따라 당신을 따라가려고 하니 나를 용서하고 받아 주세요."

남편은 그만 너무나 감동이 되어서 자기 아내를 받아 주었을 뿐 아니라 교회에까지 함께 나오게 되었습니다.

내가 이 이야기를 모 방송 작가에게 해 주었더니 '루터란 아워' 에서 방송 드라마로 만들어서 '자살을 하시오.' 라는 제목으로 라디오 방송을 한 적이 있습니다.

주님을 주인으로 모시면 주인이 시키는 대로 해야 합니다. 내가 죽고 주님을 주인으로 알고 따르고 섬기게 될 때 십자가를 걸머지고 따르게 되는 것입니다. 십자가를 걸머지는 사람은 예수님이 주인이고 십자가를 걸머지지 않은 사람은 자기가 주인인 사람입니다. 이런 사람은 예수님을 이용합니다. 예수님이 필요하면 주일날 교회 가고, 그렇지 않으면 가지 않습니다. 십일조도 자기가 필요할 때는 안 드리고 또 미리 써 버리기도 합니다.

예수님을 믿으면 내가 죽고 예수님이 주인이 되시기 때문에 내 맘대로 살 수 없습니다. 주인이 "성수 주일하고, 십일조하고, 성경 보고 기도하라." 고 하면 하는 것입니다. 우리가 주인 되신 주님을 따르면 주님이 종인 우리를 다 책임져 주시고 돌봐 주십니다. 내가 예수님의 종이 되었으니 주인 되신 주님이 나를 책임져 주시지 않겠습니까? 우리가 갈 바를 알지 못하고 좌충우돌할 수밖에 없는 상황에 처해 있을 때에라도 우리 주님은 크고 비밀한 일, 우리의 갈 바를 다 알고 계십니다.

우리가 하나님 중심으로 서면 그 어떤 어려운 일일지라도 하나님은 우리가 알지 못하는 크고 비밀한 능력으로 문제를 해결하십니다. 우리가 살겠다고 발버둥치면 죽습니다. 죽기를 각오하면 죽는 것 같으나 살게 됩니다.

사드락과 메삭과 아벳느고를 보십시오. 그들은 신앙의 절개를 지키기 위해서 목숨을 내놓았습니다. 결과가 어떠했습니까? 그들이 하나님을 위해서 목숨을 버리자 하나님께서 그들의 목숨을 건져 주셨습니다.

이 법칙은 만고불변입니다. 내가 내 자신을 위해서 내 욕심으로 살면 반드시 죽습니다. 그러나 내가 하나님을 섬기기 위해서 내 자신을 던져 버리면 반드시 하나님의 능력으로 살게 됩니다. 그러므로 우리는 인본주의적인 신앙이 아니라 신본주의적인 신앙을 가져야 합니다. 진실로 주님을 사랑하면 타협 없이 뜨겁게 사랑해야 하는 것입니다. 여러분, 어떠한 경우에라도 주님 중심으로 서십시오. 그리하면 주님이 여러분을 살려 주십니다.

40절 너희를 영접하는 자는 나를 영접하는 것이요 나를 영접하는 자

는 나를 보내신 이를 영접하는 것이니라

주님은 "너희가 가는 것은 내 이름으로 가는 것이다. 그러므로 너희를 영접하면 나를 영접하는 것이고, 나를 영접한 자는 아버지를 영접하는 자이다."라고 하십니다. 하늘나라는 이처럼 연결 고리가 되어 있습니다. 아버지는 당신의 이름으로 아들을 보내시고, 아들은 당신의 이름으로 우리를 보내십니다. 그러므로 이제 아버지는 그 아들 예수님을 통해서 역사하시고 그 아들 예수님은 우리를 통해 역사하십니다.

'내가 누군가? 나 같은 사람을 누가 알아주겠나?' 라고 생각할지 모르지만 절대로 그렇지 않습니다. 나 자신이 바로 예수님의 연결 고리입니다. 그리고 예수님은 하나님 아버지의 연결 고리입니다. 그러므로 이 땅에서 아버지 나라의 역사는 여러분을 통해서 활발하게 이루어지고 있습니다. 우리가 예수님의 이름으로 기도하면 아버지께서 들어주시고, 우리가 예수님의 이름으로 전도하면 하나님 아버지께서 함께 역사해 주십니다.

예컨대 우리 교회의 주의 종들은 저를 대표합니다. 우리 교회의 주의 종들이 박대를 받으면 내가 박대를 받는 것이고, 환영을 받으면 내가 환영을 받는 것입니다. 우리 교회의 주의 종들이 잘못을 범하면 언제나 그 책임은 내게로 돌아옵니다. 반면, 잘 한 것도 내게로 칭찬이 돌아옵니다.

그러므로 우리는 '내가 누구의 보내심을 받았는가?' 라는 사실을 깊이 생각해야 합니다. 주님은 "너희에게 평강이 있을지어다 아버지께서 나를 보내신 것 같이 나도 너희를 보내노라"(요 20:21)고 말씀하셨습니다. 우리 예수 믿는 사람은 예수님의 이름으로 연결되어서 보냄을 받았습니다. 특별히 주께서 부르셔서 당신의 고리로 만들어 보내신 사람들인 것입니다. 그리스도의 이름으로 나아가 복음을 전하는 여러분을 환영하면 예수님을 환영하고 하나님을 환영하는 것이고, 여러분을 박대하면 예수님을 박대하고 하나님을 박대하는 것입니다. 하나님의 조직은 교회를 통해서 주의 종들과 여러분들과 연결되어 있습니다.

"나는 하나님을 사랑하지만 목사님은 사랑하지 않는다.", "나는 구역장들을 사랑하지 않는다." 이것은 말이 안 됩니다. 하늘나라 역사는 연결고리를 통해서 이루어져 있기 때문에 그 연결 고리를 무시하면서 하나님을 사랑한다고 말할 수 없습니다.

하늘나라는 무질서의 나라가 아니라 질서의 나라입니다. 하늘나라는 제도와 조직이 있습니다. 이 제도와 조직을 통해서 하늘나라가 발전해 나갑니다. 하나님이나 예수님은 보이지 않지만 하나님의 대변자입니다.

하나님은 항상 당신이 세우신 대변자를 통해서 역사하십니다. 하나님은 그 옛날 이스라엘 백성을 출애굽 시킬 때 그냥 홍해를 가르실 수 있었습니다. 그러나 하나님은 모세에게 "네 지팡이를 내밀라." 고 하시고 모세가 지팡이를 내밀자 홍해를 가르셨습니다. 르비딤에서 물이 없어 부르짖을 때에도 "모세야, 네가 가서 반석을 치라." 고 하셨습니다. 그냥 물이 나오게 할 수 있는데도 불구하고 모세라는 그릇을 사용해서 역사하신 것입니다.

그뿐입니까? 에스겔 37장을 보면 하나님께서 에스겔에게 마른 뼈가 가득한 골짜기의 환상을 보여 주셨습니다. 골짜기 지면에 있는 뼈들은 이스라엘을 상징합니다. 하나님은 그 뼈들을 그냥 살릴 수 있음에도 불구하고 에스겔에게 명하셨습니다.

"너는 이 뼈들에게 내가 시키는 대로 이렇게 전하여라."

에스겔은 하나님의 명대로 전했습니다.

"너희 마른 뼈들아, 너희가 다시 살아나서 사람 노릇을 할 수 있도록 내가 너희 속에 생명의 숨을 불어넣으리라. 너희 뼈에서 힘줄과 살이 돋아나게 하고 그 위에 피부를 입힌 뒤 생기를 불어넣어 주리라."

이 말씀을 전할 때에 마른 뼈들이 일어나 붙고 힘줄이 생기며 살이 오르고 생기가 들어가니 큰 군대가 되었습니다.

하나님은 우리를 통해서 역사하십니다. 보이지 않는 하나님의 능력은 보이는 우리를 접촉점으로 하여 나타나는 것입니다. 이러므로 우리 한 사람 한 사람이 하늘나라에 얼마나 중요한지 말로 다 할 수 없습니다. 우리는 하나님 앞에서 우리의 위치가 얼마나 중요한지를 늘 깨달아야 합니다. 우리는 하늘나라의 대표이며 사자이며 대사입니다. 하나님은 우리에게 큰 기대를 걸고 계십니다.

시편 기자는 "환난 날에 나를 부르라 내가 너를 건지리니 네가 나를 영화롭게 하리로다"(시 50:15)라고 노래했습니다. 환난 날에 하나님을 모르는 사람, 복음을 듣지 못한 사람이 어떻게 부르짖습니까? 그 사람들이 하나님께 나아와 부르짖게 하기 위해서는 하나님을 아는 우리가 사자로 가서 가르쳐 주어야 합니다. 우리가 그들에게 하나님을 깨닫게 해 주고 예수님에 대해 가르쳐 주어야 합니다.

예수님은 "나는 빛이라."고 하셨습니다. 예수님 믿는 것이 그렇습니다. 예수님이 들어오기 전에는 앞이 캄캄합니다. 동서사방 앞뒤가 꽉 막혀 있습니다. 어디서 와서 왜 살며 어디로 가는지 캄캄합니다. 그러나 예수님을 믿게 되면 빛이 들어와서 머릿속과 마음이 환해집니다. 그제서야 '아, 하나님이 계시는구나! 예수님이 나의 구주시고 하나님이시구나! 성경이 하나님 말씀이구나!' 하며 깨닫게 됩니다.

이 빛을 전달할 사자가 누구입니까? 바로 우리입니다. 우리는 예수님을 모시고 있기 때문에 우리가 그들에게 복음을 통하여 빛을 전달해야 합니다. 그래서 그들이 환한 빛 가운데로 들어오게 해 주어야 합니다. 우리를 통해서 죄와 어둠 속에 있는 영혼들이 빛을 받고 그리스도를 모시고 하늘나라 백성이 되는 것입니다.

41-42절 선지자의 이름으로 선지자를 영접하는 자는 선지자의 상을 받을 것이요 의인의 이름으로 의인을 영접하는 자는 의인의 상을 받을 것이요 또 누구든지 제자의 이름으로 이 작은 자 중 하나에게 냉수 한 그릇이라도 주는 자는 내가 진실로 너희에게 이르노니 그 사람이 결단코 상을 잃지 아니하리라 하시니라

선지자나 의인을 대접하면 그들이 하늘나라에서 상을 받을 때 그들을 대접한 자도 함께 상을 받게 됩니다. 우리가 선교사로 가지 않았지만 선교 헌금을 작정하고 내면 나중에 선교사가 상을 받을 때 함께 선교사의 상을 받게 됩니다.

사무엘상 30장을 보십시오. 다윗이 군대를 거느리고 전쟁터에 나가 아말렉을 치고 많은 노략물을 취하여 돌아왔습니다. 그 때에 전장에 나갔다 온 자 중에서 어떤 자들이 후방에 있던 군인들에 대해 이렇게 말했습니다.

"이 사람들은 우리와 함께 전쟁터에 나가서 싸우지 않았으니 우리가 취하여 온 노략물을 나누어 줄 수 없소."

그러나 다윗은 그들에게 말했습니다.

"형제들이여, 하나님이 우리를 보호하시고 적을 우리 손에 붙여 주셨기에 우리가 오늘날 승리하고 이렇게 많은 노략물을 얻었소. 나가서 싸우는 사람에게든지 뒤에서 남아 지키는 사람에게든지 노략물은 공평하게 분배되어야 하오."

전방에서 목숨을 바쳐 싸운 군인들이나 후방에서 지킨 군인들이나 전쟁의 노략물을 공평히 나눕니다. 이와 마찬가지로 복음을 전하기 위해 아프리카로, 시베리아로 가서 모기에 뜯기고, 동상에 걸려가며 선교한 선교사들이나 이들을 위해 선교 헌금으로 뒤에서 도와주고 기도해 준 여러분이나 같은 상을 받게 되는 것입니다.

여러분, 나중에 한번 보십시오. 목사가 온 천하에 다니면서 하늘나라의 복음을 전파했어도, 성도들이 천국에 가면 하늘나라에서 목사가 받을 상을 같이 받습니다.

그때 여러분이 "주님! 나는 목사님처럼 일을 하지 않았는데요."라고 말하면, 주님은 "아니다. 너는 목사가 선교 사업을 할 수 있도록 뒤에서 기도해 주고 물질로 헌신했으니 함께 상을 받아라." 하실 것입니다.

여러분과 나는 한 팀이 되어 있기 때문에 내가 이긴 것은 여러분이 이긴 것이요, 내가 공로를 세운다면 여러분이 세운 것이 됩니다. 내가 일을 많이 하면 할수록 그만큼 여러분의 상도 많아집니다. 그러므로 우리는 일선에 나가서 일하지 못한다고 탄식할 것이 아니라 후방에서 기도해 주고 물질로 도움으로써 주의 일을 하면 되는 것입니다.

본문은 또한 예수님의 제자들이 복음을 전파할 때 냉수 한 그릇이라도 대접을 하는 사람은 결단코 상을 잃지 않는다고 했습니다.

하나님은 모든 것을 기억하십니다. 사도행전 10장을 보면 항상 하나님을 경외하고 구제의 일을 하며 기도하는 고넬료에게 천사가 나타나서 말했습니다.

"네 기도와 구제가 하나님 앞에 상달되어 기억하신 바가 되었으니 네가 지금 사람들을 욥바에 보내어 베드로라 하는 시몬을 청하라"(행 10:4-5)

고넬료가 천사를 통해 주신 말씀대로 베드로를 청하였더니 주님은 베드로를 통해 고넬료의 온 가정을 구원하여 주시고 성령을 주셨습니다.

또 사도행전 9장의 도르가를 보십시오. 홀로 된 과부들을 위해 선행과 구제를 많이 한 도르가가 병들어 죽었을 때에 사람들이 베드로를 청하여 울면서 도르가가 자신들을 위해 지어 준 옷들을 보여 주었습니다. 하나님은 도르가의 이 선행을 기억하고 계셨습니다. 하나님은 베드로를 통해 도르가를 다시 살리셨습니다.

요즘은 개인 신상도 컴퓨터에 다 기록됩니다. 이 사람은 어디서 태어났으며, 세금은 언제 냈고, 또 전과 기록은 있는가…… 등등, 버튼만 누르면 다 알 수 있습니다. 하물며 전지전능하신 하나님이 우리를 모르실 턱이 있습니까? 다 알고 계십니다.

주님의 종이 여러분의 집을 심방하고 축복해 줄 때 냉수 한 그릇이라도 대접하면 결단코 축복을 잃지 않습니다. 또한 성령의 역사를 따라 순종하여 주일성수하고 십일조와 선교 헌금을 한 것은 결단코 천국에서 상을 잃지 않습니다.

여러분이 하나님께 기억된 바 되어 이 땅에서나 하늘에서 풍성한 축복과 상급을 받으시기를 주님의 이름으로 축원합니다.

제 11 장

내 멍에는 쉽고 내 짐은 **가벼움이라**

A COMMENTARY
ON THE GOSPEL OF
MATTHEW Ⅱ

본 장에는 침례 요한의 질문에 대한 예수님의 답변과 함께 예수님께서 복음을 받아들이지 않는 고을들을 책망하시고 죄인들을 구원으로 초청하신 말씀이 기록되어 있습니다.

침례 요한은 메시아의 길을 예비하는 사역자로서 예수님을 가리켜 '세상 죄를 지고 가는 하나님의 어린양'(요 1:29, 36)이라고 말한 적이 있음에도 불구하고 감옥에 갇히게 되자 예수님이 진정 구약 성경에 예언된 메시아인지 의구심을 품게 되었습니다. 그래서 그는 자신의 제자들을 예수님께 보내 "오실 그이가 당신이오니이까"(3절)라고 물었습니다. 이에 예수님께서는 요한의 제자들에게 자신이 메시아로서의 왕적 권능을 가지고 각종 병자들을 고치며 죽은 자를 살리고 가난한 자에게 복음을 전파하고 계신다는 사실을 전해 주라고 하셨습니다. 한편 예수님은 권능을 가장 많이 행하신 고을들이 회개하지 않자 책망하신 후 수고하고 무거운 짐 진 자들을 안식으로 초청하셨습니다.

1. 오실 그이가 당신입니까?(11:1-6)

1. 예수께서 열두 제자에게 명하기를 마치시고 이에 그들의 여러 동
네에서 가르치시며 전도하시려고 거기를 떠나가시니라 2. 요한이
옥에서 그리스도께서 하신 일을 듣고 제자들을 보내어 3. 예수께 여
짜오되 오실 그이가 당신이오니이까 우리가 다른 이를 기다리오리이
까 4. 예수께서 대답하여 이르시되 너희가 가서 듣고 보는 것을 요한
에게 알리되 5. 맹인이 보며 못 걷는 사람이 걸으며 나병 환자가 깨
끗함을 받으며 못 듣는 자가 들으며 죽은 자가 살아나며 가난한 자에
게 복음이 전파된다 하라 6. 누구든지 나로 말미암아 실족하지 아니
하는 자는 복이 있도다 하시니라

1절 예수께서 열두 제자에게 명하기를 마치시고 이에 그들의 여러 동네에서 가르치시며 전도하시려고 거기를 떠나가시니라

예수께서 열두 제자들에게 하신 명령은 오늘날 제자 된 우리에게 동일

하게 적용되는 명령입니다. 예수님이 행하신 사역을 보면 항상 세 가지 사실이 따랐습니다. 먼저는 전도하는 것입니다. 그다음은 전도를 받아서 믿게 된 사람을 가르치는 일입니다. 그리고 마지막은 귀신을 쫓아내고 병을 고쳐 주는 것입니다.

오늘날에도 예수 그리스도를 믿는 사람들은 믿지 않는 사람들에게 전도해야 합니다. 예수님을 믿지 않는 사람에게 아주 단순하게 '예수님 믿고 하나님을 알라' 고 전도해야 합니다.

그다음 전도 받아서 예수님을 믿게 된 사람들을 주일 예배나 수요 예배뿐 아니라 구역 예배, 금요 철야 예배에도 참석하게 하고, 성경학교에 와서 말씀을 배우도록 해야 합니다. 오늘날만큼 오중복음과 삼중축복의 진리가 필요한 때가 없습니다. 이 진리를 잘 깨달은 사람은 어떠한 역경의 파도도 헤쳐 나갈 수 있는 믿음과 용기를 얻을 수 있습니다. 그러므로 우리는 오중복음과 삼중축복에 대한 진리를 알고 가르치고 행해야 합니다.

나아가 우리는 귀신을 쫓아내고 병을 고쳐야 됩니다. 이것은 하나님 아버지의 소원이요, 우리 주 예수 그리스도의 소원입니다. 또한 이것은 하늘나라의 성품입니다. 지옥의 성품과 열매는 병이요, 병을 고치는 것은 천국의 성품과 열매입니다. 천국이 우리 가운데 있으면 귀신이 쫓겨나고 병이 나아야 합니다.

하나님의 아들이 오신 것은 마귀의 일을 멸하기 위해서입니다(요일 3:8). 예수님이 가시는 곳마다 병을 고친 것은 병이 마귀의 일이기 때문입니다. 병은 하나님과 원수입니다. 병이 하나님의 뜻이 아니라는 것을 알았으면 결사적으로 물리쳐야 합니다. 병을 가지고 있으면 안 됩니다. 예수님은 철저히 병을 물리치기를 원하십니다. 그러므로 우리는 예수님의 이름으로 담대히 명하여 병마를 물리쳐야 합니다.

그 옛날 이스라엘 백성이 가나안 땅에 들어갔을 때 가나안 7족이 쉽게 물러갔습니까? 이스라엘 백성이 힘쓰고 애써서 그들과 싸워 물리친 것처럼 우리도 그렇게 싸워야 합니다. 예수님은 "침례 요한의 때부터 지금까지 천국은 침노를 당하나니 침노하는 자는 빼앗느니라"(12절)고 말씀하셨습니다. 우리는 기도로써 천국을 침노해 들어가 빼앗아야 합니다. 단호한 결심과 각오, 굴하지 않는 끈기를 가지고 기도하며 천국을 주장해야 합니다.

"병마야, 물러가라. 나는 예수님의 이름으로 나왔다."

이런 전쟁을 하되 하루, 일주일, 한 달까지라도 대적해야 합니다. 결사적으로 병마를 대적해서 쫓아내야 합니다. 그렇게 할 때 병마는 마침내 쫓겨나게 됩니다.

오늘날 우리는 예수님의 명령을 따르는 제자로서 항상 전도하고 가르치고 또한 병을 고치는 역사를 체험해야 하는 것입니다.

2-3절 요한이 옥에서 그리스도께서 하신 일을 듣고 제자들을 보내어 예수께 여짜오되 오실 그이가 당신이오니이까 우리가 다른 이를 기다리오리이까

'침례 요한'은 구약의 마지막 선지자입니다. 선지자의 시대는 침례 요한으로서 끝입니다. 구약은 예수 그리스도를 예시하는 것입니다. 창세기에서부터 말라기에 이르기까지 모든 구약 성경은 직접, 간접으로 하나님의 아들 예수님에 대하여 말하고 있습니다.

신약을 보면 예수께서 산에 올라가서 변화되셨을 때 율법을 대표하는

모세와 선지자를 대표하는 엘리야가 와서 예수님이 예루살렘에 가서 죽으시고 부활하실 것을 전했습니다. 구약의 율법이나 선지자는 모두 다 예수님에 대해서 말하였습니다.

침례 요한은 최후의 선지자요, 최대의 선지자입니다. 예수님을 직접 보고 예수님께 침례를 베풀고 예수님을 전했기 때문입니다. 이 침례 요한이 마침내 자기 때가 차매 헤롯 왕의 미움을 사서 감옥에 들어갔습니다. 요한을 감옥에 넣은 것은 헤롯 왕이었지만 그 배후에는 하나님이 섭리하고 있었습니다.

침례 요한은 예수 그리스도를 소개하는 중신아비와 같습니다. 이제 예수님이 오셨으니 중신아비의 할 일은 끝난 것입니다. 그래서 요한이 목 베임을 받아 죽도록 허락하셨습니다.

"이제 네 할 일은 끝났으니 이제 그만 하늘나라로 올라오너라."

혹 우리는 침례 요한의 마지막을 보면서 하나님이 충성스런 일꾼의 목숨을 거두신 것이 아닌가 생각할지 모릅니다. 그러나 섭섭해 할 필요가 없습니다. 천국은 이 땅에서의 삶과 비교할 수 없을 만큼 좋은 곳이기 때문입니다.

우리가 몰라서 그렇지 만일 우리가 천국의 영광을 보았다면 사도 바울과 동일한 고백을 했을 것입니다.

"내가 차라리 몸을 떠나 주와 함께 거하는 것이 좋다!"

천국의 영광을 본 사람은 죽는 것을 두려워하지 않을 것입니다. 천국을 가 보지 못했기 때문에 "쇠똥 밭에 굴러도 여기가 좋다." 하면서 죽는 것을 두려워하고 이 땅에 있는 것을 더 좋게 여기는 것입니다.

그런데 본문을 보면 감옥에 갇혀 있던 요한이 자신의 제자들을 예수님께 보내어 의심 섞인 질문을 하였습니다.

"오실 그이가 당신입니까? 우리가 다른 이를 기다려야 합니까?"

의심과 불신앙은 차이가 있습니다. 의심은 더 알기 위해서 갖는 것이고, 불신앙은 아예 안 믿기로 작정한 것입니다. 예컨대 도마는 의심하였습니다.

"나는 내 눈으로 예수님의 손에 난 못 자국을 보고 거기에 손가락을 넣어 보고 또 내 손을 예수님의 옆구리에 넣어 보기 전에는 믿을 수가 없다."

도마가 이렇게 말했어도 그것은 불신앙이 아니었습니다. 도마는 확실한 체험을 하기 원했기 때문입니다. 그래서 예수님이 나타나셔서 "도마야, 네 손가락을 내 손에 넣어 보아라. 네 손을 내 옆구리에 넣어 보아라. 그리고 이제는 더 이상 의심하지 말고 믿어라."고 말씀하셨습니다.

그러자 도마는 비로소 의심을 풀고 예수님께 엎드려 고백했습니다.

"예수님, 예수님은 나의 주님, 나의 하나님이십니다."

그는 이 체험을 통해 예수님을 확실히 믿게 되었고 저 멀리 인도 마드라스에까지 가서 복음을 전파하다가 순교했습니다. 이런 면에서 의심은 괜찮습니다. 의심은 더 알고 싶어하는 욕망이 나타난 것이기 때문에 믿음의 진보를 가져올 수 있습니다.

그러나 가룟 유다의 경우는 불신앙이었습니다. 그는 아예 예수님을 믿지 않았습니다. 예수님을 하나님의 아들로도, 메시아로도 믿지 않았습니다. 그래서 그는 예수님을 종의 몸값에 불과한 은 삼십냥에 팔아 넘긴 것입니다. 불신앙은 구제 불능입니다.

신앙인도 때로 의심합니다. 하지만 그것은 믿으면서 의심하는 것입니다. 천국이 있는 것을 믿으면서도 '천국이 정말 있을까?', 예수님이 계신 것을 믿으면서도 '예수님이 확실히 계실까?', 예수님의 부활을 믿으면서도 '예수님이 정말 부활하셨을까?' 라고 의심합니다. 그러면 '야, 이거 내가 큰일 난 것 아닌가?' 라고 생각할 수 있지만, 아닙니다. 그 의심은 더 알고 싶어서 나오는 마음의 태도입니다. 하나님은 그것을 나쁘게 보지 않으십니다. 하나님께서는 도마의 의심을 나쁘게 생각하지 않고 귀하게 여기셨던 것처럼 우리가 더 알기 위해서 의심을 가지고 성경도 읽고 부흥회도 참석하고 기도하면 더 깊은 신앙으로 이끌어 주십니다. 의심은 괜찮지만 불신앙은 절망입니다.

침례 요한은 자신의 사명이 끝난 것을 모르고 예수님을 의심하였습니다.

'내가 주님의 길을 예비하는 마지막 선지자로서 열심히 하나님을 경외하고 예수님을 전했는데도 불구하고 예수님이 기사와 이적으로 나를 내보내 주시지 않으니 참 이상하다.'

그래서 요한은 자신의 제자들에게 명하였습니다.

"예수님에게 가서 그분이 참으로 메시아인지 아니면 우리가 다른 이를 기다려야 하는지 물어 보아라."

요한도 어려움을 당할 때 마음에 의심이 들어온 것입니다. 우리도 어려움에 처하면 '주님이 정말 살아 계실까? 나를 정말 사랑하실까? 주님이 나를 버리신 것이 아닐까?' 하는 의심이 들어옵니다. 누구든지 어려움을 당하면 이런 의심의 공격을 받게 됩니다. 그러나 우리가 믿고 기도하면 그 의심의 공격에서 쉽게 놓여남을 받습니다. 의심을 이기면 이길수록 우리의 믿음은 더욱 커집니다.

예수님도 십자가에 못 박혀 큰 고통을 당할 때 이렇게 부르짖었습니다.

"하나님이여, 하나님이여! 어찌하여 나를 버리시나이까?"

하나님의 뜻에 의해 십자가에 못 박히고 버림받았음에도 불구하고, 예수님도 극한의 고통에 처했을 때에 '어찌하여 나를 버리셨나이까?' 라고 의심하셨습니다. 그러나 얼마 있지 아니하여 하나님이 당신을 버리신 것이 아니라는 사실을 깨달았습니다. 부활을 통해 하나님이 결코 버리신 것이 아님을 깨달았습니다.

하물며 우리 같은 사람들은 밤낮 의심이 들어왔다 나갔다 합니다. 그래도 우리가 현재 이만큼 믿는 것은 성령님이 붙들어 주시기 때문입니다. 성령님이 도와주셔서 말할 수 없는 탄식으로 우리를 위해 기도해 주시기 때문에 이만한 믿음을 유지하고 있는 것입니다.

그러므로 의심하지 마십시오. 그럼에도 불구하고 자꾸 의심이 들어오면 더욱 기도하고 성령님을 의지하여 이를 오히려 더 깊은 신앙의 체험으로 나아가게 되는 계기로 삼으시기 바랍니다.

4-5절 **예수께서 대답하여 이르시되 너희가 가서 듣고 보는 것을 요한에게 알리되 맹인이 보며 못 걷는 사람이 걸으며 나병 환자가 깨끗함을 받으며 못 듣는 자가 들으며 죽은 자가 살아나며 가난한 자에게 복음이 전파된다 하라**

침례 요한은 메시아가 오면 어떠한 일이 일어날 것인지를 알고 있었습니다. 하늘나라가 임하면 어떤 일이 일어나며, 메시아가 어떠한 일을 할 것인지를 알고 있었습니다. 그래서 예수님은 자신이 행하고 있는 일을 보고 들은 대로 요한에게 전하라고 말씀하신 것입니다.

그러면 메시아와 하늘나라의 증거는 무엇입니까? 메시아와 하늘나라가 임한 증거는 바로 치료에 있습니다. 천국의 기초도, 열매도, 성품도 치료에 있습니다. 치료하지 않는 메시아는 메시아가 아닙니다. 치료 없는 천국은 천국이 아닙니다.

예수님은 요한이 제자들을 보내 "당신이 그 메시아입니까?"라고 질문했을 때 당신이 메시아이신 것과 천국을 가져온 증거로서 치료를 내놓았습니다.

"맹인이 눈을 뜨고, 못 걷는 사람이 일어나 걸으며, 나병 환자가 깨끗함을 받고, 못 듣는자가 듣고, 죽은 자가 다시 살아나며, 가난한 자에게 복음이 전파되지 않느냐?"

부자들은 복음을 필요로 하지 않습니다. 그들의 마음에는 복음이 들어갈 자리가 없습니다. 마음에 세상이 꽉 들어찬 사람은 예수님의 복음이 들어갈 자리가 없습니다. 복음을 가장 잘 증거할 수 있는 때는 사람들이 어려움을 당하여 마음이 비어 있을 때입니다. 주님은 말씀하십니다.

"화 있을진저, 배부른 자여! 너는 나중에 배고플 것이다. 화 있을진저, 웃는 자여! 너는 나중에 울 것이다. 지금 배고픈 사람은 복이 있나니 그 마음의 빈자리에 복음이 들어가 배부르게 될 것이다."

예수께서 요한에게 전해 주라는 말은 결국 예수님이 메시아이심을 확인시켜 주는 것이었습니다.

"그렇다. 나는 메시아다. 나의 나라는 치료의 나라다. 지금 내가 치료하고 지금 내 나라가 나타나고 있지 않느냐? 마음이 가난한 사람들이 나를 믿고, 그들이 하늘나라를 바라보고 있지 않느냐? 가서 요한에게 이것을 말하라."

치료의 역사가 나타나야 하늘나라입니다. 하늘나라가 나타나면 영혼이 치료받고, 마음이 치료받고, 병든 몸이 치료받게 되어 있습니다. 그러므로 우리가 예수님을 믿음으로 말미암아 하늘나라가 우리 속에 임하였다면 우리 자신은 물론 가정에도, 구역에도, 기도처에도, 교회에도 치료의 역사가 나타나야 하는 것입니다.

하늘나라는 마음이 가난한 사람에게 들어가게 되는 것입니다. 이런 면에서 볼 때 지금 우리나라는 하늘나라가 크게 확장될 수 있는 기회를 맞고 있습니다. 계속되는 정치적 불안정과 경제적인 어려움으로 우리나라는 몸살을 앓고 있습니다. 그런데 이러한 어려움의 이면에는 하나님의 섭리가 있습니다. 하나님이 우리나라에 어려움을 허용하는 것은 더 많은 영혼이 구원받게 하시기 위함입니다. 이 나라가 구원을 받고 메시아의 나라가 되게 하기 위해, 그리하여 역경이 변하여 축복이 되게 하기 위함인 것입니다. 이때야말로 교회가 일어나서 기도하고, 믿음의 결단을 가지고 전도해서 4천5백만 온 국민이 예수님을 믿고 구원받게 해야 합니다.

하나님이 축복을 주시면 하나님을 더 잘 섬겨야 합니다. 그런데 우리는 그렇게 하지 못할 때가 많습니다.

내가 서대문에서 목회할 때 심한 병이 들어서 고생을 하는 분이 있었습니다. 내가 심방을 하고 안수 기도를 해 드렸는데 그분의 병이 깨끗이 나았습니다. 그런데 하루는 이분이 나에게 찾아와서 이렇게 말하는 것이었습니다.

"목사님, 그동안 고맙습니다. 이제는 병이 나았으니 교회에 그만 나오려고 합니다."

나는 너무나 기가 막혔습니다.

"아니, 예수님이 당신의 병을 낫게 해 주신 것은 당신의 영혼까지 구원해 주시려고 하신 것인데 병만 낫고 구원은 받지 않으려고 합니까?"

"아닙니다. 목사님, 나는 병 나으려고 나왔지, 구원받으려고 나오지 않았습니다. 그러니 그만 나와야지요."

이것은 하나님을 마치 무슨 백화점인양 취급한 것입니다. 와서 물건을 샀으니 그만 온다는 것입니다. 그러나 하나님의 은혜를 받았으면 감사할 줄 알아야 합니다. 하나님이 기뻐하시는 일을 하고 더 열심을 내야 합니다. 하나님의 은혜를 받고 나서 뒤돌아서는 악하고 어리석은 자가 되어서는 결코 안 됩니다.

6절 누구든지 나로 말미암아 실족하지 아니하는 자는 복이 있도다 하시니라

예수님으로 인해 실족했던 자들은 이같이 예수님을 비난하였습니다.

"무슨 메시아가 병을 고치냐? 하늘나라가 어떻게 치료하는 역사만 하는 것이냐? 거룩하게 제사를 드려야지."

예수님은 거룩한 종교 의식을 집행하지 않았습니다. 예수님이 계신 곳에는 귀신 들린 자, 다리 저는 사람, 못 걷는 사람, 맹인, 못 듣는 자, 중풍병자들이 잔뜩 모여 있었습니다.

오늘날도 교회에 병자들이 잔뜩 모여 있는 것을 보고 "저게 무슨 교회냐?" 하면서 실족하는 사람이 있습니다. 이러한 사람은 참으로 불쌍한 사람입니다. 하늘나라는 치료에 있습니다. 그런데 그것을 모르고 메시아의 나라를 비난하는 것입니다.

내가 처음 불광동 천막 교회에서 목회할 때를 돌아보면 모두 병들고

가난한 사람들만 모여 있었습니다. 교회에 앉아 있는 사람들을 보면 번듯한 옷을 입은 사람이 한 사람도 없었습니다. 병이 심하게 들었는데도 약값이 없어 약도 사 먹지 못하고 교회에 와서 쭈그리고 앉아 있었습니다. 내가 강단에 서서 보면 온통 병자와 거지요, 특히 많은 폐병 환자들이 들것에 실려 와 있었습니다. 이 때문에 제 아내와 최자실 목사님이 폐병에 전염되기도 했습니다.

그때 많은 목사들이 내게 와서 말했습니다.

"이게 무슨 교회요? 거지 수용소요, 병신 수용소지! 교회는 장엄하게 하나님께 예배하고 찬양하고 믿음으로 하나님을 섬겨야 하는 것 아니요? 교회에 못 듣는 자, 말 못 하는 사람, 다리 저는 사람들만 모여 있으니 이게 무슨 교회요?"

나는 그때 알았습니다.

'그래, 메시아는 치료자이다. 하늘나라는 치료에 있다. 누가 무슨 말을 해도 나는 이분들하고 같이 울고 웃으면서 하늘나라 역사를 베풀어 주는 일에 헌신해야겠다.'

이것이 천국입니다. 병자들을 놓고 기도할 때 낫는 사람이 있는가 하면 안 낫는 사람도 있습니다. 우리 믿음이 적어서 낫지 않기도 합니다. 그러나 하나님이 데려가시기로 작정한 사람을 제외하고는 거의 다 낫습니다.

비가 올 때 교회에 나올라치면 진창이 깊어 발목까지 다 빠집니다. 그럼에도 불구하고 우리 교회는 3년 만에 약 6백 명의 성도로 부흥이 되었습니다. 그때 6백 명이면 굉장히 많이 모이는 것입니다.

그 후 서대문으로 옮겨 목회를 하는데 거기서도 온갖 병자, 장애자들만 모였습니다. 그들은 아예 교회에 와서 살다시피 했습니다. 그리고 가족끼리 와서 밥까지 해 먹었습니다. 그러다 보니 교회에 김치 냄새, 된장 냄새가 진동하고 몸도 씻지 않으니 악취가 코를 찌를 정도였습니다.

그때 어떤 여자 선교사님 한 분이 우리 교회에 와서 예배에 참석하고 나서 나에게 이렇게 말했습니다.

"목사님, 순복음교회는 왜 병자들만 모여 있습니까? 냄새가 나서 못 견디겠어요. 거룩한 주님이 냄새 때문에 어떻게 이곳에 오시겠습니까? 이런 사람들만 모아 놓지 말고 복음을 전하세요. 그리고 교인들에게 목욕하는 것도 가르치세요."

그래서 내가 선교사님에게 말했습니다.

"선교사님, 말씀 잘했습니다. 이 사람들은 천국 제1동에서 온 사람들입니다. 왜 천국 제1동이냐? 예수님이 내려오시면 제일 먼저 올라갈 곳이기 때문입니다. 이 사람들이 몰라서 목욕을 못 하는 것이 아닙니다. 겨울에는 목욕탕에 가야 하는데 돈이 없습니다. 여름이 와야 한강에 가서 목욕을 할 수 있습니다. 선교사님, 이것을 아셔야 합니다. 예수님이 목욕하고 다닌 줄 아십니까? 여우도 굴이 있고 새도 둥지가 있지만 예수님은 머리 둘 곳조차 없으셔서 산이나 들에서 주무셨습니다. 예수님도 여름에 비가 와야 갈릴리 해변에서 목욕하실 수 있었다고요. 예수님도 냄새 나는 것에 익숙합니다. 예수님은 가난한 자에게 복음이 전파된다고 하셨습니다. 그렇기 때문에 예수님은 가난하고 냄새 나는 사람들과 병자들을 찾아가서 복음을 전하신 것입니다. 병든 사람에게 병 고치는 것보다 더 좋은 소식이 어디 있습니까? 이것이 복음 아닙니까? 주님은 치료하는 하나님이시고 병 고치는 것이 복음 아닙니까?"

나의 이 말에 그녀는 고개를 설레설레 흔들고 나갔습니다.

예수님을 바로 알지 못해서 교회가 병을 고친다든가 또 가난한 사람들이 모여 있다고 실족하는 사람은 보통 손해보는 것이 아닙니다. 예수님은 권세 있는 자, 부자, 교육을 많이 받은 자, 신분이 높은 자들에게서 높임 받는 분이 아닙니다. 예수님은 헐벗고 굶주리고 병들고 소외되고 가난하고 버림받은 사람들 가운데 역사하시는 하나님입니다. 그래서 예수님은 '당신이 정말 메시아입니까? 다른 이를 기다려야 합니까?' 라고 침례 요한이 물었을 때 병자가 치료받고 가난한 사람에게 복음이 전파되는 것을 증거로 내놓으신 것입니다. 오늘날에도 가난한 사람이 모이고 병자가 모여드는 곳, 그리고 병 고치는 역사가 많이 나타나는 곳이 바로 메시아가 역사하는 곳입니다. 이런 교회가 참된 교회입니다. 이런 의미에서 우리 교회는 참된 교회입니다.

2. 선지자보다 나은 자(11:7-19)

7. 그들이 떠나매 예수께서 무리에게 요한에 대하여 말씀하시되 너희가 무엇을 보려고 광야에 나갔더냐 바람에 흔들리는 갈대냐 8. 그러면 너희가 무엇을 보려고 나갔더냐 부드러운 옷 입은 사람이냐 부드러운 옷을 입은 사람들은 왕궁에 있느니라 9. 그러면 너희가 어찌하여 나갔더냐 선지자를 보기 위함이었더냐 옳다 내가 너희에게 이르노니 선지자보다 더 나은 자니라 10. 기록된바 보라 내가 내 사자

를 네 앞에 보내노니 그가 네 길을 네 앞에 준비하리라 하신 것이 이 사람에 대한 말씀이니라 11. 내가 진실로 너희에게 말하노니 여자가 낳은 자 중에 침례 요한보다 큰 이가 일어남이 없도다 그러나 천국에서는 극히 작은 자라도 그보다 크니라 12. 침례 요한의 때부터 지금까지 천국은 침노를 당하나니 침노하는 자는 빼앗느니라 13. 모든 선지자와 율법이 예언한 것은 요한까지니 14. 만일 너희가 즐겨 받을진대 오리라 한 엘리야가 곧 이 사람이니라 15. 귀 있는 자는 들을지어다 16. 이 세대를 무엇으로 비유할까 비유하건대 아이들이 장터에 앉아 제 동무를 불러 17. 이르되 우리가 너희를 향하여 피리를 불어도 너희가 춤추지 않고 우리가 슬피 울어도 너희가 가슴을 치지 아니하였다 함과 같도다 18. 요한이 와서 먹지도 않고 마시지도 아니하매 그들이 말하기를 귀신이 들렸다 하더니 19. 인자는 와서 먹고 마시매 말하기를 보라 먹기를 탐하고 포도주를 즐기는 사람이요 세리와 죄인의 친구로다 하니 지혜는 그 행한 일로 인하여 옳다 함을 얻느니라

7-11절 그들이 떠나매 예수께서 무리에게 요한에 대하여 말씀하시되 너희가 무엇을 보려고 광야에 나갔더냐 바람에 흔들리는 갈대냐 그러면 너희가 무엇을 보려고 나갔더냐 부드러운 옷 입은 사람이냐 부드러운 옷을 입은 사람들은 왕궁에 있느니라 그러면 너희가 어찌하여 나갔더냐 선지자를 보기 위함이었더냐 옳다 내가 너희에게 이르노니 선지자보다 더 나은 자니라 기록된 바 보라 내가 내 사자를 네 앞에 보내노니 그가 네 길을 네 앞에 준비하리라 하신 것이 이 사람에 대한 말씀이니라 내가 진실로 너희에게 말하노니 여자가 낳은 자 중에 침례 요한보다 큰 이가 일어남이 없도다 그러나 천국에서는 극히 작은 자라도 그보다

크니라

예수님은 침례 요한을 대단히 사랑하셨습니다. 그런데 본문을 보면 예수님이 침례 요한에 대하여 아주 문학적이고 시적으로 말씀하셨습니다.

"너희가 무엇을 보려고 광야에 나갔더냐? 바람에 흔들리는 갈대냐?……너희가 무엇을 보려고 나갔더냐? 부드러운 옷 입은 사람이냐? 부드러운 옷을 입은 사람들은 왕궁에 있느니라……."

바람에 흔들리는 갈대나 귀인을 보려고 광야에 나가는 사람이 어디에 있습니까? 예수님이 보통 때에는 사용하지 않으시는 이런 시적인 언어를 쓰신 것은 침례 요한에 대해 깊은 사랑을 가지고 있었기 때문입니다.

"그러면 너희가 어찌하여 나갔더냐? 선지자를 보려더냐? 옳다. 그는 선지자보다 나은 자니라……여자가 낳은 자 중에 침례 요한보다 큰 이가 일어남이 없도다……."

예수님은 이렇게 침례 요한을 높이 평가하셨습니다. 그는 마지막으로 주님을 전한 가장 위대한 선지자였습니다.

구약 성경 말라기 3장 1절을 보면 "만군의 야훼가 이르노라 보라 내가 내 사자를 보내리니 그가 내 앞에서 길을 준비할 것이요 또 너희가 구하는바 주가 갑자기 그의 성전에 임하시리니 곧 너희가 사모하는바 언약의 사자가 임하실 것이라" 고 하였습니다.

침례 요한은 이 예언의 말씀대로 만왕의 왕, 만주의 주이신 예수님보다 여섯 달 앞서 와서 예비했습니다. 침례 요한은 예수님이 오시는 길을 직접 예비한 사람이었기 때문에 위대한 것입니다.

예수님은 "여자가 낳은 자 중에 침례 요한보다 더 큰 이가 일어남이 없도다."고 말씀하셨습니다. 이 땅에서 태어난 사람 중에 침례 요한보다 더 큰 사람이 어디 있습니까? 그러나 곧이어 예수님은 이렇게 말씀하셨습니다.

"그러나 천국에서는 극히 작은 자라도 그보다 크니라."

아무리 이 땅에서 미미한 삶을 살았더라도 예수님을 믿고 거듭난 사람은 천국 백성인데, 침례 요한 때까지는 거듭난 사람이 없었습니다. 예수님은 당신을 믿고 거듭난 사람은 지극히 미미한 자라 할지라도 침례 요한보다 크다고 선포하셨습니다.

여러분, 오늘날 예수님을 믿는 사람이 얼마나 고상하고 위대한 줄 아십니까? 침례 요한은 구약 성도의 대표자로서 예수님의 친구가 되었지만 신부는 아니었습니다. 그러면 신부는 누구입니까? 오늘날 예수님을 믿는 우리가 바로 예수님의 신부입니다.

친구와 신부 중에 누가 높습니까? 물론 신부가 높습니다. 침례 요한과 구약의 모든 성도들은 친구입니다. 그래서 예수님이 와서 신부를 구하는 것을 보고 박수를 치며 기뻐하고 좋아합니다. 그러므로 요한은 이렇게 말하였습니다.

"신부를 취하는 자는 신랑이나 서서 신랑의 음성을 듣는 친구가 크게 기뻐하나니 나는 이러한 기쁨으로 충만하였노라"(요 3:29).

구약의 모든 성도들은 예수님의 친구입니다. 그러나 예수님이 십자가에서 죽으시고 부활하신 은총을 입어서 성령으로 거듭난 우리는 그리스도의 신부가 되어 그리스도와 더불어 한자리에 같이 올라갑니다.

여자가 아무리 신분이 천하다고 할지라도 훌륭한 남자와 결혼하면 남편의 신분과 같아집니다. 그러므로 지극히 작은 자라도 예수님의 신부

된 자는 천국에서 침례 요한보다 큰 것입니다.

오늘날 예수님을 믿는 여러분은 구약 시대의 성도에 비해 얼마나 영화로운지 알아야 합니다. 구약 시대의 성도는 예수님의 친구요, 신약 시대의 성도는 예수님의 신부입니다. 친구가 아무리 좋아도 신부보다 좋을 수는 없습니다.

12절 침례 요한의 때부터 지금까지 천국은 침노를 당하나니 침노하는 자는 빼앗느니라

예수님이 오셔서 천국을 우리에게 주셨습니다. 천국의 임금은 예수님이시고 믿는 우리는 그 나라의 백성입니다. 우리는 작은 천국입니다. 예수님은 우리를 다스리시되 우리의 기도와 믿음을 통해서 다스리십니다.

우리가 천국이면 오중복음과 삼중축복의 천국의 은혜와 축복이 우리의 삶 속에 나타나야 합니다. 가나안 복지는 바로 우리 자신입니다. 그러므로 우리가 천국을 침노하려면 우리 속에 있는 가나안의 일곱 족속을 쫓아내야 합니다.

그렇다면 우리는 무엇으로 천국을 침노해야 합니까? 믿음으로 침노하고, 기도로 침노하고, 헌신과 충성으로 침노해서 빼앗아야 합니다. 그래서 천국의 용서와 의를 소유해야 합니다. 사랑과 건강과 치료를 소유해야 합니다. 축복을 소유해야 합니다. 영생 천국을 소유해야 합니다.

이는 주님이 십자가에서 흘린 핏값으로 이미 내게 주신 것들입니다. 과수원에 가서 손은 가만히 놔두고 입만 딱 벌리고서 감 떨어지기를 바란다면 평생 감을 먹을 수 없을 것입니다. 내가 일어나서 내 손으로 따 먹어야 합니다. 많은 성도들이 교회에 와서 입만 딱 벌리고 앉아서 생각합

니다.

'우리 목사님이 기도해서 따 주겠지!'

물론 목사님이 기도해서 도와줍니다. 그러나 내게 주신 축복은 내가 일어나서 '믿습니다'로 기도하고 따 먹어야 합니다. 내가 결사적으로 강력하게 기도할 때 이미 무장 해제된 마귀는 물러가고 천국의 축복이 내 것이 되는 것입니다.

13-15절 모든 선지자와 율법이 예언한 것은 요한까지니 만일 너희가 즐겨 받을진대 오리라 한 엘리야가 곧 이 사람이니라 귀 있는 자는 들을지어다

침례 요한이 왔다는 것은 의미심장합니다. 예수 그리스도를 통한 새로운 언약인 신약이 도래하고 구약이 끝나는 경계점이 바로 침례 요한입니다. 침례 요한은 구약의 마지막 선지자로서 율법 아래에 있었고 율법을 전한 분입니다.

구약의 모든 율법과 선지자는 모두 다 하나님의 아들 예수 그리스도께서 오셔서 십자가에 못 박혀 죽었다가 부활하시고 우리에게 구원의 도를 전파할 것을 보여 주는 그림자요, 예언이었습니다.

모세 율법에서, 제사 의식은 예수님이 십자가에 못 박혀 몸 찢기고 피 흘려 죽으심으로 우리를 위한 속죄의 제사를 완성하실 것을 보여 주는 것입니다. 하나님 앞에 지은 죄를 속하는 속죄제, 사람에게 지은 죄의 대가를 지불하는 속건제, 헌신과 충성을 표현하는 번제, 하나님과의 화목을 위해 드리는 화목제, 하나님께 감사하는 감사제 등 많은 짐승의 피를 흘리면서 제사를 드린 것은 예수 그리스도께서 속죄제, 속건제, 번제, 화

목제, 감사제의 제물이 되셔서 십자가에서 영원한 제사를 완성하신 것을 예견적으로 보여 준 것입니다.

그렇기 때문에 구약의 제사는 절대로 완전하지 못합니다. 짐승의 피로 사람의 죄를 덮을 수 없습니다. 구약의 모든 제사는 장차 오셔서 우리를 위해서 온전히 피를 흘려 구속하실 하나님의 어린양을 상징합니다. 또한 구약의 예언도 종국적으로 예수님이 오셔서 우리를 구원하시고 장차 메시아 왕국을 세울 것을 예언한 것입니다. 그러므로 구약과 신약은 모두 다 예수 그리스도를 섬기고 나타내기 위한 것입니다.

예수께서 언젠가 요한과 야고보와 베드로를 데리고 산에 올라가셨을 때 변화되셔서 얼굴이 태양같이 빛나고 옷이 빛같이 희어졌습니다. 그때 구름 사이로 모세와 엘리야가 예수님을 찾아왔습니다. 그들은 예수께서 예루살렘으로 올라가 십자가에서 죽으실 것을 고하였습니다. 모세는 율법의 대표이고 엘리야는 선지자의 대표입니다. 율법과 선지자의 대표가 똑같이 와서 예수님을 증거하고 예수님을 섬긴 것입니다. 예수님은 어떠한 구약의 율법이나 선지자보다 높습니다.

오늘날 우리는 율법 아래에 있지 않고 예수 그리스도의 은혜 아래에 있습니다. 예수님은 "모든 선지자와 및 율법이 예언한 것이 요한까지니라." 고 하셨습니다. 우리는 이제 새로운 언약의 시대에 살고 있습니다. 시내 산 율법 아래에서는 짐승의 피로 언약을 맺었지만, 오늘날 믿는 우리는 갈보리 산 십자가에서 하나님의 아들 예수 그리스도의 피로 언약을 맺었습니다.

구약에서는 율법과 계명을 지키면 구원을 얻지만, 신약에서는 오직 믿음으로 말미암아 구원을 얻습니다. 이스라엘 백성들은 율법과 계명을 어졌기 때문에 그 약속이 철폐되었습니다. 그러나 신약은 오직 믿음 외에 다른 아무 조건이 없습니다. 죄를 지었음에도 불구하고, 못났음에도 불구하고, 버림을 받아야 마땅함에도 불구하고 오직 예수를 믿음으로 말미암아 그 보혈의 은혜로 구원을 받는 것입니다.

그러나 믿고 난 다음 하나님과 깊은 교제를 나누며 사랑과 축복을 받기 위해서는 법을 지켜야 합니다. 믿고 난 다음에 하나님과 깊은 교제를 나누고 기도 응답을 받기 위해서는 하나님의 계명을 지켜야 하는 것입니다.

예수께서는 "나의 계명을 지키는 자라야 나를 사랑하는 자니 나를 사랑하는 자는 내 아버지께 사랑을 받을 것이요 나도 그를 사랑하여 그에게 나를 나타내리라"(요 14:21)고 말씀하셨습니다.

예수님을 믿고 난 다음에는 하나님의 자녀가 되었으므로 계명을 지키면서 살아야 하는 것입니다. 그래야 하나님과 깊은 교제를 이룰 수 있습니다. 계명을 지키는 것이 구원의 조건은 아닙니다. 구원은 오직 예수를 믿음으로 받습니다. 그러나 믿고 구원받았다고 하여 계명을 지키지 않으면 하나님과의 교통이 끊어집니다. 하나님과의 신령한 생활이 이루어지지 않습니다. 계명을 계속해서 어기고 살면 믿음도 잃어버리고 맙니다. 율법 시대에는 계명이 구원의 조건이었습니다. 그러나 오늘날 예수 믿고 구원받은 우리에게 있어서 계명은 하나님 앞에 거룩하게 되고 하나님과 교제의 끈을 이어주는 길잡이 역할을 합니다.

말라기 4장 5절부터 6절은 "보라 야훼의 크고 두려운 날이 이르기 전에 내가 선지자 엘리야를 너희에게 보내리니 그가 아버지의 마음을 자녀에게로 돌이키게 하고 자녀들의 마음을 그들의 아버지에게로 돌이키게 하리라 돌이키지 아니하면 두렵건대 내가 와서 저주로 그 땅을 칠까 하노라" 고 말씀하고 있습니다.

예수님은 침례 요한이 이 말씀에 예언된 엘리야라고 말씀하셨습니다. 침례 요한이 예수 그리스도께서 오시기 전에 와서 성령의 능력과 은혜로 백성들의 마음을 돌이키고 예수님의 길을 예비하는 일을 하리라는 것입니다. 그는 예수님이 말씀하신 대로 예수님의 길을 닦는 구약의 마지막 선지자였기 때문에 여자가 낳은 자 중에 가장 크고 훌륭한 자였습니다.

16-17절 이 세대를 무엇으로 비유할까 비유하건대 아이들이 장터에 앉아 제 동무를 불러 이르되 우리가 너희를 향하여 피리를 불어도 너희가 춤추지 않고 우리가 슬피 울어도 너희가 가슴을 치지 아니하였다 함과 같도다

육신의 귀가 잘 들리지 않으면 참으로 답답합니다. 그러나 육신의 귀가 밝아도 영의 귀가 없는 사람에게는 하늘나라의 일을 아무리 말해도 철벽에 대고 말하는 것처럼 전혀 알아듣지 못합니다. 나는 오랜 세월 목회를 해 오면서 수없이 경험해 보았기 때문에 이것을 잘 압니다.

영적으로 죽은 사람은 예수 그리스도의 복음을 아무리 이야기해 주어도 전혀 알아듣지 못합니다. 하나님의 아들이 왜 이 세상에 왔으며, 왜 십자가에 못 박혀 죽었다가 부활했는지를 아무리 말해 주어도 전혀 깨닫지 못합니다. 정말 답답한 일입니다. 죽고 사는 것, 즉 영생과 영사가 여기에 달렸는데 이것을 깨닫지 못하면 멸망하고 맙니다. 그런데 아무리 간절히 말해 주어도 관심 없이 그저 육신의 정욕과 안목의 정욕과 이생의 자랑만 생각하는 사람을 보면 참으로 안타깝습니다.

내가 한번은 병원에 가서 한 유명한 기업가에게 전도를 했습니다. 그는 죽을병에 걸려 있었습니다.

"보세요, 당신이 아무리 큰 사업을 해도 죽으면 무슨 소용이 있습니까? 당신이 애지중지하는 사업체를 지고 갈 수 있습니까, 안고 갈 수 있습니까? 당신의 육신 하나도 못 가져갑니다. 예수님을 믿고 구원받아야 합니다."

나는 이 사람이 잠자코 있기에 열심히 듣고 있는 줄 알았습니다. 그런데 그가 갑자기 옆에 있는 자신의 아내를 쳐다보면서 이렇게 말하는 것이었습니다.

"빨리 배를 사서 수출해야지 뭐하고 있는 거요?"

기가 막히는 일이었습니다.

"아니, 지금 죽게 된 마당에 도대체 내 이야기를 듣는 겁니까? 안 듣는 겁니까?"

"목사님, 복음은 나중에 듣고 지금은 배부터 사서 수출해야 합니다."

그래서 나는 그냥 돌아올 수밖에 없었습니다. 며칠 후에 그가 죽었다는 소식을 들었습니다. 그는 죽어가면서도 "배, 배, 배……." 했다고 합니다.

예수님은 "사람이 만일 온 천하를 얻고도 제 목숨을 잃으면 무엇이 유익하리요 사람이 무엇을 주고 제 목숨을 바꾸겠느냐"(16:26)라고 말씀하셨습니다.

배를 사서 돈을 많이 번들 죽으면 무슨 유익이 있습니까?

이런 사람도 있었습니다. 육군 사관학교를 졸업하고 육군 대위로 있던 사람이 암에 걸려 죽게 되었습니다. 그의 부인이 하도 눈물로 울면서 간청하기에 내가 병원에 가서 그에게 전도를 했습니다. 그런데 그는 이렇게 말하는 것이었습니다.

"나는 군인입니다. 나는 끝까지 군인으로 살다가 군인으로 죽으렵니다."

그래서 내가 "군인은 예수 못 믿습니까?" 했더니, "나는 예수 믿기 전에 군인이 되었기 때문에 군인으로 죽으렵니다. 목사님이 와서 전도를 하는 것은 고맙지만 나는 끝까지 예수 안 믿고 죽겠습니다."

나는 이번에도 할 수 없어서 그냥 돌아왔습니다. 정말 철벽 같은 인생이 많습니다.

시편 기자는 "우리의 연수가 칠십이요 강건하면 팔십이라도 그 연수의 자랑은 수고와 슬픔뿐이요 신속히 가니 우리가 날아가나이다"(시 90:10)라고 고백했습니다. 구원받지 못할 바에야 차라리 태어나지 않는 것이 좋습니다. '지옥 불' 에 들어갈 바에야 차라리 태어나지 않는 편이 나은 것입니다. 또 이 세상에 사는 것도 그렇습니다. 예수님을 믿고 하나님을 섬기는 것 없이 무슨 재미로 삽니까? 결혼 전에 열렬히 연애를 해서 결혼한 부부도 매일 보면 그 얼굴이 그 얼굴입니다. 우리 인생은 하나님 없이는 살 수 없습니다.

이 세상의 모든 것들이 그냥 저절로 생겨난 것이 있습니까? 옷이나 밥이 우연히 생깁니까? 집이 저절로 세워지고 자동차가 저절로 만들어집니까? 다 만든 사람이 있지 않습니까? 하물며 우주 만물과 땅과 하늘과 수목이 그냥 생길 리 만무합니다. 그런데 어쩌면 사람이 이같이 무지몽매할 수 있습니까? 하나님이 구원하시려고 손을 내미는데 그 하나님의 손길을 뿌리치는 사람은 철벽같이 꽉 막힌 사람이고 그 인생은 캄캄한 밤입니다.

예수님은 본문에서 이것을 "피리를 불어도 춤추지 않고 슬피 울어도 가슴을 치지 아니하는 것과 같다."라고 비유하며 탄식하셨습니다. 그 어떤 것에도 아무런 반응이 없다는 것입니다. 미우면 '밉다' 하고, 좋으면 '좋다' 하는 반응이 있어야 합니다. "예수 믿으세요." 하고 전도할 때 반응이 나타나야 합니다. "믿으려면 내 주먹이나 믿으라!"고 소리치면서 적극적으로 반대하면 그 사람은 오히려 믿을 사람입니다. 그런데 "믿어야지요. 나중에 갈게요."라고 하는 사람은 아무리 전도해도 믿지 않습니다.

'믿으라' 할 때에 금방 얼굴이 달아오르며 반발하든지, 아니면 좋다고 그 자리에서 받아들이든지 하는 반응이 있어야 합니다. 반응이 있으면 재미가 있습니다. 부부간에도 기뻐하면 함께 웃고, 슬퍼하면 함께 슬퍼해 주는 반응이 있어야지 화를 내도 가만히 있고 웃어도 가만히 있으면 참으로 답답한 일입니다.

사람은 감정 표현이 있어야 합니다. 사람이 사람인 것은 감정이 있기 때문입니다. 서로 반응이 있어야 합니다. 도와주면 고맙다는 반응이 있어야 합니다. "말 한마디에 천냥 빚을 갚는다"고 했습니다. 진정으로 고맙다는 말 한마디에 감동이 되는 것입니다.

그런데 많은 도움을 받으면서도 감사하다는 말을 하지 않는 사람이 있습니다. 좌절감 때문인지 열등의식 때문인지 도무지 고맙다는 말을 하지 않습니다. 이런 사람에게는 또다시 도와주고 싶은 마음이 사라지고 맙니다. 또 어떤 사람은 감사는커녕 욕하고 물고 찢습니다.

이러므로 사람을 돕는다는 것은 참으로 어려운 일입니다. 우리가 누군가에게 도움을 베풀 때에는 기도하고 분별해서 도와주어야 합니다. 그렇지 않으면 오히려 험한 꼴을 당하게 됩니다. 억울한 일을 당하게 되는 경우도 있습니다. 무조건 돕는다고 유익이 되는 것은 아닙니다. 도움을 받으면 감사할 줄 알고 그것이 유익이 되는 사람에게 도움을 베풀어야 합니다.

예수님은 "거룩한 것을 개에게 주지 말며 너희 진주를 돼지 앞에 던지지 말라 그들이 그것을 발로 밟고 돌이켜 너희를 찢어 상하게 할까 염려하라"(7:6)고 말씀하셨습니다. 우리는 때를 얻든지 못 얻든지 복음을 전하지만 끝내 복음에 아무런 반응도 하지 않고 받아들이지 않는 자가 있습니다. 또 해를 가하는 자도 있습니다. 그러므로 복음을 전하되 지혜롭게 해야 합니다.

18-19절 요한이 와서 먹지도 않고 마시지도 아니하매 그들이 말하기를 귀신이 들렸다 하더니 인자는 와서 먹고 마시매 말하기를 보라 먹기를 탐하고 포도주를 즐기는 사람이요 세리와 죄인의 친구로다 하니 지혜는 그 행한 일로 인하여 옳다 함을 얻느니라

침례 요한은 금욕주의자였습니다. 그는 광야에 거하면서 야생 꿀과 메뚜기를 먹으면서 살았습니다. 게다가 포도주도 일절 입에 대지 않았습니다. 그를 보고 사람들은 "저 자는 미쳤다!" 고 말하며 손가락질했습니다.

예수님은 금욕주의로 살지 않으셨습니다. 예수님은 필요할 때는 40주 40야를 금식하셨지만 그렇지 않을 때는 구태여 금욕주의로 살지 않으셨습니다.

예수님은 있는 음식을 다 잡수셨고, 결혼식에 초청 받아 식사하기도

하셨으며, 포도주도 즐거이 드셨습니다. 당시 유대 나라에서 포도주는 '물' 과 같았습니다. 중동이나 구라파는 물 속에 석회 성분이 많아서 그냥 마실 수 없습니다. 그대로 마시다가는 위가 굳어지고 간이 굳어져 병을 얻게 됩니다. 그래서 순수한 물을 얻으려고 노력하다가 발견한 것이 포도주였습니다.

포도나무는 기름진 곳에서 자라지 않습니다. 산비탈 같은 박토, 비가 오지 않는 곳에서 자라기 때문에 그 열매를 짜면 순수한 물이 나옵니다. '와인' 이라는 말에는 '순수한 물' 이라는 뜻이 있습니다. 이 포도즙을 짜서 두면 발효되어 포도주가 됩니다. 중동이나 구라파에서는 포도주를 마시되 취하려고 마시는 것이 아닙니다. 한 컵 내지 두 컵 정도만 마십니다. 식탁에서 음료수로서 조금 마시기 때문에 술에 취해 돌아다니는 사람은 거의 없습니다.

예수님도 포도주를 마셨습니다. 사람들은 침례 요한이 금욕주의로 살면서 포도주를 입에 대지 않는다 하여 '미친 사람' 이라고 하더니 예수님이 세 끼 식사를 다 잡수시고 포도주도 마시는 것을 보자 '먹기를 탐하고 포도주를 즐기는 자' 라고 흉을 봤습니다.

예수님은 무엇을 먹고 마시느냐가 문제가 아니라 어떻게 사느냐가 문제임을 보여 주셨습니다. 먹고 싶은 것을 먹고, 마시고 싶은 것을 마셔도 불의하거나 거짓되지 않다면 그 삶은 바른 것입니다. 아무리 학벌이 좋고 달변가라도 불의하고 거짓투성이의 삶을 살고 있다면 그것이 무슨 소용 있습니까? 마태복음 12장 33절을 보면 "그 열매로 나무를 아느니라" 고 하였습니다. 어떤 예수 믿는 사람이 진실한 크리스천인지 아닌지를 알려면 그가 부정 부패하며 부도덕하고 불의하며 거짓되게 사느냐, 아니면 거짓이 없고 거룩하고 의롭고 진실되게 사느냐를 보면 됩니다.

기독교는 결코 금욕 종교가 아닙니다. 여유가 되면 자신이 먹고 싶은 것을 얼마든지 사서 먹을 수 있습니다. 그러나 지나치게 먹어서 몸을 해치지 않도록 해야 합니다. 콜레스테롤이 많은 음식을 지나치게 섭취해서 혈관이 막혀 동맥 경화증에 걸리거나 단것을 너무 먹어서 당뇨병에 걸리거나 기타 여러 가지 질병으로 고통당하지 않도록 해야 하는 것입니다. 먹고 싶은 것을 먹는 것은 괜찮습니다. 중요한 것은 먹는 데 있는 것이 아니라 행위에 있습니다. 안 먹고 안 마셔도 행위가 나쁘면 소용 없습니다.

예수님은 "무엇이든지 밖에서 사람에게로 들어가는 것은 능히 사람을 더럽게 하지 못하되 사람 안에서 나오는 것이 사람을 더럽게 하는 것이니라"(막 7:15-16)고 말씀하셨습니다. 신앙의 좋고 나쁨은 먹는 데 있는 것이 아니라 예수 그리스도를 믿고 성령으로 살아서 얼마만큼 의와 진리와 거룩함으로 사느냐에 있습니다. 형식적인 것, 즉 먹는 것, 마시는 것, 입는 것이 어떤 사람을 판단하는 잣대가 되어서는 안 됩니다. 그 사람의 내면적인 것, 즉 의로움과 진실함이 판단의 잣대가 되어야 합니다.

하나님은 우리가 예수님을 믿고 성령 받아서 의롭고 거룩하고 진실하게 사는 것을 돌아보시지 외면적인 행위로 우리를 판단하지 않으십니다. 그러므로 우리는 외면적이고 피상적인 것으로 다른 이를 판단하지 말고 그의 열매로 그를 분별해야 합니다.

3. 회개하지 않는 땅의 운명(11:20-24)

20. 예수께서 권능을 가장 많이 행하신 고을들이 회개하지 아니하므
로 그때에 책망하시되 21. 화 있을진저 고라신아 화 있을진저 벳새
다야 너희에게 행한 모든 권능을 두로와 시돈에서 행하였더라면 그
들이 벌써 베옷을 입고 재에 앉아 회개하였으리라 22. 내가 너희에
게 이르노니 심판 날에 두로와 시돈이 너희보다 견디기 쉬우리라
23. 가버나움아 네가 하늘에까지 높아지겠느냐 음부에까지 낮아지
리라 네게 행한 모든 권능을 소돔에서 행하였더라면 그 성이 오늘까
지 있었으리라 24. 내가 너희에게 이르노니 심판 날에 소돔 땅이 너
보다 견디기 쉬우리라 하시니라

20-22절 예수께서 권능을 가장 많이 행하신 고을들이 회개하지 아니하므로 그때에 책망하시되 화 있을진저 고라신아 화 있을진저 벳새다야 너희에게 행한 모든 권능을 두로와 시돈에서 행하였더라면 그들이 벌써 베옷을 입고 재에 앉아 회개하였으리라 내가 너희에게 이르노니 심판 날에 두로와 시돈이 너희보다 견디기 쉬우리라

본문은 주님께서 권능을 많이 나타내신 고을들이 회개치 않은 것에 대해 화가 있을 것을 말씀한 내용입니다. 여러분, 회개할 수 있는 은혜가 얼마나 귀한지 모릅니다. 통회, 자복하고 눈물을 흘리는 것은 큰 은혜입니

다. 가슴을 치게 되고 눈물이 흘러 나오는 것은 큰 은혜입니다. 진정으로 눈물이 나올 때 회개가 됩니다.

그러나 회개를 아무리 하려고 해도 우리 힘으로는 안 됩니다. 하나님께서 은혜를 주셔야 할 수 있습니다. 죄를 지었기 때문에 지옥에 가는 것이 아니라 회개하지 않기 때문에 천국에 가지 못 하는 것입니다. 누구든지 회개하고 예수님을 구주로 믿으면 천국에 갈 수 있습니다.

언젠가 주님이 제자들에게 이런 말씀을 하셨습니다.

"낙타가 바늘귀로 들어가는 것이 부자가 하나님의 나라에 들어가는 것보다 쉬우니라"(19:24).

이 말씀에 제자들이 크게 놀라 물었습니다.

"그러면 누가 구원을 얻을 수 있습니까?"

예수님은 제자들을 보시며 말씀하셨습니다.

"사람으로는 할 수 없으나 하나님으로서는 다 하실 수 있느니라"(19:26).

부자라고 해서 모두 구원받지 못하고 가난하다고 해서 전부 구원받는 것은 아닙니다. 자기 재산을 어려운 이웃을 돕는 데 사용하지 않은 부자라도 회개하면 천국에 들어가고, 가난한 사람도 회개해야 구원받습니다. 구원은 예수님 앞에 나와 회개하고 예수님을 믿음으로 말미암아 구원받는 것입니다.

그렇다면 예수님은 왜 부자가 천국에 들어가는 것이 낙타가 바늘귀로 들어가는 것보다 더 어렵다고 말씀하셨습니까? 예수님이 과장해서 하신 말씀입니까?

예루살렘에 가면 '바늘귀' 라는 문이 있습니다. 물건을 잔뜩 싣고 오는 대상들은 이 '바늘귀 문' 을 통과해야 합니다. 그러나 낙타에 짐을 실은 상태로는 통과하지 못합니다. 그래서 이 '바늘귀 문' 앞에 와서는 짐을 다 풉니다. 그래서 낙타는 맨몸으로 문을 통과하게 하고 낙타에게 실었던 짐은 사람이 손으로 들고 나갑니다. 그런 다음 다시 낙타에 짐을 싣고 시장으로 갑니다. 그러므로 이스라엘 사람들은 이 말의 뜻을 다 알고 있었습니다.

그러면 부자는 어떻게 해야 천국에 갈 수 있습니까? 짐을 풀어 놓아야 합니다. 즉, 마음에 깨달음을 얻어야 합니다. 부귀영화, 공명을 잔뜩 짊어지고서는 마음에 깨달음을 얻을 수 없습니다.

예수께서 이렇게 말씀하셨습니다.

"화 있을진저 너희 부요한 자여 너희는 너희의 위로를 이미 받았도다 화 있을진저 너희 지금 배부른 자여 너희는 주리리로다 화 있을진저 너희 지금 웃는 자여 너희가 애통하며 울리로다"(눅 6:24-25).

언젠가 우리나라에서 손꼽히는 큰 기업을 하는 분과 식사를 하면서 그에게 복음을 전할 수 있었습니다. 그러나 그는 "종교는 자유니까 예수님 믿는 것 좋습니다. 하지만 나는 종교가 필요 없습니다."라고 했습니다. 그는 내가 전하는 복음을 한 귀로 듣고 한 귀로 흘려버렸습니다. 주먹으로 바위를 치는 격이었습니다. 부자이기 때문에 예수님을 믿지 않는다면, 그 부는 저주입니다. 부귀영화, 공명에 대한 욕심을 다 벗어 버리고 마음이 가난해져야 하늘나라에 들어갈 수 있습니다. 그런데 그것 때문에 예수님을 믿지 않고 하늘나라에 가지 못한다면, 그것은 저주입니다.

오늘날 회개하고 예수님을 믿는 여러분은 이 세상에서 가장 복이 많은 사람입니다. 돈 많은 사람을 부러워하지 마십시오. 예수님을 믿고 삶의 의미와 가치를 깨닫고 마음 가운데 기쁨과 평화와 소망이 있는 것, 이것이 가장 큰 부귀입니다. 이것보다 더 큰 보화는 없습니다. 주님과 동행하며 살고 또 하나님이 복을 주셔서 부귀와 공명을 주시면 그것도 감사한 일입니다. 있어도 감사, 없어도 감사할 일입니다. 우리의 형편이 어떠하든지 예수님을 믿고 예수님과 동행하면 그것만으로도 좋은 것입니다.

주님은 고라신과 벳세다에서 기적을 많이 행하셨는데도 불구하고 그 고을의 사람들이 회개하지 않는 것에 대하여 크게 책망하셨습니다. 오늘날 벳새다와 고라신이라는 마을은 없습니다. 예수님이 저주했기 때문입니다. 벳새다도 광야로 남아 있고 고라신도 흔적도 없습니다. 이처럼 회개하지 않는 개인이나 나라에 대해서 주님이 저주하시면 멸망하고 맙니다.

나라도 개인도 하나님이 많은 기적과 복을 주셔서 잘 되었을 때 오만방자하면 큰 시련이 다가옵니다. 그럴 때 회개하지 않고 교만하게 행하면 참으로 어려움을 당할 수밖에 없습니다. 우리나라에 어려움이 다가오고 우리 개인의 삶에 고통이 다가왔다면 회개하고 하나님을 찾아야 할 때입니다. 하나님만이 우리를 살리시는 분임을 깨닫고 하나님 앞에 나와 기도하고 하나님의 도우심을 간구해야 합니다.

우리가 땅을 치며 죄를 회개하고 하나님의 도우심을 간구하면 하나님께서 홍해수가 갈라지는 기적을 일으켜 주십니다. 우리가 도저히 상상할 수 없는 일을 행하여 주십니다. 그리하여 나라가 살고, 우리 개인의 삶이 살아납니다.

본문을 보면 "너희에게 행한 모든 권능을 두로와 시돈에서 행하였더라면 그들이 벌써 베옷을 입고 재에 앉아 회개하였으리라……심판 날에 두로와 시돈이 너희보다 견디기 쉬우리라" 고 주님이 말씀하셨습니다.

마지막 날 주님이 심판하실 때, 차라리 복음을 듣지 못하고 지옥에 떨어져 있는 두로와 시돈 사람이 예수님으로부터 직접 복음을 듣고 권능을 체험하였으면서도 믿지 않는 벳세다와 고라신 사람들보다 덜 심판을 받을 것이라는 말씀입니다. 지옥도 윗목, 아랫목이 있습니다. 복음을 듣지 못하고 지옥에 떨어진 사람은 심판이 덜합니다. 그러나 복음을 듣고도 주님을 거역한 사람, 주님을 믿었다가 타락한 사람은 지옥 중에서도 가장 무서운 곳으로 떨어집니다.

23-24절 가버나움아 네가 하늘에까지 높아지겠느냐 음부에까지 낮아지리라 네게 행한 모든 권능을 소돔에서 행하였더라면 그 성이 오늘까지 있었으리라 내가 너희에게 이르노니 심판 날에 소돔 땅이 너보다 견디기 쉬우리라 하시니라

주님은 가버나움을 복음 전도를 위한 본부로 삼으셨습니다. 그러나 오늘날 '가버나움' 이라는 도시는 없습니다. 당시 가버나움은 무역 도시로서 남쪽으로는 아프리카로, 북쪽으로는 시리아로 가는 길목에 위치한 흥왕하고 큰 도시였지만, 지금은 회당의 돌기둥 같은 흔적만 있을 뿐입니다. 주님의 저주를 받아 아예 망해 버린 것입니다.

하나님이 저주하면 개인도 나라도 망합니다. 그러나 하나님이 복을 주시면 개인도 나라도 흥합니다. 그런데 하나님의 복을 받으려면 예수님을 믿어야 합니다.

"내가 곧 길이요 진리요 생명이니 나로 말미암지 않고는 아버지께로 올 자가 없느니라"(요 14:6)고 주님이 말씀하셨습니다. 예수 그리스도를 믿는 것은 복을 받는 길이고, 예수 그리스도를 배반하는 것은 화를 자초

하는 길입니다.

가버나움은 무역이 흥왕하고 부요하니 하늘에까지 높아지는 것처럼 보였습니다. 그러나 주님은 그 가버나움을 보고 "가버나움아 네가 하늘에까지 높아지겠느냐 음부에까지 낮아지리라……심판 날에 소돔 땅이 너보다 견디기 쉬우리라" 고 말씀하셨습니다.

악한 탓에 하나님의 심판의 불을 받아 망한 소돔과 고모라가 마지막 날 심판 때에는 오히려 가버나움보다 심판을 덜 받을 것이라고 하셨습니다.

교만하고 회개하지 않는 죄가 그만큼 큰 것입니다. 그러므로 우리는 마음속에 깨달음이 오면 반드시 회개해야 합니다. 한국은 아시아에서 복음이 가장 많이 전해진 나라입니다. 그런데 우리나라가 이렇게 그리스도의 복음을 받고 짧은 기간에 큰 축복을 가장 많이 체험했으면서도 주님께 돌아오지 않는다면 하나님의 심판을 받을 수밖에 없습니다. 그러므로 우리는 모두 마음을 찢고 회개하고 돌아와야 합니다. 주님은 높은 보좌에 앉아 계시지만 마음이 상하고 통회하는 자와 함께 하십니다. 통회하고 자복하며 돌아오는 자를 주님은 결단코 멸시하지 않으십니다.

4. 다 내게로 오라(11:25-30)

25. **그때에 예수께서 대답하여 이르시되 천지의 주재이신 아버지여**

이것을 지혜롭고 슬기 있는 자들에게는 숨기시고 어린아이들에게는 나타내심을 감사하나이다 26. 옳소이다 이렇게 된 것이 아버지의 뜻이니이다 27. 내 아버지께서 모든 것을 내게 주셨으니 아버지 외에는 아들을 아는 자가 없고 아들과 또 아들의 소원대로 계시를 받는 자 외에는 아버지를 아는 자가 없느니라 28. 수고하고 무거운 짐 진 자들아 다 내게로 오라 내가 너희를 쉬게 하리라 29. 나는 마음이 온유하고 겸손하니 나의 멍에를 메고 내게 배우라 그리하면 너희 마음이 쉼을 얻으리니 30. 이는 내 멍에는 쉽고 내 짐은 가벼움이라 하시니라

25-26절 그때에 예수께서 대답하여 이르시되 천지의 주재이신 아버지여 이것을 지혜롭고 슬기 있는 자들에게는 숨기시고 어린아이들에게는 나타내심을 감사하나이다 옳소이다 이렇게 된 것이 아버지의 뜻이니이다

예수님은 하나님께 기도하실 때 "천지의 주재이신 아버지여!" 라고 하였습니다. 예수님은 이 땅에 계실 때 하나님 아버지를 절대 주권자로 모시고 일생을 아버지 앞에 겸비한 종으로 사셨습니다. 예수님은 하나님이심에도 불구하고 하나님과 동등 됨을 취하지 아니하시고 종의 형체를 가지고 이 땅에 오셔서 죽기까지 종으로서 충성하셨습니다. 종은 선악을 판단하는 권한이 없습니다. 주인만이 좋다, 나쁘다를 결정할 수 있고 종은 주인에게 절대로 복종할 따름입니다. 이것이 주인과 종의 다른 점입니다.

아담과 하와는 주인 행세를 하다가 망했습니다. 에덴동산에서는 하나님만이 선악을 판단하는 주인이십니다. 선악과는 하나님의 주권을 상징

하는 열매였습니다. 아담과 하와는 마귀의 꾐에 빠져 선악과를 따 먹고 주인 행세를 하다가 쫓겨났습니다.

요한복음 5장 19절을 보면, 주님은 "아들이 아버지께서 하시는 일을 보지 않고는 아무 것도 스스로 할 수 없나니 아버지께서 행하시는 그것을 아들도 그와 같이 행하느니라"고 말씀하셨습니다.

한 집안에 두 주인이 있을 수 없습니다. 우주에도 두 주인이 있을 수 없습니다. 우주의 절대 주권자는 오직 하나님 한 분이십니다. 천사도 종이고, 우리도 아들 된 종입니다. 우리는 스스로 선악을 판단해서도 안 되고 판단할 권리도 없습니다.

예수님은 '천지의 주재이신 아버지'께 기도하시면서 이렇게 말씀하셨습니다.

"이것을 지혜롭고 슬기 있는 자들에게는 숨기시고 어린아이들에게는 나타내심을 감사하나이다."

하나님 없는 지혜, 하나님 없는 슬기는 인본주의적인 것입니다. 하나님을 떠난 인본주의적인 지혜와 총명은 악입니다. 하나님을 믿는 것이 선입니다. 반면 하나님을 믿지 않는 것은 악입니다. 아무리 훌륭한 일을 하고 도덕적으로 뛰어난 사람이라 해도 그가 하나님 없이 행한 일은 '빛나는 악'일 뿐입니다. 겉으로 보기에는 아주 빛나는 것 같지만 하나님 편에서 볼 때에는 악입니다. 하나님 없이 인간의 지혜나 총명으로 하는 것은 무슨 일이든지 악입니다.

예레미야 2장 13절을 보면 "내 백성이 두 가지 악을 행하였나니 곧 그들이 생수의 근원되는 나를 버린 것과 스스로 웅덩이를 판 것인데 그것은 그 물을 가두지 못할 터진 웅덩이들이니라"고 말씀하고 있습니다. 인간의 지혜로써 세상에서 무슨 큰 일을 하더라도 그곳에 하나님이 계시지 않으면 악입니다.

인간의 지혜나 총명을 제치고 어린아이와 같은 심정으로 돌아가서 하나님을 구하면 하나님의 지식이 계시로 말미암아 임합니다. 신앙의 지식은 계시로 오는 것이지 사람의 지식이나 이성으로 알 수 있는 것이 아닙니다. 연구하고 공부해서 얻어지는 것이 아닙니다. 하나님의 성령으로 계시해 주어야 알게 됩니다. 그러므로 '어린아이에게 나타낸다' 라는 것은 계시를 말합니다. 하나님께서는 어린아이같이 순전한 심령을 가진 사람에게 예수 그리스도께서 하나님의 아들이신 것과 하나님이 살아 계신 것과 천국과 그 영광을 계시로 보여 주시는 것입니다.

하나님은 티 없는 마음으로 하나님을 간절히 찾는 자에게 계시를 해 주십니다. 육신의 정욕, 안목의 정욕, 이생의 자랑, 탐욕이 꽉 들어찬 우중충한 마음을 가진 사람에게는 그가 아무리 인간적으로 지혜와 총명을 가지고 있어도 계시가 임하지 않습니다.

호수에 고인 물이 바람에 출렁이면 모든 것이 비뚤어져 보입니다. 해도 달도 다 비뚤어져 보입니다. 그러나 물이 고요하면 달도 별도 호수 안에 있는지 밖에 있는지 모를 정도로 선명하게 비칩니다. 마찬가지로 우리의 마음이 예수님의 보혈로 씻어서 염려, 불안, 절망이 사라지고 평안하고 고요한 연못이 되면 성령께서 하나님의 영광을 계시해 주십니다. 이런 마음속에 예수님과 하나님의 진리가 계시되는 것입니다.

이 세상에서 하나님 없이 지혜 있고 힘 있다고 건방지게 큰소리치는 사람은 하나님으로부터 버림받은 사람입니다. 겸손히 하나님 앞에 엎드려 하나님께 구할 때 하늘의 지혜와 총명, 즉 계시적인 지혜와 총명이 나타나서 예수 그리스도를 알게 하시는 것입니다. 하나님께서는 이 세상에서 잘난 척하며 거드름 피우는 자에게는 하나님의 진리를 감추시고, 겸비하게 자신을 낮추고 하나님을 간절히 찾는 어린아이와 같은 심령을 가진 사람에게 나타내십니다.

예수님의 제자들은 하나같이 똑똑하거나 잘난 사람들이 아니었습니다. 한낱 갈릴리 어촌의 어부들일 뿐이었습니다. 그러나 그들은 어린아이같이 단순하고 겸손하게 하나님을 의지하는 마음이 있었습니다. 예수님은 이러한 제자들에게 계시적인 지식으로 채워 주셨습니다. 그들은 비록 세상 지식을 가지지는 못했으나 하늘나라 지식으로 충만했습니다. 그래서 그들은 이 하늘나라 지식을 가지고 세상에 나아가서 복음으로 세상을 바꾸어 놓은 것입니다.

한번은 어떤 구역장이 내게 와서 "목사님, 저는 배운 것이 없어서 직분을 감당할 수 없습니다." 하면서 구역장 직분을 내놓았습니다.

나는 그분에게 권면했습니다.

"하나님의 말씀을 가르치고 인도하는 것은 세상의 지식으로 하는 것이 아닙니다. 세상의 지식과 지혜는 하나님과 관계가 없습니다. 성령님이 깨닫게 해 주셔서 예수님을 알고 진리를 알게 되었으니 당신은 하나님 대학을 졸업한 사람입니다. 그러니 위축되지 말고 직분을 계속 감당하십시오."

세상의 지혜와 지식은 하늘나라의 지혜와 지식과 비교할 수 없습니다. 세상적인 지식이 필요하다면 세상에서 지식을 많이 쌓은 사람을 고용해서 월급을 주고 사용하면 됩니다. 문제는 하늘나라 지혜와 지식입니다. 우리가 하늘나라 일을 하려면 미래를 바라보고, 미래의 성공과 실패를 분별하고, 미래의 선과 악을 분별할 수 있는 하늘나라의 지혜와 지식이 필요합니다. 그러므로 우리가 구할 것은 하늘의 지혜와 지식입니다.

특별히 지혜는 문제를 해결합니다. 지식은 문제를 해결하는 도구인 반면, 지혜는 문제를 근본적으로 해결하는 방책입니다. 지혜 있는 사람이 문제를 해결하는 방책을 내놓으면 문제를 해결하는 도구인 지식 있는 사람을 써서 해결하면 됩니다. 예컨대 지혜가 도구를 사용할 줄 아는 목공인이라면 지식은 연장입니다. 부부간에도 현명한 아내는 무능한 남편을 잘 보필해서 남편을 성공의 길로 이끕니다. 남자들은 아내의 조언에 귀를 기울이면 낭패당하는 일을 피할 수 있습니다.

그러므로 우리는 이 세상 가운데서 하나님 나라를 위하고 하나님이 기뻐하시는 삶을 살아가기 위해 어린아이같이 순수하고 겸손하게 하나님을 의지하고, 하나님을 구하여 하늘나라의 지혜 곧 계시적인 지혜를 얻어야겠습니다.

27절 내 아버지께서 모든 것을 내게 주셨으니 아버지 외에는 아들을 아는 자가 없고 아들과 또 아들의 소원대로 계시를 받는 자 외에는 아버지를 아는 자가 없느니라

본문에서 예수님은 "내 아버지께서 모든 것을 내게 주셨으니 아버지 외에는 아들을 아는 자가 없고"라고 말씀하셨습니다. 하나님 아버지께서는 모든 것을 아들 예수님에게 주셨습니다. 하나님 아버지는 만물을 지으시되 아들이신 예수 그리스도를 통해서 빛을 짓고 하늘과 바다를 짓고 사람을 지으셨습니다. 타락한 인간을 위해 아들을 이 땅에 보내셔서 십자가에 몸 찢기고 피 흘려 죽었다가 부활하게 하심으로 구원을 이

루시고 나아가 인생을 심판하는 권세도 아들에게 주셨습니다.

아버지는 아들을 잘 압니다. 일체이기 때문입니다. 아버지 외에는 아들을 온전히 아는 자가 없고 아들 외에는 아버지를 온전히 아는 자가 없습니다. 아들을 통하지 않고는 아버지를 결코 알지 못합니다. 예수님을 통하지 않고 하나님 아버지를 안다는 것은 거짓말입니다. 예수님 안에 하나님 아버지가 계시고, 아버지 하나님 안에 예수님이 계십니다. 아버지와 아들은 항상 함께 있습니다. 하나님의 성령이 오시면 언제나 아들을 통해서 아버지를 전하고, 아버지를 통해서 아들을 전합니다.

또한 예수님은 "아들과 또 아들의 소원대로 계시를 받는 자 외에는 아버지를 아는 자가 없느니라" 고 하셨습니다. 하나님은 계시를 통해서 당신을 깨닫게 해 주십니다. 기독교는 연구하여 얻는 지식의 세계가 아니라 깨닫는 세계입니다. 깨어지고 회개하고 간절히 기도하면 성령을 통해서 하나님을 알게 해 주십니다. 하나님 말씀을 읽고 간절히 사모하여 기도하면 아들이 성령을 보내셔서 깨달음을 주시는 것입니다.

우리의 신앙의 세계는 계시의 세계입니다. 캄캄한 곳에 햇빛이 비치면 어두움이 사라지고 사물이 밝히 보이듯이 진리가 마음속에 확 들어오는 것입니다.

수십 년 동안 목회를 해 오면서 깨달은 것은 말씀을 선포할 때에는 반드시 깨달음을 받아야 한다는 것입니다. '창세기부터 요한계시록까지 똑같은 말씀인데 아무 데나 펴서 전하면 되지 않는가?' 라고 생각하면 큰 오해입니다. 아버지께서 원하시는 말씀은 예수님이 성령님을 통하여 깨닫게 해 주십니다. 이것이 계시입니다. 나는 유명한 석학들의 글을 보고 말씀을 전하는 것이 아니라 주님께 매달려서 성령님으로부터 깨달음을 받아 전합니다.

계시를 받는 것은 굉장히 중요합니다. 그러나 계시를 받을 때 성경 밖으로 나가면 절대로 안 됩니다. 예수님 중심, 십자가 대속 중심에서 벗어나면 마귀의 소리를 듣게 됩니다.

내가 처음 불광동에서 목회할 때의 일입니다. 어떤 집에서 가정부로 일하는 20대 후반의 난쟁이 처녀가 우리 교회를 찾아왔습니다. 젊은 나이에 신체적 장애로 인해 그 마음이 얼마나 낙심되고 고통스러울까 싶어 올 때마다 따뜻하게 환영해 주고 기도해 주고 간증도 하게 해 주었습니다. 그런데 어느 날 이 자매가 자기가 일하는 집에서 보따리를 싸들고 나와서는 나에게 신앙 상담을 하자고 했습니다. 그래서 이야기를 들었는데, 이렇게 말하는 것이었습니다.

"조 전도사님, 하나님이 나를 위대하게 쓰신다고 내게 말씀하셨어요. 온 천하에 다니면서 복음을 증거하는 위대한 인물로 삼으신대요. 예수님과 동등하게 사용한다고 하십니다."

그 말을 들을 때 나는 간이 철렁 내려앉는 것 같았습니다.

"자매님, 하나님은 사람을 높이시지 않습니다. 그것은 마귀의 소리입니다. 하나님의 종으로 부름 받으면 예수님의 종이지 예수님과 동등하게 되는 것이 아닙니다. 그러니 지금 일하는 집에 돌아가서 열심히 일하면서 믿음을 잘 지키십시오."

그러자 이 자매가 발끈하며 말하는 것이었습니다.

"전도사님, 내가 난쟁이라고 무시하는 거예요?"

나는 다시 간곡하게 그 자매에게 권면했습니다.

"자매님, 하나님은 인간을 예수님과 동등하게 사용한다는 말씀은 하지 않습니다. 우리는 주님이 사용하시는 도구일 뿐 결코 사람은 위대하지 않습니다. 계시를 잘못 받았습니다."

그래도 그 자매는 계속 고집을 부렸습니다.

"아니에요. 분명히 하나님이 나에게 부산에 가서 대집회를 하라고 명령하셨어요."

"가지 마세요. 그것은 마귀의 말입니다. 빨리 지금 있는 집으로 돌아가세요."

그 자매는 나의 권면을 받아들이지 않고 그 동안 가정부로 일하면서 벌어 놓은 돈을 다 들고 서울역으로 가서 부산행 기차를 탔습니다. 그런데 대전쯤 갔을 때 이런 소리가 들렸습니다. "부산 집회는 취소됐다. 서울로 가라!" 그래서 하나님이 부산 집회를 취소한 줄 알고 다시 서울역으로 왔습니다. 그런데 또 소리가 들렸습니다. "아니다. 내가 다시 마음을 바꿨다. 도로 부산으로 가라!" 그래서 다시 부산으로 내려가는데 또다시 대전쯤에서 "아까 말한 것은 실수다. 수원으로 가라."고 했습니다. 그래서 수원으로 갔더니 또다시 "내가 실수했다. 다시 불광동으로 돌아가라."는 음성이 들렸습니다.

결국 그 자매는 나를 다시 찾아와서 말했습니다.

"전도사님, 왜 하나님이 거짓말을 합니까?"

"자매님, 성경에 거짓의 아비는 마귀라고 했습니다. 하지만 하나님은 진리이시고 식언치 않으신다고 했습니다. 자매는 귀신에게 농락을 당했습니다. 어서 회개하세요."

그래서 이 자매를 위해서 기도하고 귀신을 쫓고 또 직장까지 다시 구해 주느라고 아주 애를 먹었습니다.

잘못된 계시를 받으면 이렇게 됩니다. 종이 자기가 잘났다고 하면 파멸당하는 것밖에 없습니다. 사람이 자신을 자랑할 만한 것이 세상에는 있을지 몰라도 주님 앞에서는 자랑할 것이 없습니다. 우리는 하나님만 높이고 주님만 찬양해야 합니다.

바른 계시는 하나님의 말씀에 있습니다. 우리가 하나님의 계시를 받으려면 반드시 주님 안에 있고 주님의 진리 안에 있어야 합니다. 우리는 어린아이같이 단순한 심령으로 주님을 간절히 섬기고 말씀을 붙잡고 기도해야 합니다. 그리할 때 하나님께서 성령을 통해 우리에게 깨달음을 주심으로 우리의 신앙과 신앙 지식이 점점 자랍니다. 그래서 더 능력 있는 복음 전도자들이 될 수 있는 것입니다.

28절 수고하고 무거운 짐 진 자들아 다 내게로 오라 내가 너희를 쉬게 하리라

예수님은 수고하고 무거운 짐 진 자들에게 "다 내게로 오라"고 하셨습니다.

언젠가 부흥회를 하러 장항에 있는 교회에 갔다가 그 교회를 담임하시는 노(老) 목사님이 자신에 대해 간증하시는 것을 들은 적이 있습니다.

그는 일찍이 부모님이 돌아가셨기에 어릴 적부터 고생을 하면서 고학으로 공부를 했습니다. 그런 중에 일본에 건너가 전기 기술 전문학교를 졸업하고 돌아와 일본인이 경영하는 전기 회사에 들어가 일하게 되었습니다. 그런데 가만히 보니 자기보다 늦게 들어오고 기술도 떨어지는 사람들이 먼저 승진을 하고 보수를 올려 받는 것이었습니다. 민족 차별이었습니다. 그는 너무나 분통이 터졌습니다. 이 분통을 억지로 삭이다 보

니 아직 결혼도 하지 못한 처지에 폐병이 들어 자리에 눕게 되었습니다.

그런데 엎친 데 덮친 격으로 형님이 도박으로 집안 살림을 전부 날려 버리고 도주해 버린 탓에 오갈 데 없는 형수가 조카들을 데리고 그의 집으로 왔습니다. 자기 몸 하나도 어쩌지 못하고 있는 처지에 그런 일이 벌어지자 그는 심적으로 엄청난 고통을 당하게 되었습니다. 짜증이 나서 조카들에게 호통을 치고 형수에게 신경질을 부렸습니다. 조카들이나 형수는 그의 앞에서 고양이 앞에 쥐처럼 벌벌 떨었습니다.

형수는 죽을 노릇이었지만 아이들과 함께 어디로 나갔다가는 그날로 굶어 죽을 처지인지라 어찌하지 못하고 무서운 시동생 집에 얹혀 살 수밖에 없었습니다. 괴롭고 고통스러운 처지에도 형수는 몰래 교회를 나갔습니다. 그리고 매일 새벽 기도를 하러 나갔습니다.

어느 날 새벽에 그는 머리에 열이 나고 가래가 끓으며 기침이 심하게 났습니다. 가래를 뱉으려고 종이를 찾는데 무슨 책이 손에 잡혔습니다. 그래서 그 책을 찢으려고 보니 성경책이었습니다. 형수가 몰래 머리맡에 갖다 놓은 것이었습니다. 그 성경책을 본 순간 갑자기 울분이 확 솟았습니다. 그래서 거기에다 가래침을 확 뱉으면서 보니 마태복음 11장 28절 말씀이 보였습니다.

"수고하고 무거운 짐 진 자들아 다 내게로 오라"

그런데 이 말씀이 그에게 크게 보였습니다.

'아니, 이 세상 사람들은 모두 수고롭고 무거운 짐을 다른 사람에게 떠맡기려고 하지 않는가? 그런데 이 성경책은 수고하고 무거운 짐 진 자들을 오라고 하는구나.'

누가 오라고 하는지 보았더니 바로 예수님이었습니다.

그래서 이런 생각이 들었습니다.

'에라, 밑져야 본전이다. 이 예수라는 분에게 내 짐을 한번 맡아 달라고 해 보자.'

그는 그 자리에서 어떻게 하는 줄도 모르면서 기도를 했습니다.

"예수님, 당신이 누굽니까? 정말 당신이 내 수고하고 무거운 짐을 책임질 수 있습니까? 당신의 말대로 내 짐을 책임져 보십시오. 당신이 정말 살아 있는 분이라면 나를 도와주십시오. 수고하고 무거운 짐을 당신한테 맡기라고 했으니 내 병을 맡아 주십시오. 형수와 조카들의 짐도 맡아 주시고 형의 짐도 맡아 주십시오."

새벽에 이렇게 기도했는데 눈을 떠 보니 오후 4시가 훨씬 넘어 있었습니다. 온 얼굴이 눈물과 콧물로 범벅이 되어 있었지만 그렇게 마음이 기쁘고 편할 수 없었습니다. 그래서 그 길로 일어나 전차를 타고 마포에서 내려 한강으로 나갔습니다. 당시 한강 둑에는 갈대밭이 있었습니다. 그 갈대밭을 거닐면서 한강을 바라보니 너무나 평화롭고 아름다웠습니다. 한강 물 흐르는 것도 그렇게 아름다워 보이고, 세상이 그렇게 좋게 보일 수 없었습니다. 그래서 그 자리에서 "예수님, 고맙습니다. 이렇게 나를 평안하게 만들어 주셔서 고맙습니다."라고 기도를 드렸습니다.

그런 다음 집으로 돌아왔는데 형수와 조카들이 얼마나 울었던지 눈이 퉁퉁 부어서 방 한구석에 쪼그리고 앉아 있었습니다. 그런 형수와 조카들을 보니 그렇게 측은하게 보일 수가 없었습니다. 형수는 시동생이 나간 사이에 집에 돌아왔다가 성경책이 찢어지고 가래 피가 묻어 있는 것을 보았습니다. 시동생이 단단히 화가 나 있겠다 싶어 너무나 걱정이 되어 아이들과 함께 울고 있었던 것입니다.

형수는 그를 보자마자 무릎을 꿇고 애원했습니다.

"도련님, 죽을죄를 지었습니다. 저는 맞아 죽어도 좋고 쫓겨나도 좋으니 아이들은 살려 주세요. 제가 너무 고통스러워서 몰래 교회를 나갔어요. 교회에서 성경을 주어서 제가 읽었는데 너무 마음이 평안하고 좋아서 도련님에게도 좋을 것 같아 머리맡에 놔두었습니다. 제가 잘못했으니 제발 아이들만은 쫓아내지 말아 주세요."

이렇게 애원하는 형수를 보니 너무나 민망스러웠습니다. 그래서 그 자리에서 형수와 조카들을 끌어안고 통곡을 하면서 형수에게 말했습니다.

"형수님, 제가 성경책을 찢어서 가래침을 뱉다가 마태복음 11장 28절 말씀을 보게 되었습니다. 그 말씀대로 예수님께 제 짐을 다 맡겼습니다. 예수님께 모든 것을 다 맡기고 나니 너무너무 편안하고 좋습니다. 형수님에게 이 은혜를 어떻게 갚아야 할지 모르겠습니다."

그리고는 형수 앞에 넙죽 엎드려 절했습니다. 그 즉시로 그의 몸에 있던 폐병이 떠나갔습니다. 이후 그는 만사를 제치고 신학교에 들어가서 공부를 했습니다. 그때쯤 도망갔던 형님이 돌아와 그 집을 형님 가족에게 주고 그는 장항에 가서 교회를 개척했습니다.

그는 이 간증을 하면서 나에게 말했습니다.

"조 목사님, 나는 내 일생의 체험을 통해 '수고하고 무거운 짐 진 자들아 다 내게로 오라 내가 너희를 쉬게 하리라' 는 이 말씀이 참 진리인 것을 깨달았습니다."

예수님이 능력이 없다면 이런 말씀을 하실 수 없습니다. 예수님은 하늘과 땅의 모든 권세를 다 가지셨습니다. 그러나 다만 권세를 가지고 있기 때문에 이런 말씀을 하신 것은 아닙니다. 예수님은 우리를 너무나 사랑하셨기에 당신의 몸을 찢기고 피를 쏟아서까지 우리를 끌어안고 구원하신 분입니다.

능력이 있으실 뿐 아니라 우리를 너무나 사랑하시는 주님이 우리에게 "수고하고 무거운 짐 진 자들아 다 내게로 오라"고 말씀하신 것입니다. 그러므로 우리가 개인, 가정, 생활, 자녀, 사업 그 무엇이든지 예수님 앞에 가지고 나와 맡기고 눈물을 흘리며 부르짖어 기도하면, 예수님이 우리의 짐을 다 맡아 주시고 우리를 쉬게 해 주십니다.

맡기는 길은 기도하는 길밖에 없습니다. 나무를 뽑으려면 웬만큼 해서는 잘 뽑히지 않습니다. 자꾸 흔들어야 합니다. 그러면 흔들거리다가 결국 뽑히고 맙니다. 우리도 마음속에 염려, 근심, 절망이 떠나고 평안이 올 때까지 주님께 간절히 부르짖으며 계속 기도해야 합니다. 내 마음에 평화가 강물같이 넘쳐날 때까지, 내 마음이 날아갈 듯이 기뻐질 때까지 계속 기도하고 기도하면 짐이 우리에게서 떨어져 나갑니다.

10분이나 30분 기도하다가 포기하면 안 됩니다. 염려, 근심, 걱정, 절망이 떠나기 전에 기도를 그쳐 버리면 소용이 없습니다. 오늘날 많은 사람들이 짐을 못 맡기는 것은 마음의 평안이 올 때까지 기도하지 않기 때문입니다. 마귀는 호락호락 나가지 않습니다. 그러나 우리가 단호하게 각오를 하고 부르짖어 기도하면 안 뽑힐 뿌리가 없습니다. 마귀는 이미 패배한 원수입니다. 우리가 결심과 각오를 하고 기도하면 다 뽑혀 나옵니다.

그러므로 우리는 우리와 같이 계시는 예수님의 이름과 능력을 의지해서 기도로써 염려와 근심을 다 뽑아 버리고 우리의 짐을 주님께 내어 맡겨야 합니다. 우리가 기도로써 주님께 모든 것을 맡기면 주님은 마음의 평안과 확신과 기쁨으로 우리의 기도를 응답하시고 우리의 인생을 책임져 주십니다.

29-30절 나는 마음이 온유하고 겸손하니 나의 멍에를 메고 내게 배우라 그리하면 너희 마음이 쉼을 얻으리니 이는 내 멍에는 쉽고 내 짐은 가벼움이라 하시니라

'마음이 온유하다'는 것은 마음이 따뜻하고 부드럽다는 뜻입니다. 옛날 우리 시절의 아버지는 엄했습니다. 그래서 아버지가 있는 곳은 피해 다니고 어머니가 있는 곳으로만 갔습니다. 하지만 예수님은 겁나는 분이 아닙니다. 우리가 죄지은 모습 그대로, 못난 모습 그대로 나아오면 어머니처럼 우리를 따뜻하고 부드럽게 맞아 주시고 품어 주시는 분입니다.

예수님이 "나는 온유하다."라고 하신 것은 "누구든지 겁내지 말고 내게로 오라."는 말씀입니다. 예수님은 우리를 심판하기 위해서가 아니라 구원하기 위해서 오셨습니다. 그러므로 죄를 짓고 불의하고 추악하고 버림을 받아야 마땅한 사람도 두려움 없이 예수님께로 나아갈 수 있습니다.

또한 예수님은 "나는 겸손하다."고 하셨습니다. 예수님이 너무나 높아서 보통 사람이 가까이 가기 힘든 분이라면 사람들이 가지 못합니다. 그러나 예수님은 지극히 겸손하신 분입니다. 베들레헴 마구간에서 태어나신 예수님, 일생을 풍찬노숙(風餐露宿)하며 사신 예수님, 벌거벗고 십자가에 못 박혀 죽으신 예수님, 그 예수님은 지극히 높으신 하나님이셨지만 이 땅에서 지극히 낮아진 종의 형상을 지고 일생을 사신 분이었습니다. 그러므로 어떤 천한 사람도 예수님 앞에 나올 수 있습니다.

예수님은 또한 "나의 멍에를 메고 내게 배우라. 그리하면 너희 마음이 쉼을 얻으리라."고 하셨습니다. 예수님 앞에 나아가 예수님의 멍에 밑에 들어가면 예수님이 우리의 삶을 이끌어 주십니다. 어미 소가 멍에를 지고 가면 어미 소 옆에 붙어 가는 송아지는 하나도 무겁지 않습니다. 멍에는 어미 소가 지고 송아지는 어미 밑에 들어가서 따라가기만 하면 됩니다. 이처럼 우리도 예수님 안에 들어가면 예수님이 무거운 멍에를 다 짊어져 주시므로 우리는 따라가기만 하면 되는 것입니다.

예수님은 우리의 죄의 짐, 미움의 짐, 병의 짐, 가난의 짐, 저주의 짐, 죽음의 짐, 지옥의 짐을 다 걸머져 주십니다. 그리고 "너는 그저 내 곁에 따라만 오너라." 하시고 우리 인생을 선물로 주십니다. 우리가 피땀 흘린 대가로 주시는 인생이 아니라 은혜로 주시는 인생인 것입니다.

예수님의 멍에 밑으로 들어오면 예수님이 우리의 무거운 짐을 다 짊어져 주시므로 우리는 은혜로 인생을 삽니다. 용서도, 사랑도, 치료도, 천국도 은혜로 받습니다. 더 이상 피땀 흘리고 살지 않습니다. 그저 예수님 밑에 믿음으로 거저 들어가 은혜로 사는 것입니다. 그러므로 우리는 따뜻하고 부드러운 마음으로 예수님의 멍에를 지고 배워야 합니다. 이것을 매일같이 배우면 주님의 평화가 우리 속에 넘쳐납니다.

예수님에게 붙어서 살기 때문에 우리의 인생은 쉽고 가볍습니다. 예수님을 믿는다고 하면서 피땀 흘리며 슬픔과 고통과 좌절과 절망에 허덕인다면 그것은 예수님을 모르는 사람입니다. 잘못 믿고 있는 것입니다. 예수님을 믿고 사는 사람은 그리스도 안에서 은혜로 말미암아 쉽고 가볍게 인생을 살아야 하는 것입니다.

나는 이 진리를 구라파로 가는 비행기 안에서 새삼 깨달았습니다. 언젠가 구라파로 성회에 가기 위해 비행기를 타러 가는데 파리 한 마리가 끝까지 나에게 따라붙었습니다. 귀찮아서 쫓아내면 등 뒤로 가고 또 쫓아내면 어느 틈에 또다시 붙고 하더니 비행기 탑승할 때까지 따라붙었습니다. 이 놈은 내 덕에 비행기 표도 없이 공짜로 비행기를 타고, 비행기 안에서 나오는 밥도 붙어서 먹었습니다. 그리고 구라파에 도착했더니 왱-하고 날아가 버렸습니다. 한국 파리가 공짜 비행기를 타고 구라파 여행까지 한 것입니다.

그 파리를 보고 느낀 것이 있습니다.

'인생이 하나님께 의지하면 편안히 천국에 가는구나.'

파리 혼자서는 대서양을 건널 수 없습니다. 그러나 대서양을 건너가는 사람에게 붙어 있으면 밥도 잘 먹으면서 대서양을 건너고 구라파에 갈 수 있습니다. 우리도 마찬가지입니다. 우리 스스로는 천국에 갈 수 없습니다. 그러나 주님과 함께 탑승하면 문제없이 천국을 가게 되는 것입니다.

우리 대신 멍에를 걸머지고 십자가에서 몸 찢기고 피 흘려 죽으신 예수님, 부드럽고 따뜻하고 겸비하신 예수님은 오늘도 우리 짐을 대신 짊어지시고 우리를 부르고 계십니다.

"수고하고 무거운 짐을 진 인생들아, 내 멍에 밑으로 오너라. 와서 내 은혜로 말미암아 쉽고 가볍게 인생을 살아라."

제 12 장

예수님을 반대하는 자들

A COMMENTARY
ON THE GOSPEL OF
MATTHEW Ⅱ

본 장에서는 앞 장에 이어 예수님과 유대교 지도자들 사이의 갈등이 점점 증가되고 있는 것을 보여 주고 있습니다.

예수님께서는 바리새인들과의 안식일 논쟁에서 안식일의 주인은 예수님이시며 안식일의 근본정신은 '사랑'이라는 안식일의 참된 의미에 대해서 말씀하셨습니다. 또한 예수님께서는 자신을 죽이고자 하는 바리새인들의 음모를 아시면서도 정면충돌하지 않으시고 계속 병자를 치유하시면서 종의 겸손과 사랑을 보여 주셨습니다. 한편 예수님이 바알세불의 힘을 입어 귀신을 쫓아낸다는 바리새인들의 논쟁에 대해 예수님께서는 성령 모독죄의 심각성을 경고하셨습니다. 또한 예수님께서는 표적을 구하는 서기관과 바리새인들을 향해 이미 많은 표적을 보고서도 여전히 표적을 구하는 그들의 불신앙을 지적하시며, 사흘 동안 물고기 배 속에 있었던 요나처럼 장차 예수님께서 죽으시고 사흘 만에 부활하실 사건이 가장 큰 표적이 될 것이라고 말씀하셨습니다. 그리고 가족에 관한 사람들의 언급에 대해 예수님께서는 진정한 하나님 나라의 가족은 육신적 혈연관계에 있는 자가 아니라 하나님의 뜻에 순종하는 자라고 말씀하셨습니다.

1. 안식일의 참된 의미(12:1-13)

1. 그때에 예수께서 안식일에 밀밭 사이로 가실 새 제자들이 시장하
여 이삭을 잘라 먹으니 2. 바리새인들이 보고 예수께 말하되 보시오
당신의 제자들이 안식일에 하지 못할 일을 하나이다 3. 예수께서 이
르시되 다윗이 자기와 그 함께한 자들이 시장할 때에 한 일을 읽지 못
하였느냐 4. 그가 하나님의 전에 들어가서 제사장 외에는 자기나 그
함께 한 자들이 먹어서는 안 되는 진설병을 먹지 아니하였느냐 5. 또
안식일에 제사장들이 성전 안에서 안식을 범하여도 죄가 없음을 너
희가 율법에서 읽지 못하였느냐 6. 내가 너희에게 이르노니 성전보
다 더 큰 이가 여기 있느니라 7. 나는 자비를 원하고 제사를 원하지
아니하노라 하신 뜻을 너희가 알았더라면 무죄한 자를 정죄하지 아
니하였으리라 8. 인자는 안식일의 주인이니라 하시니라 9. 거기에
서 떠나 그들의 회당에 들어가시니 한쪽 손 마른 사람이 있는지라 사
람들이 예수를 고발하려 하여 물어 이르되 안식일에 병 고치는 것이
옳으니이까 11. 예수께서 이르시되 너희 중에 어떤 사람이 양 한 마
리가 있어 안식일에 구덩이에 빠졌으면 끌어내지 않겠느냐 12. 사람

이 양보다 얼마나 더 귀하냐 그러므로 안식일에 선을 행하는 것이 옳으니라 하시고

1-2절 그때에 예수께서 안식일에 밀밭 사이로 가실 새 제자들이 시장하여 이삭을 잘라 먹으니 바리새인들이 보고 예수께 말하되 보시오 당신의 제자들이 안식일에 하지 못할 일을 하나이다

안식일을 지키는 것은 유대인에게 대단히 중요한 일입니다. 모세의 십계명 가운데 네 번째 계명까지는 하나님에 대한 계명이며 나머지는 사람에 대한 계명입니다. 특히 하나님에 대한 네 번째까지의 계명을 어기면 사형선고를 내렸습니다. 즉, 다른 신을 섬기거나 우상에게 절하거나 하나님의 이름을 망령되이 부르거나 안식일을 거룩히 지키지 않는 자들은 사형에 처하는 것입니다. 참으로 어마어마한 법입니다. 하나님과 사람 사이의 관계를 정립하는 것이기 때문입니다.

신약 시대가 되어도 성경은 하나님 외에 다른 신을 섬기지 말라는 법을 지킬 것을 거듭거듭 말하고 있습니다. 하지만 신약 성경에 꼭 한 가지 '토요일 안식일' 을 지키라는 말이 빠져 있습니다. 토요일 안식일은 하나님이 유대인에게 모세를 통해 언약한 것입니다.

예수님께서는 안식 후 첫날에 부활하셨습니다. 그리고 안식 후 첫날에 제자들을 찾아오셨습니다. 그리고 성령이 강림하신 날도 안식 후 첫날 오순절이었습니다. 이 안식 후 첫날에 예수님께서 부활하시고 찾아오시고 성령께서 강림하시므로 자연적으로 신약 시대에 와서는 안식 후 첫날인 오늘날의 일요일을 안식일로 지키게 되었으며 특별히 이날을

'주의 날' 이라는 의미의 '주일' (主日)로 명명하게 된 것입니다.

신약 성경 마태복음에서 요한계시록까지 토요일 안식일을 지키라는 말은 한 마디도 없습니다. 그러나 주일을 지키는 것은 초대 교회에 모두 다 일반화된 상식이었습니다. 바울도 고린도전서 16장 2절을 보면 안식 후 첫날에 모여서 연보를 드리라고 말하고 있습니다. 그래서 오늘날 우리는 토요일 안식일 대신 일요일 안식일인 주일을 지키는 것입니다.

그렇다면 우리의 참된 안식일은 어떤 날일까요? 예수 그리스도가 안식일의 주인이기 때문에 우리가 예수님을 모시면 일주일이 모두 안식일입니다. 다만 우리가 주일을 지키는 것은 주님이 부활하시고 성령이 강림하신 주일에 함께 모여서 주님을 경배하기 위함입니다. 이를 통해 우리는 예배드리는 교회 공동체 가운데 주님을 만나고 주님께 복을 받고 성령의 은혜를 입어 우리의 신앙을 유지해 나갈 수 있는 것입니다. 그러므로 우리는 히브리서 10장 25절 말씀처럼, 모이기를 폐하는 어떤 사람들의 습관과 같이 하지 말고 더욱 힘써 거룩한 성일인 주일을 지켜야 합니다.

그런데 구약 시대에는 하나님께서 유대인들에게 안식일에 아무 일도 하지 못하도록 명령하셨습니다. 집안에 있는 종들이나 짐승들도 일 시키지 말고 다 쉬라고 하셨습니다. 그래서 그들은 미리 음식을 준비해 놓고 토요일에는 불을 때지 않았습니다. 그들이 광야를 지날 때에도 토요일 전날에는 만나가 두 배로 내렸습니다. 그래서 토요일 안식일은 만나를 주우러 가지 않고 그냥 하나님만 섬겼습니다. 이러므로 그들의 머리에 꽉 박힌 것은 안식일에 절대로 일하면 안 된다는 것이었습니다.

그렇기 때문에 유대인들은 예수님이 안식일을 범했다며 크게 반발한 것입니다. 예수님은 안식일에 병자를 고쳤습니다. 회당에 와서 말씀을 증거 하시고는 꼭 안식일에 병을 고쳤습니다. 그래서 유대인들은 "하나님의 아들이면 하나님의 법을 어길 턱이 없다. 하나님의 아들이면 모세의 계명을 거룩히 지키라는데 안식일을 어길 수 있겠는가? 그러므로 그는 하나님의 아들이 아니다."라고 말하며 굉장히 반발한 것입니다.

하지만 예수님은 병든 자를 불쌍히 여기셨습니다. 예수님께는 병든 자를 고쳐 주겠다는 뜨거운 염원이 있었습니다. 그래서 유대인들이 눈에 불을 켜고 반발함에도 불구하고 안식일을 깨뜨리면서까지 병든 자를 고치셨습니다. 그러므로 병 고치는 것이 주님의 뜻인지 아닌지 묻는 것은 어리석기 짝이 없는 질문입니다. 안식일을 어김으로 말미암아 유대인들로부터 죽임을 당할 수도 있는데 그런 생명의 위험까지도 무릅쓰고 주님은 안식일에 병든 자를 고치셨습니다. 여기에서 우리는 의식과 형식을 지키지 못할지라도 사람의 생명은 구원해야 한다는 뜨거운 열정을 가지신 예수님을 발견할 수 있습니다.

병을 고치는 사역은 해도 좋고 하지 않아도 좋은 정도의 것이 아닙니다. 주님은 당신의 지위와 생명의 위험을 무릅쓰고라도 병든 자를 위해서 안식일에 일하셨습니다. 우리는 병들면 병 낫는 것이 하나님 뜻이냐고 물을 필요가 없습니다. 혹 내가 하나님을 거역한 죄가 있으면 먼저 죄를 회개해야 하지만 그다음에 병 고치는 것은 단호하게 주님의 뜻인 줄 알고 추호의 후퇴도 없이 믿음으로 기도해야 합니다. 조금도 의심하지 말고 기도해야 합니다. 병 고치는 것은 주님의 당연한 뜻입니다.

본문을 보면 제자들은 유대인들 보기에 큰일을 저질렀습니다. 언젠가 안식일에 예수님과 제자들이 밀밭사이를 지나갈 때 제자들이 아침을 먹지 못한 상태였습니다. 그래서 매우 시장한 터에 밀밭의 이삭을 잘라 먹은 것입니다.

예전에 제가 친구들과 학교 가다 말고 배가 고프면 밀밭에 들어가서 밀을 베어 모닥불을 피우고 구워서 비벼 먹은 적이 종종 있었습니다. 다 먹고 나면 온 얼굴이 새까맣게 되었습니다. 그래서 얼굴에 온통 수염을 그리고 학교에 가면 선생님이,

"차렷! 이놈, 너 남의 밀밭에 가서 밀 서리 해 먹었지?"

"안 해 먹었습니다."

"거울 한번 봐!"

거울을 보니 온 얼굴이 새까맣게 되어 있는 것이었습니다. 너무나 맛있게 먹느라고 얼굴이 그렇게 된 것도 몰랐던 것입니다. 날 밀을 손에 비벼 먹으면 별 맛이 없습니다. 그러나 구워 먹으면 참 맛있습니다. 그야말로 맛이 일품입니다.

안식일에 제자들이 밀을 비벼서 먹으니까 유대인들은 그것을 보고 안식일에 타작했다고 정죄하였습니다. 타작을 하든 손으로 비벼서 먹든 타작은 타작이니까 안식일에 일을 한 것으로 취급한 것입니다. 안식일에 일을 하다니 이것은 있을 수가 없는 일이라서 반발하게 된 것입니다.

"당신의 제자들이 안식일에 일하지 말아야 하는데 밀밭 사이에서 밀 타작을 해 먹는 큰 죄를 지었소. 당신이 하나님의 아들이면 모세의 율법을 지켜야 될 것 아니오? 모세의 율법은 하나님이 직접 주신 것이오. 율법 중에서 안식일을 거룩히 지키라고 했는데 당신이 하나님의 아들이라고 하면서 어떻게 제자들이 밀밭 사이에 다니며 안식일에 밀을 먹는 것을 눈감아 준단 말이요? 그러니 당신은 하나님의 아들이 아니오. 당신은 이단이 틀림없소."

그렇게 공격한 것입니다. 그러나 그 법을 주신 이가 누구입니까? 바로 예수님입니다. 시내 산에서 모세에게 율법과 계명을 주신 이가 누구입니까? 하나님의 사자, 곧 예수님입니다. 예수님이 육신으로 오시기 전 아버지 하나님과 같이 계실 때 아버지의 뜻을 따라 시내 산에서 모세에게 율법을 주신 것이므로 예수님은 바로 율법의 창시자이십니다.

여러분 중에 자동차 면허증을 가지신 분이 많을 것입니다. 자동차 면허 시험 치를 때 이런 문제가 나옵니다. 운전하고 가다가 빨간 불이 켜지면 차를 세워야 합니까, 계속 가야 합니까? 당연히 세워야죠. 빨간 불이면 세워야 하고 파란 불이면 가는 것입니다. 전 세계적으로 다 그렇습니다. 빨간 불인데 지나가다가는 생명의 위험을 느끼든지 사고를 일으키든지 딱지를 떼게 됩니다. 그런데 차를 운전하고 가다가 교통 법규상 빨간 불이 켜졌는데도 만약 교통순경이 있어서 가라고 하면 빨간 불을 따라야 할까요, 교통순경을 따라야 할까요? 교통순경이 가라고 하면 빨간 불이라 하더라도 기분 좋게 가도 괜찮습니다. 원래 빨간 불이 켜지면 반드시 서야 하지만 교통순경은 그 법규를 초월하기 때문입니다.

원래 하나님의 법은 다 지켜야 하는 것이지만 법을 만든 주님께서 가라면 가는 것입니다. 예수님은 법에 묶여 있지 않습니다. 예수님은 교통순경과 마찬가지입니다. 아무리 하지 말라는 것일지라도 예수님이 하라고 하면 하는 것입니다. 안식일을 거룩히 지키라는 것은 하나님이 주신 법임에 틀림없지만 안식일의 법이나 의식을 초월하여 사람의 생명을 살리겠다고 작정하면 그것은 죄 없는 것입니다. 그 진리를 유대인들은 알 도리가 없었습니다. 유대인은 예수님이 하나님의 아들이요, 법을 주신 분인 것을 인정하지 않았기 때문에 큰 실수를 한 것입니다. 하지만 예수님은 법을 만드신 하나님이시고 그분은 사람을 사랑해서 생명을 살리기 위해 법을 중지할 수도 있는 권세와 능력도 가지신 분입니다.

3-5절 예수께서 이르시되 다윗이 자기와 그 함께한 자들이 시장할 때에 한 일을 읽지 못하였느냐 그가 하나님의 전에 들어가서 제사장 외에는 자기나 그 함께한 자들이 먹어서는 안 되는 진설병을 먹지 아니하였느냐 또 안식일에 제사장들이 성전 안에서 안식을 범하여도 죄가 없음을 너희가 율법에서 읽지 못하였느냐

예수님은 바리새인들에게 사무엘상 21장 1절 이하에 기록된 내용을 인용하여 말씀하셨습니다.

다윗이 사울에게 쫓겨서 도망칠 때 성소로 들어가게 되었습니다. 그리고 배가 고파 제사장 아히멜렉에게 먹을 것이 없냐고 물었습니다. 그러자 아히멜렉은 거룩한 진설병, 즉 뜨끈뜨끈한 새 떡을 드리고 물려 놓은 옛 진설병이 있다고 말했습니다. 그것은 거룩한 떡이므로 제사장밖에는 먹지 못하게 되어 있는데 다윗은 그것이라도 달라고 하였습니다. 실제로 제사장 아닌 다른 사람이 하나님의 성물을 먹었다가는 하나님께 심판을 받고 죽을 수도 있습니다. 그럼에도 불구하고 다윗은 배가 고플 때 성전에 들어가서 그 제사장만 먹을 수 있는 진설병을 달라고 하며 자기도 먹고 자기를 따라오는 부하들에게도 나눠 주었습니다. 하지만 다윗은 하나님께 벌 받아 죽지 않았습니다.

그것은 일반 상식적인 법으로서는 절대로 안 되는 것이지만 다윗은 하나님이 사랑하는 사람이고 하나님의 택한 그릇입니다. 그가 배가 고파 허기증에 들렸을 때 하나님께서 "법을 보면 안 되지만 법보다는 사람의

생명을 살리는 것이 더 중요하니까 이번만큼은 먹는 것을 허락한다."고 하신 것입니다. 그래서 다윗은 그 진설병을 먹고도 죽지 않았습니다. 예수님이 다윗의 그 예를 들어 말씀하십니다.

"봐라, 법으로 볼 때 성전에서 물려 낸 그 진설병은 거룩하므로 제사장 이외에는 아무도 먹지 못하고 만일 다른 사람이 먹으면 하나님께 벌을 받아 죽는다. 하지만 다윗은 그날에 자신과 그를 따르는 사람들에게 그 떡을 나누어 주고 먹었는데도 불구하고 안 죽었지 않느냐? 하나님은 제사보다 자비를 원하시고 의식과 형식보다도 사랑을 원하시기 때문이다. 하나님은 사람의 생명을 살리기 위해 당시에 주어진 법이나 의식까지라도 초월하시는 분이다."

이것을 보면 하나님이 우리의 생명을 얼마나 사랑하는지 알 수 있습니다. 하나님을 믿고 의지하고 섬기는 사람들의 생명은 너무나 귀하게 여기십니다. 그래서 우리의 생명이 위기에 처하면 하나님이 주신 계명이나 의식을 뛰어 넘더라도 생명을 살리려고 하십니다. 하나님은 사랑의 하나님, 자비의 하나님이십니다.

우리는 하나님의 심정을 알아야 합니다. 안식일은 매우 중요합니다. 그럼에도 불구하고 주님은 배가 고파 허덕이는 사람에게 안식일에 먹을 것을 주는 것이 그 안식일을 지키라는 법과 의식보다 더 중요하다고 생각했습니다. 주님은 사람의 생명을 너무나 아끼시고 귀하게 보십니다. 바리새인이나 사두개인들은 법과 의식만 보았지 그 법과 의식이 사람을 위해서 있다는 것을 몰랐습니다. 주님이 법과 의식을 주신 것은 사람이 잘 살도록 하기 위함입니다. 그러므로 사람의 생명이 위기에 처하면 법과 의식을 초월해서라도 사람의 생명을 살려야 합니다. 이것이 주님의 뜻입니다.

민수기 28장 9절부터 10절을 보면 "안식일에는 일 년 되고 흠 없는 숫양 두 마리와 고운 가루 십분의 이에 기름 섞은 소제와 그 전제를 드릴 것이니 이는 상번제와 그 전제 외에 매 안식일의 번제니라" 고 기록되어 있습니다.

안식일에 제사장들은 하나님께 제물을 드리고 번제를 드립니다. 안식일에 하는 큰 일입니다. 그리고 안식일에 할례 받으러 어린아이를 데려오면 어린아이는 여드레 만에 할례를 베풀어야 하기 때문에 제사장은 안식일이라 할지라도 어린아이에게 할례를 베풀었습니다. 이것도 일입니다.

우리는 주일에 일하지 말고 쉬면서 주님을 섬기라고 하지요? 그러나 내게는 주일이 제일 힘든 날입니다. 우리 성도들은 주일에 안식하며 주님을 섬기지만 나는 중노동입니다. 그렇다고 해서 목사가 주일에 일했으니 주일을 범했다고 말할 수 있습니까? 성전에서 주를 위해서 일하는 것은 범해도 괜찮습니다. 우리 교회의 남녀 선교회 회원들을 비롯해 많은 봉사자들이 주일에 와서 다 일합니다. 새벽부터 하루 종일 봉사하는 일을 합니다. 대단히 고달픈 일입니다. 왜 주일에 일을 합니까? 성전에서 하나님을 위해 일하는 것은 죄가 없다고 주님께서 말씀하시기 때문입니다. 그러므로 아무리 안식일이라도 성전에 와서 하나님을 섬기기 위해 일하는 것은 일이 아닙니다. 그것은 하나님을 영광스럽게 하는 것이기 때문에 죄가 되지 않습니다. 그래서 예수님은 그것을 인용해서 말씀하신 것입니다.

6절 내가 너희에게 이르노니 성전보다 더 큰 이가 여기 있느니라 본문에서 예수님이 얼마나 담대한 말씀을 하셨는지 모릅니다. "내가 너희에게 말하노니, 너희 이스라엘에 성전보다 더 큰 이가 여기 있느니라." 고 하신 것입니다. 그때 이스라엘 백성들이 이 말을 들었다면 이를 갈았을 것입니다.

"이런 고약한 사람이 있느냐? 어찌 감히 자기가 성전보다 더 위대하다고 하느냐? 하나님을 모욕하는 사람이니 이야말로 돌로 쳐 죽여야 한다."

왜 예수님은 이처럼 자신을 성전보다 더 크다고 말씀하셨을까요? 예수님이 바로 성전의 주인이시기 때문입니다. 성전이 더 큽니까, 성전 주인이 더 큽니까? 당연히 주인이 더 큽니다. 이스라엘 백성이 늘 성전에서 제물을 드리는 것은 누구에게 드리는 것입니까? 예수님께 드리는 것입니다. 예수님이 바로 성전의 주인이시기 때문입니다.

성경에는 성전에서 안식일을 범해도 죄가 없다고 기록되어 있습니다. 그리고 예수님은 성전의 주인이십니다. 그러니 예수님이 안식일에 밀을 먹은 열두 제자들을 꾸짖지 않고 괜찮다고 하신 것이 왜 죄가 되겠습니까? 성전의 주인, 안식일의 주인이 직접 죄가 없다고 하셨는데 말입니다. 유대인들은 이것이 이해가 되지 않았습니다.

우리는 예수님의 말씀이 이해가 됩니다. 예수님이 바로 하나님이시고 성전이시고 안식일의 주인인데 주인이 하는 일에 대해서 종들이 무슨 말을 하겠습니까? 십계명도 주셨고 안식일도 주신 예수님이 "오늘은 너희가 배고프니까 밥 먹어라." 고 말씀하시면 그렇게 하는 것이지 더 이상 무슨 말이 필요합니까? 그러므로 무엇보다 예수님을 분명히 아는 것이 가장 중요합니다.

유대인들은 예수님을 인간으로 보았고 이단으로 보았지 하나님으로 보지 않았습니다. 예수님을 유대인의 법 밑에 있는 존재로 알았습니다. 하지만 우리가 알듯이 예수님은 법 위에 계십니다. 예수님은 육신으로 오신 야훼 하나님이십니다. 예수님이 바로 법을 주셨고 성전을 세우신 주인이십니다. 그러므로 예수님은 그 법 아래에 있지 않고 위에 있습니다. 예수님은 언제나 법을 뜯어고칠 수도 있고 법을 새로 만들어 주실 수도 있습니다. 예수님이 구약을 철폐하고 신약을 만들지 않았습니까? 주님은 언약을 철폐하고 새로 만들 수도 있는 절대 주권자입니다. 예수님은 무엇이든지 하실 수 있습니다.

진설병은 제사장밖에 먹지 못하지만 주님께서 먹으라고 하시면 먹을 수 있는 것입니다. 예수님은 성전과 율법보다 크신 절대 주권자이시기 때문에 그분이 옳다고 하면 옳은 것입니다. 예수님이 나쁘다고 하면 나쁜 것입니다.

하나님의 법과 계명은 평상시에 우리에게 지키라고 주신 것이지만 비상시 사람의 생명을 살리기 위해서는 그 법을 초월해도 죄가 되지 않습니다. 주님이 명하는것을 순종하는 것은 죄가 되지 않습니다.

7절 **나는 자비를 원하고 제사를 원하지 아니하노라 하신 뜻을 너희가 알았더라면 무죄한 자를 정죄하지 아니하였으리라**

호세아 6장 6절은 "나는 인애를 원하고 제사를 원하지 아니하며 번제보다 하나님을 아는 것을 원하노라" 고 말씀하고 있습니다.

제사라는 것은 바로 율법과 의식입니다. 제사드리는 것은 율법 아래에서 의식을 집행하는 것입니다. 그런데 주님께서 "나는 율법보다도 자비를 원한다. 사랑을 베푸는 것을 원한다."고 말씀하셨습니다. 제사와 율법은 필요한 것이지만 사랑을 실천하기 위해서 만약 제사와 율법을 거역해야 한다면 사랑 편을 택한다는 것입니다. 주님은 모든 제사와 율법과 의식을 우리에게 분명히 주셨습니다. 우리는 그것을 지켜야 합니다. 그러나 그보다 더 중요한 것은 사랑입니다. 사랑을 베풀기 위해서 안식일에 일을 하는 것은 괜찮습니다. 그래서 예수님은 안식일에도 사랑을 베풀기 위해 병자를 고쳤습니다. 안식일에 제자들이 배고파서 밀을 비벼 먹는 것을 눈감아 주셨습니다. 아무리 안식일이라도 사람의 생명을 살리는 일은 그것을 초월합니다.

우리는 주일을 거룩히 지켜야 하지만 혹 주일을 어기는 일들이 있더라도 주님께서 허용하시는 경우가 많습니다. 주일에 만약 전기를 만드는 발전기를 꺼 버리면 예배드리지 못할 교회가 많을 것입니다. 전기는 사람의 생명을 살리는 예배를 드리기 위해서라도 필요한 것이니 공급해야 합니다. 또한 주일에 교회에 오기 위해서는 버스와 지하철도 운행해야 합니다. 그리고 휴전선에 있는 모든 군인들이 "오늘은 주일이니 쉬어야겠다."고 총을 놓아 버리면 국가의 안보가 위태롭게 될 것입니다. 국민의 재산과 생명을 보호하기 위해서 그날 군인들은 일선에서 일해야 합니다. 만약 주일이라고 해서 경찰들이 "오늘은 경찰서 닫고 쉬자."고 한다면 수많은 강도와 도둑놈들은 어떻게 합니까? 경찰관들은 주일에도 일해야 합니다. 사랑은 율법과 제도를 초월하는 것입니다. 사람의 생명을 사랑하고 그 생명을 살리기 위한 일은 그 모든 것을 초월합니다.

그러나 만약 내 일신의 오락을 위해서 "주일에 등산 가자!", "주일에 운동하러 가자!", "낚시 가자!"고 하거나 "우리 돈 벌어야 하니까 교회

가지 말고 일하자!" 고 한다면 그것은 잘못된 것입니다. 다른 생명을 살리고 돌보기 위해서 그날 일하는 것은 용납되지만 개인의 탐욕이나 오락을 위해서 주일을 범하면 그것은 죄를 범하는 것입니다. 아무리 주일이라도 병원은 문을 열어야 합니다. 사람의 생명을 살리기 위한 일은 법과 질서를 초월할 수 있지만 그 이외에는 안 됩니다. 우리 개인의 쾌락이나 욕심을 위해서 하나님이 정해 주신 법과 제도를 무시하면 안 됩니다.

예수님은 "나는 자비를 원하고 제사를 원하지 아니하노라 하신 뜻을 너희가 알았더라면 무죄한 자를 정죄하지 아니하였으리라" 고 말씀하십니다. 배가 고파서 쩔쩔매는 제자들에게 밀밭에 있는 밀을 비벼 먹은 것을 허용했다고 해서 이것이 무슨 죄가 되느냐는 것입니다.

"나에게는 사람의 배고픔을 채워 주는 사랑이 안식일을 지키라는 율법과 제도보다 더 중요하다. 그런 하나님의 심정을 알아라. 사랑이 법과 제도보다 더 중요하다는 것을 알았더라면 배고파서 밀을 비벼 먹은 사람을 죄인으로 취급할 수 있겠느냐? 그럴 수 없느니라."

이렇게 주님께서 말씀하신 것입니다. 우리는 이해가 되지만 유대인들은 이해가 되지 않습니다. 왜 그렇습니까? 유대인들은 예수님을 하나님으로 인정하지 않았기 때문입니다. 그러나 우리는 예수님을 하나님으로 인정하기 때문에 다 이해가 됩니다. 하나님이 "나는 율법이나 의식을 집행하는 제사보다는 사랑을 더 원한다." 고 하시면 우리는 "아멘, 옳습니다." 라고 하는 것이 당연합니다. 그러므로 여러분이 사랑을 실천하기 위해서는 주일에 어떤 중노동을 해도 좋습니다. 구제하기 위해서, 남에게 전도하기 위해서, 고난당한 사람을 건져 주고 돌봐 주기 위해서, 사람의 생명을 살리기 위해서 하는 일은 아무리 많이 해도 아무 죄가 되지 않습니다. 오히려 하나님이 칭찬할 일 입니다. 믿음, 소망, 사랑 중에 사랑이 제일이라고 한 것처럼 사랑을 실천하기 위해서 하는 일은 법과 제도를 뛰어넘는다는 것을 알아야 합니다.

성경에 보면 분명히 살인하지 말라고 했습니다. 그런데 하나님이 살인하면 어떻게 합니까? 하나님은 그 아들 예수 그리스도를 보내서 십자가에 못 박혀 죽게 했습니다. 그것은 하나님의 법에 어긋나지 않습니까? 하지만 계명에 살인하지 말라고 했더라도 예수님이 십자가에서 죽으신 이유가 인류를 구원하기 위한 사랑의 실천이었다면 그것은 살인하지 말라는 법을 뛰어넘는 것입니다.

내가 예전에 군대에 갔을 때의 일입니다. '여호와의 증인' 들이 절대로 총을 들지 않는 것을 보았습니다. 기합을 받고 얻어맞아도 우리는 살인할 수 없으니까 총을 들지 않는다고 합니다. 그래서 군대 내에서 논쟁이 붙었는데 어떤 병사가 내게 말했습니다.

"어떻게 너는 예수 믿는 사람이고 더구나 전도사로서 살인하지 말라는 계명이 있는데도 총을 드느냐?"

그래서 내가 말했습니다.

"내가 총을 들어 훈련하는 이유가 있다. 만일 전쟁이 났을 때 총을 들고 방위를 안 한다면 적군이 와서 얼마나 많은 사람을 살인하겠는가? 그렇다면 나는 간접 살인을 한 것이 된다. 당장 적군이 와서 국민을 다 죽이고 나라를 쑥밭으로 만드는데도 살인하지 말라고 했으니 나는 총 안 든다, 나 혼자만 거룩하게 산다고 한다면 세상에 이런 엉터리가 어디 있나?"

이렇게 사랑을 실천하기 위해서는 어쩔 수 없는 일들이 많습니다. 커

다란 사랑을 실천하기 위해서 작은 미움을 선택할 도리밖에 없는 경우가 있습니다.

무엇을 하든지 더 큰 사랑을 택해야 합니다. 그러기 위해서는 작은 법을 어쩔 수 없이 어길 수밖에 없는 경우도 있습니다. 하나님은 인류를 살리기 위해서 그 아들 예수님을 십자가에서 죽였습니다. 예수님은 십자가에 몸 찢고 피 흘려 죽으셨습니다. 하나님이 그렇게 하셨습니다. 지옥으로 가는 수많은 영혼들을 구원하기 위해서 대신 감내하신 희생입니다. 세상을 살아가는 동안에 온전한 흑백논리로 되는 것은 없습니다. 그러므로 우리는 늘 무엇을 선택해야 하는지 곰곰히 생각해보아야 합니다.

'무엇을 선택해야 하는가?'

특별히 율법과 의식과 사랑이 복잡하게 얽혀있을 때, 그때는 언제나 사랑을 택하십시오. 하나님을 사랑하고 이웃을 사랑하는 사랑을 택하는 것이 제일 올바른 것입니다. 그 사랑도 적은 사랑이 아닌 큰 사랑을 택하십시오. 그것은 거의 틀림없이 주님을 기쁘시게 하는 일일 것입니다.

8절 인자는 안식일의 주인이니라 하시니라

"인자는 안식일의 주인이니라". 이것은 완전한 결론입니다.

"안식일을 어겼다, 안 어겼다 하는 말은 하지 말라. 내가 바로 안식일의 주인이다. 주인이 안식일에 밀밭에서 밀 비벼 먹으라고 했는데 웬 말이 많으냐?"

주님은 이와 같이 말씀하신 것입니다. 그렇지 않습니까? 주인이 마음대로 허락했는데 무슨 말이 많습니까? 주인이 손님에게 우리 집에 와서 밥 먹으라고 했는데 옆에 있던 사람이 와서 "왜 그 집에 들어가서 밥 먹느냐?" 하고 고함치면 그게 바보 같은 소리 아닙니까?

오늘날 어떤 교파에서는 토요일을 지키지 않으면 구원을 받지 못한다고 하는데 정말 답답하고 우스운 말입니다. 토요일의 주인이신 예수님이 내 속에 들어와 계신데 왜 내가 구원을 못 받습니까? 안식일의 주인은 예수님입니다. 주인이 중요합니까, 아니면 주인이 정해 놓은 날이 중요합니까? 내가 주인을 모시고 섬기면 월요일, 화요일, 수요일, 목요일, 금요일, 토요일, 일주일이 모두 안식일입니다.

예를 들어 제가 여러분과 토요일에 서로 보기로 약속을 했는데 여러분이 우리 집에 들어와서 산다고 합시다. 그러면 우리에게 토요일의 의미가 있습니까? 매일 집에서 보니까 매일이 토요일이지요. 우리는 안식의 주인이신 예수님과 매일같이 함께 사는데 구태여 토요일 안식일을 지켜야만 구원을 받는다는 것이 말이 되겠습니까? 왜 편안하게 믿을 수 있는데 고생하고 힘들게 믿으려 합니까? 내가 예수 믿으면 매일이 안식일인데 왜 토요일을 꼭 정해 놓고 그것을 지키려고 야단이냔 말입니다.

예수 그리스도께서 십자가에 못 박힐 때 율법을 지킴으로 말미암아 구원을 받는다는 조건은 다 없어지고 말았습니다. 이제는 오직 믿음으로 구원받습니다. 율법은 우리가 지킴으로 말미암아 하나님 앞에서 더 성결하게 되는 것이지 구원의 조건이 아닙니다. 십자가에서 예수님이 "내가 다 이루었다."고 말씀하셨을 때 율법은 완성된 것입니다. 그러므로 구원을 얻는 것은 예수 그리스도를 믿음으로 말미암습니다. 이제는 율법을 어겼다고 해서 지옥에 가지 않습니다.

율법은 우리가 하나님 앞에서 더 거룩하게 되고 하나님과 교제가 깊어지고 하나님의 은총과 축복을 더 받기 위해서 지키는 것이지 구원받는 조건으로 지키는 것이 아닙니다. 오직 예수님만 믿어서 구원받는 것입니다. 우리의 구원은 예수님이 십자가에서 단번에 다 이루어 놓았습니다. 예전에는 율법이 우리의 주인이었고 우리를 다스렸지만, 이제 율법은 우리를 도와주는 보좌관이자 우리의 거울입니다. 내 얼굴에 더러운 것이 묻었나, 묻지 않았나를 보고 닦을 수 있도록 하는 거울이지 우리를 심판할 권세는 없습니다.

그러므로 우리는 안식의 주인 되시는 예수님을 모셨으니 이제는 매일같이 안식일을 누리며 살게 되시기를 주의 이름으로 축원합니다.

9-13절 거기에서 떠나 그들의 회당에 들어가시니 한쪽 손 마른 사람이 있는지라 사람들이 예수를 고발하려 하여 물어 이르되 안식일에 병 고치는 것이 옳으니이까 예수께서 이르시되 너희 중에 어떤 사람이 양 한 마리가 있어 안식일에 구덩이에 빠졌으면 끌어내지 않겠느냐 사람이 양보다 얼마나 더 귀하냐 그러므로 안식일에 선을 행하는 것이 옳으니라 하시고 이에 그 사람에게 이르시되 손을 내밀라 하시니 그가 내밀매 다른 손과 같이 회복되어 성하더라

예수님은 왜 안식일에 회당에 들어가셨을까요? 유대인들이 전부 안식일에 모이기 때문입니다. 사람이 없는데 혼자서 연설을 할 수가 없지요. 회당에 들어가시니 손 마른 사람, 즉 한쪽 손을 못 쓰는 사람이 있었습니다. 그러자 거기 있는 유대인들이 예수님을 정죄하기 위한 구실을 삼으려고 예수님에게 질문합니다.

"안식일에 병을 고쳐도 괜찮습니까?"

병 고치는 것은 일하는 것이므로 안식일에 일하지 말라는 율법을 어기는 것입니다. 그러니 율법을 어기는지 어기지 않는지를 지켜보겠다는 뜻입니다. 하지만 하나님은 "나는 자비를 원하고 제사를 원치 않는다."고 하셨습니다.

"율법과 의식보다는 사랑을 더욱 원한다. 사랑을 실천하기 위해서는 율법과 의식을 초월할 수 있다."

그렇게 말씀하고 있는 주님의 심정을 그들은 도무지 모릅니다. 그들은 사람의 팔이 말랐든 비틀어졌든 죽어가고 있든 별로 상관하지 않습니다. 하나님의 법과 제도를 지키기 위해서는 사람의 생명은 중요하게 여기지 않습니다. 하지만 그것은 참으로 잘못된 생각입니다. 하나님께서 법과 제도를 준 것은 사람의 생명을 살리기 위해서이지 법과 제도 때문에 사람을 희생시키기 위함이 아닙니다. 그래서 예수님이 대답하십니다.

"너희 중에 안식일에 양 한 마리가 구덩이에 빠져서 죽어가고 있는 것을 보고도 오늘이 안식일이니까 건지면 안 된다고 가만히 있을 사람이 있겠는가?"

구덩이에 자기의 양이 빠져서 발버둥치고 허우적거리고 있으면 안식일이라도 건지는 것이 인지상정입니다. 생명이 죽어가면서 버둥대는데 안식일이라고 해서 내버린다면 그것은 안식일의 노예가 되는 것이지 안식일의 복을 누리는 것이 아닙니다. 안식일이라도 생명을 살리는 것은 하나님의 뜻입니다. 예수님은 말씀하십니다.

"안식일에 양이 구덩이에 빠져도 건져 내거든 하물며 생명을 위해 사랑을 실천하는 것이 얼마나 중요하냐? 아무리 안식일에 법과 제도를 열심히 지키더라도 그것보다 오히려 이 사람을 고치는 것이 더 중요하다."

법과 제도를 초월해서 사랑으로 행하는 것이 더 중요하다는 말씀입니다. 엄마가 사랑하는 아들이나 딸을 위해서 아침에 밥을 챙겨 주고 학교 갔다 오면 학원에 보내고 태권도 도장에도 보냅니다. 그런데 어느 날 사랑하는 아이가 병이 들었습니다. 학교도 가야 되고 학원에도 가야 되지만, 당장 그 아픈 아이를 위해서는 그동안 정해 놓았던 규율을 접어 두고 그 아이가 병이 낫도록 돌보아야 하지 않겠습니까? 아무리 엄마가 정해 놓은 규율이라 할지라도 생명을 지키는 것이 먼저입니다.

예수님이 안식일에 병자들을 고치는 것은 선입니다. 선의 반대는 악이므로 병자 고치지 않는 것은 악이라고 할 수 있습니다. 선을 알고도 행치 않으면 죄입니다.

오늘날 교회에서도 단지 체면 때문에 주일에 병자 치료를 위한 기도를 하지 않는데 그것은 죄입니다. 교회가 병자를 위해서 더 많이 기도했으면 훨씬 큰 부흥이 있었을 것입니다. 병만 낫는 게 아니라 병이 낫는 것을 통해서 하나님의 사랑을 알게 되는 것입니다. 병 고치는 것은 하나님의 뜻입니다. 예수님은 병 고치는 것 때문에 유대인에게 핍박당하고 고통을 당하셨습니다.

이에 예수님은 손 마른 사람더러 손을 내밀라 하시고 깨끗하게 치료해 주셨습니다. 참으로 좋은 일을 하셨습니다. 그 사람은 마른 손으로 인해 다른 사람들로부터 멸시와 업신여김을 받았을 것이고, 가족 부양도 하지 못했을 것이고, 그 때문에 자책감으로 괴로워하며 살았을 것입니다. 하지만 주님이 마른 손을 고쳐 주셨으니 그도 이제부터는 모든 것을 주님의 은혜로 알고 가족들도 부양하며 살 것이고, 가족들도 그 사람을 부끄럽게 여기지 않을 것이니 그에게는 새로운 삶이 시작된 것입니다. 이것이 얼마나 좋은 일입니까?

하나님은 사랑이십니다. 하나님은 우리를 살리시는 분이지 죽이시는 분이 아닙니다. 그러므로 우리는 늘 좋으신 하나님의 사랑을 믿고 질병이나 고통을 고쳐 달라고 간절히 기도해야 할 것입니다.

2. 종의 겸손과 사랑(12:14-21)

14. 바리새인들이 나가서 어떻게 하여 예수를 죽일까 의논하거늘
15. 예수께서 아시고 거기를 떠나가시니 많은 사람이 따르는지라 예
수께서 그들의 병을 다 고치시고 16. 자기를 나타내지 말라 경고하
셨으니 17. 이는 선지자 이사야를 통하여 말씀하신바 18. 보라 내가
택한 종 곧 내 마음에 기뻐하는바 내가 사랑하는 자로다 내가 내 영
을 그에게 줄 터이니 그가 심판을 이방에 알게 하리라 19. 그는 다투
지도 아니하며 들레지도 아니하리니 아무도 길에서 그 소리를 듣지
못하리라 20. 상한 갈대를 꺾지 아니하며 꺼져가는 심지를 끄지 아
니하기를 심판하여 이길 때까지 하리니 21. 또한 이방들이 그의 이
름을 바라리라 함을 이루려 하심이니라

14절 바리새인들이 나가서 어떻게 하여 예수를 죽일까 의논하거늘

본문을 보면 바리새인들은 예수님을 어떻게 죽일지 의논합니다. 참으

로 마음이 비뚤어져 있습니다. 아무리 주님이 선한 일을 하고 올바른 일을 해도 그들은 비판을 합니다. 바리새인들은 일단 예수님을 이단으로 결정하고 정죄하기로 마음먹었기 때문에 아무리 병자를 고치고 선한 일을 해도 안식일에 병자를 고치는 것은 하나님의 종이 아니라는 조건을 내세우고 사사건건 물고 늘어집니다. 귀신을 쫓아내면 귀신의 왕 바알세불을 힘입어 쫓아내는 것이라고 합니다.

여러분 중에도 혹 억울하게 여러 가지 핍박을 받는 사람이 있습니까? 그럴 때는 오직 기도밖에 없습니다. 기도를 해야 하나님이 간섭하셔서 도와주십니다. 쉬지 않고 기도하는 것이 중요한 이유는 기도를 해 놓으면 그것이 조건이 되어서 마귀의 역사를 물리치는 하나님의 능력으로 나타나기 때문입니다. 하지만 기도하지 않고 있으면 어느새 마귀의 참소가 다가옵니다.

예수님은 손 마른 사람을 고쳐서 선한 일을 하셨지만 그것을 정죄한 이들은 아마도 지금 지옥에 있을 것입니다. 예수님은 우리 모든 인류의 생존의 갈림길을 만드셨습니다. 예수님은 지금도 흥망성쇠를 결정하는 잣대가 되십니다. 아들이 있으면 영생이 있고 아들이 없으면 하나님의 진노가 그 위에 머물러 있는 것입니다. 예수님 믿고 구원받았느냐, 구원받지 못했느냐가 있을 뿐입니다. 예수님을 믿은 우리들은 이미 죽음을 이기고 부활하신 예수님과 연합하여 새로이 주어진 삶을 살기 때문에 오직 하늘의 영광과 천국의 소망으로 사는 것입니다.

예수님은 바리새인들이 핍박하고 고통을 주고 죽이려고 달려들어도 자신을 따라오는 병자들을 모두 고쳐 주셨습니다. 어떤 사람의 병은 하나님 뜻이니까 고치고 어떤 사람의 병은 하나님 뜻이 아니니까 고치지 않은 것이 아닙니다. 예수님에게 나오는 사람은 누구든지 차별하지 않고 모두 고치셨습니다. 주님에게 병을 고치지 말라고 하는 것은 메시아가 되지 말라고 하는 것과 같습니다. 예수님의 하시는 일은 죄를 용서하시고 질병과 고통을 치료해 주시는 것인데 그것을 배제한다면 예수님의 존재를 무시하는 것입니다.

15-21절 예수께서 아시고 거기를 떠나가시니 많은 사람이 따르는지라 예수께서 그들의 병을 다 고치시고 자기를 나타내지 말라 경고하셨으니 이는 선지자 이사야를 통하여 말씀하신바 보라 내가 택한 종 곧 내 마음에 기뻐하는바 내가 사랑하는 자로다 내가 내 영을 그에게 줄 터이니 그가 심판을 이방에 알게 하리라 그는 다투지도 아니하며 들레지도 아니하리니 아무도 길에서 그 소리를 듣지 못하리라 상한 갈대를 꺾지 아니하며 꺼져가는 심지를 끄지 아니하기를 심판하여 이길 때까지 하리니 또한 이방들이 그의 이름을 바라리라 함을 이루려 하심이니라

예수님은 겸손하셔서 그렇게 큰 일을 행하시고도 "날 좀 보소, 동지섣달 꽃 본 듯이 날 좀 보소." 하듯이 자기를 나타내시지 않았습니다. 요즘에는 자기 PR시대라고 전부 자기를 알립니다. 하지만 자기를 자랑하는 것은 교만입니다. 하나님이 축복해 주셔서 잘되면 잘될수록 오히려 겸손해야 합니다. 잠언 16장 18절 말씀처럼 교만은 패망의 선봉이요 거만한 마음은 넘어짐의 앞잡이입니다. 하나님의 축복을 받아서 승승장구하던 사람이 하루아침에 망하는 경우를 보게 되는데 그것은 교만 때문입니다. 우리는 늘 끝까지 낮은 마음을 가져야 합니다.

예수님은 하나님의 아들이요, 육신의 옷을 입고 오신 하나님이셨음에도 불구하고 항상 자신을 감추시고 오직 하나님 아버지만을 나타내셨습니다. 이처럼 우리는 축복을 받아도 매사에 충분히 깨어지고 낮아져서 겸손하게 살아야지 교만해서는 절대 안 됩니다. 인간에게 가장 무서운 병이 교만과 탐욕입니다. 천사 루시퍼가 타락하여 사탄이 된 것도 교만 때문이었습니다. 탐심이 들어오면 죄가 들어옵니다. 사람이 성공했을 때 자기 분수를 잊어버리고 교만하면 넘어집니다. 우리가 늘 경계해야 할 것은 성공했을 때 교만에 주의하고 범사에 탐욕을 주의해야 합니다. 탐욕과 교만에 주의하면 평탄하게 살 수 있습니다.

예수님은 하나님이면서도 자기를 높이지 않고 아버지를 높였습니다. 아들이면서 종의 마음을 가지고 오직 아버지만 섬기고 받들고 순종하였습니다. 그래서 하나님은 선지자 이사야를 통해 "내가 택한 종 곧 내 마음에 기뻐하는바 내가 사랑하는 자로다"(18절)라고 말씀하셨습니다.

성경 사무엘상 13장 14절과 사도행전 13장 22절을 보면 다윗은 '하나님 마음에 맞는 자'라고 평가되고 있습니다. 하지만 다윗은 윤리와 도덕적으로 볼 때 죄투성이의 사람이었습니다. 사무엘하 11장을 보면 충실한 자기 부하 우리아의 아내 밧세바를 빼앗아서 자기 여자로 삼았습니다. 거기다가 밧세바가 아기를 가진 것을 알고 그것을 감추려고 음모를 꾸몄습니다. 전쟁터에 있는 우리아를 불러서 술을 먹이고 자꾸 집으로 돌려보내 아내와 잠자리에 들게 하려고 하였습니다. 하지만 우리아는 그것을 거절했습니다.

"내 동료들은 이슬을 맞으며 전쟁을 하고 있는데 내가 어떻게 내 아내와 잠자리를 같이 하겠습니까?"

우리아는 대단히 충성스러운 부하였습니다. 한사코 집으로 돌아가지 아니하고 왕궁의 문에서 자는 것이었습니다. 그러니까 다윗이 요압에게 이런 내용의 편지를 써서 보냈습니다.

"너희가 우리아를 맹렬한 싸움에 앞세워 두고 너희는 뒤로 물러가서 그로 맞아 죽게 하라."

결국 우리아가 죽었다는 소식이 다윗 왕에게 전해지자 다윗이 "전쟁에 나가면 죽기도 하고 살기도 하느니라." 하고 웃으면서 "이제 우리아가 죽었으니 밧세바를 데려오너라."고 명하였습니다.

이것은 윤리적으로 도저히 용서받을 수 없는 죄인데 하나님은 그런 다윗을 보고도 그는 "내 마음에 맞는 사람이다."라고 하셨습니다. 그 이유는 다윗은 절대로 주인이 되려고 하지 않았기 때문입니다. 다윗은 하나님 앞에서 항상 종이 되었고 따르려고 했습니다. 종이 잘못하면 때려서라도 사용하지만 주인이 되려고 하는 것은 버림받는 것입니다. 아담과 하와는 주인이 되려고 했기 때문에 에덴에서 쫓겨남을 당했습니다. 다윗을 통해서 하나님은 이스라엘을 크게 세우셨습니다. 이것을 잊지 말아야 합니다.

본문의 "보라 내가 택한 종"이라는 구절을 마음 깊이 새겨야 합니다. 비록 온전하지 못하고 많은 실수를 할지라도 끝까지 종이 되어서 주님을 언제나 주인으로 모시고 흥망성쇠를 하나님께 맡겨 드린다면, 하나님께서 여러분에게 "너는 내 마음에 기뻐하는바 나의 사랑하는 자로다."라고 말씀해 주실 것입니다.

나는 수십 년 목회를 해 왔는데 돌이켜 볼 때 그 동안 내가 한 것이 하나도 없습니다. 겸손하다는 소리를 듣기 위해서 하는 말이 아닙니다. 오직 눈에 보이는 것은 하나님께서 성령의 기름을 부으셨다는 것입니다. 나는 남처럼 일류 대학을 졸업한 자도 아니고 주경야독해서 공부한 사람입니다. 학벌이나 가문이나 돈이나 건강이나 자랑할 수 있는 것이 아무것도 없습니다. 그럼에도 오늘날 이 자리에 있게 된 것은 하나님이 주신 자비와 긍휼의 성령의 기름 부으심이 있었기 때문입니다. 성령의 기름 부으심은 그 동안 내게 하나님 말씀이 무궁무진하게 계시되어져 온 이유가 되어 왔습니다. 그동안 목회하기 위해서는 성령의 기름 부으심이 없으면 절대 불가능합니다. 너무나 감사한 것은 내가 하나님께 매달려 기도하면 그때마다 성령이 내 마음속에 역사하시고 하나님의 말씀이 빛처럼 임합니다. 오늘 여의도순복음교회가 이처럼 있게 된 것은 성령의 기름 부으심이 있기 때문입니다.

언젠가는 이렇게 기도한 적도 있습니다.

"하나님, 말씀을 좀 더 연구하고 잘 전할 수 있도록 대학에서 학위를 받겠습니다."

그러자 성령께서 속에서부터 말씀하시는 것입니다.

"성령의 기름 부음으로 말씀을 전하면 됐지, 종인 네가 무슨 학위 자랑하고 신학 자랑하고 철학 자랑하고 지혜 자랑하고 네 잘난 것 자랑하느냐? 그것은 나하고 아무 상관이 없다."

그렇습니다. 종인 우리는 주의 말씀을 성령께서 주시는 대로 전하면 되는 것입니다.

예수님은 언제나 겸손한 마음으로 하나님을 높였으며 순종했습니다. 바리새인들에게 핍박을 받아도 다투거나 대항하지 않으셨습니다. 그들을 향한 심판을 하나님께 맡겼습니다. 길거리에서 혈기 부리며 야단법석을 떨지 않으셨습니다.

예수님은 그러한 겸손과 사랑의 마음으로 끝까지 하나님의 말씀을 순종하며 이사야서에 예언된 약속을 성취하셨습니다. 믿지 않는 사람은 상한 갈대요 꺼져 가는 등불의 심지입니다. 끝까지 구원될까 싶어서 하나님께서 심판 날까지 기회를 주시는 것입니다. '심판하여 이길 때까지'는 주님이 재림하실 때까지입니다. 오늘날도 그리스도의 몸 된 교회를 훼파하는 사람은 심판을 받습니다. 그러므로 예수님을 믿는 사람들은 절대로 교회를 손대면 안 됩니다. 교회를 손댄 나라는 모두 망했습니다. 교회를 손댄 지도자도 모두 다 망했습니다. 그 외에는 심판 때까지 그대로 내버려 두시며 구원을 받을 때까지 기다리십니다.

예수님은 겸손한 종의 모습으로 하나님 아버지께 전적으로 순종함으로 말미암아 결국 이방인들에게까지 복음이 전파되도록 하셨습니다. 우리는 다 이방인입니다. 율법과 의식을 초월한 하나님의 사랑으로 결국 우리는 구원받을 수 있었습니다. 예수님이 오시기 6백 년 전에 이사야를 통해서 예언하신 말씀이 결국 이루어진 것입니다.

3. 성령 모독죄에 대한 경고(12:22-37)

22. 그때에 귀신 들려 눈멀고 말 못 하는 사람을 데리고 왔거늘 예수

께서 고쳐 주시매 그 말 못 하는 사람이 말하며 보게 된지라 23. 무리
가 다 놀라 이르되 이는 다윗의 자손이 아니냐 하니 24. 바리새인들
은 듣고 이르되 이가 귀신의 왕 바알세불을 힘입지 않고는 귀신을 쫓
아내지 못하느니라 하거늘 25. 예수께서 그들의 생각을 아시고 이르
시되 스스로 분쟁하는 나라마다 황폐하여질 것이요 스스로 분쟁하는
동네나 집마다 서지 못하리라 26. 만일 사탄이 사탄을 쫓아내면 스
스로 분쟁하는 것이니 그리하고야 어떻게 그의 나라가 서겠느냐 27.
또 내가 바알세불을 힘입어 귀신을 쫓아내면 너희의 아들들은 누구
를 힘입어 쫓아내느냐 그러므로 그들이 너희의 재판관이 되리라 28.
그러나 내가 하나님의 성령을 힘입어 귀신을 쫓아내는 것이면 하나
님의 나라가 이미 너희에게 임하였느니라 29. 사람이 먼저 강한 자
를 결박하지 않고서야 어떻게 그 강한 자의 집에 들어가 그 세간을 강
탈하겠느냐 결박한 후에야 그 집을 강탈하리라 30. 나와 함께 아니
하는 자는 나를 반대하는 자요 나와 함께 모으지 아니하는 자는 헤치
는 자니라 31. 그러므로 내가 너희에게 이르노니 사람에 대한 모든
죄와 모독은 사하심을 얻되 성령을 모독하는 것은 사하심을 얻지 못
하겠고 32. 또 누구든지 말로 인자를 거역하면 사하심을 얻되 누구
든지 말로 성령을 거역하면 이 세상과 오는 세상에서도 사하심을 얻
지 못하리라 33. 나무도 좋고 열매도 좋다 하든지 나무도 좋지 않고
열매도 좋지 않다 하든지 하라 그 열매로 나무를 아느니라 34. 독사
의 자식들아 너희는 악하니 어떻게 선한 말을 할 수 있느냐 이는 마음
에 가득한 것을 입으로 말함이라 35. 선한 사람은 그 쌓은 선에서 선
한 것을 내고 악한 사람은 그 쌓은 악에서 악한 것을 내느니라 36. 내
가 너희에게 이르노니 사람이 무슨 무익한 말을 하든지 심판 날에 이
에 대하여 심문을 받으리니 37. 네 말로 의롭다 함을 받고 네 말로 정
죄함을 받으리라

22절 그때에 귀신 들려 눈멀고 말 못 하는 사람을 데리고 왔거늘 예수

께서 고쳐 주시매 그 말 못 하는 사람이 말하며 보게 된지라

본문은 눈멀고 말을 못하게 된 원인이 귀신 들려 있기 때문이라고 기록하고 있습니다. 모든 병이 다 그런 것은 아니지만 많은 병이 귀신의 역사에서 비롯됩니다.

사도행전 10장 38절에 이렇게 기록되어 있습니다. "하나님이 나사렛 예수에게 성령과 능력을 기름 붓듯 하셨으매 그가 두루 다니시며 선한 일을 행하시고 마귀에게 눌린 모든 사람을 고치셨으니 이는 하나님이 함께 하셨음이라". 예수님은 착한 일을 행하시고 마귀에게 눌린 모든 자를 고치셨습니다. 그러므로 예수님이 고치신 대다수의 병은 마귀에게 눌려 병이 든 것입니다. 의사들 중에 "병은 병균에 의해서 생긴 것이지 무슨 귀신이 주어서 생기겠습니까?" 하고 말하는 분들이 있을지 모릅니다. 만약 집에 거미가 있으면 구석마다 거미줄을 칠 것이고 우리는 거미줄을 걷어 냅니다. 또 다른 곳에 거미줄을 치면 우리는 또 걷어 냅니다. 그래도 거미는 자꾸 거미줄을 칩니다. 그럴 때 거미줄을 없애는 방법이 두 가지가 있습니다. 하나는 거미줄을 칠 때마다 거미줄을 없애는 방법이고, 또 하나는 거미를 잡아서 없애는 방법입니다. 세상의 기술이나 의약을 통해서 병을 없애는 것은 거미줄을 걷어 내는 것과 같습니다. 마귀가 와서 자꾸 폐병, 신장병, 심장병, 암 등의 거미줄을 칩니다. 우리는 곧 의술로 병을 고칩니다. 그러면 마귀는 또 다른 곳에 병의 거미줄을 칩니다. 그런데 우리 예수님을 믿는 사람들은 아예 병을 주는 마귀를 예수님의 이름으로 쫓아냅니다. 병의 근원을 없애는 것입니다. 그러면 병이 없어져 버리고 맙니다.

내가 일본에 있는 나고야에서 집회를 할 때였습니다. 집회 중에 2층에 있는 농아를 위해서 기도하라는 성령의 감동이 있었습니다. 그래서 농아들을 모두 내려오게 해서 안수 기도를 했는데 기도한 농아들마다 귀가 열리고 말을 하게 되는 치료의 역사가 나타났습니다. 하나님께서 특별한 치료의 능력을 주신 것입니다.

그다음 주에 핀란드에 있는 헬싱키에서 집회를 갖게 되었는데 거기에도 농아들이 많이 앉아 있었습니다. 저는 '일본에서 100% 치료의 능력이 임하였기 때문에 문제없겠다.' 싶어 별로 준비하지도 않고 용기백배하여 농아들을 불렀습니다. 그리고 안수 기도를 하며 "말 못 하게 하고 못 보게 하는 귀신은 예수님의 이름으로 명하노니 나가라!" 고 명령했습니다. 그런데 아무도 낫지 않았습니다. 두 번째도, 세 번째도…… 열댓 명을 그렇게 기도했는데 한 사람도 낫지 않는 것입니다. 군중들이 '거짓말쟁이구나!' 하고 보는 것 같아서 정신이 아찔했습니다. 나는 다른 미국 목사님을 대신 세워 놓고 부리나케 그 자리에서 나왔습니다. 그리고 호텔에 들어가서 하나님 아버지께 원망하고 통곡하며 기도했습니다.

"아버지, 일본에서는 그렇게 치료의 역사를 강하게 나타내 주셨는데 이곳에서는 왜 치료하시지 않습니까?"

그러자 성령님이 내 마음속에서 잠잠히 깨닫게 하셨습니다.

"나고야에서는 내가 너에게 맹인, 못 듣는 자, 말 못 하는 사람을 내려오게 해서 기도하라고 말하지 않았느냐? 그런데 여기에서는 내가 하라는 말도 안 했는데 네가 자진해 나가서 네 마음대로 다 하지 않았느냐? 네가 주인이냐, 내가 주인이냐? 나고야에서는 내가 하라고 했으니까 내가 고친 것이지 네가 고친 것이냐? 여기서는 네 마음대로 했으니까 내가 고치지 않은 것이다."

그 말씀이 옳았습니다. 나는 마음이 교만해져서 주님의 뜻도 물어보지 않고 마음대로 행한 것을 그때서야 간절히 회개했습니다.

미국 목사님이 예배를 인도하고 난 다음 내 방문을 두드렸습니다. 그리고 얼굴이 벌겋게 상기되어 내 멱살을 잡는 것이었습니다.

"열다섯 명이나 되는 농아들을 불러 놓고 병도 하나도 안 고치고 그냥 가 버리면 나에게 어떻게 하라는 말입니까? 쓰레기는 당신이 잔뜩 쌓아 놓고 그걸 나보고 치우라는 말입니까? 당신이 그렇게 가 버리니 내가 아무리 설교를 해도 이미 사람들에게 불신앙이 꽉 들어차서 아무리 노력해도 인도할 수가 없었어요. 병이 안 나아도 강단에 끝까지 있어야지, 왜 당신이 저지른 일을 남에게 미루고 달아납니까?"

그래서 내가 잘못했다고 빌었습니다.

이튿날이 되었습니다. 아침 강단에 다시 나가는 것이 마치 도살장에 끌려가는 것 같았습니다.

"주님, 그냥은 못 나갑니다. 주님께서 저를 도와주십시오."

그렇게 기도하고 그 목사님 사무실에 갔습니다. 그런데 목사님이 말씀하시는 것입니다.

"목사님, 어제 못 듣는 자, 말 못 하는 사람들을 위해서 기도하셨죠? 그 중에 세 명이 들린답니다."

"그분도 예배 참석했습니까?"

"참석했답니다."

나는 강단에 올라가서 어제 못 듣는 것 나은 그 사람을 불러내어 간증을 시켰습니다. 보통 때는 1분 정도면 끝나는 간증을 그 사람은 5분 이상이나 하는 것이었습니다. 간증이 끝나자 내가 그들에게 내 잘못을 고백했습니다.

"여러분, 일본 나고야에 있을 때는 성령님이 말씀하셔서 질병을 고쳤습니다. 그런데 여기에서는 내가 준비 기도도 하지 않고 성령님이 말씀도 하시지 않았는데 내 마음대로 행했습니다. 그렇기 때문에 치료의 역사가 나타나지 못했습니다. 용서해 주십시오."

그렇게 진심으로 사과하고 예배를 마저 인도한 적이 있습니다. 그러므로 병자를 위해서 기도할 때도 준비하고 기도해야 합니다. 준비 기도도 하지 않고 자기 마음대로 나갔다가는 망신당합니다. 영의 세계에서는 성령의 음성을 듣는 것이 중요합니다. 물론 예수님이 십자가에서 못 박히심으로 우리에게 치료의 길을 열어 놓으셨습니다. 그러나 성령님의 음성을 듣고 인도함을 받아서 기도해야 합니다. 귀신은 독사와 같습니다. 잘못 다루면 오히려 물립니다.

기도하면 귀가 안 들리고 눈이 안 보이는 사람도 낫습니다. 암의 경우에도 배후에서 암을 통해 고통을 가져오게 하는 병마를 맹렬히 쫓아내야 합니다.

물론 모든 병이 귀신으로 말미암아 된 것은 아닙니다. 예를 들어 자동차 사고로 인한 질병, 음식을 잘못 먹어서 식중독에 걸리는 것, 잠을 잘 때 잘 못 자서 목이 굳어진 경우 등은 아무리 귀신을 쫓아도 소용이 없습니다. 하지만 병의 70% 가까이는 귀신에 눌려서 드는 것이 대부분입니다.

그래서 주님은 믿는 자들이 주님의 이름으로 귀신을 쫓아낼 것이라고 말씀하셨습니다. 우리는 예수님의 이름으로 맹렬하게 귀신을 쫓아내야 합니다. 에베소서 6장 12절은 "우리의 씨름은 혈과 육을 상대하는 것이 아니요 통치자들과 권세들과 이 어둠의 세상 주관자들과 하늘에 있는 악의 영들을 상대함이라"고 했습니다. 그 씨름은 기도로 하는 것입니다. 귀신을 쫓아내기 위해 금식하고 철야하며 기도하면 결국 예수님의 십자가로 말미암아 우리는 이깁니다. 하지만 중도에 포기해 버리면 이기지 못합니다. 귀신과의 싸움은 그렇게 쉽지 않습니다. 그러므로 우리는 언제나 기도로 준비하고 단단히 각오하며 싸워야 합니다.

23-24절 무리가 다 놀라 이르되 이는 다윗의 자손이 아니냐 하니 바리새인들은 듣고 이르되 이가 귀신의 왕 바알세불을 힘입지 않고는 귀신을 쫓아내지 못하느니라 하거늘

예수님이 귀신을 쫓아내시고 병을 고쳐 주시자 무리들은 놀라며 "이는 다윗의 자손이 아니냐?"고 수군거렸습니다. '다윗의 자손'은 곧 메시아를 말하는 것입니다. 이 사람이야말로 메시아가 아닌가 하는 질문입니다. 하지만 유대교는 예수님을 메시아로 인정하지 않았습니다. 오히려 이단으로 보았습니다. 유대교에는 종교적인 제도와 형식만 있을 뿐이지 권세와 능력은 없었습니다.

오늘날도 그렇게 되기 쉽습니다. 종교적인 의식이나 형식은 있고 말만 있지 권능은 없습니다. 하늘나라의 일은 말에 있지 아니하고 능력에 있습니다. 유대인들은 그들의 종교 지도자들로부터 늘 형식이나 의식이나 말만 들었지 하나님의 능력과 권세가 나타나는 것을 보지 못하다가 예수님이 못 듣는 자도 듣고 맹인도 보게 하니까 "형식이나 의식이나 말만 하는 것이 아니구나! 여기에는 하나님의 능력이 있으니 메시아구

나!" 하고 감동을 하는 것입니다.

우리 그리스도의 복음은 말로만 이루는 것이 아닙니다.

"믿는 자들에게는 이런 표적이 따르리니 곧 그들이 내 이름으로 귀신을 쫓아내며 새 방언을 말하며 뱀을 집어 올리며 무슨 독을 마실지라도 해를 받지 아니하며 병든 사람에게 손을 얹은즉 나으리라"(막 16:17-18).

교회가 권세와 능력을 잃으면 의식과 형식에 눌려서 잠들어 버립니다. 그러나 교회가 권세와 능력을 회복하면 잠들지 않고 강물 같은 성령의 역사가 나타납니다. 그래서 각 성도들로 하여금 살아 계신 하나님 앞에서 늘 경건하고 거룩한 삶을 살 수 있게 합니다.

하지만 본문에서 보듯 본질보다 형식에 얽매인 바리새인들은 예수님이 귀신을 쫓아내는 것을 보고 "이가 귀신의 왕 바알세불을 힘입었다."고 말합니다. 이는 그들이 얼마나 하나님에 대해 무지하고 타락했는지를 잘 보여줍니다. 그들은 하나님의 영광에 대해서 생각하지 않고 언제나 비난하는 말만 만들어 내었습니다. 그들은 종교의 의식이나 형식만 철저하게 지켰지 하나님의 능력과 권세는 인정하지 않았습니다. 그러기에 예수님에게 하나님의 권세와 능력이 나타나자, 그들은 예수님이 귀신의 왕 바알세불의 힘으로 귀신을 쫓아낸다는 모독적인 언사를 한 것입니다.

우리도 바리새인들처럼 전통과 의식에만 사로잡히는 경우가 많습니다. 하나님의 역사를 발견하지 못하고 자기 기준만 고집하는 편협한 마음이 있을 수 있습니다. 그래서 혹 그 잣대로 남을 정죄하며 판단하는 죄를 범하고 있지 않는지 우리는 늘 자기 자신을 돌아보아야 할 것입니다.

25-28절 예수께서 그들의 생각을 아시고 이르시되 스스로 분쟁하는

나라마다 황폐하여질 것이요 스스로 분쟁하는 동네나 집마다 서지 못하리라 만일 사탄이 사탄을 쫓아내면 스스로 분쟁하는 것이니 그리하고야 어떻게 그의 나라가 서겠느냐 또 내가 바알세불을 힘입어 귀신을 쫓아내면 너희의 아들들은 누구를 힘입어 쫓아내느냐 그러므로 그들이 너희의 재판관이 되리라 그러나 내가 하나님의 성령을 힘입어 귀신을 쫓아내는 것이면 하나님의 나라가 이미 너희에게 임하였느니라

예수님은 성령의 계시를 통해서 바리새인들의 생각을 아시고 질문에 대답하셨습니다. 나라가 망하는 것은 외부의 침입 때문이 아니라 내부의 분열 때문입니다. 우리나라의 경우에 국가 예산의 30%를 군비에 투자합니다. 남북이 분열되어서 서로 소모전을 벌이므로 지금까지 엄청난 손실을 입고 있습니다. 그만큼 쓸데없는 것에 어마어마한 돈을 소비하기 때문에 발전에 큰 걸림돌이 되고 있습니다.

내가 냉천동에서 살 때인데 옆방에 한 무당이 살고 있었습니다. 그런데 그 무당이 매일 꽹과리를 치면서 푸닥거리를 하는데 얼마나 시끄러운지 나는 도대체 아무 것도 할 수 없었습니다. 그래서 한번은 가정 예배를 힘차게 드리고 기도를 했더니 온갖 잡다하고 더러운 것들을 나한테 집어던지며 공격하는 것이 었습니다. 결국 안 되겠다 싶어서 미소 작전으로 먹을 것도 갖다 주고 상냥하게 대해 주었습니다. 그럼에도 불구하고 그녀는 여전히 또 시끄럽게 푸닥거리를 계속하였습니다. 나중에는 도저히 악한 자와 상대할 수 없다 싶어 내가 다른 곳으로 이사를 갔습니다. 나중에 그 무당이 어떻게 되었는지 알아보니까 무당의 옆집에 새로 이사 온

사람에게 맞아 죽었다고 합니다.

그래서 예수님께서는 분쟁하는 나라마다 황폐해질 것이요 동네나 가정마다 싸우면 서지 못한다고 말씀하신 것입니다. 싸우는 집안이 잘되는 경우를 보셨습니까? 세상에서 가장 무서운 것이 바로 내부에서 스스로 분쟁하는 것입니다. 아무리 외부적으로 강하고 튼튼하다 하더라도 내부의 분쟁으로 말미암아 결국 무너지는 것입니다. 서로 하나 되지 않고 물고 찢으면 다 망합니다. 그러므로 우리는 늘 서로 화합하도록 열심히 기도하며 노력해야 합니다.

바리새인들의 말대로 만약 예수님이 바알세불을 힘입어서 귀신을 쫓아냈다면 귀신이 귀신을 쫓아냈다는 말입니다. 그런데 귀신이 귀신을 쫓아내면 그 나라가 서겠습니까? 귀신도 그들 나라가 서길 바랄 텐데 자기들끼리 싸우고 쫓아내겠습니까? 그러니 바리새인들은 말도 안 되는 소리를 하는 것입니다. 이것이야말로 귀신의 소리입니다.

물론 유대인들도 간혹 귀신을 쫓아내는 경우가 있었습니다. 그래서 예수님이 이렇게 말씀하신 것입니다.

"내가 바알세불을 의지해서 귀신을 쫓아낸 것이라면 너희 유대교에서 귀신을 쫓아낼 때에도 바알세불을 힘입어 쫓아내는 것이냐? 그렇지 않으면 너희는 누구를 의지해서 쫓아내느냐?"

예수님은 이렇게 바리새인들의 잘못된 모순을 지적하였습니다.

그러므로 결국 예수님이 귀신을 쫓아낸 것은 성령을 힘입어 쫓아낸 것이고 곧 그곳에 하늘나라가 임하였다는 것을 뜻합니다.

오늘날에도 우리가 예수님을 믿고 하나님의 백성이 되면 성령이 오셔서 그곳에 거하심으로 하늘나라가 임합니다. 그래서 우리는 다 작은 천국입니다. 성령이 다스리시고 경영하십니다. 그러므로 나 혼자 사는 것이 아니라 성령님과 함께 하늘나라 역사를 가지고 사는 것입니다. 하늘과 땅을 지으신 하나님이 임금님으로 우리를 경영하시기 때문에 더 이상 우리는 아무 것도 염려할 것이 없습니다.

29-30절 사람이 먼저 강한 자를 결박하지 않고서야 어떻게 그 강한 자의 집에 들어가 그 세간을 강탈하겠느냐 결박한 후에야 그 집을 강탈하리라 나와 함께 아니하는 자는 나를 반대하는 자요 나와 함께 모으지 아니하는 자는 헤치는 자니라

강한 자가 집을 지키고 있으면 그 집에 들어가서 물건을 훔쳐낼 수 없습니다. 그러나 더 강한 자가 들어가서 그 주인을 묶어 놓으면 재산을 강탈할 수 있습니다. 요사이 강도들도 그렇지 않습니까? 강도들이 들어오면 먼저 주인을 위협해서 전부 묶어 놓고 물건을 훔쳐갑니다. 주인을 그냥 놓아두면 훔칠 수가 없습니다. 사탄이 점령하여 질병의 고삐를 쥐고 있으면 예수님의 이름으로 그 사탄을 묶어서 쫓아 버려야 합니다. 그래야만 그 집안을 성령으로 점령하여 집안에 있는 잘못되고 더러운 것들을 청소하고 바로 잡을 수 있습니다.

예수 그리스도께서 오신 것은 사탄을 묶어서 내쫓아 버리기 위해서입니다. 사탄이 점령한 것을 다시 빼앗아 새롭게 만들기 위해서입니다. 그러므로 우리가 예수 그리스도의 십자가를 품으면 사탄은 쫓겨나고 하늘나라가 임하는 것입니다.

하나님의 나라와 사탄의 나라는 함께 있을 수 없습니다. 단지 예수님을 믿는 사람인가, 아니면 믿지 않는 사람인가로 엄격하게 나누어지는

것입니다. 하늘나라에는 중립이 없습니다. 중생 했느냐 중생 하지 않았느냐, 성령 받았느냐 성령 받지 못 했느냐로 분리되는 것입니다. 주님의 이름으로 함께 모이는 사람이면 주님을 인정하는 사람이고, 모이지 않는 사람은 주님을 반대하는 사람입니다.

그래서 예수님은 "나와 함께 아니하는 자는 나를 반대하는 자요 나와 함께 모으지 아니하는 자는 헤치는 자니라"(30절)고 말씀하셨습니다. 예수님과 함께 나가서 하늘나라를 위해 영혼을 모으고 일하지 않는 사람은 오히려 하늘나라를 헤치는 사람이라고 말씀하신 것입니다. 그러므로 우리는 절대로 타협할 수 없습니다. 중간에 있을 수 없습니다. 단호하게 결단하고 예수님 편에 서야 합니다.

31-32절 **그러므로 내가 너희에게 이르노니 사람에 대한 모든 죄와 모독은 사하심을 얻되 성령을 모독하는 것은 사하심을 얻지 못하겠고 또 누구든지 말로 인자를 거역하면 사하심을 얻되 누구든지 말로 성령을 거역하면 이 세상과 오는 세상에서도 사하심을 얻지 못하리라**

죄에는 하나님께 지은 죄와 사람에게 지은 죄가 있습니다. 그런데 사람에게 지은 죄는 회개하고 용서를 구하면 쉽게 사함 받지만 하나님 앞에 지은 죄는 그 결과가 참으로 무섭습니다.

다윗은 아주 큰 죄를 지었습니다. 우리아의 아내 밧세바와 간음하고 그것을 덮기 위해 우리아를 죽였습니다. 하지만 주님께 회개하였을 때 용서받을 수 있었습니다. 그런데 하나님을 향해 의도적으로 도전하는 죄를 지으면 그 사람은 용서받을 수 없습니다. 회개도 안 됩니다.

이 중에서 가장 무서운 죄는 성령을 모독하는 죄입니다. 성령의 역사인 줄 분명히 알면서도 시기와 질투 때문에 "그것은 마귀의 역사다. 그것은 마귀가 하는 짓이다." 하는 것은 돌이킬 수 없는 죄입니다. 그러면 성령이 떠나시게 됩니다. 그것이 얼마나 괴롭고 무서운 것인지 모릅니다.

옛날에 내가 부산에서 월드미션교회에 나갈 때의 일입니다. 그곳에 '홀리 고스트 보이' (Holy Ghost boy)라고 불리는 사람이 있었습니다. 이 사람이 나와 같이 예배를 드리는데 "주여, 주여!" 하면서 방언도 하고 손을 마구 떠는 것이었습니다. 나는 그때 잘 몰라서 '굉장히 추운가 보다.' 하고 생각했습니다. 실제로도 날씨가 굉장히 추웠습니다. 그래서 미국 선교사에게 가서 "저 사람이 지금 굉장히 추워서 떨고 있는데 원조 물자나 옷을 주어야 될 것 같은데요." 하고 말했습니다. 그 목사님이 대답하기를 "그게 아니라 성령 받아서 떨고 있는 것이다."라고 얘기해 주었습니다.

성령을 받을 때 나타나는 현상 중의 하나가 손을 떠는 것인데, 이 떨림은 성령이 떨게 해서 떠는 것이 아니고 성령을 받아서 떠는 것입니다. 예를 들어 말하면 숯을 들고 옮기면 숯이 뜨거워서 순간적으로 행동할 때 여러 가지로 반응이 나타나는 것과 같습니다. 숯이 그렇게 하는 것이 아니라 우리가 그 뜨거운 것에 대해 성격에 따라 다양하게 반응을 하는 것입니다.

그런데 성령 받은 이 '홀리 고스트 보이' 라고 하는 사람이 군대에 들어가서 그만 완전히 타락해 버리고 말았습니다. 성령 받은 것을 비웃고 그것은 다 귀신의 장난이라고 말하고 다녔습니다. 군대를 제대하고 난 후에 그의 영혼과 속은 불에 탄 재와 같이 되었습니다. 한때 생수가 흐르다가 말라버리니까 그 정신적인 고통과 괴로움이 견딜 수 없었던 것입니다. 그가 어느 날 서대문에서 목회하는 내게 찾아왔습니다.

"나는 지금 아무리 예수님을 믿으려고 해도 믿어지지 않고 회개하려고 해도 회개가 되어지지 않습니다. 나는 지옥 불이 타는 그곳으로 들어갈 것을 알고 있기 때문에 다시 돌이키려고 애를 쓰는데 아무리 해도 안 되니 날 좀 살려주십시오."

그래서 내가 애를 쓰며 간절히 안수 기도를 했는데도 아무런 반응이 없었습니다. 아무리 기도해도 전혀 떨리는 기색도 없고 손은 마치 돌덩어리처럼 굳어 있었습니다. 이처럼 성령이 떠나시고 난 다음에 당하는 고통은 눈으로 차마 볼 수가 없을 정도입니다. 회개가 안 나오는 것처럼 괴로운 것이 없습니다. 아무리 회개하려고 해도 마음이 돌같이 굳어져서 회개가 나오지 않습니다. 회개도 성령이 역사를 하셔야 나오는 것이지, 성령이 떠나면 절대로 회개할 수 없습니다. 성령이 우리를 떠나시면 이처럼 무섭습니다.

말로 예수님을 모독하여 욕하는 죄는 성령님이 우리를 위하여 탄식하시며 인도해 주시기 때문에 회개하면 용서받을 수 있습니다. 하지만 성령을 모독하는 죄는 영원히 버림받는 것입니다. 따라서 우리는 성령님을 귀하게 여겨야 합니다. 성령님은 장난이나 농담으로 취급할 분이 아닙니다. 범사에 우리는 늘 두렵고 떨리는 마음으로 성령님을 인정하고 환영하고 모셔 들여야 합니다.

33-35절 나무도 좋고 열매도 좋다 하든지 나무도 좋지 않고 열매도 좋지 않다 하든지 하라 그 열매로 나무를 아느니라 독사의 자

식들아 너희는 악하니 어떻게 선한 말을 할 수 있느냐 이는 마음에 가득한 것을 입으로 말함이라 선한 사람은 그 쌓은 선에서 선한 것을 내고 악한 사람은 그 쌓은 악에서 악한 것을 내느니라

좋은 나무는 좋은 열매를 맺고 나쁜 나무는 나쁜 열매를 맺습니다. 참감람나무는 참감람 열매를, 돌감람나무는 돌감람 열매를 맺는 것입니다. 사람의 속에 있는 것도 밖으로 나타나게 되어 있습니다. 나타나는 말과 행위를 보면 그 사람의 인격이 드러납니다. 언행심사가 그 사람을 말합니다. 훌륭한 사람은 언제나 훌륭한 말을 하고 정직한 사람은 정직한 말을 하고 정직한 행동을 합니다. 사악한 사람은 사악한 행동과 말을 합니다. 사람을 사귀어 보면 그 사람의 인생에서 풍겨 나오는 인격적인 향기가 있습니다. 그러므로 열매를 보고 좋은 나무인지 나쁜 나무인지를 알 수 있습니다.

영 분별도 마찬가지입니다. 꼭 환상을 통해서 보지 않더라도 귀신들린 사람은 귀신의 열매를 맺습니다. 귀신은 악해서 아예 악하고 더럽게 행동하므로 금방 분별이 됩니다. 특별한 하나님의 계시가 없더라도 그 사람의 행위의 열매를 통해서 우리는 금방 알 수 있습니다.

그러므로 우리 스스로도 '내가 정직하고 성실하고 충성하고 깨끗하면 성령이 역사하는 것이고, 내가 갑자기 시기, 질투, 분노, 방탕하면 더러운 귀신이 붙었구나.' 하고 생각하면 됩니다. 이렇게 우리는 열매를 통해 자신의 상태를 스스로가 분별할 수 있습니다. 귀신은 우리 예수 믿는 사람 속에는 들어오지 못하지만 곁에 붙어서 억압할 수는 있습니다.

그래서 내 생각이나 말이나 행위가 달라지면 당장 회개하고 귀신을 쫓아내야 하는 것입니다.

유대인들은 예수님이 귀신을 쫓아내는 기적을 보고 "이는 귀신의 왕인 바알세불을 의지해서 귀신을 쫓아낸다." 하고 말했는데 그것은 신성모독의 죄입니다. 그들은 하나님의 성령의 역사를 귀신의 역사로 매도하고 치부함으로 말미암아 주님을 격노케 하였습니다. 그래서 주님은 그들에게 "독사의 자식들아!" 라고 말씀하셨습니다. 독사는 사탄을 말합니다. 인간은 하나님을 배반하고 사탄의 종이 되었으므로 모두 다 사탄에게 속한 자들입니다. 구원받지 못한 사람들은 모두 다 사탄의 백성들입니다.

베드로가 예수님에게 "주님이 십자가에 달려서 죽임을 당하는 것은 있을 수 없는 일입니다. 안 됩니다."라고 말했을 때 예수님이 뭐라고 말씀하셨습니까?

"사탄아 내 뒤로 물러가라 너는 나를 넘어지게 하는 자로다 네가 하나님의 일을 생각하지 아니하고 도리어 사람의 일을 생각하는도다" (16:23).

베드로는 하나님이 택하신 예수 그리스도의 열두 사도 중에 수제자임에도 불구하고 사탄에게 미혹이 되어 인간적인 말을 하였습니다. 왜냐하면 사탄과 베드로가 하나가 되었기 때문입니다.

그러므로 믿지 않는 모든 사람의 속에는 공중의 권세 잡은 악의 영과 세속의 영이 들어와 있기 때문에 하나님이 하시는 영의 일을 전혀 알 수 없습니다. 이 사탄의 영이 들어오면 하나님의 일을 전혀 분별할 수 없습니다. 하나님이 계시지 않는 세계 속에 살므로 그들의 관심 속에는 하나님이 없습니다. 매일 이야기하고 살아가면서도 그 대화 속에는 오직 세상 이야기로만 꽉 들어차 있습니다. 예수님에 대해서 들어도 아무 관심이 없다가 세상 얘기가 나오면 솔깃합니다. 케이블 TV에서 기독교 프로그램이 나오면 빨리 딴 데로 돌려 버리고 재미있는 스포츠를 방송하면 밤새도록 시청합니다. 사탄이 와서 범죄자나 흉악범만 되게 하는 것이 아닙니다. 바로 이 세상의 쾌락에 심취하게 하여 보아도 보지 못하고, 들어도 듣지 못하고, 마음으로 생각지도 못하게 하여 결국은 지옥으로 떨어지게 하는 것입니다. 이것이 바로 오늘날 사탄이 하는 일입니다.

그런데 바리새인들은 그 정도에서 훨씬 벗어나 하나님의 일에 대해서 대적하고 공격하였습니다. 그들처럼 성령의 역사를 사탄의 역사로 치부하는 사람에 대해서 주님께서는 매우 격노하십니다. 주님은 예수님을 믿는 사람은 언제나 사랑하시며 혹시 잘못해서 넘어지더라도 늘 용서하시고 일으켜 세우십니다. 또 주님께 무관심하고 이 세상에 푹 빠져 사는 사람을 향해서도 오래 참으셔서 그가 회개하시기를 기다리십니다. 그러나 하나님의 일에 직접 대적하고 성령의 역사를 방해하는 사람에 대해서는 매우 단호하게 대하십니다.

이스라엘 백성이 가나안에 들어갈 때 하나님께서 하나님의 계획과 사업에 저항하는 가나안 일곱 족속에게 어떻게 하셨습니까? 무자비하게 다 죽였습니다. 하나님께서는 언제나 인자하게 참기만 하시는 분이 아닙니다. 하나님은 자기의 백성을 한없는 인내와 자비로 사랑하시지만 하나님을 대적하는 자는 무자비하게 심판하십니다. 교회를 정면으로 대적한 나라치고 망하지 않은 나라가 없습니다. 교회를 대적한 히틀러도 망했고 일본의 제국주의도 망했습니다. 그리스도와 교회를 파괴하던 공산주의도 지상에서 사라지고 있습니다. 하나님은 그렇게 무력한 신이 아닙니다. 하나님은 하늘나라를 정면으로 대적하는 자를 심판하십니다.

예수님이 성령의 역사를 바알세불이라고 말한 바리새인들에게 독사의 자식들이라고 말씀하신 것은 굉장히 무서운 말입니다. 예수님이 그 정도로 말씀하실 때는 어마어마하게 분노하셨다는 뜻입니다. 하나님께서 독사를 살려줄 턱이 있습니까? 당연히 죽여야지요.

"독사의 자식들아 너희는 악하니 어떻게 선한 말을 할 수 있느냐 이는 마음에 가득한 것을 입으로 말함이라"(34절).

그러므로 믿지 않는 사회는 모두가 악한 세력에 속해 있습니다. 아무리 선하고 착하게 살더라도 예수님을 믿지 않는 죄가 제일 큰 죄입니다. 예수님을 믿지 않는 것이 죄이고 믿는 것이 의입니다. 믿음은 죄와 선의 경계선입니다. 그러므로 믿지 못하게 하는 모든 것은 사탄의 역사입니다. 아무리 도덕군자라도 믿지 않는 자는 죄악을 범하고 있는 것입니다. 겉으로 아무리 좋은 모습을 취하더라도 불신앙 속에 있으면 그것은 악입니다. 장차 하나님께서 심판하실 때에 '너희가 얼마나 도덕군자처럼 살았느냐?' 로 심판하는 것이 아닙니다. 단지 '믿었느냐? 안 믿었느냐?' 로 심판하십니다. 믿지 않는 자는 사탄에 속해 있고 믿는 자는 성령에 속해 있습니다. 중간에 속해 있는 사람은 없습니다.

선한 사람은 마음속에 선이 차곡차곡 쌓여있기 때문에 입을 열면 선한 것이 나옵니다. 그러나 악한 사람은 마음속에 악이 차곡차곡 쌓여 있기 때문에 입만 열면 악한 것이 나옵니다. 그러므로 우리 속에 무엇이 쌓였는가 생각해 봐야 합니다.

내게 신앙을 상담하러 오시는 분 중에 담배 피우는 분이 있는데 늘 양치질을 많이 하고 옵니다. 그분은 잇몸에 피가 나도록 양치질을 하고 이 정도면 분명 냄새나지 않을 것이라 생각했을 것입니다. 하지만 일평생 담배를 한 번도 피워보지 않은 사람은 단번에 알아봅니다. 담배 피웠기 때문에 천당을 가지 못 하는 것은 아닙니다. 담배를 피우면 폐암이나 장암, 고혈압, 당뇨병 등 중요한 질병에 걸려 죽을 위험이 있기 때문에 피우지 말라는 것입니다. 그리고 그의 흡연으로 인해 가족들이 간접흡연을 해서 죽을 수도 있습니다. 요즈음 안수 기도를 하는데 너무나 많은 여성들이 폐암에 걸려 있는 것을 볼 수 있습니다. 그 이유가 남편이 집에서 늘 담배를 피우기에 간접흡연으로 그렇게 된 것입니다. 한 사람으로 말미암아 아내와 온 가족이 죽어 가는 것입니다.

이와 마찬가지로 악한 사람은 아무리 자신을 숨기려 하더라도 이미 몸도 마음도 영도 악에 절여져 있습니다. 그러므로 몸속에 악이 꽉 들어차니까 나오는 말이 선한 말일 수가 없습니다. 사람들을 만나서 조금만 얘기해 보면 그 속에 있는 인격이 금방 드러납니다.

"선한 사람은 그 쌓은 선에서 선한 것을 내고 악한 사람은 그 쌓은 악에서 악한 것을 내느니라"(35절).

말이란 그 사람의 인격이 밖으로 울려 나오는 소리이므로 대단히 중요합니다. 예수님을 믿고 굳건한 신앙 속에서 성령으로 충만한 사람은 그 입에서 늘 예수님 얘기만 흘러나옵니다.

36절 내가 너희에게 이르노니 사람이 무슨 무익한 말을 하든지 심판 날에 이에 대하여 심문을 받으리니

사람이 입으로 무슨 무익한 말을 하더라도 그 말에 대해서 심판 날에

물을 것이라고 예수님이 말씀하십니다. 믿지 않는 사람은 물론 심판 날 지옥에 가니까 물을 필요도 없습니다. 하지만 예수님을 믿는 사람은 구원을 받았으니까 심판 날에 상급의 심판을 받습니다. 상을 더 많이 받을 것인지 상을 못 받을 것인지 점수를 매길 것인데 이때 주님께서 매우 중요하게 참조하는 것이 우리 입에서 나오는 말입니다. 그러면 우리가 세상에 살면서 쓸데없는 얘기를 많이 하고 다닐수록 점수를 많이 깎이는 것입니다. 하지만 입술을 통해서 하나님을 찬미하고 하늘나라 영광을 위해서 하는 말은 많이 할수록 점수가 올라가서 나중에 큰 상을 받을 수 있습니다.

요사이에는 회사에서도 급여를 받을 때 연봉제를 많이 실시하고 있습니다. 일 년 봉급을 계약해서 열두 달로 나누어 지급하는데, 많은 실적을 남긴 사람은 많이 받고 적은 실적을 남긴 사람은 적게 받습니다. 우리 신앙의 연봉은 장차 주님의 심판 날에 결정됩니다. 우리의 말은 우리의 인생에서 주님께로부터 얼마나 영광을 얻고 살 것인가를 계산하는데 중대한 자료가 될 것입니다. 말을 잘못 쓰면 하나님이 주시는 복이 감해지고 말을 잘하면 여러분에게 플러스가 될 것입니다.

하나님께서는 지금도 우리의 언행심사를 전부 보고 계십니다. 그래서 하늘나라에 가서 감출 것이 하나도 없습니다. 명명백백하게 드러납니다. 물론 감사하게도 예수님을 믿는 사람들은 지난날의 흉악한 죄를 예수 그리스도의 보혈로 씻어 버렸습니다. 기록된 테이프가 다 지워진 것입니다. 하지만 주님께서는 우리에게 상을 많이 줄 것이냐, 상을 적게 줄 것이냐 하는 상급 심판을 위해서 어떻게 행동하고 살아왔고 공로를 세웠는지를 점수로 나타내 주실 것입니다.

37절 네 말로 의롭다 함을 받고 네 말로 정죄함을 받으리라

우리가 말로 의롭다 함을 받고 말로 정죄함을 받는다는 것은 무슨 말일까요? 로마서 10장 10절의 말씀처럼 우리는 주 예수 그리스도를 마음으로 믿어 의에 이르고 입으로 시인하여 구원에 이릅니다. 그러므로 가는 곳마다 예수님이 나의 구주라고 입으로 시인하면 그 입의 말로 말미암아 의롭다 함을 얻습니다. 하지만 말로 예수님을 부인하면 하나님께서도 우리를 모른다고 부인하십니다. 예수 그리스도를 구주로 시인하면 구원을 받고, 예수 그리스도를 부인하면 정죄를 받습니다. 그것이 말에 달려 있으니 입술의 고백이 이처럼 중요합니다. 그러면 농아들은 어떻게 합니까? 농아들은 수화로 고백하면 됩니다. 우리의 신앙이란 입술의 고백입니다. 신앙이 잘못되면 입술의 고백도 잘못 하는 것입니다. 올바른 신앙을 가진 사람은 올바른 신앙고백을 합니다.

그래서 예수님을 믿기로 결심한 사람에게 일어나서 고백을 따라하도록 하는 것은 입술로 고백해야 구원을 받기 때문입니다. 마음에 아무리 믿어도 입술로 고백하지 않으면 구원은 없습니다. 입술로 시인하는 것은 매우 중요합니다. 하나님의 믿음의 역사도 "이 산을 명하여 여기서 저기로 옮겨지라 하면 옮겨질 것이요"(17:20)라고 하였습니다. 믿음의 역사도 말로 명해야지 가만히 있으면 아무 일도 일어나지 않습니다.

나는 병자를 위해서 간절히 기도하고 난 다음에 생각 속에 병 나은 사람이 떠오를 때가 많습니다. 그것은 어떻게 설명할 수 없습니다. 사람들은 나보고 환상을 보는 것이 아니냐고 하는데 환상이 보이는 것은 아닙니다. 단지 물 속에 달이 떠오르듯이 주님께서 내 마음속에 떠오르게 하

시는 것입니다. '관절염이 나았다. 무좀이 나았다. 위암이 나았다.' 하는 생각이 내 마음속에 떠오릅니다. 그래서 그것을 선포합니다. 하지만 그 생각이 들어오다가 그쳐 버리면 할 말이 없습니다. 어떤 때는 생각이 전혀 떠오르지 않을 때가 있습니다. 그것은 내 힘으로 병을 고치는 것이 아니라는 것을 증명하는 것입니다. 아무 생각이 들어오지 않는다고 해서 아무렇게나 지어서 말하지 못합니다. 생각이 떠오를 때만 자신 있게 말할 수 있습니다. 그런데 우리 성도들을 보면 거의 다 내 말의 선포대로 병 고침을 받습니다. 말이 나가니까 병이 물러갑니다. 물론 말이 나가지 않아도 나은 사람이 많지만 온 세계를 다니며 집회를 해 봐도 먼저 말이 나가면 그 말에 의해서 병이 낫기 시작합니다. 하나님께서 말씀을 통해 병을 고치시는 것입니다. 시편 107편 20절에 이렇게 기록되어 있습니다.

"그가 그의 말씀을 보내어 그들을 고치시고 위험한 지경에서 건지시는도다".

주의 종은 하나님의 말씀을 받아서 선포함으로 기적을 일으키는 도구의 역할을 합니다. 그렇기 때문에 하나님의 말씀을 받으려고 할 때에는 굉장히 집중해야 합니다. 많이 기도하고 항상 성령의 큰 은혜 속에 머물러 있어야 합니다. 그것은 어마어마한 에너지를 필요로 합니다. 그렇게 해서 하나님의 말씀을 받고 선포하면 하나님의 기적이 일어납니다.

성경에도 "하나님이 이르시되 빛이 있으라 하시니 빛이 있었고"(창 1:3) 라고 말씀하고 있습니다. 하나님께서 아무 말씀도 하지 않으셨으면 아무것도 생겨나지 않았을 것입니다. 입술의 고백이 이처럼 중요합니다. 그러므로 여러분이 믿고 난 다음에는 올바르게 고백해야 합니다.

일상적인 삶에 있어서의 고백도 매우 중요합니다. 일본 사람들은 예수님을 잘 믿지 않는 민족인데도 복을 많이 받았습니다. 그것은 입술의 고백이 우리와 달리 굉장히 긍정적이기 때문입니다. 일본 사람들은 제2차 세계 대전 때 전쟁에 패한 것을 '패전' 이라고 하지 않고 '종전' 이라고 말합니다. 그만큼 부정적으로 말하지 않고 긍정적으로 말하려고 애씁니다. 식당의 내부를 수리할 때는 '내부 수리 중' 이라고 써놓지 않고 '내부 준비 중' 이라고 써놓습니다. 역전에 시계가 고장 났을 때도 '고장' 이라고 쓰지 않고 언어의 의미 속에 희망을 내포하고 있는 '준비 중' 이나 '수리 중' 이라는 표현을 씁니다.

우리 한국 사람들은 희망적이지 않고 좌절을 주는 말들을 많이 사용합니다. 특히 '죽겠다' 라는 말을 많이 사용합니다. "배고파 죽겠다. 좋아 죽겠다. 배불러 죽겠다." 하고 말입니다. 그러니까 한국의 역사가 늘 죽음의 역사였습니다. 5천 년 역사 가운데 늘 침략당하는 삶을 살아왔습니다. 그러므로 우리는 말을 부정적으로 사용하지 말아야 합니다. 나는 한국 민요 중 '아리랑' 을 별로 좋아하지 않습니다.

"나를 버리고 가시는 님은 십리도 못 가서 발병 난다."

한 사람은 버림을 받고 한 사람은 발병이 나고 둘 다 잘못되니 희망이 없습니다. 하지만 '도라지' 라는 민요는 좋아합니다.

"한두 뿌리만 캐어도 대바구니 철철철 다 넘는다."

한두 뿌리만 캐어도 대바구니가 가득해지니 얼마나 좋습니까?

우리가 구사하는 언어 행위가 우리의 사고에 큰 영향을 미칩니다. 생각으로 가득한 것이 입으로 나오지 않습니까? 우리 마음속에 죽음과 고생이 꽉 들어차면 그것이 밖으로 나오는 것입니다.

내가 옛날에 미국에 가서 설교할 때 한국적인 문화가 습관이 되어서

'죽는다' 는 말을 많이 썼습니다. '슬퍼서 죽겠다, 추워서 죽겠다.' 하고 말입니다. 하루는 식사를 하는데 한 분이 내게 와서 어깨를 툭툭 치고는 다음과 같이 말하는 것이었습니다.

"조 목사님, 당신의 생애에 죽음의 영이 붙어 있습니다. 당신 설교를 들으니까 죽는다는 말을 많이 쓰는데 속에 가득한 것이 입으로 나오지 않습니까? 자꾸 입으로 죽는다는 말을 쓰니 당신에게는 죽음의 영이 붙어 있는 것입니다. 당신 그대로 나가면 죽어요. 얼른 말부터 바꿔요."

그때 그 말을 듣고 굉장히 모욕감을 느꼈습니다. 그 사람은 내가 알지도 못 하는 사람인데 말입니다. 하지만 그때 나는 대단히 큰 충격을 받았습니다.

'맞았어. 자꾸 내 입에서 죽는다고 말하는 것은 속에 죽음의 생각이 가득 들어 있기 때문에 밖으로 나오는 것이구나. 사탄은 죽음의 왕이고 예수님은 생명의 왕인데 내가 잘못 말하고 다녔구나!'

그때부터 죽는다는 말은 사용하지 않습니다. "나는 못한다. 안 된다. 할 수 없다. 죽겠다."라고 말하는 것은 그런 생각이 속에 꽉 들어차 있기 때문입니다. 그런 생각이 꽉 들어차 있으면 삶 속에 그런 세계를 가져오게 됩니다.

'바라봄의 법칙' 을 생각해 보십시오. 죽는다는 생각을 하면 그런 생각을 늘 바라보기 때문에 파탄에 이르게 됩니다. 우리의 말과 생각은 삶의 현재와 미래를 형성합니다. 우연히 팔자소관으로 그렇게 되었다고 말하는 사람이 있는데 그렇지 않습니다. 생각과 말이 우리의 삶을 이끌고 가는 것입니다. 생각이 부정적이면 부정적인 인생으로, 생각이 긍정적이면 긍정적인 인생으로 끌고 갑니다. 성경은 이렇게 말씀하고 있습니다.

“네 입의 말로 네가 얽혔으며 네 입의 말로 인하여 잡히게 되었느니라”(잠 6:2).

“죽고 사는 것이 혀의 힘에 달렸나니 혀를 쓰기 좋아하는 자는 혀의 열매를 먹으리라”(잠 18:21).

옛날에 시골에서는 어머니들이 자녀를 키울 때 자녀들이 애를 먹이면 “이 빌어먹을 놈아!” 하고 말하였습니다. 그런데 빌어먹으라고 하면 결국 거지가 되라고 말하는 것입니다. 부모의 심정이야 그렇지 않겠지만 말이 씨가 됩니다. 그러므로 절대로 우리는 그런 말을 사용해서는 안 됩니다. 바른 말, 고운 말, 적극적이고 긍정적이고 창조적인 생명의 말을 써야 합니다. 더구나 예수님을 믿는 우리들은 속에 성령이 계시기 때문에 우리가 하는 말로 성령님을 슬프게 해서는 안 됩니다.

사람이 무엇으로 심든지 그대로 거두므로 내가 말로 심어 놓으면 그대로 거둡니다. 우리가 현재 하는 말로 의롭다 함을 얻고 심판도 받습니다. 하늘나라의 상급도 받고 꾸중도 듣습니다. 이 사실을 기억해야 할 것입니다.

4. 요나의 표적(12:38-50)

38. 그때에 서기관과 바리새인 중 몇 사람이 말하되 선생님이여 우리에게 표적 보여주시기를 원하나이다 39. 예수께서 대답하여 이르시되 악하고 음란한 세대가 표적을 구하나 선지자 요나의 표적밖에는 보일 표적이 없느니라 40. 요나가 밤낮 사흘 동안 큰 물고기 배 속에 있었던 것같이 인자도 밤낮 사흘 동안 땅속에 있으리라 41. 심판 때에 니느웨 사람들이 일어나 이 세대 사람을 정죄하리니 이는 그들이 요나의 전도를 듣고 회개하였음이거니와 요나보다 더 큰 이가 여기 있으며 42. 심판 때에 남방 여왕이 일어나 이 세대 사람을 정죄하리니 이는 그가 솔로몬의 지혜로운 말을 들으려고 땅 끝에서 왔음이거니와 솔로몬보다 더 큰 이가 여기 있느니라 43. 더러운 귀신이 사람에게서 나갔을 때에 물 없는 곳으로 다니며 쉬기를 구하되 쉴 곳을 얻지 못하고 44. 이에 이르되 내가 나온 내 집으로 돌아가리라 하고 와 보니 그 집이 비고 청소되고 수리되었거늘 45. 이에 가서 저보다 더 악한 귀신 일곱을 데리고 들어가서 거하니 그 사람의 나중 형편이 전보다 더욱 심하게 되느니라 이 악한 세대가 또한 이렇게 되리라 46. 예수께서 무리에게 말씀하실 때에 그의 어머니와 동생들이 예수께 말하려고 밖에 섰더니 47. 한 사람이 예수께 여짜오되 보소서 당신의 어머니와 동생들이 당신께 말하려고 밖에 서 있나이다 하니 48. 말하던 사람에게 대답하여 이르시되 누가 내 어머니이며 내 동생들이냐 하시고 49. 손을 내밀어 제자들을 가리켜 이르시되 나의 어머니와 나의 동생들을 보라 50. 누구든지 하늘에 계신 내 아버지의 뜻대로 하는 자가 내 형제요 자매요 어머니이니라 하시더라

38절 그때에 서기관과 바리새인 중 몇 사람이 말하되 선생님이여 우리에게 표적 보여주시기를 원하나이다

예수님을 믿는 사람의 삶에는 표적이 있습니다. 예수님은 승천하시기 전에 이렇게 말씀하셨습니다.

"믿는 자들에게는 이런 표적이 따르리니 곧 그들이 내 이름으로 귀신을 쫓아내며 새 방언을 말하며 뱀을 집어올리며 무슨 독을 마실지라도 해를 받지 아니하며 병든 사람에게 손을 얹은즉 나으리라"(막 16:17-18).

그러므로 하나님은 우리에게 하나님을 섬기고 경배하고 하나님 나라를 받들기 위해서 필요한 때에 표적을 주십니다. 하지만 요술 방망이인 양 사람들에게 보이기 위한 표적은 주시지 않습니다. 표적이라는 것은 사람의 영혼을 고통에서 해방하고 구원하여 하늘나라를 확장하기 위해서 필요한 것이지 사람들의 호기심을 만족시키기 위한 것이 아니기 때문입니다.

바리새인이나 서기관들은 단지 자기들의 호기심을 채우기 위해서 예수님에게 표적을 보이라고 말했습니다. 이처럼 못되고 비윤리적인 요청이 어디에 있습니까? 하나님은 사람을 살리고 하늘나라를 확장하기 위한 장엄한 목적 하에 표적을 주시는 것입니다. 야고보서 4장 7절에서 "마귀를 대적하라 그리하면 너희를 피하리라" 고 말씀하신 것처럼, 하늘나라를 위해 열심히 예수님을 믿고 신령한 생활을 하는 사람에게 귀신을 쫓아내는 표적이 나타나는 것은 당연히 이치입니다.

그리고 믿는 사람은 성령님이 함께 계신다는 표적으로 새 방언을 말합니다. 하나님은 하나님 자신이 유대인의 하나님일 뿐만 아니라 이제는

세계 만민의 하나님이심을 증거 하는 표적으로서 방언을 말하게 하시는 것입니다. 방언은 하나님과 직접 교통하는 수단입니다. 방언은 자기 힘이 아니라 성령을 통해서 말하는 것입니다.

또한 예수님을 믿는 사람들은 뱀을 집을 수 있습니다. 물론 하나님의 표적을 장난으로 나타내거나 사람들에게 구경시키려고 뱀을 집으면 영락없이 물려서 죽습니다. 하지만 우연히 산을 지나가거나 하나님의 일을 하다가 뱀에게 물렸을 때 기도하면 독이 없어지는 등의 표적이 나타납니다.

바울이 멜리데 섬에서 토인들이 피워 준 불 앞에 앉았는데 독사가 나와서 바울의 손을 물었습니다. 그러자 토인들이 하나님의 공의로 된 것이라 생각하고 바울이 곧 퉁퉁 부어 죽게 될 것이라 짐작했습니다. 하지만 바울은 조금도 상함이 없었고 그것을 본 토인들은 모두 놀라 바울을 신이라 말하였습니다. 바울은 사람들에게 쇼를 하기 위해서 뱀에게 물린 것이 아니라 추워서 떠는 사람들을 위해 군불을 때다가 뱀에게 물린 것이므로 뱀에게 물렸어도 죽지 않은 것입니다. 우리 속에 뱀의 능력보다 더 강한 성령의 능력이 있기 때문입니다.

그리고 예수님은 믿는 사람에게 무슨 독을 마실지라도 해를 받지 않는 표적이 나타난다고 말씀하셨습니다. 예전에 이런 일이 있었습니다. 어떤 부인이 교회에 나간다는 이유로 남편으로부터 박해를 받자 너무나 화가 났습니다. 그래서 이 부인은 하나님이 살아 계신 것을 보여 주겠다고 결심하고 남편이 보는 앞에서 자녀들과 함께 농약을 다 마셔 버렸습니다. 어떻게 되었겠습니까? 다 죽었습니다. 그런 행위는 일개의 인간적인 분노의 표출일 따름이지, 하나님의 역사와는 전혀 관계없는 것입니다. 그런 경우는 하나님이 표적을 주시지 않습니다. 하지만 내가 복음을 전하는데 원수들이 몰래 독을 넣거나 하는 경우는 다릅니다. 그런 때에는 하나님이 함께하시므로 해를 받지 않습니다. 한 선교사가 복음을 전하는데, 동네에서 그 선교사를 죽이려고 우물에 독을 풀어 놓았습니다. 선교사는 그것도 모르고 그 물을 마셨습니다. 그럼에도 불구하고 그 선교사에게는 아무 이상이 없었습니다. 이 일로 인해 그곳에 예수님을 영접하는 역사가 일어났다고 합니다.

내가 6·25 사변 당시 목격한 사건이 있습니다. 13세의 어린 소녀가 피난 와서 무서운 주인 밑에서 식모살이를 하고 있었습니다. 어느 날 저녁 갈증을 느낀 이 소녀는 부엌으로 들어갔습니다. 부스럭거리는 소리가 나면 주인에게 몰매를 맞을까봐 살살 기어서 들어갔습니다. 그녀는 더듬거리며 겨우 물 담긴 그릇을 찾아냈습니다. 그리고 그 물을 다 마셨습니다. 그런데 그것은 물이 아니라 양잿물이었습니다. 양잿물이 함유된 것을 마시면 속이 다 탑니다. 살아나지 못합니다. 그 소녀는 그 자리에서 피를 토하고 쓰러졌습니다.

그런데 이 소녀는 북한에 있을 때 독실한 기독교 가정에서 자라왔기 때문에 힘들 때마다 혼자서 몰래 기도를 하곤 했습니다. 이 소녀는 양잿물을 먹고 쓰러지면서 "주님, 나를 살려 주옵소서." 라고 기도하고 정신을 잃었습니다. 얼마 후 이 소녀는 집주인에 의해 발견되었지만, 집주인은 책임을 지지 않으려고 그녀를 길거리에 던져 버렸습니다. 그 소녀는 살아났지만 입과 목이 다 탄 채였습니다. 이 소녀가 우리 천막 교회에 왔습니다. 그리고 집회에 참석하여 안수를 받았습니다. 그때 유명한 의사였던 한 장로님이 그 소녀의 입안을 들여다보더니 깜짝 놀라며 말하는 것이었습니다.

"이런 기적이 있을 수 있습니까? 양잿물 한 사발을 마셨는데 입안에 약간의 상처만 있지 목이 전혀 타지 않았습니다. 이것이야말로 무슨 독을 마실지라도 해를 받지 않는 하나님의 기적입니다."

병이 낫는 것은 하나님의 뜻이고 예수님의 소원입니다. 우리가 확실한 진리 위에 서서 믿음을 가지고 병든 사람에게 손을 얹으면 눈에 안 보이는 하나님의 손길이 우리의 손을 통해서 그 사람에게 전달됩니다. 우리는 단지 전기 스위치의 접촉점에 불과합니다. 내 마음에 하나님이 계시를 주시는 경우도 마찬가지입니다. 마음속에 병이 낫겠다는 생각이 뚜렷이 나타납니다. 그것은 억지로 하지 못합니다. 생각 속에 성령께서 오셔서 마음으로 보여 주십니다. 그리고 하나님이 보여 주신 것을 내가 말하면 하나님의 역사가 나타납니다. 신앙인의 말은 하나님의 역사를 전달하는 접촉단자인 것입니다. 말을 하지 않으면 접촉이 되지 않습니다. 이렇게 해서 어떤 사람이 치료된다고 말할 때 그 말을 듣는 사람이 "아멘!" 하고 받아들이면 그때 하나님의 능력이 임하는 것입니다.

39-42절 예수께서 대답하여 이르시되 악하고 음란한 세대가 표적을 구하나 선지자 요나의 표적밖에는 보일 표적이 없느니라 요나가 밤낮 사흘 동안 큰 물고기 배 속에 있었던 것같이 인자도 밤낮 사흘을 땅속에 있으리라 심판 때에 니느웨 사람들이 일어나 이 세대 사람을 정죄하리니 이는 그들이 요나의 전도를 듣고 회개하였음이거니와 요나보다 더 큰 이가 여기 있으며 심판 때에 남방 여왕이 일어나 이 세대 사람을 정죄하리니 이는 그가

솔로몬의 지혜로운 말을 들으려고 땅 끝에서 왔음이거니와 솔로몬보다 더 큰 이가 여기 있느니라

예수님은 바리새인들의 요구에 매우 분노하셨습니다. 그들은 예수님을 무슨 서커스 단원처럼 생각하며 호기심으로 예수님에게 표적을 보여 달라고 하였기 때문입니다.

"악하고 음란한 세대가 표적을 구한다. 그들은 자기들의 즐거움을 위해 표적을 구한다."

예수님은 그들의 악한 동기를 미워하셨습니다. 그러므로 여러분이 표적을 구할 때 호기심이나 자기만족을 목적으로 구하면 안 됩니다. 생명을 살리고 하늘나라 확장을 위해 구하는 표적이라야 당위성이 있습니다.

이어서 주님께서 말씀하셨습니다.

"선지자 요나의 표적밖에는 보일 표적이 없느니라"

이것은 무슨 의미의 말씀일까요? 곧 있으면 역사적으로 깜짝 놀랄만한 표적이 생겨날 것이라는 뜻입니다. 그들이 보여 달라고 해서 보여 주는 것이 아니라 하나님 스스로 역사적이고 획기적인 표적을 보여 주실 것이라는 말씀입니다.

"요나가 밤낮 사흘 동안 큰 물고기 배 속에 있었던 것같이 인자도 밤낮 사흘 동안 땅속에 있으리라"

주님께서 믿지 않는 세대에게 보여 주시는 결정적인 표적은 이것입니다. 하나님이 선지자 요나에게 니느웨로 가라고 하셨는데 요나는 불순종하여 다시스로 도망하려 했습니다. 그러다가 그가 탄 배가 폭풍우를

만나자 그는 사람들에 의해 물에 던져졌습니다. 그리고 물고기가 요나를 삼켜 버렸습니다. 요나는 밤낮 사흘 동안 물고기 배 속에 있었습니다. 이것이 표적이 아니고 무엇이겠습니까? 표적이 아니고는 물고기 배 속에서 사흘 동안이나 살아 있을 수 없습니다. 아무리 물고기의 위액이 요나에게 수돗물같이 쏟아져도 요나는 녹지 않았습니다. 물고기 입장에서는 단지 배가 고파서 물에 떨어진 것을 하나 먹었는데 그로 인해 소화불량에 걸린 것입니다. 이리해도 소화가 안 되고 저리해도 소화가 안 되고 아무리 발버둥을 쳐도 소화가 되지 않자 물고기는 결국 요나를 토해 놓고 말았습니다.

하나님을 믿고 기도하며 살더라도 삶에서 환난이 아주 사라지는 것은 아닙니다. 하지만 기도하는 사람은 아무리 환난의 물고기 배 속에 들어간다 할지라도 하나님이 우리와 함께하시기 때문에 환난에 소화되지 않습니다. 오히려 환난을 만나서 더 강해지고 더 신앙이 굳세어지고 더 영광스럽게 살아납니다. 이렇듯 믿는 자에게 나타나는 표적이란 어떠한 환난이 닥친다 할지라도 하나님 중심으로 기도하고 나아가면 절대로 넘어지지 않는 것을 말합니다.

"요나처럼 나도 밤낮 사흘 동안 땅속에 있으리라."

예수님은 장차 십자가에 달려 죽으시고 무덤에 들어갔다가 사흘 만에 부활하실 것을 그들에게 미리 말씀하셨습니다. 예수님은 우리 죄를 대속하는 제물이 되시기 위해 이 땅에 오셨습니다.

"보라 세상 죄를 지고 가는 하나님의 어린양이로다"(요 1:29).

어린 양은 제사에 쓰이는 제물입니다. 구약에서 속건제, 속죄제, 번제, 화목제, 감사제를 위해 잡은 희생 제물은 바로 십자가에서 희생 제물이 되신 예수님을 상징하는 것입니다. 예수님은 짐승의 제물 대신 완전한 제물로 오셔서 하나님과 사람 사이에 있는 죄를 한 번에 청산하셨습니다. 속죄 제물이 되시어 사람과 사람 사이의 죄를 용서하셨습니다. 예수님은 속건 제물이 되시어 인간의 연약함을 용서해 주셨습니다. 예수님은 번제물이 되시고 화목 제물이 되시어 하나님과 우리의 관계를 화목하게 하셨습니다. 또한 감사 제물이 되셔서 우리가 하나님 앞에 감사할 수 있게 하신 것입니다. 그러므로 우리는 더 이상 짐승을 잡아서 제사를 드릴 필요가 없습니다. 예수님이 그 모든 제물이 되시어 모든 것을 한 번에 다 이루셨기 때문입니다. 이제 하나님은 우리가 십자가에 못 박혀 피 흘리신 예수를 믿고 감사하여 끊임없이 찬미하는 제사를 드리는 것을 가장 기쁘게 받으십니다.

예수님은 심판 날에 니느웨 사람들이 일어나서 바리새인이나 사두개인을 정죄할 것이라고 하셨습니다. "너희는 요나보다 더 큰 하나님의 아들의 설교를 듣고도 회개하지 않았으니 심판 받아 마땅하다."

요나 시대의 니느웨 사람들은 요나가 하나님께 회개하라고 외치매 그 말씀을 듣고 회개했습니다. 그런데 요나보다 크며 요나를 직접 만드신 하나님이 친히 오셔서 전도했는데도 믿지 않고 거부하였으니 바리새인과 사두개인의 완악함이 얼마나 큽니까? 그러므로 그들은 이방인이었음에도 불구하고 곧바로 순종하고 회개했던 니느웨 사람들에게 오히려 정죄를 받을 것이라는 말입니다.

예수님은 또 남방 에디오피아 여왕이 일어나서 심판할 것이라고 하셨습니다.

"너희 바리새인들은 솔로몬보다 더 큰 자가 여기 와 있는데도 그 말에 귀 기울이지 않았다. 그러므로 솔로몬의 영광을 보러 왔던 여왕이 이 세대를 심판할 것이다."

에디오피아 여왕은 솔로몬의 지혜를 듣기 위해서도 먼 곳으로부터 예루살렘까지 왔는데, 바리새인과 사두개인은 하나님이 직접 육신으로 오셔서 말씀을 전하는데도 그 말씀에 귀를 기울이지 않았으니 나중에 에디오피아 여왕이 일어나서 이 세대를 정죄할 것이라는 뜻입니다.

이 세대도 마찬가지입니다. 교회를 통하여 하나님의 성령이 임하시고 구원이 선포되었음에도 불구하고 이를 거부하는 사람은 정죄를 받을 것입니다. 동일한 성령의 음성을 듣고도 어떤 사람은 회개하여 예수님을 믿지만 반면에 어떤 사람은 거역합니다. 그런 사람은 심판을 받아 마땅하다는 의미인 것입니다.

43-45절 더러운 귀신이 사람에게서 나갔을 때에 물 없는 곳으로 다니며 쉬기를 구하되 쉴 곳을 얻지 못하고 이에 이르되 내가 나온 내 집으로 돌아가리라 하고 와 보니 그 집이 비고 청소되고 수리되었거늘 이에 가서 저보다 더 악한 귀신 일곱을 데리고 들어가서 거하니 그 사람의 나중 형편이 전보다 더욱 심하게 되느니라 이 악한 세대가 또한 이렇게 되리라

귀신은 사람의 몸속에 들어가 있기를 원하는 속성이 있습니다. 귀신은 사람에게 붙어 있지 않으면 괴로워합니다. 귀신은 사람에게 붙어 있든지 사람 속에 들어가려고 합니다. 그래서 사람들은 자기도 모르게 그런 귀신에게 이용당하는 경우가 많습니다. 사람이 스스로 생각하고 말하고 행동하는 것 같지만 실상은 귀신에 의해 생각하고 귀신에 의해 말하고 귀신

에 의해 행동한다는 것입니다. 더러운 귀신은 사람들을 끊임없이 더럽게 하여 더러운 생각, 더러운 말, 더러운 행동을 하게 합니다. 세상의 매체인 인터넷, 잡지, 신문, 주간지 등을 보면 온갖 더러운 것으로 꽉 들어차 있습니다. 더러운 것이 왜 이렇게 많습니까? 사람들이 왜 더러운 것을 좋아합니까? 모두가 더러운 귀신 때문입니다.

악한 귀신이 있습니다. 악한 귀신은 사람에게 붙어서 괴롭힐 뿐만 아니라 타인까지 고통스럽게 합니다. 악한 남편이 되어 아내를 못살게 하고, 악한 아내가 되어 남편을 괴롭힙니다. 악한 친구, 악한 이웃, 악한 나라가 되어 사람들을 못살게 하고 악하게 만듭니다.

세상에는 또한 점치는 귀신, 무당 귀신, 입만 열면 거짓말하게 만드는 귀신이 있습니다. 또 허약하게 하는 귀신도 있습니다. 이런 귀신은 사람에게 붙어서 심신을 허약하게 만들고 갖가지 질병에 걸리게 합니다.

귀신들은 세상에서 사람들과 섞여서 삽니다. 하지만 우리가 예수님을 믿는다면 보혈의 능력을 통해 귀신들이 떨어져 나갑니다.

사도행전 8장 7절을 보면 빌립이 사마리아에 가서 예수님을 전할 때 많은 사람에게 붙은 귀신이 소리치며 나갔습니다. 귀신이 떨어져 나가면 우리 마음속은 다시 정상이 됩니다. 깨끗한 사람, 착한 사람, 거룩한 사람, 거짓말 안 하는 사람, 긍정적인 사람, 밝고 맑고 환한 사람이 되는 인격적 변화가 일어납니다. 그래서 예수님 믿고 전혀 다른 사람으로 변화되는 일이 일어나는 것입니다. 물론 성령이 오셔서 그 사람을 새롭게 하지만 늘 지금까지 나쁘게 만들던 귀신이 쫓겨 나가므로 귀신의 냄새가 나지 않게 됩니다. 땀이 나고 더러운 옷을 입고 있던 사람이 목욕하고 면도하고 새 옷을 갈아입으면 향기가 나지 않습니까? 예수님을 통해서 회개하고 보혈로 목욕하면 더러운 귀신들이 쫓겨 나가게 되고 성령의 인격으로 옷을 입혀 주시므로 향기 나는 사람으로 달라지는 것입니다. 예수님을 믿고 달라지는 사람이 얼마나 많습니까?

그런데 본문을 보니까 더러운 귀신이 사람에게서 쫓겨 나갔습니다. 그러면 쫓겨난 귀신은 너무나 고통스러워하며 다시 쉴 곳을 구하러 다닙니다. 귀신이 사람의 몸에 붙어 있다가 쫓겨 나가는 것은 물 없는 사막에 돌아다니며 고통당하는 것과 같습니다. 그렇기 때문에 귀신은 결사적으로 붙어 있으려고 합니다. 예수님을 믿고 신앙이 바로 서지 않은 사람에겐 언제나 귀신이 따라 다닙니다. 또 예수님을 믿는 사람 중에서도 가짜로 믿는 사람들은 귀신이 우글우글 붙어 다닙니다. 그래서 교회를 어지럽게 하고 분쟁을 일으키게 합니다.

그러므로 신앙 위에 굳게 서서 주님의 보혈로 매일매일 거룩하게 씻음을 받아야 합니다. 귀신은 이 세상에 꽉 들어차 있어서 우리가 세상에 나가 일할 동안에 수시로 달라붙습니다. 따라서 우리는 밖에서도 늘 기도로 목욕을 해서 귀신을 다 쫓아내고 집에 와야 합니다. 집에 와서도 집안 청소를 매일 하는 것처럼 매일 가정 예배를 통하여 가정을 영적으로 깨끗하게 청소해야 합니다. 그리고 목욕으로 몸을 깨끗하게 하는 것처럼 기도와 회개를 통해서 자꾸 자신을 깨끗하게 씻어 내야 합니다. 그래야 더 이상 더러워지지 않습니다. 한 번 귀신을 쫓아냈다고 영원히 자유로운 것이 아닙니다. 매일 목욕하고 청소해야 하는 것처럼 매일 회개하고 기도해서 귀신을 쫓아야 심신이 깨끗하고 우리 가정도 깨끗하게 되는 것입니다.

46-50절 예수께서 무리에게 말씀하실 때에 그의 어머니와 동생들이 예수께 말하려고 밖에 섰더니 한 사람이 예수께 여짜오되 보소서 당신의 어머니와 동생들이 당신께 말하려고 밖에 서 있나이다 하니 말하던 사람에게 대답하여 이르시되 누가 내 어머니이며 내 동생들이냐 하시고 손을 내밀어 제자들을 가리켜 이르시되 나의 어머니와 나의 동생들을 보라 누구든지 하늘에 계신 내 아버지의 뜻대로 하는 자가 내 형제요 자매요 어머니이니라 하시더라

예수님이 무리에게 말씀하실 때 예수님의 어머니와 동생들이 밖에 있었습니다. 그러자 한 사람이 예수님에게 말했습니다.

"보십시오. 당신의 모친과 동생들이 당신께 말하려고 밖에 섰습니다."

그런데 예수님은 그 사람에게 오히려 "누가 내 어머니이며 내 동생들이냐?" 고 반문하셨습니다.

이 세상에는 육신의 부모와 형제도 있지만 영의 부모와 형제도 있습니다. 사도 바울은 고린도 교회 성도들에게 "그리스도 예수 안에서 내가 복음으로써 너희를 낳았음이라"(고전 4:15)고 말했으며 디모데에게는 믿음 안에서 자신의 참아들이 되었다고 하였습니다. 우리에게는 육신의 부모가 있는가 하면 영의 부모도 있습니다. 우리는 이 세상에서 육신으로 태어났지만 또 한편으로는 예수님을 믿고서 영으로 다시 태어난 것입니다. 그러므로 육신의 가족이 있는가 하면 영의 가족이 있습니다. 예수님을 믿고 나면 예수님을 믿지 않는 형제보다도 예수님을 믿는 형제가 훨

씬 더 가까워집니다. 왜냐하면 속해 있는 세계가 다르기 때문입니다. 믿지 않는 형제는 세상에 속하고 마귀의 나라에 속하지만 믿는 사람은 하나님 나라에 속하고 신령한 세계에서 살아갑니다. 믿지 않는 세계는 모두 마귀에게 끌려가고 있으므로 마귀 아래 있고 악한 자 안에 있습니다. 그러나 믿는 자는 마귀의 권세에서 옮겨 하나님의 아들 나라로 옮겨진 삶을 삽니다.

그러므로 우리는 세상에 있지 않고 하늘나라에 속해 있습니다. 그리스도를 통해 사는 백성이기 때문에 세상의 사람들과 나라가 다르고 위치가 다릅니다. 그래서 예수님을 믿지 않는 부모 형제보다는 예수 그리스도 안에서의 부모 형제와 더 가까워지는 것입니다. 육신은 잠깐이지만 영은 영원합니다. 그렇기 때문에 예수님을 믿고 난 다음에는 가족과 친구가 다 바뀌는 것입니다. 전에는 동창회 모임도 좋고 놀러 다니는 친구나 모임도 좋았지만, 예수님을 믿고 난 다음에는 세상 친구들의 모임이나 잡담이나 오락이나 쾌락이 싫어집니다. 이제는 세상 친구가 다 떨어져 나가고 신앙 안에서 새로운 친구들이 생겨나게 됩니다.

예수님은 손을 내밀어서 당신의 말씀을 듣고 있는 제자들을 가리키며 사람들에게 말씀하셨습니다.

"여기 내 어머니와 내 동생들을 보라."

이것은 영적인 부모 형제를 말하는 것입니다. 육신적인 가족은 단지 육신적인 관계지만 그리스도안에서는 영적인 새로운 관계가 형성되므로 모든 사람이 그리스도 안에서 새로운 형제자매가 되는 것입니다. 주님 안에서 형제와 자매가 되는 것은 혈연뿐만 아니라 국적을 초월합니다. 온 세계 어느 곳을 가도 예수 그리스도 안에서 만나면 막힌 담이 무너지고 서로 함께 손잡고 나갈 수 있습니다. 예수님을 믿는 사람은 서로 말을 하지 못해도 한 시간이고 두 시간이고 함께 앉아 있을 수 있습니다. 한 하나님과 한 성령 안에서의 자녀들이기 때문입니다.

"누구든지 하늘에 계신 내 아버지의 뜻대로 하는 자가 내 형제요 자매요 어머니이니라".

하늘 아버지께로부터 태어나서 하늘 아버지의 뜻을 따라 사는 사람이 진정한 부모요 형제요 자매라고 예수님은 말씀하십니다. 우리는 육신의 혈통으로나 사람의 뜻으로 나지 않고 모두 다 아버지께로부터 난 자들입니다. 우리가 예수님을 믿을 때 성령이 와서 우리를 거듭나게 하시므로 하나님 아버지께로부터 다시 태어난 것입니다. 육신의 아버지는 아담이지만 예수를 믿으면 하나님이 아버지가 되십니다. 예수님은 새로운 생명의 씨앗입니다. 예수님의 말씀의 씨를 받고 그것을 통해서 우리는 하나님의 자녀로 태어나는 것입니다.

그러므로 우리는 영적으로 완전히 새로운 사람입니다. 예수님을 통해 하나님의 아들로 다시 태어났고 성령의 인 치심을 받은 사람입니다. 예수님 없이 교회만 왔다 갔다 하는 사람은 천년이고 만년이고 아무리 다녀도 소용없습니다. 그런 사람은 생명의 씨를 받아들이지 않았기 때문에 하나님의 자녀로 태어나지 않은 것입니다. 생명의 씨앗인 예수님을 받아들여야 구원을 받고 하나님을 '아바 아버지'라고 부르게 되는 것입니다. 그래서 하나님은 친아버지가 되시고 우리는 친자녀들이 되는 것입니다.

우리가 하나님의 자녀로서 하나님의 뜻대로 살기 위해서는 늘 하나님과 기도로 대화를 해야 합니다. 그래야 하나님과의 관계가 매일같이 깊어져서 신령한 관계로 나아갑니다. 그리고 하나님의 친자녀인 성도들과 교제를 많이 해야 합니다. 교제라는 것은 장작불과 같습니다. 가지 하나에 불을 붙여 놓으면 금방 꺼집니다. 그러나 장작을 모아 놓으면 바람이 불거나 물을 부어도 쉽게 꺼지지 않습니다. 성도들이 혼자 있으면 마귀가 찬물을 부을 때 꺼지기 쉽습니다. 그러나 두세 사람이 모이면 믿음의 기도가 꺼지지 않고 계속 활활 타오릅니다.

그러므로 모이기를 폐하면 안 됩니다. 자주 모이고 힘써 기도해야 우리 신앙의 불이 활활 타오르고 성령의 불이 계속 지속됩니다. '나 홀로 신앙' 은 절대 안 됩니다. 예수님께서 "두세 사람이 내 이름으로 모인 곳에는 나도 그들 중에 있느니라"(18:20)고 약속하셨듯이 늘 모이기에 힘쓰는 여러분이 되시기를 축원합니다.

제 13 장

비유의 세계

본장은 예수님의 여러 가지 비유의 말씀을 중심으로 하고 있습니다. 신앙생활은 열매 맺는 생활입니다.

예수님께서는 좋은 땅에 씨가 떨어지면 30배, 60배, 100배의 결실을 맺는다고 말씀하셨습니다. 시련을 통해 마음이 옥토가 되면 씨앗이 뿌리를 내리고 튼실한 열매를 맺습니다. 그러나 우리의 삶에는 열매를 맺지 못하도록 방해하는 가라지와 같은 존재들이 있음을 인식하고 말씀과 기도로 무장하여 지혜롭게 대처해야 할 것입니다.

천국은 겨자씨 또는 누룩과 같다고 합니다. 겨자씨가 놀라운 생명력으로 바깥으로 뻗어가는 것같이, 누룩이 안에서 부풀어 올라 세력을 확장해 가는 것같이 복음으로 말미암아 시작된 천국은 성령의 능력으로 온 세계에 전파되는 것입니다. 그러므로 천국의 가치를 아는 사람일수록 더 큰 희생을 감수하고, 천국을 위하여 희생하는 것이 많은 사람일수록 천국의 가치를 더 깊이 체험할 수 있는 것입니다. 그러나 나사렛 사람들은 예수님의 교훈이 주는 지혜의 깊이와 가치에 대해 놀랐지만, 그들은 편협한 마음과 시기심으로 가득하여 진정한 천국의 가치를 깨닫지 못한 채 진리를 배척하고 말았던 것입니다.

1. 씨 뿌리는 자의 비유(13:1-23)

1. 그날 예수께서 집에서 나가사 바닷가에 앉으시매 2. 큰 무리가 그에게로 모여들거늘 예수께서 배에 올라가 앉으시고 온 무리는 해변에 서 있더니 3. 예수께서 비유로 여러 가지를 그들에게 말씀하여 이르시되 씨를 뿌리는 자가 뿌리러 나가서 4. 뿌릴새 더러는 길가에 떨어지매 새들이 와서 먹어 버렸고 5. 더러는 흙이 얕은 돌밭에 떨어지매 흙이 깊지 아니하므로 곧 싹이 나오나 6. 해가 돋은 후에 타서 뿌리가 없으므로 말랐고 7. 더러는 가시떨기 위에 떨어지매 가시가 자라서 기운을 막았고 8. 더러는 좋은 땅에 떨어지매 어떤 것은 백 배, 어떤 것은 육십 배, 어떤 것은 삼십 배의 결실을 하였느니라 9. 귀 있는 자는 들으라 하시니라 10. 제자들이 예수께 나아와 이르되 어찌하여 그들에게 비유로 말씀하시나이까 11. 대답하여 이르시되 천국의 비밀을 아는 것이 너희에게는 허락되었으나 그들에게는 아니되었나니 12. 무릇 있는 자는 받아 넉넉하게 되되 없는 자는 그 있는 것도 빼앗기리라 13. 그러므로 내가 그들에게 비유로 말하는 것은 그들이 보아도 보지 못하며 들어도 듣지 못하며 깨닫지 못함이니라 14. 이사

야의 예언이 그들에게 이루어졌으니 일렀으되 너희가 듣기는 들어
도 깨닫지 못할 것이요 보기는 보아도 알지 못하리라 15. 이 백성들
의 마음이 완악하여져서 그 귀는 듣기에 둔하고 눈은 감았으니 이는
눈으로 보고 귀로 듣고 마음으로 깨달아 돌이켜 내게 고침을 받을까
두려워함이라 하였느니라 16. 그러나 너희 눈은 봄으로, 너희 귀는
들음으로 복이 있도다 17. 내가 진실로 너희에게 이르노니 많은 선
지자와 의인이 너희가 보는 것들을 보고자 하여도 보지 못하였고 너
희가 듣는 것들을 듣고자 하여도 듣지 못하였느니라 18. 그런즉 씨
뿌리는 비유를 들으라 19. 아무나 천국 말씀을 듣고 깨닫지 못할 때
는 악한 자가 와서 그 마음에 뿌려진 것을 빼앗나니 이는 곧 길가에
뿌려진 자요 20. 돌밭에 뿌려졌다는 것은 말씀을 듣고 즉시 기쁨으
로 받되 21. 그 속에 뿌리가 없어 잠시 견디다가 말씀으로 말미암아
환난이나 박해가 일어날 때에는 곧 넘어지는 자요 22. 가시떨기에
뿌려졌다는 것은 말씀을 들으나 세상의 염려와 재물의 유혹에 말씀
이 막혀 결실하지 못 하는 자요 23. 좋은 땅에 뿌려졌다는 것은 말씀
을 듣고 깨닫는 자니 결실하여 어떤 것은 백 배, 어떤 것은 육십 배,
어떤 것은 삼십 배가 되느니라 하시더라

1-4절 그날 예수께서 집에서 나가사 바닷가에 앉으시매 큰 무리가 그에게로 모여들거늘 예수께서 배에 올라가 앉으시고 온 무리는 해변에 서 있더니 예수께서 비유로 여러 가지를 그들에게 말씀하여 이르시되 씨를 뿌리는 자가 뿌리러 나가서 뿌릴새 더러는 길가에 떨어지매 새들이 와서 먹어 버렸고

예수님이 바닷가에 가신 이유는 여러 가지가 있습니다. 옛날에는 마이크가 없었습니다. 그런데 바닷가에서 말을 하면 그 소리가 바람을 타

고 해변과 언덕까지 다 들립니다. 그래서 예수님은 바닷가에 앉아 말씀을 전하셨습니다. 그러다가 사람이 너무 많이 몰려오니까 잘못하다 밀려서 바다에 빠지겠다 싶어 배에 올라가 앉으시고 언덕을 바라보며 말씀하셨습니다. 하나님의 섭리로 바람이 불어 모든 사람이 예수님의 말씀과 가르침을 들을 수 있었습니다.

주님이 사람들에게 베푸신 사역은 복음을 전하고, 가르치고, 병을 고치는 것이었습니다. 예수님은 가시는 곳마다 사람들에게 "회개하라! 천국이 가까웠다."고 선포하시고, 예수님을 믿는 사람들에게 진리를 가르치시고, 병든 사람들을 고치셨습니다. 오늘날에도 교회는 예수님의 이 세 가지 사역을 계속 이어 나가야 합니다.

예수님은 사람들에게 진리를 가르치실 때 비유를 사용하셨습니다. 특히 본 서 13장은 '비유의 장' 이라고 할 정도로 예수님이 비유로 가르치신 교훈들이 많이 기록되어 있는데, 본문에서는 씨 뿌리는 사람의 비유를 통하여 하나님 나라를 설명하고 있습니다. 농부가 길가에 씨를 뿌린다면, 그것은 바보 같은 짓입니다. 길가에 씨를 뿌리면 순식간에 새들이 모여들어 다 먹어 버릴 것이고 사람들이 지나가며 밟을 것입니다. 또한 길바닥이 단단하니 씨앗이 뿌리를 내리기도 힘들 것입니다. 길거리 같은 마음은 길바닥처럼 완악한 마음을 말합니다. 이런 마음을 가진 사람은 세상에 취해 있는 사람입니다. 길거리 같은 마음을 가진 사람은 육신의 정욕과 안목의 정욕과 이생의 자랑이 꽉 들어차 있으므로 예수 그리스도의 복음을 들어도 아무 관심이 없습니다.

예수님은 "낙타가 바늘귀로 들어가는 것이 부자가 하나님의 나라에 들어가는 것보다 쉬우니라"(눅 18:25)고 말씀하셨습니다. 이 세상 부귀영화를 가진 사람은 그것에 심취해 있기 때문에 아무리 천국 복음을 말해 주어도 마이동풍이요, 관심이 없습니다. 그러므로 우리는 복음을 전할 때 전도 대상을 잘 잡아야 효과적으로 전도할 수 있습니다. 병이 들었든가, 가난하든가, 사업에 실패하였든가 하는 사람은 완악한 마음이 갈아엎어져 있는 사람입니다. 이런 사람에게 복음을 전하면 좋은 결실을 할 수 있습니다. 그러므로 우리가 복음을 전할 때는 먼저 전도 대상을 위하여 성령께 기도할 필요가 있습니다. 성경은 "거룩한 것을 개에게 주지 말며 너희 진주를 돼지 앞에 던지지 말라 그들이 그것을 발로 밟고 돌이켜 너희를 찢어 상하게 할까 염려하라"(7:6)고 말씀하고 있습니다. 길거리나 버스 정류장에서 "예수 천당!" 이라고 하며 소리 지르는 전도는 길바닥에 씨를 뿌리는 것과 같아서 별로 효과가 없고 자칫하면 조롱거리만 됩니다. 차라리 그 시간에 병원에 가서 치료의 복음을 전하고, 교도소에 가서 진리의 복음을 전하고, 가난하고 굶주리고 헐벗은 사람에게 가서 축복의 복음을 전하는 것이 훨씬 효과가 있습니다. 전도를 하더라도 효과적으로 해야 합니다.

5-9절 더러는 흙이 얕은 돌밭에 떨어지매 흙이 깊지 아니하므로 곧 싹이 나오나 해가 돋은 후에 타서 뿌리가 없으므로 말랐고 더러는 가시떨기 위에 떨어지매 가시가 자라서 기운을 막았고 더러는 좋은 땅에 떨어지매 어떤 것은 백 배, 어떤 것은 육십 배, 어떤 것은 삼십 배의 결실을 하였느니라 귀 있는 자는 들으라 하시니라

흙이 얕다는 것은 마음이 아직 깊이 파헤쳐지지 않은 것을 말합니다. 마음이 깊이 파헤쳐지려면 큰 시련과 역경을 당해야 가능합니다. 그래

야만 복음을 받아들일 수 있는 마음이 됩니다. 깊은 시련을 겪어 마음이 갈아엎어지고 파헤쳐진 사람에게 복음의 씨앗을 뿌리면 그것이 뿌리를 깊이 내립니다. 파헤쳐지지 않는 곳에는 씨앗이 뿌리 내리지 못합니다. 돌밭 같은 마음은 아직 파헤쳐지지 않아서 세상의 욕심이 많이 남아 있는 마음입니다. 돌밭 같은 마음을 가진 사람은 복음을 들으면 좋다고는 생각하지만 핍박이 다가오면 포기하고 맙니다. 그러므로 복음의 뿌리를 내리기 위해서는 반드시 고난의 쟁기가 들어가서 마음을 파헤쳐야 합니다. 그냥 머릿속에서 '옳다, 옳다!' 하는 것은 신앙이 아니라 지식일 뿐입니다. 그 지식이 내 살이 되고 뼈가 되기 위해서는 시련이 있어야 합니다. 남편, 아내, 자식, 이웃, 혹은 질병이 쟁기가 되어 내 마음을 파헤칠 때, 그 고통을 겪어 내는 동안 나의 신앙이 자라게 되는 것입니다. 그러므로 기독교 신앙은 고통과 분리할 수 없습니다. 고통을 통해서 신앙이 들어오고 성장하고 복을 받습니다. 신앙생활은 마음이 파헤쳐지고 거기에 곡식을 심어 다시 크게 자라는 과정이 계속 반복되는 것입니다. 밭을 갈아엎지 않고 씨 뿌리는 사람을 보았습니까? 똑같은 밭이라도 봄에 갈아엎어서 씨를 뿌리면 여름에 자라 가을에 추수하고 그 이듬해 봄이 되면 다시 갈아엎어야 합니다. 많은 수확을 얻으려면 더 깊이 파서 갈아엎어야 합니다. 그러므로 예수님을 믿는 사람에게 고난과 축복은 함께 다가온다는 사실을 알아야 합니다.

또한 씨를 뿌릴 때 씨앗이 가시떨기가 우거진 곳에 떨어지면 그 가시떨기에 막혀서 잘 자라지 못하게 됩니다. 사람의 마음도 마찬가지입니다. 세상의 욕심과 탐욕의 가시떨기가 꽉 들어차 있으면 복음의 씨앗이 자라지 못합니다. 그런데 좋은 땅에 씨가 떨어지면 30배, 60배, 100배의 결실을 맺는다고 예수님이 말씀하셨습니다. 좋은 땅이란 어떠한 땅입니까? 길거리같이 세속적인 마음, 약삭빠른 마음, 탐욕의 가시덤불이 가득한 마음을 갈아엎은 땅입니다. 하나님은 마음 밭에 따라 그에 적합한 쟁기를 사용하십니다. 길거리 같은 밭은 굉장히 단단합니다. 이런 밭은 호미나 괭이를 사용해서는 안 됩니다. 불도저로 갈아엎어야 합니다. 그래서 이런 사람은 강퍅한 마음이 깨뜨려질 만한 고난을 통해 변화되는 경우가 많습니다. 예를 들어 약이나 수술로도 치료가 불가능한 큰 병이 들면 별도리 없이 완악한 마음이 갈아엎어지는 것처럼 말입니다. 돌밭 같은 마음은 호미나 괭이를 사용하여 갈아엎고 돌을 골라내야 합니다. 이런 마음은 부부 싸움이나 자식으로 인하여 고통당하거나, 이웃에게 사기를 당하거나 하면 쉽게 갈아엎어집니다. 가시떨기 같은 탐욕으로 가득한 마음은 하나님이 아주 망하게 해서 갈아엎으십니다. 이와 같이 시련을 통해 마음이 옥토가 되면 씨앗이 뿌리를 내리고 30배, 60배, 100배의 열매를 맺습니다. 신앙생활은 열매 맺는 생활입니다.

10-13절 제자들이 예수께 나아와 이르되 어찌하여 그들에게 비유로 말씀하시나이까 대답하여 이르시되 천국의 비밀을 아는 것이 너희에게는 허락되었으나 그들에게는 아니되었나니 무릇 있는 자는 받아 넉넉하게 되되 없는 자는 그 있는 것도 빼앗기리라 그러므로 내가 그들에게 비유로 말하는 것은 그들이 보아도 보지 못하며 들어도 듣지 못하며 깨닫지 못함이니라

예수님이 비유로 말씀하시자, 제자들은 예수님께 왜 직접 말씀하시지 않는지를 여쭈었습니다. 천국의 비밀은 천국 백성들에게 알려야지 천국

백성이 아닌 자에게는 말해 봤자 절대로 알지 못합니다. 그것은 한국말이 한국 사람에게는 통하지만 서양 사람들에게는 통하지 않는 것과 같습니다. 천국 백성은 천국 말을 하면 알아듣습니다. 우리는 하나님께서 말씀을 주시면 그것을 알아듣고 "아멘!" 하고 받아들입니다. 그러나 예수님을 믿지 않는 사람에게 말해 보십시오. 무슨 말인지 도저히 알아듣지 못합니다.

또, 천국에는 천국의 법칙이 있는데, 그것은 있는 자에게는 더 주고 없는 자에게는 있는 것까지 빼앗는다는 것입니다. 만약 우리가 일상생활에서 매사에 "나는 못한다."라고 부정적인 말을 한다면 할 수 있는 것도 다 빼앗기고, "나는 무능력하다."라고 말하면 있는 능력마저도 전부 말라 버립니다. 하지만 우리가 주님 안에서 받은 은사대로 "할 수 있다! 하면 된다! 해 보자!" 하고 긍정적으로 시인하면 하나님이 능력을 더 주십니다. 그러므로 긍정적으로 사는 자세, 없는 것을 보지 않고 있는 것을 보고 사는 자세가 필요한 것입니다.

성령으로 거듭나지 않아서 하늘나라 백성이 되지 못한 사람은 이러한 천국의 비밀을 알아들을 리가 만무합니다. 미국 사람으로 태어나거나 영어를 잘하는 사람이 아닌 이상은 강단에서 영어로 아무리 유창하게 설교를 해도 무슨 뜻인지 알아들을 수 없습니다. 말이 통하지 않는 것입니다. 하늘나라의 말도 한가지입니다. 하늘나라 진리의 말씀이 아무리 전해져도 하늘나라 백성이 아닌 사람에게는 마이동풍입니다.

중학교 시절의 이야기입니다. 친구가 나에게 전도를 하며 성경책을 선물로 주었습니다. 그래서 마태복음을 펼쳐서 읽었는데 무슨 소리인지 한마디도 알 수가 없었습니다. 나중에는 골치만 아팠습니다. 그렇게 어려운 책을 읽기는 난생 처음이었습니다. 소설책은 읽으면 무슨 말인지 알겠는데, 성경은 첫 장부터 아주 캄캄했습니다. 예수님으로 말미암아 거듭나지 않았기 때문에 영의 눈도 닫혀 있고 영의 귀도 막혀 있고 영의 마음도 캄캄하니 내가 영의 세계를 어떻게 알겠습니까? 하지만 폐병으로 죽게 되어 예수님을 믿고 난 다음에는 완전히 달라졌습니다. 성경 말씀이 어찌나 달던지 마치 꿀맛 같았습니다. 성경 말씀이 하나하나 살아서 팔딱팔딱 뛰었습니다. 내 영이 살아 하늘나라의 말씀을 깨달아 알 수 있게 되었기 때문입니다.

예수님이 비유로 하신 하늘나라의 말씀은 하늘나라 백성이 아닌 사람들은 아무리 들어도 알 도리가 없습니다. 하지만 하늘나라의 백성은 영이 깨어 있으므로 주님이 말씀하시면 그 비밀이 마음속에 깨달아지는 것입니다.

14-17절 이사야의 예언이 그들에게 이루어졌으니 일렀으되 너희가 듣기는 들어도 깨닫지 못할 것이요 보기는 보아도 알지 못하리라 이 백성들의 마음이 완악하여져서 그 귀는 듣기에 둔하고 눈은 감았으니 이는 눈으로 보고 귀로 듣고 마음으로 깨달아 돌이켜 내게 고침을 받을까 두려워함이라 하였느니라 그러나 너희 눈은 봄으로, 너희 귀는 들음으로 복이 있도다 내가 진실로 너희에게 이르노니 많은 선지자와 의인이 너희가 보는 것들을 보고자 하여도 보지 못하였고 너희가 듣는 것들을 듣고자 하여도 듣지 못하였느니라

예수님은 이사야의 예언을 인용하여 말씀하셨습니다. 하나님을 대적

하고 반역한 사람들은 듣기는 들어도 깨닫지 못하고 보기는 보아도 알지 못합니다. 눈이 있다고 해서 다 보는 것이 아닙니다. 귀가 있다고 해서 다 듣고 깨닫는 것이 아닙니다. 주께서 눈을 열어 주셔야 보게 되고 귀를 열어 주셔야 듣게 되는 것입니다. 그런 의미에서 볼 때, 예수님을 믿게 되었다는 것은 굉장히 놀라운 일입니다. 성경에는 주께서 자주색 옷감 장사 루디아의 마음을 여시매 그가 예수님을 믿었다고 기록되어 있습니다(행 16:14). 여러분의 마음을 여러분 마음대로 열 수 없습니다. 주님이 마음을 열어 주셔야 예수님을 믿을 수 있는 것입니다.

주님은 완악하게 할 사람은 완악하게 하시고 긍휼을 베풀 사람에게는 긍휼을 베푸십니다. 에서와 야곱을 보십시오. 한날한시에 태어난 쌍둥이인데도 하나님은 야곱을 사랑하시고 에서를 미워하셨습니다. 하나님께서는 그들이 태어나기도 전에 야곱을 택하고 에서를 버림으로써 자신이 절대 주권자이심을 나타내 보이셨습니다. 우리는 이에 대하여 할 말이 없습니다. 하나님은 절대 주권자요, 창조자이시므로 원하는 자를 택하기도 하시고 원치 않는 자를 버리기도 하십니다. 야곱은 비록 사기성이 많았지만 하나님이 그의 마음을 자꾸 열어 주심으로 늘 하나님을 찾고 사모하게 되었습니다. 그러나 에서는 하나님이 그의 마음을 닫으셨기 때문에 도무지 하나님에 대해서 관심이 없었습니다. 그는 하나님을 찾지도 아니하고 하나님께 기도하지도 않았습니다.

오늘날 여러분이 예수님을 믿게 된 것은 하나님이 자비를 베풀어 여러분의 마음을 열어 주셨기 때문입니다. 이것이 우리에게 얼마나 큰 특권인 줄 모릅니다. 하나님의 선택을 받았다는 것이 얼마나 놀라운 일입니까! 하나님을 향해 우리의 보는 눈과 듣는 귀가 열렸다는 것이 얼마나 감사한 일입니까! 어떤 사람들은 귀가 둔하여 들어도 모르고 눈이 감겨 영적인 세계에 대해서 아예 캄캄합니다. 그들은 진짜로 예수님을 믿게 될까 봐 오히려 겁을 냅니다. 눈으로 보고 귀로 듣고 마음으로 깨달아 돌이켜 고침을 받는 것을 두려워합니다. 왜냐하면 눈을 떠서 보고 귀를 열어서 듣고 마음으로 깨달아 주님을 믿으면 하나님이 다른 사람으로 변화시켜 주시기 때문입니다. 죄악의 사람, 멸망의 사람인 자신이 변화되어 하나님의 사람이 되는 것을 겁냅니다. 세상을 사랑하고 이 세상에 찌들어 있어서 세상을 잃게 되는 것이 겁나는 것입니다. 예수님을 믿고 나면 이 세상이 얼마나 더럽고 추악하고 냄새가 나는지 말로 다 할 수가 없습니다. 그러나 믿지 않는 사람들은 예수님을 믿고 구원을 받아서 하나님의 영광 속으로 나오는 것을 두려워합니다. 그래서 아무리 전도하려고 해도 세속에 대한 미련을 버리지 못 하는 것입니다.

롯의 아내가 소돔과 고모라를 떠날 때 어떠했습니까? 그녀는 잠시 후면 심판을 받아 사라질 소돔과 고모라를 돌아보았습니다. 소돔과 고모라에서의 방종한 생활에 미련이 있었기 때문입니다. 그 결과 그녀는 결국 소금 기둥이 되어 버리고 말았습니다. 이처럼 이 세상을 사랑하는 사람은 세상에 대한 미련을 버리지 못하고 세상과 구별되는 것을 겁냅니다. 그러니 얼마나 답답한 일입니까? 예수님을 믿는 것은 축복인데 그것을 두려워하니 말입니다. 하지만 여러분은 복 있는 눈과 귀를 가지고 있습니다. 영의 눈이 열려서 보좌에 계신 아버지와 보좌 우편에 계신 예수님을 보았습니다. 보았다는 것은 깨달았다는 것입니다. 여러분의 귀는 하나님의 말씀인 성경을 듣고 즐거워하였으니 얼마나 복됩니까? 눈이라고 해서 다 똑같은 눈인 줄 알면 큰일 납니다. 보는 눈이 있고 보지 못

하는 눈이 있습니다. 듣는 귀가 있고 듣지 못 하는 귀가 있습니다.

내가 예수님을 믿고 제일 마음에 부담이 되었던 것이 할아버지, 할머니의 구원 문제였습니다. 그래서 마음에 작정을 하고 시골에 가서 할아버지와 할머니에게 예수님을 믿으라고 진지하게 전도하였습니다. 그런데 우리 할아버지는 벽창호입니다. "하나님께서 그 아들 예수님을 보내셔서 우리를 위해 십자가에 못 박혀 죽게 하셨으니 믿기만 하세요. 예수님을 구주로 믿기만 하면 구원을 받습니다."라고 아무리 얘기를 해도 할아버지는 깨닫지 못하였습니다. 그런데 열심히 불교를 믿었던 할머니는 "할머니, 예수님 믿고 구원받으세요."라고 말씀드리니까, "나는 한평생 불교만 믿었으니 불교를 믿을래."라고 하셨습니다. 그래서 또 말씀드렸습니다.

"할머니, 우리가 죽으면 다 천당 아니면 극락으로 가지요? 그런데 나는 천당으로 가고 할머니는 극락으로 가면 우리는 영원히 이별하는 거예요. 할머니와 나랑은 죽으면 영원히 못 만나요."

"그러면 어떻게 만나지?"

"할머니, 날 따라오면 같이 갈 수 있어요."

"내가 어떻게 하면 될까?"

"이제부터 절에 다니지 말고 '예수님! 할렐루야!' 라고 하세요."

그래서 결신을 시키고 예수님을 구주로 믿게 했습니다. 그러다가 나중에는 아주 뜨거운 신앙을 갖게 되셨습니다. 그런데 예수님을 믿게 된 후 할머니에게 놀라운 일이 일어났습니다. 우리 할머니는 낫 놓고 기역 자도 모르는 분인데 하루는 찬송가를 놓고 찬송을 하고 계시는 것이었습니다. 내가 놀라서 "할머니가 어떻게 찬송가를 부르고 계세요?" 라고 물으니, 할머니가 이렇게 말씀하시는 것입니다.

"내가 하도 답답해서 기도했지. '하나님이여, 제발 내 눈을 열어서 나도 글 좀 읽게 해 주십시오. 나는 평생 글을 못 배웠습니다. 그러니 성경을 읽을 수 있습니까, 찬송을 부를 수 있습니까? 너무 답답합니다. 글 좀 읽게 해 주세요' 그렇게 자꾸 기도했어."

그렇게 자꾸 기도했더니 하루아침에 찬송가 가사가 이해되더랍니다. 한글을 누구에게 배운 적이 전혀 없었는데 찬송가 가사를 읽고 부르고 나중에는 성경도 펴서 더듬더듬 읽게 되었습니다. 하나님께서 눈을 열어 주시니까 배우지 않은 글까지 읽으시는 것이었습니다. 그래서 할머니는 구원받아 천국으로 가셨습니다. 그러나 할아버지는 아무리 노력해도 안 되었습니다. 빌어도 안 되고 협박을 해도 안 되고 깜깜절벽이었습니다.

우리가 보는 눈과 듣는 귀를 가졌다는 것이 얼마나 큰 축복인지 알아야 합니다. 예수님의 제자들은 선지자와 의인들이 증거하고 예언한 메시아 예수님을 직접 눈으로 보고 그 음성을 듣고 그와 함께 자고 깨었으니 얼마나 큰 축복입니까? 사람은 복을 너무 많이 받으면 복인 줄 모릅니다. 그 시대에 살았던 유대인들은 예수님의 말씀을 듣고 주님이 능력을 행하시는 기적의 현장을 목격하였습니다. 그러나 그들은 그렇게 큰 축복의 기회를 얻고도 그리스도를 영접하지 않고 배반했으니 참으로 안타까운 일입니다.

18-23절 그런즉 씨 뿌리는 비유를 들으라 아무나 천국 말씀을 듣고 깨닫지 못할 때는 악한 자가 와서 그 마음에 뿌려진 것을 빼앗

나니 이는 곧 길가에 뿌려진 자요 돌밭에 뿌려졌다는 것은 말씀을 듣고 즉시 기쁨으로 받되 그 속에 뿌리가 없어 잠시 견디다가 말씀으로 말미암아 환난이나 박해가 일어날 때에는 곧 넘어지는 자요 가시떨기에 뿌려졌다는 것은 말씀을 들으나 세상의 염려와 재물의 유혹에 말씀이 막혀 결실하지 못 하는 자요 좋은 땅에 뿌려졌다는 것은 말씀을 듣고 깨닫는 자니 결실하여 어떤 것은 백 배, 어떤 것은 육십 배, 어떤 것은 삼십 배가 되느니라 하시더라

길가에 뿌린 씨는 아무도 관심을 기울이지 않습니다. 복음을 전파할 때, 그 복음에 아무도 관심을 기울이지 않으니까 마귀가 와서 먹어 버립니다. 하나님 말씀을 전하려면 말씀에 관심을 기울일 자에게 전해야 합니다. 신앙의 뿌리가 약한 사람은 쉽게 예수님을 믿지만 조금만 어려운 일을 당하면 쉽게 포기해 버립니다. 그렇기 때문에 신앙의 뿌리가 깊어지려면 먼저 밭을 쟁기로 깊이 파헤쳐서 자갈을 들어내고 씨앗을 심어야 합니다. 시험과 환난과 고통의 쟁기로 마음 밭을 갈아엎어야 합니다. 고난으로 인해 회개하고 통회하여야 합니다. 그러면 믿음의 씨앗이 깊이 뿌리를 내려서 동남풍이 불고 서북풍이 불고 태양이 뜨겁게 비춰도 끄떡하지 않게 되는 것입니다. 깊은 신앙은 깊은 고통을 통해서 다가옵니다. 고통과 기쁨과 신앙은 같은 길입니다. 고통의 깊은 곳에 더 깊은 신앙이 있고 기쁨이 있습니다. 그래서 고통을 당하지 않고 예수님을 믿는 사람은 흙이 얕은 돌밭에 씨를 뿌린 것과 같습니다. 믿기는 믿으나 시련이 다가오면 포기합니다. 하지만 고통을 통해서 회개하고 예수님을 믿는 사람

은 더 깊은 신앙을 갖게 되며 큰 기쁨을 얻게 됩니다.

그러므로 고난당한다고 해서 불평하지 마십시오. 고통의 길을 걸어가지 않고는 기쁨의 깊은 곳에 들어가지 못합니다. 예수님을 믿는 신앙은 하나님께서 우리를 끊임없이 쟁기로 갈아엎는 과정입니다. 적게 열매 맺을 사람은 얕게 갈아엎고 큰 수확을 얻을 사람은 깊게 갈아엎습니다. 아무리 추수를 많이 한 밭이라도 이듬해 봄에는 땅을 새로 갈아엎어야 하듯이, 하나님께서 축복을 주셨다가 다음에 다시 큰 축복을 주시기 위해서는 다시 한 번 고통의 쟁기로 갈아엎으십니다. 그렇게 고통과 기쁨, 슬픔과 즐거움이 반복되는 것이 신앙의 여정입니다.

가시떨기에 뿌렸다는 것은 마음의 염려와 근심, 탐욕이 가득하여 말씀을 듣기는 들어도 마음에 뿌리를 내리지 않고 건성으로 듣는 것을 말합니다. 마음에 세상의 탐욕이 가득 차 있으면 예수님의 복음을 아무리 심어도 열매 맺지 못합니다. 말씀을 깨닫기 위해서는 무관심한 길거리 밭을 파헤쳐야 합니다. 얕은 돌밭도 파헤쳐야 합니다. 탐욕이 가득한 가시덤불도 걷어내고 파헤쳐야 합니다. 옥토는 그냥 만들어지지 않습니다. 파헤치는 과정이 있어야 합니다. 파헤치는 것은 슬프고 괴로운 것입니다. 그러나 슬픔과 괴로움을 체험하지 않으면 그리스도의 복음을 깊이 받아들이지 못합니다. 그러므로 여러분에게 슬픔과 괴로움이 다가올 때 고통스럽고 원망스럽더라도 그 길이 진리를 깊이 깨닫고 깊은 은혜 속에 들어가는 길이라는 것을 알기 바랍니다. 하나님께서는 축복을 주시면서도 다른 면에서는 자꾸 파헤치십니다. 축복만 주면 우리의 마음이 하나님께 대해서 무관심해지므로 끊임없이 마음에 고통을 가지고 눈물을 흘리며 씨를 뿌리도록 만드십니다. 기쁨으로 단을 거두면서 다른 면으로는 눈물을 흘리며 씨를 뿌리게 하십니다. 사업이 잘되면 남편이 속을 썩이고, 남편이 잘하면 자식이 속을 썩이고, 자식이 잘되면 사업에 고통이 다가옵니다. 그러므로 여러 가지 시험과 환난이 다가오더라도 온전히 기쁘게 여기십시오. 여러 가지 시험과 환난이 다가오는 것은 축복의 서곡(序曲)입니다. 그것을 통해서 하나님이 더 큰 축복을 예비하고 준비하시는 것입니다.

2. 가라지, 겨자씨, 누룩의 비유(13:24-43)

24. 예수께서 그들 앞에 또 비유를 들어 이르시되 천국은 좋은 씨를
제 밭에 뿌린 사람과 같으니 25. 사람들이 잘 때에 그 원수가 와서 곡
식 가운데 가라지를 덧뿌리고 갔더니 26. 싹이 나고 결실할 때에 가
라지도 보이거늘 27. 집 주인의 종들이 와서 말하되 주여 밭에 좋은
씨를 뿌리지 아니하였나이까 그런데 가라지가 어디서 생겼나이까
28. 주인이 이르되 원수가 이렇게 하였구나 종들이 말하되 그러면 우
리가 가서 이것을 뽑기를 원하시나이까 29. 주인이 이르되 가만 두
라 가라지를 뽑다가 곡식까지 뽑을까 염려하노라 30. 둘 다 추수 때
까지 함께 자라게 두라 추수 때에 내가 추수꾼들에게 말하기를 가라
지는 먼저 거두어 불사르게 단으로 묶고 곡식은 모아 내 곳간에 넣으
라 하리라 31. 또 비유를 들어 이르시되 천국은 마치 사람이 자기 밭
에 갖다 심은 겨자씨 한 알 같으니 32. 이는 모든 씨보다 작은 것이로

되 자란 후에는 풀보다 커서 나무가 되매 공중의 새들이 와서 그 가
지에 깃들이느니라 33. 또 비유로 말씀하시되 천국은 마치 여자가
가루 서 말 속에 갖다 넣어 전부 부풀게 한 누룩과 같으니라 34. 예
수께서 이 모든 것을 무리에게 비유로 말씀하시고 비유가 아니면 아
무 것도 말씀하지 아니하셨으니 35. 이는 선지자를 통하여 말씀하
신바 내가 입을 열어 비유로 말하고 창세부터 감추인 것들을 드러내
리라 함을 이루려 하심이라 36. 이에 예수께서 무리를 떠나사 집에
들어가시니 제자들이 나아와 이르되 밭의 가라지의 비유를 우리에
게 설명하여 주소서 37. 대답하여 이르시되 좋은 씨를 뿌리는 이는
인자요 38. 밭은 세상이요 좋은 씨는 천국의 아들들이요 가라지는
악한 자의 아들들이요 39. 가라지를 뿌린 원수는 마귀요 추수 때는
세상 끝이요 추수꾼은 천사들이니 40. 그런즉 가라지를 거두어 불
에 사르는 것같이 세상 끝에도 그러하리라 41. 인자가 그 천사들을
보내리니 그들이 그 나라에서 모든 넘어지게 하는 것과 또 불법을 행
하는 자들을 거두어 내어 42. 풀무불에 던져 넣으리니 거기서 울며
이를 갈게 되리라 43. 그때에 의인들은 자기 아버지 나라에서 해와
같이 빛나리라 귀 있는 자는 들으라

24-30절 예수께서 그들 앞에 또 비유를 들어 이르시되 천국은 좋은 씨를 제 밭에 뿌린 사람과 같으니 사람들이 잘 때에 그 원수가 와서 곡식 가운데 가라지를 덧뿌리고 갔더니 싹이 나고 결실할 때에 가라지도 보이거늘 집 주인의 종들이 와서 말하되 주여 밭에 좋은 씨를 뿌리지 아니하였나이까 그런데 가라지가 어디서 생겼나이까 주인이 이르되 원수가 이렇게 하였구나 종들이 말하되 그러면 우리가 가서 이것을 뽑기를 원하시나이까

주인이 이르되 가만 두라 가라지를 뽑다가 곡식까지 뽑을까 염려하노라 둘 다 추수 때까지 함께 자라게 두라 추수 때에 내가 추수꾼들에게 말하기를 가라지는 먼저 거두어 불사르게 단으로 묶고 곡식은 모아 내 곳간에 넣으라 하리라

예수님은 여러 가지 비유를 들어 천국을 설명하셨습니다. 예수님은 "회개하라 천국이 가까이 왔느니라."(4:17)고 말씀하심으로 천국이 임한 사실을 선포하셨습니다. 그런 의미에서 볼 때, 천국은 저 멀리 구만리장천에 있는 것이 아니라 지금 이곳에 와 있는 것입니다. 그렇기 때문에 주님은 천국이 지상에 있는 것을 비유로 말씀하신 것입니다. 그렇다면 지상에 와 있는 천국은 어떤 천국일까요? 씨 뿌리는 자의 비유에서 보았듯이 땅을 갈아엎어서 옥토를 만들고 씨를 뿌리는 것이 바로 천국입니다. 그런데 원수가 와서 그 밭에 가라지를 덧뿌리고 갑니다. 교회를 보십시오. 성도들이 모여서 좋은 씨를 뿌렸습니다. 예수님의 복음으로 좋은 씨를 뿌렸으니 좋은 일만 있어야 하지 않겠습니까? 그런데 사탄이 들어와서 가라지를 뿌립니다. 교회마다 좋은 성도만 있는 것이 아니라 가라지도 있습니다. 그들은 예수님을 믿는 성도의 모습을 하고 있지만 계속해서 교회를 파괴하는 일을 합니다. 목사를 물어뜯고 장로를 공격하고 기도하는 사람을 헐뜯습니다. 그것은 좋은 씨를 뿌렸는데 도둑이 와서 가라지를 뿌려 놓았기 때문입니다. 그 사실을 우리는 잘 알아야 합니다. 가라지는 좋은 씨와 섞여 있으면 좋은 씨를 파괴합니다. 논에서 벼가 자라는 것을 보면 벼와 흡사한 피도 함께 자랍니다. 피를 뽑지 않으면 나중에 피가 벼를 말려 버립니다. 그렇기 때문에 김매기를 하는 것입니다.

하나님의 교회라 하더라도 끊임없이 분쟁을 일으키는 무리가 있습니다. 교회는 이러한 것을 늘 기도로 막아야 합니다. 가라지를 자꾸 뽑아내야 합니다. 그래야 농사를 잘 지을 수 있습니다. 처음에는 누가 가라지인지 잘 모릅니다. 하지만 후에 교인들이 자란 것을 보면 가라지 집사도 있고, 가라지 장로도 있고, 심지어는 가라지 목사도 있습니다. 처음에는 똑같은 성도인 줄 알았는데 자라고 보니까 본성이 드러납니다. 병아리도 보십시오. 어릴 때는 꿩 새끼나 병아리나 오리 새끼나 다 노랗고 귀엽게 보입니다. 그런데 병아리는 자라서 닭이 되고, 꿩 새끼는 꿩이 되고, 오리 새끼는 오리가 됩니다. 자라면 본색이 드러나는 것입니다.

"밭에 좋은 씨를 뿌렸는데 어디서 가라지가 왔습니까?"

종들이 밭 주인에게 묻자, 주인은 원수가 그렇게 하였다고 합니다. 그러자 종들이 다시 말합니다.

"그러면 우리가 가라지를 다 뽑아 버릴까요?"

논에서 자라나는 피는 어릴 때 다 솎아야지 커진 다음에 솎으면 안 됩니다. 커진 다음에 솎으면 가라지의 뿌리가 벼의 뿌리와 얽혀 있기 때문에 피를 뽑을 때 벼도 함께 뽑힙니다. 교회에도 반역이 생기면 초기에 솎아내야지 집단을 이루고 단체를 만들고 난 다음에는 그것을 솎아 내려다가 오히려 교회가 분열되고 맙니다. 우리는 무엇보다 자신이 가라지가 되지 않도록 조심해야 합니다. 우리가 사탄에게 이용당해서 가라지가 되면 큰일입니다. 가라지는 알곡이 아니기 때문에 반드시 주님의 심판을 받습니다. 교회는 절대 주권자이신 주님의 몸이므로 사람이 주님의 교회에 대해서 인본적으로 왈가왈부해서는 안 됩니다. 교회에서 하나님의 주권을 흔드는 것은 가라지의 소행입니다. 예수님은 "이 돌 위에 떨어지는 자는 깨지겠고 이 돌이 사람 위에 떨어지면 그를 가루로 만들어 흩으리라"(21:44)고 말씀하셨습니다. 그리스도는 만세 반석입니다. 그러므로 그리스도의 몸인 교회에 조금이라도 상처를 입히는 사람은 박살 나게 되는 것입니다.

29절과 30절을 보면 "주인이 이르되 가만 두라 가라지를 뽑다가 곡식까지 뽑을까 염려하노라 둘 다 추수 때까지 함께 자라게 두라 추수 때에 내가 추수꾼들에게 말하기를 가라지는 먼저 거두어 불사르게 단으로 묶고 곡식은 모아 내 곳간에 넣으라 하리라" 고 주인이 종들의 물음에 대답했습니다. 가라지를 잘못 뽑다가는 가라지와 연결되어 있는 좋은 알곡들도 함께 뽑힐 수 있습니다. 가라지 교인을 뽑아내는데 알곡 성도들까지 시험 들어서 신앙을 잃어버릴 위험이 있습니다. 목회라는 것은 시시각각 원수가 와서 가라지를 심기 때문에 쉽지 않습니다. 주의 종은 가라지가 자라기 전에 수술해 내야 합니다. 때를 놓쳐서 일단 가라지가 많이 자란 다음에 수술해 내려면 교회가 갈라집니다. 가라지가 자라면 여러 그룹을 형성하기 때문에 교회가 분열됩니다. 많은 교회가 3백 명, 5백 명 정도에서 싸우고 갈라지는 이유가 여기에 있습니다. 주의 종이 일찌감치 가라지를 뽑았어야 하는데 장성한 것을 뽑으려고 하니까 좋은 벼까지 다 뽑혀 나가는 것입니다. 그러므로 목회자에게 있어 알곡과 가라지를 일찌감치 가려서 뽑아내는 것은 굉장히 중요합니다. 기도하지 않으면 가라지와 알곡을 가려낼 영적인 눈이 열리지 않습니다. 애쓰고 부르짖어 성령의 도우심을 받아서 빨리 처리해야 알곡을 보호할 수 있습니다. 그러면 가라지가 이미 자라서 문제가 생긴 경우에는 어떻게 해야 할까요? 주님 오시는 날까지 내버려 두고 기도하는 수밖에 없습니다. 추수 때가 되면 추수꾼들이 먼저 가라지를 모아서 단으로 묶어 불타는 곳에 던져 버리고 알곡은 거두어 천국 창고에 넣습니다. 이것은 하나님께서 교회부터 먼저 심판하시겠다는 것입니다. 심판 날 주님은 가짜 교인들을 심판하시고 신실한 그리스도인들을 천국으로 데려가십니다.

우리는 지상에서 끊임없이 기도의 싸움을 해야 합니다. 좋은 씨를 뿌려도 마귀가 와서 자꾸 가라지를 뿌리므로 이에 맞서 끊임없이 기도로 싸워야 합니다. 그리고 말씀을 공부하고 성령의 충만함을 받아 가라지의 기운을 막아야 합니다. 이것을 등한히 하면 가라지가 자라나기 시작합니다. 일단 가라지가 자라면 추수 때까지 뽑지 못합니다. 가라지를 뽑으면 좋은 알곡도 함께 뽑혀 나가기 때문입니다. 하지만 결국 가라지는 하나님의 심판을 받습니다.

31-33절 또 비유를 들어 이르시되 천국은 마치 사람이 자기 밭에 갖다 심은 겨자씨 한 알 같으니 이는 모든 씨보다 작은 것이로되 자란 후에는 풀보다 커서 나무가 되매 공중의 새들이 와서 그 가지에 깃들이느니라 또 비유로 말씀하시되 천국은 마치 여자가 가루 서 말 속에 갖다 넣어 전부 부풀게 한 누룩과 같으니라

겨자씨는 굉장히 작습니다. 그러나 아주 작은 겨자씨를 심으면 이것이 자라 새들이 와서 둥지를 틀 정도로 큰 나무가 됩니다. 그와 같이 그리스도의 복음은 겨자씨처럼 보잘것없는 것 같지만 일단 뿌려 놓으면 생명력이 넘쳐서 왕성하게 자랍니다. 그리스도의 복음이 처음 갈릴리에서 전파된 후 3백 년이 채 안 되어서 로마를 점령했고 오늘날에 이르러서는 초강대국인 미국 대륙을 점령했습니다. 또 우리나라는 어떻습니까? 토

마스 선교사는 평양 대동강으로 들어와 전도 한번 못하고 참수를 당해 순교했습니다. 그러나 그 순교의 피가 뿌려진 지 백여 년 만에 우리 한국 인구의 사분의 일이 예수님을 믿는 부흥을 보이고 있습니다. 우리 한국의 기독교는 이제 제법 뿌리를 내려 큰 힘을 가지게 되었습니다. 예수님을 믿지 않는 사람이 예수님을 믿는 회사에 들어와서 일하고 있습니다. 이것이 새들이 깃드는 것입니다. 그리스도의 복음은 처음 시작은 미약하나 끝은 창대하게 되는 것입니다.

예수님의 비유를 잘 이해하기 위해서는 지금 지상에 임하여 있는 천국과 훗날 가게 될 영원한 천국을 분별해야 합니다. 겨자씨 비유와 누룩의 비유는 지금 지상에 임하여 있는 천국을 말씀하신 것입니다. 천국의 왕이신 예수님을 모신 우리의 심령 속에는 천국이 임하여 있습니다. 그리고 교회에는 주의 백성들이 함께 모여 있고 교회의 왕은 예수님이시니 교회도 지상에 임한 천국입니다. 예수님은 누룩의 비유를 들어 천국을 설명하셨습니다. 천국은 마치 여자가 가루 서 말 속에 갖다 넣어 전부 부풀게 한 누룩과 같다고 하셨습니다. 밀가루 반죽에 누룩을 넣으면 어떻게 되지요? 부풀어 오릅니다. 이 비유에서 여자는 성령님을 상징한다고 볼 수 있습니다. 성령께서 복음의 말씀을 우리에게 넣어 주시면 마음이 점점 부풀어 오릅니다. 사람들 생각에는 '복음을 외친다고 교회가 되고 하늘나라가 이루어지는가?' 라고 의심합니다. 하지만 복음은 성령께서 우리 마음속에 넣은 누룩과 같습니다. 복음이 마음속에 들어오면 마음이 부풀어 올라 자꾸 전도하게 됩니다. 밀가루 같은 우리 마음에 누룩 같은 복음이 들어오니까 부풀어 올라 홍분이 되는 것입니다. 예수님을 믿으면 믿음, 소망, 사랑, 의, 평강, 희락으로 마음이 부풀어 오르고 홍분됩니다.

그렇기 때문에 지식이 있든 없든 공부를 많이 했든 적게 했든 상관없이 나가서 전도를 하게 됩니다. 나도 신학교 시절에 마음이 부풀어 올라서 버스나 전차에서 열심히 전도하고 다녔습니다.

예수님을 믿고도 전혀 변화가 없고 잠잠하다면 그것은 누룩을 잘못 넣은 것입니다. 복음은 누룩처럼 부풀어 오르게 되어 있습니다. 복음의 씨앗을 심어 놓으면 마음이 부풀어 올라 전도를 하기 때문에 작은 모임이 크게 부풀어 오르고 교회가 크게 부흥하게 됩니다. 본문의 '가루 서 말'은 교회를 상징합니다(33절). 여기서 셋이라는 숫자는 교회를 의미하는 숫자요, 천국 숫자입니다. 이 세상에 있는 우리도 천국이고 교회도 천국인데 이 밀가루에다 복음의 누룩을 넣었으니 부풀어 오르지 않을 수 있습니까? 우리도 마음이 부풀어 올라 전도를 하고, 교회도 부풀어 올라 삼십 배, 육십 배, 백 배로 계속 성장하는 것입니다.

그러므로 복음을 무시하면 안 됩니다. 시작은 미약해도 끝은 창대하게 되는 것이 복음입니다. 2천 년 전에 주님이 열두 제자에게 온 천하에 다니면서 만민에게 복음을 전하라고 하셨는데, 그 당시에는 비행기, 전차, 자동차도 없고 전신, 전화, 인쇄술도 없었습니다. 그럼에도 온 천하에 다니며 복음을 전하라고 하신 것은, 복음에는 부풀리는 큰 힘이 있다는 것을 아셨기 때문입니다. 과연 복음이 들어가는 곳마다 교회가 부흥되고 천국이 확장되는 역사가 일어났고, 이 역사는 지금도 계속 일어나고 있습니다.

수십여 년 전 내가 불광동 대조마을 천막 교회에서 복음을 전할 때 오는 사람마다 "이렇게 해서 교회가 되겠느냐?"고 말했습니다. 그런데 그 천막 교회가 지금은 세계 최대의 교회로 부풀어 올랐습니다. 이처럼 천국의 복음에는 겨자씨와 누룩처럼 우리의 생각을 초월하여 확산되고 성장하는 놀라운 능력이 있는 것입니다.

34-43절 예수께서 이 모든 것을 무리에게 비유로 말씀하시고 비유가 아니면 아무 것도 말씀하지 아니하셨으니 이는 선지자를 통하여 말씀하신바 내가 입을 열어 비유로 말하고 창세부터 감추인 것들을 드러내리라 함을 이루려 하심이라 이에 예수께서 무리를 떠나사 집에 들어가시니 제자들이 나아와 이르되 밭의 가라지의 비유를 우리에게 설명하여 주소서 대답하여 이르시되 좋은 씨를 뿌리는 이는 인자요 밭은 세상이요 좋은 씨는 천국의 아들들이요 가라지는 악한 자의 아들들이요 가라지를 뿌린 원수는 마귀요 추수 때는 세상 끝이요 추수꾼은 천사들이니 그런즉 가라지를 거두어 불에 사르는 것같이 세상 끝에도 그러하리라 인자가 그 천사들을 보내리니 그들이 그 나라에서 모든 넘어지게 하는 것과 또 불법을 행하는 자들을 거두어 내어 풀무 불에 던져 넣으리니 거기서 울며 이를 갈게 되리라 그때에 의인들은 자기 아버지 나라에서 해와 같이 빛나리라 귀 있는 자는 들으라

천국은 이 세상 현실로 설명할 수 없는 4차원의 세계이지만, 우리는 눈으로 보고 귀로 듣고 코로 냄새 맡고 손으로 만지는 3차원의 세계에 살고 있습니다. 그러므로 3차원의 비유를 통하지 않고는 4차원의 천국을 이해할 수 없습니다. 그래서 주님은 이 복음의 진리를 깨닫게 하기 위해서 시간과 공간과 물질의 세계 속에 있는 것을 가지고 비유로 말씀하신 것입니

다. 주님은 시편 78편 2절 말씀을 인용하여, 창세로부터 시작해서 지금까지 하나님이 행하시는 비밀의 역사를 깨닫게 하기 위해서 비유로 말씀하신다고 하셨습니다. 유치원생들에게는 그 아이들이 경험하고 알고 깨달은 지식과 언어의 한도를 넘어서 이 세상일을 설명하면 도저히 알아듣지 못합니다. 그래서 그 아이들이 알아들을 만한 비유를 들어서 설명하는 것입니다. 마찬가지로 예수님은 우리가 알아들을 수 있는 세상의 언어를 가지고 설명하려다 보니 비유를 들어 말씀하실 수밖에 없는 것입니다. 그럼에도 불구하고 제자들조차 예수님의 말씀을 알아듣지 못했습니다. 그래서 제자들은 예수님께 비유의 내용을 자세히 설명해 달라고 부탁하였습니다.

가라지 비유에서 좋은 씨를 뿌리는 이는 예수님입니다. 예수님은 이 땅에 복음의 씨를 뿌리러 오셨습니다. 영원한 천국을 주시기 위해서 구원의 씨를 뿌리러 오신 것입니다. 예수님은 화해의 씨, 치료의 씨, 축복의 씨, 영생 천국의 씨를 뿌리시는 분이십니다. 또 예수님 자신이 좋은 씨앗입니다. 한 알의 밀알이 되어 땅에 떨어져 죽으러 이 땅에 오셨기 때문입니다. 천국의 역사는 반드시 심고 거두는 것으로 이루어집니다. 단지 형식이나 의식을 행하여 구원받으려고 하는 것은 잘못된 것입니다. 천국의 씨는 예수님입니다. 예수님을 심어야 천국의 영생으로 열매를 거둡니다. 그리스도를 심지 않고는 어떤 형식이나 의식도 소용이 없습니다. 하나님 아버지께서는 십자가의 텃밭에 예수님을 종자 씨앗으로 심으셨습니다. 그렇기 때문에 예수님을 받아들인 사람마다 구원을 받습니다. 우리의 기도도 마찬가지입니다. 우리가 아무리 열심히 부르짖는다 해도 먼저 믿음의 씨앗을 심어 놓고 기도해야 합니다. 심지 않고 기도하면 아무리 애써도 열매를 맺지 못합니다.

이 세상 밭에 주님이 좋은 씨를 뿌리면 천국 자녀들이 되어 자랍니다. 그런데 그 가운데 가라지도 같이 자랍니다. 가라지는 악한 원수 마귀가 뿌린 씨입니다. 이 세상의 천국인 교회는 하나님의 자녀들이 모인 곳이지만 그곳에 마귀가 들어와서 뿌린 가라지도 있습니다. 목회할 때 교회에 가라지가 생기면 그 싹이 보이는 즉시 정리해야 됩니다. 그냥 내버려두면 알곡 신자들에게 영향을 주고 상처를 입히고 병들게 합니다. 잡초는 생명력이 왕성합니다. 목회는 설교만 잘하면 되는 것이 아니라 끊임없이 텃밭을 지키고 가라지가 생기지 않나 돌아보며 가라지와 알곡을 분별해야 하는 것입니다. 밭은 세상이고 좋은 씨는 천국의 아들들이고, 가라지는 악한 자의 아들들입니다. 마귀가 가라지를 심은 것은 도둑질하고 죽이고 멸망시키기 위해서입니다. 그러므로 성도 여러분은 늘 조심해야 합니다. 대개 가라지는 좋은 성도인 척하고 다가와서 언제나 부정적인 말을 하고 비방하고 공격합니다. 주의 종을 비판하고 교회의 일을 비판하고 성도들을 유혹하여 세상으로 서서히 끌고 나갑니다. 수요예배, 철야 기도에 갈 필요가 있느냐면서 "놀러 가자! 관광하러 가자!" 하고 자꾸 세상으로 끌고 갑니다. 열매를 보면 그 나무를 안다고, 입에서 나오는 말이 하나님의 나라와 교회에 비판을 가하고 세상으로 끌고 가는 것이면 '아, 이것이 가라지구나!' 하고 알아차리고 빨리 끊어야 합니다. 가라지가 끄는 대로 계속 끌려 다니면 뿌리가 얽히고설켜서 같이 죽고 마는 것입니다. 가라지는 죽이기 위해서 왔기 때문에 절대로 용납하면 안 됩니다.

본문에서 말하는 추수 때는 세상의 끝을 의미합니다. 지금 우리가 살고 있는 자연 환경을 보십시오. 엘리뇨 현상이 생기고, 중국 황하 유역에 거대한 홍수가 나고, 공업 지대인 황하 유역 일대가 황폐화되고, 그렇지 않은 지역은 산불이 나서 온 촌락과 산을 다 태우고 가뭄이 듭니다. 자연 재앙이 눈에 두드러지게 나타나고 있습니다. 이러한 현상은 주님이 오시는 날이 가까웠음을 일깨워 줍니다. 그날에는 주님이 가라지들을 다 모아 활활 타는 불못에 던져 버릴 것입니다. 사람이 한 번 죽는 것은 정해진 것이요, 죽고 난 다음에는 심판이 있습니다(히 9:27). 사람은 그냥 없어지는 존재가 아닙니다.

여러분과 나는 하나님의 형상과 모양을 따라 영혼에 육체의 옷을 입고 살고 있습니다. 육체를 벗어 버릴지라도 영혼은 영원히 있습니다. 그래서 "몸은 죽여도 영혼은 능히 죽이지 못 하는 자들을 두려워하지 말고 오직 몸과 영혼을 능히 지옥에 멸하실 수 있는 이를 두려워하라"(10:28)고 주님은 말씀하셨습니다. 세상 사람은 우리의 육체를 죽일 수는 있어도 영혼을 죽이지는 못합니다. 그러나 하나님은 육체와 영혼을 동시에 영원히 멸하실 수 있기 때문에 하나님을 두려워하라는 것입니다. 본문의 풀무 불은 불과 유황으로 타는 못입니다. 가라지 영혼은 영원한 심판의 처소에 던져져 그곳에서 세세토록 이를 갈며 고통받게 됩니다. 손톱 밑에 조그만 가시가 들어가도 아파서 몸부림을 치는데 불과 유황으로 타는 못에 들어가서 이를 갈 정도로 괴로운 고통을 세세토록 받는다고 하니 얼마나 끔찍합니까? 그러므로 지옥에 가면 그만이라고 쉽게 생각할 문제가 아닙니다. 그곳에서는 불도 꺼지지 않고 구더기도 죽지 않고 세세무궁토록 고통을 당합니다. 그러므로 우리는 예수님을 잘 믿고 구원받아야 하는 것입니다.

예수님을 믿고 의롭게 된 사람들은 아버지 나라에서 해와 같이 빛나리라고 하셨습니다. 해를 보면 너무 눈부시지 않습니까? 우리가 천국에 가면 저 해처럼 찬란하게 빛날 것입니다. 그때에는 이 약한 몸이 강한 몸을 입고, 이 추한 몸이 영화로운 몸을 입고, 이 죽을 몸이 영생할 몸을 입고, 육의 몸이 신령한 몸을 입을 것입니다. 현재의 모습과 완전히 달라지는 것입니다.

그런데 바울 선생은 거기에 대해서 좀 더 자세히 말했습니다. 천국에서 해같이 빛날 사람과 달같이 빛날 사람과 별같이 빛날 사람과 별 중에 별같이 빛날 사람이 있다고 했습니다. 다 하늘에 있지만 제일 빛나는 것이 해이고, 그 다음은 달이고, 그 다음은 별인데, 별들 중에도 상당히 빛이 나는 별이 있는가 하면 빛이 덜 나는 별도 있고, 또 어떤 별은 개똥벌레처럼 잠깐 반짝이다가 사라집니다. 천국에서 우리가 누릴 영광도 이와 같이 차이가 있는 것입니다. 그러므로 여러분은 이 땅에서 주님을 위해서 살다가 천국에 가서 해처럼 달처럼 찬란히 빛나는 영광을 받아 누리게 되시기를 바랍니다.

3. 여러 비유와 나사렛에서의 배척(13:44-58)

44. 천국은 마치 밭에 감추인 보화와 같으니 사람이 이를 발견한 후

숨겨 두고 기뻐하며 돌아가서 자기의 소유를 다 팔아 그 밭을 사느니
라 45. 또 천국은 마치 좋은 진주를 구하는 장사와 같으니 46. 극히
값진 진주 하나를 발견하매 가서 자기의 소유를 다 팔아 그 진주를
사느니라 47. 또 천국은 마치 바다에 치고 각종 물고기를 모는 그물
과 같으니 48. 그물에 가득하매 물가로 끌어내고 앉아서 좋은 것은
그릇에 담고 못된 것은 내버리느니라 49. 세상 끝에도 이러하리라
천사들이 와서 의인 중에서 악인을 갈라내어 50. 풀무 불에 던져 넣
으리니 거기서 울며 이를 갈리라 51. 이 모든 것을 깨달았느냐 하시
니 대답하되 그러하오이다 52. 예수께서 이르시되 그러므로 천국의
제자된 서기관마다 마치 새것과 옛것을 그 곳간에서 내오는 집주인
과 같으니라 53. 예수께서 이 모든 비유를 마치신 후에 그곳을 떠나
서 54. 고향으로 돌아가사 그들의 회당에서 가르치시니 그들이 놀
라 이르되 이 사람의 이 지혜와 이런 능력이 어디서 났느냐 55. 이는
그 목수의 아들이 아니냐 그 어머니는 마리아, 그 형제들은 야고보,
요셉, 시몬, 유다라 하지 않느냐 56. 그 누이들은 다 우리와 함께 있
지 아니하냐 그런즉 이 사람의 이 모든 것이 어디서 났느냐 하고 57.
예수를 배척한지라 예수께서 그들에게 말씀하시되 선지자가 자기 고
향과 자기 집 외에서는 존경을 받지 않음이 없느니라 하시고 58. 그
들이 믿지 않음으로 말미암아 거기서 많은 능력을 행하지 아니하시
니라

44-46절 천국은 마치 밭에 감추인 보화와 같으니 사람이 이를 발견한 후 숨겨 두고 기뻐하며 돌아가서 자기의 소유를 다 팔아 그 밭을 사느니라 또 천국은 마치 좋은 진주를 구하는 장사와 같으니 극히 값진 진주 하나를 발견하매 가서 자기의 소유를 다 팔아 그 진주를 사느니라

천국은 마음을 다하고 뜻을 다하고 정성을 다하고 목숨을 다하여 온전히 소유해야 합니다. 한 손에는 천국을 쥐고, 또 한 손에는 세상을 쥐는 형식으로 해서는 안 됩니다. 한 사람이 밭에 굉장한 보화가 숨겨져 있는 것을 발견했습니다. 그래서 그는 가진 것을 다 팔아서 밭을 샀습니다. 이처럼 하늘나라를 소유하려면 마음을 다 바쳐야지 절반쯤 바쳐서는 안 됩니다. 결혼 생활도 그렇지 않습니까? 남편은 자기 아내에게 모든 사랑을 다 바쳐야지, 그 사랑의 일부를 다른 여자에게 나누어 주면 사랑이 되지 않습니다.

우리가 예수님을 믿고 하나님을 섬기는 것은 인생의 액세서리가 아닙니다. 인생의 가장 주된 일입니다. 우리가 이 땅에 사는 것은 예수님을 믿고 하나님을 섬기기 위해서입니다. 지위, 권세, 부귀영화는 다 액세서리에 불과합니다. 그것은 살아가는 과정에서 있어도 좋고 없어도 문제가 되지 않는 액세서리입니다. 내 마음의 모든 중심은 늘 하나님께 있어야 합니다. 그러므로 신앙생활이라는 것은 쉬운 일이 아닙니다. 전적으로 하나님 중심으로 서도록 최선을 다해야지, 그렇지 않고는 신앙생활을 성공적으로 할 수 없습니다. 그런데 많은 사람들이 신앙생활을 액세서리로 취급합니다. 그들은 주일에 교회 한 번 나가고 헌금 좀 드리는 것으로 신앙생활을 잘한다고 생각합니다. 그들의 삶은 인간적인 욕망이 중심을 이루고 있습니다. 이러한 삶을 완전한 천국 백성의 온전한 삶이라고 말할 수 있습니까? 천국 백성은 마음을 다하고 뜻을 다하고 정성을 다하고 목숨을 다하여 주 하나님을 사랑하여야 합니다. 우리의 모든 삶의 핵심적인 중심에는 예수님이 있어야 합니다. 필요하다면 주님께 내 재산도 생명도 내놓을 수 있어야 합니다. 본문의 사람은 자기의 전 재산을 팔아서 보화가 있는 밭을 샀습니다. 전부(全部) 아니면 전무(全無)입니다. 하나님을 전적으로 사랑하든지 아니면 사랑하지 않든지, 둘 중 하나입니다. 하늘나라와 세상을 겸하여 섬기지 못합니다. 하나님을 섬기려면 전폭적으로 섬겨야 합니다.

또 천국은 좋은 진주를 구하는 장사와 같다고 했습니다. 천국을 진주로 표현한 이유가 있습니다. 하늘나라에 들어가는 문이 열두 진주문(계 21:21)이라고 하지 않습니까? 왜 그렇습니까? 진주는 다른 보석과 달리 고통으로 만들어집니다. 진주조개 속에 모래를 넣어 주면 조개가 모래에 갈려서 고통스러우므로 분비물을 내어 모래를 둘러쌉니다. 그렇게 자꾸 둘러싸다 보니 그 분비물이 겹겹이 굳어져 동글동글한 진주가 되는 것입니다. 천국을 진주로 표현한 이유가 바로 이것입니다. 우리는 고통을 겪게 되면 그 고통을 면하기 위해서 열심히 기도하고 하나님께 부르짖게 됩니다. 그리하여 결국은 그 고통이 변하여 진주가 되는 것입니다. 하늘나라를 소유하기까지는 크고 작은 여러 가지 고통이 다가옵니다. 그래서 그 고통으로 인하여 더욱 기도하고 말씀을 읽고 헌신하고 충성하게 됩니다. 고통이 우리의 신앙을 더욱 깊은 신앙, 진주 같은 신앙이 되게 하는 것입니다.

천국은 진주 장사가 아주 좋은 진주를 발견해서 자기 재산을 다 팔아 그 진주 하나를 산 것과 같습니다. 여기서 예수님이 계속 강조하신 것은 전부(全部) 아니면 전무(全無)라는 것입니다. 하늘나라는 마음을 다하고 뜻을 다하고 정성을 다하고 목숨을 다하여 하나님을 사랑하고 그 아들 예수님을 사랑하여야 소유할 수 있습니다. 천국도 소유하고 세상도 소유하는 것은 불가능합니다. 많은 사람들이 "주여! 주여!" 하고도 천국에 들어

가지 못 하는 것은 하늘나라를 액세서리로 삼았기 때문입니다. 세상 중심으로 살면서 필요할 때만 하늘나라를 이용한 것입니다. 그런 신앙은 하나님이 인정하시지 않습니다. 예수님이 "나는 너를 위하여 피 흘리고 몸 찢겨 희생하였는데, 너는 나에게 무엇을 해 주었느냐?" 라고 물으십니다. 마음 자세가 절대적으로 주님 중심으로 되어야 참 신앙인이 될 수 있습니다. 그렇기 때문에 우리에게 세상적인 것이 끊어지려면 풍파가 일어나야 합니다. 세상 풍파가 일어나면 세상 줄이 자꾸 끊어집니다. 주님은 우리를 전적으로 소유하기 위해서 세상 풍파를 자꾸 보내십니다. 그런 과정을 통과하면서 우리는 주님 안에 한 걸음 더 깊이 들어가는 것입니다.

47-52절 또 천국은 마치 바다에 치고 각종 물고기를 모는 그물과 같으니 그물에 가득하매 물가로 끌어내고 앉아서 좋은 것은 그릇에 담고 못된 것은 내버리느니라 세상 끝에도 이러하리라 천사들이 와서 의인 중에서 악인을 갈라 내어 풀무 불에 던져 넣으리니 거기서 울며 이를 갈리라 이 모든 것을 깨달았느냐 하시니 대답하되 그러하오이다 예수께서 이르시되 그러므로 천국의 제자된 서기관마다 마치 새것과 옛것을 그 곳간에서 내오는 집주인과 같으니라

천국이라는 것은 그물을 던져서 많은 물고기를 잡는 것과 같습니다. 우리가 그리스도의 복음을 전하는 것은 그물을 던지는 것입니다. 교회는 바로 천국의 그물입니다. 천사들은 마지막 날에 그물을 다 모아서 좋은 물고기는 전부 골라서 천국으로 들여보내고 나쁜 물고기는 한곳에 모아 불과 유황으로 타는 못에 던집니다. 지금은 천국 백성과 세상 백성이 한

곳에 섞여서 삽니다. 그러나 마지막 날에는 완전히 분리됩니다. 주께서 호령과 천사장의 고함과 하나님의 나팔 소리로 하늘로부터 강림하실 때 주 안에서 죽은 자들이 먼저 일어나고 살아 있는 성도들이 다 공중으로 올라갑니다. 그러나 믿지 않는 사람들은 땅에 남게 됩니다. 두 사람이 밭을 갈다가 하나는 올라가고 하나는 남고, 두 사람이 맷돌을 갈다가 하나는 올라가고 하나는 남고, 두 사람이 잠을 자다가 하나는 올라가고 하나는 남습니다. 많은 남편이 아내를 잃고, 많은 아내가 남편을 잃고, 온 세상에 비상이 걸려서 야단일 것입니다. 교회에서도 일부는 남고 일부는 하늘로 올라갈 것입니다. 이때 올라가지 못한 목사, 성도들은 적그리스도가 활동하는 한 때와 두 때와 반 때 동안에 거의 다 순교를 당할 것입니다. 그때에는 순교당하지 않으면 구원받지 못합니다. 환난을 당한 성도는 그때야 정신을 차리고 짐승의 수인 666을 받아들이지 않기 때문에 순교를 당하고, 7년 환난이 끝난 후 천년 왕국에 들어가게 될 것입니다.

"예수께서 이르시되 그러므로 천국의 제자된 서기관마다 마치 새것과 옛것을 그 곳간에서 내오는 집주인과 같으니라" 의 말씀에서 알 수 있는 바와 같이 이 곳간에는 묵은 것도 있고 새것도 있습니다. 그래서 필요에 따라 묵은 것도 가져오고 새것도 가져옵니다. 천국 곳간에는 구약도 있고 신약도 있습니다. 그러므로 하늘나라의 서기관, 하늘나라의 배움을 받은 사람은 구약의 진리도 가져오고, 신약의 진리도 가져와야 합니다. 천국 일꾼은 곳간에 들어가서 옛것과 새것을 가지고 나와 대접할 줄 알아야 합니다. 우리는 하늘나라의 서기관들로서 전도할 때 구약과 신약을 함께 인용하고 적절히 요리하여 가르칠 수 있어야 하는 것입니다.

53-58절 예수께서 이 모든 비유를 마치신 후에 그곳을 떠나서 고향으로 돌아가사 그들의 회당에서 가르치시니 그들이 놀라 이르되 이 사람의 이 지혜와 이런 능력이 어디서 났느냐 이는 그 목수의 아들이 아니냐 그 어머니는 마리아, 그 형제들은 야고보, 요셉, 시몬, 유다라 하지 않느냐 그 누이들은 다 우리와 함께 있지 아니하냐 그런즉 이 사람의 이 모든 것이 어디서 났느냐 하고 예수를 배척한지라 예수께서 그들에게 말씀하시되 선지자가 자기 고향과 자기 집 외에서는 존경을 받지 않음이 없느니라 하시고 그들이 믿지 않음으로 말미암아 거기서 많은 능력을 행하지 아니하시니라

예수님은 이 모든 비유를 마치신 후에 고향으로 돌아가 회당에서 말씀을 전하셨습니다. 예수님이 요단 강에서 침례를 받으시고 광야에서 40주야를 금식한 후 처음 고향에 오신 것입니다. 주님이 고향을 떠나신 때는 아직 성령 충만함을 받기 전이었습니다. 그런데 요단 강에서 성령 침례를 받으시고 광야에서 40일을 금식하시고 성령의 능력으로 충만해져서 돌아오신 것입니다. 예수께서 성령의 지혜, 지식, 총명, 모략, 권능으로 말씀을 전하시자, 사람들은 '목수의 아들이 어디에서 저런 지혜와 능력을 얻었을까?' 하고 매우 의아해했습니다.

하나님의 성령이 오시면 지혜와 지식과 총명과 모략과 재능을 주십니다. 성경은 성령에 대하여 "야훼의 영 곧 지혜와 총명의 영이요 모략과 재능의 영이요 지식과 야훼를 경외하는 영이 강림하시리니"(사 11:2)라고 말씀하고 있습니다. 그러므로 우리가 성령님을 모시면 성령께서 우리에게

지혜와 총명을 주십니다. 지혜라는 것은 문제를 해결하는 능력을 말합니다. 지식은 사물에 대한 정보를 말합니다. "세계에서 제일 높은 산이 어디 있느냐? 제일 깊은 바다가 어디 있느냐? 미국은 무엇을 많이 생산하고, 영국은 무엇을 많이 생산하느냐?" 이런 여러 가지 사물에 대한 정보는 지식입니다. 그런데 아무리 지식이 많아도 지혜가 없으면 지식을 사용할 줄 모릅니다. 지혜란 것은 지식을 사용해서 문제를 해결하고 행복한 삶을 만들어 나가는 능력입니다. 사람이 이 세상에서 동물보다 위대한 점은 지혜 때문입니다. 힘은 코끼리보다 못합니다. 날쌔기는 호랑이나 표범보다 못합니다. 땅굴 파는 것은 두더지보다 못합니다. 그럼에도 불구하고 사람이 동물과 자연을 지배하고 사는 것은 지혜 때문입니다. 사람은 문제를 해결할 수 있는 능력이 있습니다. 무거운 것은 기중기를 만들어서 들고, 바다 밑은 잠수함을 만들어서 들어가고, 하늘은 비행기를 만들어서 납니다. 이것은 다 지혜가 있기 때문에 지식을 이용하여 만들어 낸 것입니다. 그렇기 때문에 지식도 중요하지만 지혜가 보다 중요합니다. 목수에게 아무리 좋은 연장이 있어도 목공에 대한 지혜가 없으면 아무것도 만들지 못합니다. 그러나 지혜가 있으면 연장이 무디거나 부족해도 물건을 척척 만들어 냅니다.

지혜는 태어날 때부터 선천적으로 가지고 태어나는 것입니다. 자식을 낳아 보면 지혜로운 자식이 있고 그렇지 못한 자식이 있습니다. 벌써 태어날 때부터 지혜를 갖고 태어납니다. 유치원으로부터 대학교까지 열심히 공부하여 지식을 쌓아도 결국 그것으로 문제를 해결하고 생활을 발전시키는 것은 지혜입니다. 그런데 지혜를 가지고 태어나지 못한다면 어떻게 합니까? 그렇더라도 지혜를 얻을 수 있는 길이 있습니다. 예수님을 믿는 길입니다. 예수님을 믿고 성령님을 모시면 성령님이 지혜를 주십니다. 그래서 성경에 "너희 중에 누구든지 지혜가 부족하거든 모든 사람에게 후히 주시고 꾸짖지 아니하시는 하나님께 구하라 그리하면 주시리라" (약 1:5)고 말씀하신 것입니다. 예수님을 믿으면 성령으로 말미암아 지혜를 주십니다. 성령으로 말미암아 얻는 지혜는 선천적으로 타고난 지혜보다 훨씬 월등하고 뛰어난 지혜입니다. 하나님께서 특별한 지혜를 주시므로 훨씬 비상하게 문제를 해결하는 능력을 발휘할 수 있습니다. 그러므로 이 세상에서 가장 귀한 지혜는 하나님께서 주시는 지혜입니다. 그런데 이 지혜는 예수님을 믿고 성령님을 모신 성도들만이 기도로 구하여 얻을 수 있는 것입니다. 그러니 성령님을 모시고 기도하는 것이 얼마나 중요한지 모릅니다. 성령의 지혜와 총명을 가지고 사는 것은 놀라운 일입니다. 예수님의 말씀이 너무 탁월한 것을 보고 고향 사람들은 깜짝 놀랐습니다. "이것이 도대체 어떻게 된 일인가? 얼마 전만 해도 우리와 같이 한동네에 살았고 지금도 그 가족들은 여기서 살고 있는데 저 사람이 어떻게 저렇게 될 수 있느냐?" 거지들도 유명한 정치인이나 재벌의 자녀들이 재산을 물려받거나 출세한 것을 보면 당연히 그러려니 합니다. 하지만 같은 거지 중에 한 사람이 어쩌다가 출세를 해서 잘살게 되면 "저 사람도 우리와 똑같은 거지였는데 어떻게 저렇게 되었는가? 기분 나쁘니까 죽이자!" 하면서 그를 끌어내립니다. 사람의 심리가 그렇습니다. 그것은 모두 열등의식 때문입니다.

예수님은 고향을 떠날 때까지는 동네 사람들이 괭이, 쟁기, 호미 등 농기구를 가져오면 땀을 흘리고 손에 굳은살이 박히도록 그것들을 고쳐 주던 목수였습니다. 길에서 마주치면 "어때? 잘 지내고 있나? 일은 잘 되어

가나?" 하고 안부를 물으며 지내던 사이였습니다. 그런데 예수님이 어느 날 갑자기 사라지더니 완전히 달라져서 돌아와 지혜와 지식과 모략과 재능으로 말씀을 전하니까 시기심이 일어났던 것입니다. 그래서 고향사람들이 예수님을 배척하고 죽이려고 했던 것입니다.

나도 가끔 고향 사람들로부터 "왜 여기서 목회하지 않느냐?"는 질문을 받습니다. 그런데 어릴 때 함께 살던 분들이나 친구들을 만나면 나를 주의 종으로 인정하지 않습니다. 나를 보면 "자네 왔나? 식사나 같이 하지." 합니다. 고향에 가면 모두가 다 나를 목사라고 불러 주지 않습니다. 할머니도 "용기 왔나?" 하시고 친지들도 "용기야, 너 오래간만이데이. 너도 많이 늙었구나."하니 복음을 전하기가 너무나 어렵습니다. 고향에서는 집안 내력이나 성장 과정을 훤히 알고 있기 때문에 복음을 전하거나 선지자 노릇 하기가 그만큼 어려운 것입니다. 그래서 나는 고향에 내려가면 아무 말도 하지 않습니다.

예수님은 고향 사람들이 믿지 않기 때문에 기적을 행하시지 못하고 "선지자는 고향 땅에 와서 존경을 받지 못한다. 고향 땅을 떠나서 뿌리가 알려지지 않고 동료 의식이 없는 곳에 가야 존경을 받는다."라고 말씀하셨습니다. 하나님의 능력은 믿음을 통해서 나타납니다. 사람이 믿지 않으면 주님도 능력을 행하지 않으십니다. 그러므로 하나님과 함께하려면 먼저 마음으로 믿어야 합니다. 마음속에 자꾸 의심하고 비평하면 하나님과 함께할 수 없습니다. 하나님을 굳세게 믿고 의지하며 나갈 때 하나님의 역사가 일어나는 것입니다.

예수님은 야이로의 딸을 살리실 때 믿음이 없는 사람들을 먼저 내쫓았습니다. 믿음이 있는 베드로와 야고보와 요한만 데리고 들어가셔서 소녀에게 "달리다굼!" 하시자 소녀가 살아나는 역사가 나타났습니다.

나는 집이나 병원으로 와서 안수해 달라는 청을 받으면 좀처럼 마음이 내키지 않습니다. 그런 곳은 전부 불신앙의 분위기이기 때문입니다. 병원에 가면 의사와 간호사들이 '뭐 저런 사람이 다 있어? 최첨단 시대인 이 21세기에 무슨 안수를 한다고 야단이야!' 하며 비평하는 눈초리가 따갑습니다. 그러니 하나님의 능력이 나타날 수 없습니다. 믿음의 생각으로 마음을 채우고 믿음의 말을 해야 주님이 역사하실 수 있는 것입니다.